西迁南渡未北归

抗战时期的西北联大

◎张在军 著

西北大学出版社

图书在版编目(CIP)数据

西迁南渡未北归:抗战时期的西北联大 / 张在军著. —西安:西北大学出版社,2022.8

ISBN 978-7-5604-4995-1

Ⅰ.①西… Ⅱ.①张… Ⅲ.①西北联合大学—校史—1931-1945 Ⅳ.①G649.29

中国版本图书馆 CIP 数据核字(2022)第 159090 号

西迁南渡未北归:抗战时期的西北联大
XIQIAN NANDU WEI BEIGUI:KANGZHAN SHIQI DE XIBEILIANDA

作　　者	张在军
出版发行	西北大学出版社
地　　址	西安市太白北路 229 号　　邮　编　710069
网　　址	http://nwupress.nwu.edu.cn　　E-mail　xdpress@nwu.edu.cn
电　　话	029-88302590　88303593
经　　销	全国新华书店
印　　刷	西安华新彩印有限责任公司
开　　本	787 毫米×1092 毫米　1/16
印　　张	22.75
字　　数	429 千字
版　　次	2022 年 9 月第 1 版　2022 年 9 月第 1 次印刷
书　　号	ISBN 978-7-5604-4995-1
定　　价	78.00 元

如有印装质量问题,请与本社联系调换,电话 029-88302966。

目 录

引言

序章 辞别燕都

5 / 第一节 何去何从?

14 / 第二节 历史选择了西北

20 / 第三节 三校曾经是一家

31 / 第四节 北平研究院分道扬镳

38 / 第五节 半路杀出个河北女师学院

上编 三校合一(1937.8—1939.8)

第一章 非常时期的西安临时大学(1937.8—1938.3)

47 / 第一节 长安居大不易

53 / 第二节 三常委辞职风波

59 / 第三节 四校六院廿三系

68 / 第四节 抗日救亡,匹夫有责

74 / 第五节 安康探矿记

79 / 第六节 潼关吃紧,西安告急

85 / 第七节 南迁:翻越秦岭

91 / 第八节 散布在三县六地

第二章 昙花一现的西北联合大学(1938.4—1939.8)

98 / 第一节 联而不合

104 / 第二节　教学与科研也是救国

111 / 第三节　法商学院的风潮

116 / 第四节　首设训导处，推行训导制

121 / 第五节　"公诚勤朴"——校训与校歌

127 / 第六节　抗战生活：集中军训

132 / 第七节　"覆盖报纸代棉衣"——师生们的物质生活

139 / 第八节　改组分立：一石二鸟

下编　五校分立（1938.7—1946.11）

第三章　农学工学两院率先改组

149 / 第一节　扎根周原大地的农学院

155 / 第二节　"驱周运动"始末

162 / 第三节　名师荟萃张家岗

169 / 第四节　充实我民生与国防

175 / 第五节　一个少壮工程学府的诞生

181 / 第六节　三任院长的是是非非

188 / 第七节　办学："严"字当头

194 / 第八节　短命的北洋西京分院

第四章　西北联合大学改名西北大学

200 / 第一节　"西北大学"为何复名？

207 / 第二节　走马灯似的换校长

217 / 第三节　三院十四系的先生们

227 / 第四节　恢复北平时代的研究风气

234 / 第五节　乐城的苦乐生活

242 / 第六节　政治力量与学生社团

250 / 第七节　"四一五"学运始末

258 / 第八节　惜别城固

第五章　师范医学两院独立设置

265 ／ 第一节　师大精神"吾道西行"
270 ／ 第二节　文庙里的弦歌
276 ／ 第三节　黄河之滨建新校
283 ／ 第四节　使学校和社会打成一片
289 ／ 第五节　西北医学院及其兰州分院
295 ／ 第六节　两任院长：徐佐夏和侯宗濂
303 ／ 第七节　既为良师，亦为良医
309 ／ 第八节　公医学生的待遇与服务

尾章　复员与留守

317 ／ 第一节　"复员"不是"复原"
324 ／ 第二节　平大复校与西大回迁、西医归并
331 ／ 第三节　北洋复校与西工迁咸、焦工复校
337 ／ 第四节　西师留守与师大复校、女师回津
344 ／ 第五节　薪火相传，生命永续

352 ／ 附录：抗战烽火中的一段传奇
355 ／ 后　记

引 言

  如果说西南联大是中国教育史上的一个奇迹,那么西北联大则是中国教育史上的一段传奇。

  西北联大与西南联大是同时诞生的同胞兄弟,是一根藤上的两颗瓜,都是"战时中国大学精神的最高表现"①。

  当卢沟桥头的炮声响起之后,为保存中华文化血脉,平津地区文教机构纷纷内迁。1937年9月10日,国民政府教育部令:"以北京大学、清华大学、南开大学和中央研究院的师资设备为基干,成立长沙临时大学;以北平大学、北平师范大学、北洋工学院和北平研究院等院校为基干,设立西安临时大学。"这俩兄弟,一个向南,一个向西。

  后来随着战局的变化,长沙临时大学继续迁徙到昆明,改名西南联合大学;西安临时大学也继续南迁到汉中,改名西北联合大学。再后来,西北联大被拆分,进入"五校分立,合作办学"时期。从成立到重组,"西北联合大学"之名仅仅存在了一年零四个月。不过,人们习惯上把西北联合大学和从西北联合大学分立出来的几个院校统称为"西北联大"。因为其实质还是西北联大——西北联大的办学宗旨、师资、学生、设备还保留在这五校之中,一直传承延续。

  更重要的是,西北联大并未因分立而缩小,反而得以扩大发展,为西北地区的文、理、工、农、医、师范等较为完整的高等教育体系奠定了基础。在组建初期,西南联大只有4个学院17个系,而西北联大拥有6个学院24个系(学科)(医学院算作学科)。经过几年的发展,到抗战末期,西南联大共有5个学院26个系,西北联大分支出来的总共有7个学院41个系(学科)。两相比较,后者的专业设置更为广泛和实用,且与抗战建国、开发西部息息相关。也因此,西北联大精神带有鲜明的区域性文化特征,而西南联大却获得了更大的

---

① 方光华.西北联大与中国高等教育[M].西安:西北大学出版社,2013:411.

"共性"①。

西南联大很好地践行了"学术自由,教授治校",因而"和而不同""求同存异";西北联大多是"官员办学,党化管理",以致"联而不合""貌合神离"。与西南联大的"南渡北归"不同,西北联大是"扎根西北"而未归。但是,若从构建国家完整的高等教育体系和布局这一视角去审视它们,可以毫不夸张地说,西北联大的丰功伟绩不亚于西南联大,甚或有超越的事功。尽管是出于政府的行政安排,"而非学人的学术自觉"②。

自1937年到1946年间,西南联大有教授(含副教授)338名,共培养毕业生3882名,③西北联大与其子体国立五校则拥有771名教授(含副教授)的师资队伍,培养各科大学生9289人。④ 如果说西南联大培养了一批星光熠熠的学术精英人才,西北联大却造就了更多默默无闻的实用技术人才,所以后者的知名度和影响力远逊于前者。

抗战胜利已经77年了。西南联大早已消逝,西北联大的主体却薪火相传,其"后继院校现存有11所⑤,血脉相连院校24所","涉及京、津、冀、辽、陕、甘、苏、豫、川等9省市"。⑥ 在2022年公布的147所"双一流"学科建设高校名单中,与西北联大有直接历史渊源的有北京师范大学、天津大学、东北大学、中国矿业大学、西北大学、西安交通大学、西北工业大学、西北农林科技大学8所;与西北联大有一定源流关联的有北京大学、北京航空航天大学、北京科技大学、中国农业大学、北京林业大学、河南大学、贵州大学、陕西师范大学、兰州大学等十余所。然而与西南联大声名赫赫相反,西北联大由于种种原因⑦,至今籍籍无名……

---

① 赵保全,罗承选.抗战时期大学共同体精神培育凝练之道——基于西北联大和西南联大的比较//第六届西北联大与中国高等教育发展论坛论文集[C].西安:西安交通大学,2017:133.
② 储朝晖.中国近代大学精神史[M].北京:人民教育出版社,2013:414.
③ 国立西南联合大学校史[M].修订版.北京:北京大学出版社,2006:2.
④ 姚远.国黉播迁:西北联大通史:下[M].西安:陕西人民出版社,2021:775,778.
⑤ 西北联大11所后继院校为:北京师范大学、天津大学、东北大学、河北师范大学、西北大学、西安交通大学医学部、西北工业大学、西北农林科技大学、西北师范大学、中国矿业大学、河南理工大学。
⑥ 姚远.衔命东来:话说西北联大[M].西安:西北大学出版社,2018:513.
⑦ 厦门大学刘海峰教授认为,西北联大较少人知道的原因有五个方面:第一,联合建校母体不同。第二,西北联大存在时间偏短。第三,西北联大受政治影响较大。第四,历史容易将同类事件中相对次要的部分遗忘。第五,以往对西北联大的历史重视和发掘不够。[据.历史需要诉说:西北联大的命运与意义[J].高等教育研究,2013(9).]

序章　辞别燕都

1937年7月7日,北平已是不堪忍受的酷热,温度计上的水银柱从大清早就直线上升,即使夜间也不轻易下降。刚入睡不久的日本陆军少佐、驻华大使馆驻北平的陆军助理武官今井武夫,被一阵急促的电话铃声叫醒,是北平驻屯部队联队副官河野又四郎大尉打来的,说是卢沟桥日华两军发生冲突。双方彻夜进行调查,"虽隐忍持重争取就地解决,可是八日拂晓,日军终于开了迫击炮"①。

从此,中国历史发展的方向,甚至世界历史发展的方向都发生了改变。

位于西郊罗道庄的北平大学农学院,因距卢沟桥较近,该院师生首先听到了第一声枪响,接着枪炮之声连续不断。可是,对于这枪炮声,很多人却已经麻木,并未想到问题的严重性。时在北平大学任教的曹靖华后来写道:"这是七月七日的早晨,沉重的隆隆的声音,连续不绝地把我从梦中惊醒了。我在床上坐起来,细细地辨出这是郊外传来的炮声。天还没有亮,坐一会

北平大学农学院正门

---

① 今井武夫.今井武夫回忆录[M].北京:中国文史出版社,1987:26.

又躺下去,隆隆的声音依然在继续着。但由于近年来在故都听惯了这种声音,就毫不觉得惊疑:这大概还是'友邦'在'演习'的。"①

由于正值暑假,学校里的学生其实很少了。一些学生回家度假,北平大学、清华大学和燕京大学的一部分学生,有的参加了国民革命军第二十九军在西苑办的军事集训,还有的参加了北平学联组织的西山夏令营活动,这些都预示着战争的临近。这次学生夏令营是由北平"民先"(中华民族解放先锋队简称)总部领导,学联出面组织的。"民先"总部指派北大学生杨雨民任总队长,学联委托清华等校进行筹备工作,选定了西山大觉寺南边的莲花寺为设营地点。起初是按 300 人规模筹备的,但报名结果达 500 余人,女生约占四分之一。经过紧张筹备,夏令营按时开始了。夏令营生活是紧张活泼的,约一半时间进行爬山、行军等野外演习,其余时间除研讨时事和学术外,则去附近寺庙游览。入夜,营地篝火通明,大家表演各种节目,载歌载舞。寂静的山坳,从沉睡中活跃起来,歌唱声、嬉笑声、欢闹声不绝于耳。这时卢沟桥形势突变,日军开始炮击宛平县城,中共地下党组织决定,夏令营立即结束,同学们马上返校,以支援抗战。② 在西苑兵营负责学生军事训练的总负责人、一一○旅何基沣旅长也终止了军训,对学生们说:"你们赶快回去,不能不结束,时局紧张。"③各校同学于隆隆炮声中返回了北平。

平津地区军政负责人、第二十九军军长宋哲元是冯玉祥的老部下,一直受到蒋介石的猜疑与排挤,所以在与日本人打交道的过程中,主要采取夹缝中求生存的方针。他主持冀察政务后,蒋介石指示:"只要在不妨碍国家领土主权完整之大原则下,妥密应付,中央定予支持"。④ 他既不想出卖自己的良心,让国人责骂,也不想把事情做绝。可是,日本人步步紧逼,让他难以招架。1937 年 5 月,宋哲元干脆告假回山东乐陵老家修祖坟,临行前将军事交给第三十七师师长冯治安,外交交给第二十九军副军长秦德纯,直到事变发生。

7月8日、9日,蒋介石自庐山连发两电,指示宋哲元:"宛平城应固守勿退。并需全体动员,以备事态扩大";"守土应具必死决战之决心,与积极准备之精神相应付。至谈判,尤需防其奸狡之惯伎,务须不丧失丝毫主权为原则。"⑤

---

① 曹靖华.故都在烽烟里[M]//曹靖华散文选.西安:陕西人民出版社,1983:290.
② 中共北京市委党史研究室.中国大学革命历史资料[M].北京:中共党史出版社,1994:370 - 371.
③ 张德耀.回忆七七事变后参加抗战活动[M]//林家栋.百年回眸.北京:中国农业大学出版社,2005:29.
④ 张洪涛.国殇:国民党正面战场抗战纪实:上[M].北京:团结出版社,2005:149.
⑤ 陈岚.蒋介石日记全揭秘[M].呼和浩特:远方出版社 2010:259 - 260.

11日深夜，宋哲元返回天津，立即召开军政会议。在这次会议上，他表示"平津地方重要，不能轻启战端……华北即有战争，亦须在平津以外，请诸君无虑"，而对于卢沟桥事变的原因，他认为"纯系出于双方之误会，徐徐调解，自可和平了结，绝不至发生战事"①。他决定接受日军提出的苛刻条件，派代表与日军谈判，双方签订了停战协议。

到了20日，日军又开始大举进攻，迫使二十九军后退。此时的北平西郊作为战争前线，到处修挖战壕，阜成门已经关闭了，北平大学农学院师生平日进城的交通要道被封锁。经与二十九军交涉，对方准许农学院师生结队，由助教范济洲、学生张恩泽带队，通过战壕向北绕行，从西直门进了城。这时，除了部分职工及家属仍留住供王寺宿舍外，其他进城的单身教师和学生，寄住在城里的亲友家中或他校同学的宿舍。②

26日，日军北平特务机关长松井面见宋哲元，送交了给冀察当局的最后通牒。第二天，宋哲元态度忽变，拒绝了日方要求，同时联合二十九军高级军官通电全国，誓要自卫守土。

28日，日军六万余人完成集结，朝驻守北平的中国第二十九军发起攻击。二十九军副军长佟麟阁、第一三二师师长赵登禹战死，军部直属部队和一三二师全线崩溃，南苑丢失。

29日，北平失守。"历代古都，竟沦犬豕矣。悲痛何如！"③

30日，天津沦陷。

第一节　何去何从？

一、庐山谈话会

庐山，素有"匡庐奇秀甲天下"之美誉。蒋介石自从掌控中国军政大权后，选择了庐山作为南京之外的第二处政治中心。1932年夏天，蒋介石命令行政院政务处何廉负责，于5月31日筹办行政院暑期迁移牯岭办公。年年暑期都接二连三地在庐山举办各种训练团、

---

① 齐璧亭.天津失陷之经过及现在之状况[J].西安临大校刊,1937(2).
② 张仲葛.中国近代高等农业教育的发祥[M].北京:北京农业大学出版社,1992:218.
③ 张秀章.蒋介石日记揭秘:下册[M].北京:团结出版社,2007:513.

暑训班,故庐山被称之为国民政府的"夏都",为世人所瞩目。

1937年5月23日,蒋介石抵达庐山牯岭,筹划本年度暑期训练事宜。确定由"国民党中央政府会议"发起,邀请全国社会各界知名人士、大学教授、各党派领袖至庐山举行谈话会,"彼此交换意见""讨论国家外交及国内政治、经济、教育诸问题"①。参加谈话会人员分为政治、外交、财经、教育四个组,国民政府中央及各部要员也相应分至各组,听取意见,答复疑难。"谈话会性质,完全为彼此交换意见,及作感情上之联络,非一般会议式之集会也。"②可见,这是一个政府听取民意的讨论会。

6月23日,张群以国民党中央政治会议秘书长名义,向全国各界名流正式发出请柬。柬文曰:"敬启者:庐山夏日,景候清嘉,嘤鸣之求,匪伊朝夕。先生积学盛名,世所共仰。汪蒋两公,拟因暑季,畅接光华,奉约高轩,一游牯岭。聆珠玉之谈吐,比金石之攻错。幸纡游山之驾,藉闻匡世之言。扫径以俟,欣忭何如。汪蒋二公,另具请柬,尚祈惠察,谨此笺启。"③被邀者200余人,时间定于7月15日至8月15日,共分三期举行。

7月初,首批被邀代表陆续上山。7月8日,卢沟桥事变的消息传到庐山,"人心为之震撼","当是时,中外人士于对日'和''战'问题咸注视牯岭方面之如何应付"。④ 7月10日,清华大学教务长潘光旦、秘书长沈履给校长梅贻琦电告北平近况,电报中说:"连日市民、学校均镇静。各方安,乞释念。"⑤第二天,胡适从南京发给梅贻琦的密电也是说:"清华平安,仅有日兵官来问有无军器,并欲购校马,并劝告校款勿外汇,以免谣传日军提取。"电文中还特别说明"职员出入无阻,携物者须检查,据云日军尚有礼貌,人心稍安"。⑥ 显然,潘光旦、沈履、胡适等人还没意识到战争即将全面爆发。

7月11日,胡适到了庐山,王世杰报告蒋介石后,蒋介石当天下午请胡适喝茶。那时国民党中央还未决定抗战,因为日本曾经明白宣布,如果中央军开到河北,日本就认为国民政府正式的对日战争。胡适这次和蒋介石谈话,陈述当时北平的情形、民情的激愤及中央不能放弃河北等等,谈得激昂慷慨,蒋介石听了十分感动。⑦ 这天晚间,蒋介石约冯玉祥

---

① 常琦.1937淞沪八一三:淞沪大会战影像全纪录[M].北京:长城出版社,2016:30.
② 吴宗慈.庐山续志稿:第一卷[Z].江西省庐山地方志办公室,1992:13.
③ 魏风华.抗日战争的细节[M].南京:江苏文艺出版社,2012:95.
④ 吴宗慈.庐山续志稿:第一卷[Z].江西省庐山地方志办公室,1992:13.
⑤ 潘光旦、沈履急电梅校长[M]//清华大学史料选编:第三卷(上册).北京:清华大学出版社,1994:1.
⑥ 胡适密电梅贻琦[M]//清华大学史料选编:第三卷(上册).北京:清华大学出版社,1994:1.
⑦ 胡颂平.胡适之先生年谱长编初稿:第五册[M].校订版.台北:联经出版公司,1990:1599.

晚餐,冯玉祥也慷慨陈词,又谈了一个多时辰。"据侍从室主任某君对王世杰说,冯玉祥走了之后,蒋委员长一个人在房内踱来踱去,大约踱了一点多钟,最后决定对日抗战。"①

蒋介石在庐山从7月8日得到事变消息至29日北平沦陷这段时间,先后15次致电平津地区最高军政负责人宋哲元,指示其具体的作战行动并告知中央的意图。与此同时,蒋介石还频频通过外交途径,寻求局部解决的可能性,国民政府外交部和宋哲元的冀察政务委员会都与日军进行了数度交涉、谈判。然而,谈判未能取得实质性结果,日本仍在不断对华北增兵,局势日趋严重。形势已发展到了国民政务必旗帜鲜明地表明自己立场的"最后关头",而庐山谈话会则提供了这样一个良好的时机与场所。

7月16日,比原定日期推迟了一天的第一期谈话会在庐山图书馆大礼堂举行。会议由中央政治会议主席汪精卫主持,蒋介石及于右任、戴季陶、冯玉祥等共158人到会。其中,大学校长及独立学院院长计有北京大学蒋梦麟、清华大学梅贻琦、北平大学徐诵明、南开大学张伯苓及河北省立女子师范学院齐国樑等18人;大学教授及研究机构人员有北京大学胡适,清华大学萧公权,北平师范大学李建勋、邱椿、黄国璋和北平研究院崔敬伯等39人;其他各界人士如商务印书馆王云五、中华职业教育社黄炎培和陕西水利局李仪祉等26人。②

北平大学代理校长徐诵明

河北省立女子师范学院院长齐国樑

---

① 胡颂平.胡适之先生年谱长编初稿:第五册[M].校订版.台北:联经出版公司,1990:1599–1600.
② 信卓修.庐山谈话会邀请参加人员名册[Z].台北:台湾"国史馆",1950.

在首次大会上,汪精卫大谈特谈三民主义、宪法修正案、结社之自由等问题,对于当务之急的北平局势,仅说道:"最近卢沟桥事件突然发生,危急情形,更加严重,根本方法,仍是精诚团结"。① 整个会场空气显得比较沉闷。

不少北平各大学负责人还是表现出对华北局势的忧心。7月15日,北平师范大学校长李蒸、北平研究院副院长李书华等9位学者联合密电蒋梦麟、梅贻琦:"就同人观察,华北局面症结在地方最高当局对中央尚有疑虑,深恐地方对日决裂后中央反转妥协退[让],使地方进退失据。务请向介公进言,对地方作具体表示,俾祛除此种疑虑。"②

7月16日下午,北平文教界人士李书华、张贻惠、李蒸等赴津谒见宋哲元,探询时局真相,宋哲元即予接见,并说明一切意见。同一天,李书华、李蒸、潘光旦等21位教授又密电在庐山参加谈话会的各校负责人:"卢沟桥抗战以来,全国振奋,士气激昂。几日来忽有天津谈判之举,敌人重兵深入腹地,城下之盟——求不丧权辱国,岂能幸免。务请一致主张贯彻守土抗战之决心,在日军未退出以前绝对停止折冲,以维国权。"③梅贻琦翌日密电潘光旦,是日早晨当局召开重要会议,表示坚决抗日,并已开始布置。

7月17日,蒋介石代表国民政府在庐山谈话会上做长篇演讲,向全国发出号召:"我们希望和平而不求苟安,准备应战而决不求战。我们知道全国应战以后之局势,就只有牺牲到底,无丝毫侥幸求免之理。如果战端一开,那就是地无分南北,年无分老幼,无论何人,皆有守土抗战之责任,皆应抱定牺牲一切之决心。所以,政府必特别谨慎,以临此大事;全国国民,亦必须严肃沉着,准备自卫。在此安危绝续之交,唯赖举国一致,服从纪律,严守秩序。希望各位回到各地,将此意转达于社会,俾咸能明了局势,效忠国家。"④

第二天,蒋介石的这个讲话以《对于卢沟桥事件之严正表示》为题公开发表,中国政府明确的抗战立场,就此传遍世界。

鉴于事态危急,7月20日蒋介石就回南京应对局势去了,没有参加后面的谈话会。

接着,蒋梦麟、梅贻琦和任鸿隽等也在第一期谈话会结束后赶赴南京,并于7月23日到教育部谒见王世杰,"谈约半小时辞出"⑤。晚上,王世杰在教育部宴请各大学校长,蒋梦

---

① 汪精卫先生抗战言论集[M]. 汉口:独立出版社,1938:2.
② 北平各大学负责人密电蒋梦麟、胡适、梅贻琦[M]//清华大学史料选编:第三卷(上册). 北京:清华大学出版社,1994:2.
③ 李书华等21教授密电庐山谈话会[M]//清华大学史料选编:第三卷(上册). 北京:清华大学出版社,1994:2-3.
④ 魏宏运. 中国现代史资料选编:4[M]. 哈尔滨:黑龙江人民出版社,1981:587-588.
⑤ 庐山会谈及暑训照常举行,蒋梦麟等抵京谒教主[N]. 工商日报,1937-07-24.

麟、梅贻琦、张伯苓、徐诵明及广东三位大学校长出席,教育次长段锡朋和周炳琳作陪,"席间对今后教育改进方针,有所商谈"①。王世杰在当天日记中写道:"本日晚约由牯岭参加谈话会,经由首都返校诸校长教授商谈;被邀者大半为平津各校人员。予所表示,为平津教育界意志与行动今后益宜一致,并宜与地方军政当局不断接触,庶几地方当局,重视教界态度,共同致力于统一与国权之拥护。"②第二天,蒋梦麟、梅贻琦、张伯苓和徐诵明再次拜会王世杰,对教育方针及各校改进事项进行商洽。

7月28日至29日,第二期庐山谈话会继续举行,由汪精卫主持。与会的大学校长及独立学院院长计有北平师范大学李蒸、重庆大学胡庶华及北洋工学院李书田等20人,大学教授及研究机构人员有中央大学陈剑翛,北京大学曾昭抡,清华大学顾毓琇、潘光旦,北平师范大学杨立奎和北平研究院李书华等39人。

北平师范大学校长李蒸　　　　　　北洋工学院院长李书田

第三期谈话会因战事紧张而取消。原拟与会的大学校长有东北大学臧启芳、河南大学刘季洪等20人,大学教授及研究机构人员有北平大学王季绪、王之相、石志泉,中央大学童冠贤,北平师范大学熊梦飞及北平研究院徐炳昶等38人。③

---

① 见大公报,1937-07-24.
② 王世杰.王世杰日记:上册[M].林美莉,编校.台北:"中央研究院"近史所,2012:25.
③ 信卓修.庐山谈话会邀请参加人员名册[Z].台北:台湾"国史馆",1950.

二、组建临时大学

日军为了彻底摧毁中国,首先瞄准文化教育机构,对我国高校进行了有计划、长时间、大规模的摧残和破坏。

7月28日午夜,日军用密集的炮火彻夜轰击南开大学,7月29日又派飞机以南开大学为目标,对天津进行了长达4小时的连续轰炸。中央通讯社当时报道:30日下午二时,"日炮队亦自海光寺向南大射击,其中四弹,落该院图书馆后,刻已起火","两日来日机在天津投弹,惨炸各处,而全城视线,犹注意于八里台南开大学之烟火。缘日方因29日之轰炸,仅及两三处大楼,为全部毁灭计,乃于30日下午三时许,日方派骑兵百余名、汽车数辆,满载煤油到处放火,秀山堂、思源堂(以上为二大厦,均系该校之课堂)、图书馆、教授宿舍及邻近民房,尽在烟火之中,烟头十余处,红黑相接,黑白相间,烟云蔽天,翘首观火者,皆嗟叹不已"。① 南开大学成为抗战以来中国第一个罹难的高等学府。此外,南开中学、小学,大同中学女中全部建筑,河北省立女子师范学院楼房、平房500余间,其他各校房屋337间被炸毁,损失教学仪器设备数十万件,图书数十万册及其他财物。②

当日军兵临津门时,北洋工学院因处平津必经之路,首当其冲,学校被日军占为兵营,仪器设备损失惨重。除事先抢运出寄存于英租界兴华公司的200箱资料、仪器、实验药品外,其余图书、设施均被破坏,一些地质标本和珍贵仪器被劫往东京。

事变之后,北平大学"除农学院大部房舍及农林场设备已被暴敌损毁及摧残外,其余各学院所有家具图书仪器,多被盗劫,而以法商、工两学院损失为最甚"③。8月中旬,侵入北平的日军南城警备司令部占据和平门外北平师范大学数理学院;月末,日军山之内航空部队占据石驸马大街北平师范大学文学院。当时北平师范大学给世界学生会《抗战中的大学》刊物提交的稿件记载:"教职员学生校工纷纷逃避,校工有在校门外观望者,竟至触怒寇军,立加逮捕绑缚,欲予枪毙,几经交涉,始得释放。对于校中什物任意破坏,或升火为炊,或遗弃满地,并运走物理系无线电机,即学生私人书籍行李之存置学校库房者,亦横遭抢劫盗卖。"④国民政府也承认:"当时平津京沪各地之机关学校均以变起仓促,不及准

---

① 见中央日报,1937-07-31.
② 李忠杰.天津市抗日战争时期人口伤亡和财产损失[M].北京:中共党史出版社,2014:22.
③ 王建领,等.国立西北联合大学档案史料选编:下册[M].西安:西北大学出版社,2018:782.
④ 刘基,等.西北师范大学校史(1902—2012)[M].北京:教育科学出版社,2012:69.

备,其能将图书仪器设备择要运内地者仅属少数,其余大部随校舍毁于炮火,损失之重,实难估计。"①

野蛮的轰炸和破坏吓不倒中国政府和人民。张伯苓得知南开大学被炸的消息,他向蒋介石表示:"我几十年的努力都完了。但是只要国家有办法,能打下去,我头一个举手赞成。只要国家有办法,南开算什么?打完了仗,再办一个南开。"蒋介石也向他表示:"南开为中国而牺牲,有中国即有南开。"②事变之前,面对很多人的担忧,北平师范大学校长李蒸的回答是:"我可以告诉诸君,如若万一无办法时,在北平不能办大学,在别处仍可以办。在那时,组织规模或者不能与现在一样,而生命则无论如何是不会断的。"③

在中国教育界享有盛誉的这批高等学府,到底何去何从呢?

平津甫一沦陷,教育部长王世杰即于7月31日"拟定战区内及易受敌人攻击地点学校之处置办法","拟提院核定施行"。④

8月3日午后,王世杰约胡适、吴鼎昌(国民政府实业部部长)、周炳琳(教育部常务次长)、彭学沛(交通部政务次长)、罗家伦、蒋梦麟诸人在家密谈,密谈详情不得而知,但约略可以想见。又,8月6日,傅斯年致函蔡元培,言"此时另有再设立'临时大学第一区'之计"⑤。由此可见,最迟在8月6日,教育部就有了设置临时大学的思路。

8月14日,清华大学校长梅贻琦和该校工学院院长顾毓琇双双接到教育部密电:"政府拟在长沙设临时大学一所,特组织筹备委员会,敦聘先生为委员,定于8月19日下午四时在本部召开预备会,届时务希出席为盼。"⑥

与此同时,北京大学校长蒋梦麟、南开大学校长张伯苓等也接到了同样内容的电报。蒋梦麟后来在回忆中说:"平津区陷敌以后,许多教员和学生知道在侵略者的刺刀下绝无精神自由的希望,结果纷纷追随他们的学校向南或其他地方转进。当时政府尚在南京,看

---

① 张凤来.北洋大学—天津大学校史(一)[M].天津:天津大学出版社,1991:233-234.
② 南开大学校史[M].天津:南开大学出版社,1989:232//吴相湘.张伯苓彭春兄倡弟随.民国百人传:第1期.台北:传记文学出版社,1971.
③ 李溪桥.纪念父亲诞辰100周年,逝世20周年[M]//李蒸纪念文集.北京:中国社会科学出版社,1996:23.
④ 王世杰.王世杰日记:上册[M].林美莉,编校.台北:"中央研究院"近史所,2012:27.
⑤ 王汎森,等.傅斯年遗札:第二卷[M].北京:社会科学文献出版社,2015:620.
⑥ 教育部密电梅贻琦、顾毓琇[M]//清华大学史料选编:第三卷(上册).北京:清华大学出版社,1994:4.

到这种情形,便下令在后方成立两个联合大学,一个在长沙,另一个在西北的西安。"①

8月19日,教育部在南京讨论华北高校内迁事宜。其实在卢沟桥事变之后,教育部下了两种截然不同的命令给平津地区高校。第一种电文指示:北平地区教会所办学校,留在北平不动,继续兴学。第二种命令则要求一般公立、私立院校南移、西迁,以保存生机。一则命令是原地不动,另外一则命令指示是尽速迁移。表面看来,两项指令相互矛盾,事实上却有不同含义。北平沦陷后,教会所办大学如燕京大学、辅仁大学、北平协和医学院等院校,大多有美、德国际关系,私立中法大学有法国关系,暂时未受到日军的侵扰,连同私立中国学院,一共五所大学留下继续办学外,其他高等学府则完全被日军接管。教育部指令教会大学留在北平的最初用意,是基于日本会忌惮西方列强,不至于强行侵占,应该是沦陷区的安全城堡。教育部期望教会大学能尽力保存部分大学实力,伺机援助滞留在北平的高校师生,并进而成为教育部的秘密联络管道之一。事实上,在太平洋战争爆发之前,燕京大学校长司徒雷登每年冒险前往重庆教育部,汇报燕京大学及其他滞留北平的大学状况。私立中国学院在战时曾接受陈立夫密令,收容东北青年。②

基于此,政府首先决定私立学校,除了南开大学以外,其余一概任其自生自灭,只把最重要的国立北京大学、清华大学、北平师范大学、北平大学、北洋工学院和私立南开大学六校,并为两校,分置南北。由于战前清华大学已经在长沙动工建立分校,计划将北京大学、清华大学和南开大学迁至湖南成立长沙临时大学。又由于战前北平大学、北洋工学院已经与陕西省政府有过迁陕接洽,而且北平研究院部分机构已经迁陕,所以将北平大学、北平师范大学和北洋工学院,以及北平研究院迁至陕西成立西安临时大学。

为了挽救教育,保存文脉,国民政府及时出台《教育部设立临时大学计划纲要草案》(以下简称《草案》)。《草案》说,"政府为使抗战期中战区内优良师资不致无处效力,各校学生不致失学,并为非常时期训练各种专门人才以应国家需要起见,特选定适当地点筹设临时大学若干所",先暂时设置三所,"临时大学第一区——设在长沙;临时大学第二区——设在西安;临时大学第三区——地址在选择中"。"各区临时大学筹备委员会设主席一人,由教育部长兼任,设秘书主任一人,常务委员三人,分别担任秘书、总务、教务、建筑设备四部事务。其人选由教育部就筹备委员中指定之常务委员合组常务委员会","各区临时大学之经费,由政府就战区内暂行停闭之各校原有经费及其他文化教育费项下拨充"。③

---

① 蒋梦麟.蒋梦麟自传:西潮·新潮[M].北京:华文出版社,2013:228.
② 胡国台.浴火重生:抗战时期的高等教育[M].台北:稻香出版社,2004:45-47.
③ 姚远.西北联大史料汇编[M].西安:西北大学出版社,2012:1.

开办临时大学需要一笔开办费,王世杰首先想到了中英庚款董事会董事长朱家骅,遂于8月21日致电求助:

> 战区扩大,全国高等教育多受影响,平津尤甚,近与适之、孟真诸兄细商,拟在长沙、西安两处筹设临时大学各一所。长沙一所已租定圣经学校房屋为校址,拟由北大、清华、南开三校合并办理,并由中研院予以赞助;西安一所拟由平津国立他校合办,俾平津优良师资不至无处效力,学生不至失学。其经常费拟就各原校原有经费酌量扩充,唯开办费须另设法。拟恳兄主持由中英庚款拨长沙、西安两所开办费共100万元。其中,有若干成可即以中英庚款会原助平津各学校及其他机关之款移充,余请另引筹拨,并盼能分两期拨款。此事意在集中原有力量,于内地创造一、二学术中心,以求效力国家,务恳吾兄予以鼎助。①

就在王世杰致电朱家骅的21日当天下午5点,中英庚款董事会总干事杭立武约了教育部常务次长周炳琳、傅斯年和胡适,"商谈救济大学教育问题"②。

8月29日,王世杰与中英庚款董事会商定,"由该会移拨50万元,助长沙、西安两处成立临时大学"③。31日,教育部即令陕西省教育厅寻觅临时大学校址。

临时大学构想的出台,得到了相关各校人士的积极参与。时为北京大学校长的蒋梦麟,参与了这一计划的构想。从北京大学的独立性出发,他虽然不是十分赞同联合大学的计划,但是考虑到战争局势的严峻,还是"勉强同意了"此项安排:

> 与北方三个大学有关的人士正在南京商议学校内迁的计划。大家有意把北平的北京大学、清华大学和天津的南开大学从北方撤退而在长沙建立联合大学。胡适之从南京打电话给我,要我回到南京商量实施这个计划的办法。我经过考虑,勉强同意了这个计划。④

由此可见,联大合组之动议,当是在教育部的指导下,结合庐山谈话会期间有关教育问题的讨论意见,由平津各校负责人参与构想而形成。

9月1日,教育部长王世杰核定李书华(北平研究院副院长)、李蒸(北平师范大学校长)、徐诵明(北平大学代理校长)、李书田(北洋工学院院长)、臧启芳(东北大学代理校长)、辛树帜(西北农林专科学校校长)、周伯敏(陕西省教育厅长)、童冠贤(监察院监察委

---

① 王建领,等.国立西北联合大学档案史料选编:上册[M].西安:西北大学出版社,2018:93.
② 曹伯言.胡适日记全编:6[M].合肥:安徽教育出版社,2001:707.
③ 王世杰.王世杰日记:上册[M].林美莉,编校.台北:"中央研究院"近史所,2012:36.
④ 蒋梦麟.蒋梦麟自传:西潮·新潮[M].北京:华文出版社,2013:219.

员)、陈剑翛(教育部特派员)为西安临时大学筹备委员会委员。

值得注意的是,教育部聘东北大学校长任筹委,似有将东北大学并入西安临时大学之意。东北大学1938年春南迁四川三台之际,时任教育部长陈立夫曾有"东北大学未奉部令,径行迁移入川,当即仍令该校迁回陕西"①的说法。而西北农林专科学校校长任筹委,是否也暗示着什么。其实早在1936年3月,就因"国府拟设西北大学","教部拟与国立西北农林专科学校筹备委员会、东北大学及其他方面商榷,已决定在西安筹备"②云云。

9月8日,中英庚款委员会应此前王世杰之请,决定拨款50万元作为两所临时大学开办费。

9月10日,国民政府教育部发出第16696号令,正式宣布:"以北京大学、清华大学、南开大学和中央研究院的师资设备为基干,成立长沙临时大学;以北平大学、北平师范大学、北洋工学院和北平研究院等院校为基干,设立西安临时大学。"

在学校频遭焚毁、国土连片沦陷的紧急形势下,为了从这场浩劫中抢救和保存我国文化教育的命脉,坚持抗战,以北平为首的各地高校开始了历史上罕见的播迁。

第二节　历史选择了西北

中华民国成立伊始,孙中山先生就意识到西部开发的重要性。从国防意义上讲,"中国若与外国冲突,如中日战争,或者中美战争时,日本必先攻击我沿海各省,那时只有两个办法(其实只有一个办法),一为听天由命,二为抵抗。采取抵抗办法时,必须立脚在西北,才能巩固作战的根本,扫荡沿海的敌人"③。从经济地位上讲,西北占全国面积的三分之二,土地广阔,物产丰富,但发展滞后。只有开发西北,才能使全国的自然资源与劳动力得到合理地配置,并为全国经济的健康全面发展创造条件。孙中山还强调培养人才是西北

---

① 徐诵明.偕陈委员赴西安转汉口向教部报告校务与请示各点[J].西北联大校刊,1938(1).
② 王建领,等.国立西北联合大学档案史料选编:上册[M].西安:西北大学出版社,2018:56//图书展望,1936-03-31.
③ 汪兆铭.在洛阳举行国难会议之意义[J].革命文献(36).

开发的当务之急,把发展教育和培养人才紧密联系起来,兴办师范教育、民族学校、职业技校和高等教育,为西北开发建设培养有用人才。①

1928年,南京国民政府成立不久,就确定把开发西北、建设西北作为要务之一,并相继派出科学考察团、实业考察团进行实地考察,为实施开发西北做准备。不料"九一八"事变爆发,东三省沦陷,平津危急。接着,日军进一步侵略上海,"一·二八"事变爆发,日本军舰开始在南京下关江面徘徊,直接威胁到首都的安全。兵临城下,国民政府一日之内决定迁都。然而,迁到哪里才最合适?北平已是唇亡齿寒,西安倒是个理想之地,然而彼时陇海铁路尚未修到那里,交通不便。几经讨论,古都洛阳进入大家的视野。洛阳地处中原腹地,易守难攻,地理位置优越。即便将来日军打到这里,再迁西安也不迟。

1932年1月30日,国民政府迁都洛阳,同年12月1日回迁南京。其间,在3月5日召开的国民党四届二中全会上通过的《确定行都和陪都地点案》,决定以洛阳为行都,以西安为陪都,定名为西京,成立西京筹备委员会和全国经济委员会西北办事处等机构。此项设计源自南京政府有鉴于北平的危机,有意将西安建设成为北方第二重心,以备不测。

舆论界最早注意西北问题。倡言"开发西北"的是以马鹤天为代表的一批有志青年。鉴于当时的西北边疆危机,他们于1929年就成立了西北研究社,并先后出版《西北》《新亚细亚》杂志,发表了一些有关西北问题的文章。"九一八"事变后,研究西北的各种民间社团、杂志相继创办。社团如北平的西北协商、西北春秋社、西北公学社、西北论衡社;上海的西北公论社、西北问题研究会;南京的西北周刊社、西北问题研究社、西北刍议社、开发西北协会等。当时创办的专门研究西北问题的杂志,计有《西北研究》《西北言论》《西北公论》《西北先锋》《西北论衡》《西北文化》《西北农林》《西北问题季刊》《开发西北》《拓荒》等几十种。社会各阶层人士以这些杂志为阵地,围绕"开发西北"问题展开深入地讨论研究,提出诸多开发西北的主张,如马鹤天《开发西北与中国之前途》、米志中《举世注目之西北》、郭维屏《挽救中国与开发西北》等。②

1932年8月,陇海路管理局发起成立了陕西实业考察团,分南北两组赴陕南、陕北进行考察。南组负责陕南片,团主任是同济大学校长、西北问题研究会发起人及干事胡庶华,团员有陕西省水利局长、水利专家李仪祉,农业学家安汉,以及北平大学农学院教师何庆云等。陇海路管理局是管理陇海路的行政机关,为什么要组织这次考察呢?何庆云在后来写成的《陕西实业考察记》"弁言"中说:"此次陇海路管理局鉴于陕西实业与陇海路

---

① 关连吉,赵艳林.西北开发思想史[M].兰州:甘肃人民出版社,2003:167-168.
② 关连吉,赵艳林.西北开发思想史[M].兰州:甘肃人民出版社,2003:187-188.

务,息息相关,非有根本策画,不足以谋共同之演进。因发起筹备陕西实业考察团,函邀国内各实业机关与学校团体,选派专门人才参加,以便从事调查,作经营西北之初步工作,意至良法至善也。"①何庆云是农学家,他参加实业考察当然有他的着眼点,一如李仪祉偏重汉南水利一样,何氏考察偏重于农业和农村经济问题,但每到一地都将教育视作重要考察内容,如城固教育"颇为发达",中小学校 190 余所,在校生 6400 余名,是全汉中的教育中心。汉中十二县共立中学(今汉中中学),"经费困难,设备简陋",其他学校师资力量也较弱,因此汉中的教育水平远落后于外地。他认为:"民智则国强,民愚则国弱,此定理也。陕南教育不兴(汉中、城固两县较好),民智简陋,等是人也,以之发展社会事业,恢复国家民族精神,乌乎可?故为恢复民族精神,及发展社会文化计,则普及陕南之教育,诚为重要之图。"②何庆云的种种建议,在当时有着积极意义。

抗战开始后,国民政府经过长期的调研,尤其是蒋介石视察西南、西北后,提出了"西南是抗战的根据地,西北是建国的根据地"的理论,使更多人意识到了开发西北的重要性。"西北在今天实不容忽视了。它的资源开发,它的国际运输,它的拓殖增产,和它的文化再发扬,都足以补助抗战根据地西南的不足。"③1937 年 9 月至 1938 年 9 月,顾颉刚考察甘肃教育后提出,"西北今日有无数人得不着受教育机会,如任其自然,则以彼勇悍之风,褊狭之性,实足增加国家民族之危险",因而要大力发展教育,"汉、回、番三方自能以教育相同而思想同,因思想同而感情互通,因感情互通而团结为一体"④。他又强调:"西北之地,国防经济两端,俱有其重要性,而欲为此两端之建设,则教育工作实据首要。"⑤杜学知提出发展西北教育,一方面要设立专科学校,并随时培养专业人才,"视建设所需人才,随时培植,长或数载,短则期年,因时制宜,与需用密切配合,既不感于缺乏,亦不失过剩"。同时,西北的教育要立足于西北,要培养西北的优秀人才,使他们"学成业就,以西北人才用于西北,既开发西北之民智,亦服务桑梓,环境谙习,收事半功倍之效也"。⑥ 西北作为战略后方的开发建设,对于专业技术人才的需要,进一步要求高等教育格局的调整。

---

① 何庆云.陕西实业考察记[Z].杭州:著者刊印,1933:1.
② 何庆云.陕西实业考察记[Z].杭州:著者刊印,1933:70.
③ 徐旭.西北建设论[M].北京:中华书局,1945:6.
④ 顾颉刚.西北考察日记[M].兰州:甘肃人民出版社,2002:239-240.
⑤ 顾颉刚.西北考察日记[M].兰州:甘肃人民出版社,2002:170.
⑥ 杜学知.西北文化建设刍议[J].新西北月刊,1944,7(4):32.

中国高等教育格局问题,"大体言之,在北平一隅,国立大学之院系重叠,显然可见"①。以 1937 年为例,"全国专科以上高校 91 所,而平津地区有近 30 所"②。为了改善这一状况,民间人士与政府当局积极筹划,希望在大战迫近前改变高等教育分布结构的不合理状况,同时促进西北地区高等教育的发展,为开发西北提供人才支持。张季鸾在 1933 年发表《应于西安新建教育中心》一文,高瞻远瞩地指出:

> 自国都南迁以来,北平失去政治中心之地位,而成为文化市,学生市。盖学校与学生之多,图书馆等设备之富,全国各都市无出北平之右也。乃最近外患紧张,平津受胁,负笈北平之各省学生,皆感不安。设一旦战事爆发,将有数万失学青年。此诚目前切迫之问题,不能不有救济之计画。吾人因此建议:愿国府与教育界及早熟商,别于内地准备收容多数学生之地点。以吾人论,西安市即最适宜地点之一。谓宜乘此非常之时,即将西安定为教育事业中心区域之一,而迅速建设之……吾人之意,亟宜在西安先成立一大学,招北平等处学生入学,北平教育界之诸先觉宜友一部分人领导此项运动,躬往主持……吾人断言:果一般学术专家教育巨子肯牺牲大都会之安逸生活,而倡导往西安去,则各省青年定负笈以从。将来西安定可成为永久的教育中心区域之一,且必能养成刚健质朴之学风,以贡献于救亡建国之大业。③

当时,西北地区受到经济落后、政治纷乱的制约,高等教育发展缓慢。截至 1932 年,在中国 76 所大学(含独立学院)中,④西北五省仅有甘肃学院和新疆俄文法政学院 2 所高校,教师共 47 人,学生共 176 人(全国学生 4 万余人)⑤。"九一八"事变之后,伴随开发西北政策的实施以及教育部对高等教育的整顿,西北高等教育尤其是陕西高等教育的发展开始受到重视。以 1934 年陈赓雅考察采访陕西所见:"陕西尚无高等教育,有主张应办大学者,但经费、设备及师资,在在均成问题。目前补救之办法,确应实事求是,多选派学生分入国内外大学,予以官费,培养高等教育方面需要之人才。同时并添设农、林、工业等专科学校,以造就生产实际人才。中央拟在西安或兰州办一西北大学及在武功办国立农林专

---

① 朱家骅.整理大学办法之说明[M]//黄季陆.抗战前教育概况与检讨.革命文献:第 55 辑,1983:108.

② 王世杰.王世杰日记:上册[M].林美莉,编校.台北:"中央研究院"近史所,2012:30.

③ 张季鸾.应于西安新建教育中心[M]//季鸾文存:上.大公报馆,1947:112-113.原载:大公报,1933-01-29.

④ 教育部教育年鉴编纂委员会.第二次中国教育年鉴[M].上海:商务印书馆,1948:1400.

⑤ 中国财经资料汇编之二四·中华民国统计提要:一[M].台北:学海出版社,1972:302.

科学校。此事在环境上既极需要,在实际上又甚有效力。甚望早日实现也。"①

关于国立农林专科学校的建设,戴季陶早在 1932 年 5 月赴陕考察时就提出来了。他在《建设西北专门教育之初期计划》中说:该计划以"造成发展西北经济事业所必须之各级专门人才"为重点,第一,先办国立农林专科学校。第二,农林专科学校完成满三年后,即开办国立西北理学院。第三,理学院开办满两年或三年,主要各学系,内容设备,既已充实,人才已集,再开办工学院,或同时开办工医两学院。而农林专科学校,亦可扩充为农学院。第四,行政及教育上之要件,如必须国立、经费配置、学生管理、学科设置要求、规划制定为"理科中心之西北大学规程"及实施方案等。② 同年 10 月 27 日,经国民党中央执委会政治会议议决,原则上通过了该计划,并推选戴季陶、于右任、吴稚晖、李石曾、朱家骅、邵力子、杨虎城等 15 人为国立西北农林专科学校筹备委员会委员。安汉在谈西北农林专科学校创办缘起时说:

> 夫西北原为吾中华民族之发祥地,徒以其地处边僻,国人多漠视之,自九一八事变以还,东北失陷,强敌压境,曩者认为荒凉不堪之西北,今乃成为中华民族之一大生命线。于是开发之高潮,沸腾海内。举凡政治、经济、文化种种事业,经纬万端,靡不各抒言论急待改建,而西北纯为农业社会,则农业之改建,尤为治本之图,农业受地域限制甚大,改进之道,在乎培植当地人才,以改造当地环境,则开辟资源,庶可发展而收事半功倍之效。是故中央创办国立西北农林专科学校于陕西武功,校长于公右任更提倡推广筹设甘青宁三省农业试验场之旨趣,俱在乎斯。③

1936 年 7 月,西北农林专科学校正式开学。此一举措适应了战时后方建设的需要,有助于为西北地区培养农业技术专业人才。但就西北农林专科学校的规模与影响而言,作用仍然有限,无法承担起西北地区高等教育事业全面发展的重任。

在 1935 年 2 月戴季陶等人呈请拨款开办西北农林专科学校之时,就有人提出:"如何繁荣西北,如何巩固西北,如何聚全国菁英于西北,均为当今切要之图。此其责任,岂仅办一农林专科学校所能负荷。余谓此言,非谓农林专科学校不宜办。盖谓农林专科学校外,尚须有合于全国所需要之建设,与农林专科学校同时并进。庶几救西北无异救全国

---

① 陈赓雅.西北视察记[M].兰州:甘肃人民出版社,2002:305.
② 戴季陶.建设西北专门教育之初期计划[J].中央周刊,1932,229:19.
③ 安汉.西北农业考察序[Z]//政协南郑县文史委.南郑县文史资料:第 5 辑.1988.

也。……为全国而开发西北之所需要者,而切于实用,易于收功,则尤推联合大学之创设。"①

除了自行筹办,将外地高校迁移西北也是一个办法。早在1933年2月,教育部长朱家骅,"顷以中央开发西北,亟须先行提高社会文化,除决定筹设专科学校外,并拟将北平师范大学移设西安,以期辅车相依增加进行速率"②,并专门致电陕西省主席杨虎城和教育厅厅长周学昌商洽。到了1935年底,主政陕西的邵力子呈文行政院,建议北平大学易地西安:"西北自中央主持开发以来,物质建设成效渐显,惟教育一端依然落后……查北平一隅,国立大学居四所之多,实嫌供过于求,似可酌迁一所入陕……以此办法,全国学区既免畸轻畸重之弊,西北方面亦省另起炉灶之劳,一举两利,莫过于此。复查北平大学现有农、工、医、法商及女子文理等五学院,学生共一千五百余人,教授百余人,机器、仪器、标本、书籍等约值三百万元,规模素称完备,以该校环境论,迁移西北尤为适宜。"③行政院在致教育部函中要求"统筹办理"。当时北平大学代理校长徐诵明派人前往西安考察筹设分校,因巨额经费问题而不了了之。④ 北洋工学院院长李书田担心战争威胁,亦积极寻求战时校址,向陕西省政府主席邵力子请求迁校帮助。邵力子致函行政院,希望北洋工学院和北平大学一起迁陕。行政院在致教育部函中指示"统筹办理"。教育部还没来得及办理,倒是流亡北平的东北大学,于1936年二三月间将部分院系迁到西安来了。北平研究院也于1936年底,将植物学研究所图书标本仪器迁往陕西武功,为战时迁移创造条件。

很快,卢沟桥事变爆发,平津地区高校被迫内迁,教育部便顺势而为,令北平大学、北平师范大学、北洋工学院及北平研究院迁陕,合组"西安临时大学"。可以说,历史选择了西北。

---

① 步陶. 开发西北所最需要之建设[N]. 新闻报,1935-02-21.
② 朱家骅电杨周,北平师大移西安[N]. 西北文化日报,1933-02-18.
③ 行政院关于邵力子请将北平四所大学迁移一所进陕致教育部笺函(1936年1月)[M]//马振犊. 抗战时期西北开发档案史料选编. 北京:中国社会科学出版社,2009:26-27.
④ 平大在西安设分校目前恐不易实现[N]. 世界日报,1936-01-06.

第三节　三校曾经是一家

为了完整地记述西北联大的历史,深刻地理解其兴衰得失,不能不对组成西安临时大学的三所院校之身世做一回顾。应该说它们有过"联合"的历史,曾经是"一家子",尽管时间不是很长。

一、北平大学:现代教育史上的"独联体"

说起北平大学,很多人误以为它是北京大学的别称,理由是北平即北京嘛。事实上,北京并非在整个民国时期都叫北平,北平大学和北京大学也不是一回事儿。

自近代以来,北京的高等教育发展走在全国前列。其中,国立大学在民初由北京的国立大学一所,发展至20世纪20年代的"国立八校",即北京大学、师范大学、女子师范大学、工业大学、农业大学、法政大学、医科大学、女子大学等八校,后来又加上艺术专科学校,统称"国立九校"。这九所学校都由教育部拨款,因而谓之"国立"。其时尚有以"庚款"为经费的清华大学、外交部办的俄文专修馆、交通部办的交通大学、财政部办的税务专门学校,这些学校各有专款,只叫"公立"或"部办",而不叫"国立"。

1927年6月18日,张作霖被各路军阀推为陆海军大元帅,行使大总统职权。20日,张作霖任命刘哲为教育总长。7月30日,刘哲呈请大元帅:"为拟据京师国立九校改组计划仰祈鉴核事,窃维为政之道,在因时而制宜,兴学之方贵补偏而救弊。查京师旧设国立各校统计有九……京师为大学区域之(一),而国立者多至九校各不相谋,实虑名实未符,虚糜国帑。且迩来学风不善,士习寝窳,除慎选教材、改良校规各节宜另订办法即时厉行外,对于名称一端,尤应妥为更定,树之风声俾新观听。现拟将原有各校合并为一,总称为国立京师大学校,分设文理法医农工六科,师范一部,商业、美术两专门部。"[①]8月6日,大元

---

① 王学珍,郭建荣.北京大学史料:第二卷(上册)[M].北京:北京大学出版社,1993:13.

帅令准。8月25日,刘哲兼任国立京师大学校校长职。

张作霖当大元帅时,也正是北洋政府穷途末路、财政极端困难时期,他的内阁只有八十万行政费,他的总理兼财政总长把财政部的人员裁撤得只剩下二十人,成为笑话奇谈。在行政费这样紧张的情况下,国立九校不合并没有钱,合并了还是没有钱,经费名义上有,但无钱发,只是"欠"着,这就是刘半农《五年以来》文中所说的"国立大学经费积欠至数年之多"的实际情况。

1928年5月中旬,北伐军沿京汉线北上,张作霖赶紧率奉军向山海关外撤退。

6月8日,国民革命军正式接管北京①,存在将近一年的张系京师大学校土崩瓦解。是日,北京大学原校长蔡元培以中华民国大学院院长的身份在南京国民政府第70次会议上提议:北京大学历史悠久,上年北京教育部并入师范等大学,改名为京师大学。现在国府定都南京,北方京师之名不能沿用,拟请改名北京大学,并选任一校长,以责专成。蔡元培的本意拟以北京大学名义合并北京国立各校,但其主张却遭到师大派经亨颐等人的极力反对。事实上,这次会议之前大学院大学委员会易培基与吴稚晖、张静江等委员事先即商定,"京师大学不再恢复北京大学之名称,改名中华大学,校长由蔡元培暂兼以李煜瀛代理"②。

7月19日,国民政府会议通过北平国立各校合组为国立中华大学,以李石曾(煜瀛)为校长。9月3日,任命李书华为中华大学副校长。

然而,中华大学成立仅两月余,国民政府又再次推行大学区,于9月21日议决国立中华大学改称为国立北平大学。此前1927年6月6日,国民党中央政治会议第102次会议上,通过蔡元培代表教育行政委员会的提案,决定教育行政制度采用大学院制,并试行大学区制。所谓大学院和大学区制,其中心是在中央设立大学院,统一领导全国的教育和学术事业,并将全国划分为若干大学区,每一区设一所大学来管理全区的教育文化事业。同时,南京政府任蔡元培为大学院院长。大学院请了一些只发干薪、不必上课的教授,鲁迅就是其中之一,他曾在日记中写道:"1928年1月31日:下午收大学院泉三百,本月分[份]薪水。"③

1928年7月31日,南京国民政府正式公布:全国划分为四个大学区,即北平、江苏、浙江、广州四区,以北平、天津、河北、热河为北平大学区范围。根据《北平大学区组织大纲》,

---

① 1928年6月20日,南京国民政府宣布改"北京"为"北平",设立北平特别市,由行政院直辖。
② 王学珍,郭建荣.北京大学史料:第二卷(上册)[M].北京:北京大学出版社,1993:19.
③ 鲁迅日记[M]//鲁迅全集·编年版:第5卷.北京:人民文学出版社,2014:666.

将北平、天津、保定三城内各国立学校整合院系后,统一合并成国立北平大学,下设十个学院,即:

北京大学文学院、保定河北大学文科合并为"北平大学文学院",院长陈大齐;

北京大学理学院改为"北平大学理学院",院长王星拱;

北京大学法学院、北京法政大学、河北大学法科、天津法政专门学校合并为"北平大学法学院",院长谢瀛洲;

北京工业大学改为"北平大学第一工学院",院长俞同奎;

天津北洋大学、天津工业专门学校合并为"北平大学第二工学院",院长石树德;

北京农业大学、河北大学农科合并为"北平大学农学院",院长崔步瀛;

北京医科大学、河北大学医科合并为"北平大学医学院",院长徐诵明;

北京师范大学改为"北平大学第一师范学院",院长黎锦熙,后改张贻惠;

北京女子师范大学、北京女子大学合并为"北平大学第二师范学院",院长徐炳昶;

北京艺术专门学校改称"北平大学艺术学院",院长徐悲鸿。

另外,北京俄文专科学校改为"俄文专修馆",北京大学预科改为"北平大学文理预科",还有国学研究所,分别由段憩棠、刘半农、沈兼士主持。①

可见,北平大学的规模远超前京师大学校。但这样以行政手段强行合并的制度设计一经提出,立即遭到三地各校的群起反对,其中以北京大学学生反抗最为激烈。最后教育部做出让步,同意北京大学原有的文、理、法三院组织并不拆散,改名"国立北平大学北大学院"。

大学院和大学区制的试行在各地遭到反对和抵制,有鉴于此,1928年11月1日,国民政府下令取消大学院,改为教育部。1929年6月,国民党二中全会决议,自7月1日起正式废止大学区制。8月6日,国民政府决定将北大学院脱离北平大学独立设置,恢复为国立北京大学,这样在历经两年的动荡之后,北京大学的复校独立运动取得完全成功,并成为此后二十年间北平城内唯一冠名"北京"的学术机构。

继北京大学独立以后,紧接着,北平大学第一师范学院独立,改称"国立北平师范大学";北平大学第二工学院独立,改称"国立北洋工学院"。其他各校虽继续谋求独立,但均遭否决,继续留在北平大学内。

1931年2月,教育部令北平大学女子师范学院与国立北平师范大学合并,校名仍为

---

① 邓云乡.北平大学[M]//文化古城旧事.北京:中华书局,1995:36-37.

"国立北平师范大学";女子学院改称"女子文理学院"。1932年8月,病理学家徐诵明代理北平大学校长。1934年初,艺术学院改为"国立北平艺术专科学校",单独设置。

1934年7月,北平大学设女子文理、法商、工、农、医五个学院十八个系和二个专修科,建制才告稳定。这五个学院的校址分散在城里各处,名义上虽然统一,实则仍然各行其是,各院均有相当独立性,俨然一个"独联体"。说它是中国教育史上的第一个联合大学,也不为过。同年6月28日,教育部对北平大学发布改进训令称:"查该校组织,殊嫌散漫,校长办公处几同虚设,各院各自为主,不能通力合作,于校务进展不无妨碍。"①

北平师范大学校门

北平大学法商学院正门

---

① 中国第二历史档案馆.中华民国史档案资料汇编:第五辑第一编教育一[M].南京:江苏古籍出版社,1994:213.

一年之后,教育部于1935年8月11日再次对北平大学发布训令:"该校曾经本部提示要点,督促改进在案。查核此次视察员报告,该院一年以来,对于部令所示各点,唯院系业经整理,此外殊少切实进步……关于改善组织者:该校组织仍属散漫,过去院自为政之分割状态,迄无若何改革。"①这种"组织散漫""各自为主"的积弊,为今后教育部对其改组留下隐患。

1935年底,陕西省政府主席邵力子呈文行政院,建议北平大学易地西安。1936年初,北平大学农学院院长刘运筹等代表校方赴西安考察筹设分校事宜,结果不甚圆满。地方当局"固甚表赞同,惟以经济困难,仅允拨给空地,至于建筑校舍之经费,须由平大自筹","而目前平大经济状况,亦甚困难,无法筹此巨款,设分校事恐难实现云"。②

二、源自中国第一所高师的北平师范大学

北平师范大学,旧时简称"师范大学",或者干脆就叫"师大"。"不少师范大学的学生,都是寒家子弟,贪图师大不收学费、杂费、住宿费,而且还管饭,就是吃饭不要钱,伙食也还不坏。这样人们又给'师范大学'起了个诨名,叫'吃饭大学'。这些优惠条件,在穷学生看来,是十分重要的","虽穷,考的人仍很多,不但成绩好的学生争着考,即使经济条件好的也是要考师大的"。③

北平师范大学的最早历史,可上溯到京师大学堂师范馆。光绪二十四年(1898),清政府制定《京师大学堂章程》,规定京师大学堂分普通学与专门学两类,同时设师范斋和编译局等部门。以后历经戊戌变法、八国联军侵占北京等变故,京师大学堂屡遭摧残,以致停办。

光绪二十七年(1901),清政府重建京师大学堂,先设速成科,下分"仕学馆"和"师范馆"。师范馆首先招生,于次年12月17日开学,校址设在景山东马神庙。三十年(1904),师范馆改为优级师范科。三十四年(1908)五月,京师大学堂优级师范科改名为京师优级师范学堂,校址迁往厂甸五城学堂。这是中国高等师范学校独立设校的开始。

---

① 中国第二历史档案馆. 中华民国史档案资料汇编:第五辑第一编教育一[M]. 南京:江苏古籍出版社,1994:216.

② 王步峥,杨滔. 中国农业大学史料汇编:下卷[M]. 北京:中国农业大学出版社,2005:617. 原载:世界日报,1936-01-06.

③ 邓云乡. 师大[M]//文化古城旧事. 北京:中华书局,1995:26-27.

民国建立之后,1912年5月,京师优级师范学堂改为北京高等师范学校,以陈宝泉为校长,筹备开学事宜。陈宝泉可以说是北京高等师范学校的主要创办人和北京师范大学的主要奠基人之一。1921年10月,教育部派李建勋(湘宸)为校长。

北京高等师范学校大门

李建勋继任北京高等师范学校校长的时候,面临两大问题:一是学校经费非常艰难,积欠很多;二是北京高等师范学校"改大"的方向尚未确定,必须力争改为"师范大学"。北京高等师范学校从1919年起,在历届全国教育联合会上,都力主将高等师范学校改为师范大学。北京高等师范学校师生不断著文宣传"高师改大"的主张。

1922年,教育部给北京高等师范学校发来正式《训令》:"改造师资宜有专设之师范大学。查该校开办较早,并有各种研究科之设置,亟应先就该校开始筹备,除由本部敦聘教育界耆宿范源廉、袁希涛、李煜瀛等,及指派专员外,并由该校先行推定教授组织筹备北京师范大学委员会。"[①]筹备北京师范大学委员会第一次会议,推荐范源廉为校长。

激动人心的时间终于到来。1923年7月1日,国立北京师范大学正式成立,9月28日开学,从此中国教育史上出现了第一个师范大学。

---

① 北京师范大学校史(1902—1982)[M].北京:北京师范大学出版社,1982:69.

1928年6月,奉系军阀退回关外,国民党势力到达直隶平津一带。国民政府把在江浙地区的大学区制推行到北方,北平九所国立高校合并为北平大学。原北京大学改为国立北平大学北京大学院,原北京师范大学改为北平大学第一师范学院,原北京女子师范大学改为北平大学第二师范学院。

大学区制试行后,北平各国立高等学校一致反对。继北京大学首先要求学校独立之后,北京师范大学师生要求学校独立,但无结果。1929年6月,国民政府宣布大学区制停止试行。教育部通令恢复原来的北京大学,北平大学第一师范学院恢复为北平师范大学。

1931年2月,教育部决定北平师范大学与北平大学第二师范学院合组国立北平师范大学,任命徐炳昶(旭生)为校长。7月,两校院正式合并,下设教育学院、文学院、理学院。

翌年7月,教育部任命李蒸为校长。李蒸来校不久成立师大校务整理委员会,并草拟了《国立北平师范大学整理计划书》,提出了整理的方针和办法。

正当师大开始进行整理的时候,教育部长朱家骅突然命令师大(还有北平大学除农工医以外的其他学院)本年停止招生,"以便整理工作之进行"。令文中说:"近年来学潮迭起,内容复杂,每令办学者深感困难。而北平师范大学之内容,其组织与普通大学并无大异,颇患名实不符之病,均应从事整理,分别充实,以求改善。"①朱家骅《整理大学办法之说明》(1932年7月23日)云:"北平大学与师范大学,设备之不完善,政府亦极为关念。尤以师大物理实验室,去年之遭遇水灾,至可惋惜。该二校近年迭起风潮,内容复杂,每令办学者深感困难,此次政府决议,师范大学与北平大学所属女子文理学院之暂停招生,原为便于各该校院之易于整理与改善。"②

整理命令下达后,师大师生群起反对,校长李蒸赴京"设法斡旋",表示"务期争得正义",但都没有结果。当时教育部的命令只是要师大本年度停止招生,而不是停办,所以整理工作继续进行。

1933年8月,重新修订的北平师范大学《组织大纲》和《学则》,对学校的各个方面重新做了规定。大纲规定"本校以造就中等学校与师范学校师资为主,并以造就教育行政人员及研究教育学术与适用于教育之专门学术为辅",这是学校的总任务。

值得一提的是,在1932年初期,除了"停止招生""改变制度""停办师大"等不利师大的外部活动之外,北平《世界日报》、西安《西北文化日报》都曾透露过"师大迁校西安"的

---

① 北京师范大学校史(1902—1982)[M].北京:北京师范大学出版社,1982:88.
② 朱家骅.整理大学办法之说明[M]//黄季陆.抗战前教育概况与检讨.革命文献:第55辑,1983:108-109.原载:中央周报,1932-08-01(217).

消息。事实上，朱家骅在1933年2月17日曾经致电陕西省政府主席杨虎城和教育厅长周学昌，说："中央为发展西北计，前经决定筹设专科学校，现拟将北平师范大学移设西安，期辅车相依，进行益速。师大有深长历史，人才辈出，仪器图书校具，均已规模粗备，校长教授皆为一时人望，有俾西北，不卜可知，于院长称西北大学及师范大学旧址皆可拨用，已电师大校长从速准备，并派员趋前接洽，务请惠予指导，鼎力主持，弟亦当竭诚赞助，俾底于成，专电奉恳，无任公感。"①

校长李蒸当时却对采访的记者否定了西迁之说："外传教育部当局，以北平师范大学环境不适，改革多阻，拟迁西安，彻底整理，养成高等教育人才，刻正详筹校址及改善办法，本人事前并未闻悉，敝校与教育部函电往来，教部亦无片语及此，想师大迁设西安之说系外间之误传。中央已将故宫古物南迁，或因迁移文化机关之故，误传为师范大学迁设西安。师范大学一校迁移，想无此理，事实上有种种困难：（一）迁移财费过钜，中央财政困难，决无钜款拨充师大迁移费。（二）教授发生问题，各教授虽系专任，但均不愿至西北任课，因西北教育不易发展也。（三）学生亦有问题，西安交通不便，南北学生前往入学，川资颇钜，且西北中小学极少，敝校学生不易参观实习。（四）理学院仪器甚多，迁移之时，难免有损失之虑。（五）文学院图书甚多，不易运输。（六）教育学院贵在参观实习，西北各校不及华北，似与敝校学生参观实习不便。（七）西安无大片房屋，不能容纳师大千余师生。（八）附属中小学不能迁移，如欲迁移，学生不能迁往……"②

确实由于困难太大，当时教育部始终未正式提出此事。李蒸有一次去南京时，朱家骅向他提出师大在北平不适宜，应当搬开，地点可以在西安、洛阳或石家庄选择，他表示不能接受，后来由于朱家骅调离教育部，此事即行搁置。

及至抗战全面爆发，北平师范大学西迁之后，伪中华民国临时政府教育部1938年3月宣布，在南新华街原国立北平师范大学数理学院校址成立"国立北京师范学院"。1941年11月，伪华北政务委员会教育总署宣布将其与"国立北京女子师范学院"（1938年在李阁老胡同原国立北平大学法商学院校址成立）合并组建"国立北京师范大学"。

---

① 朱家骅电杨周，北平师大移西安[N].西北文化日报,1933-02-18.
② 李蒸.北京师范大学历史上的存废之事[M]//李溪桥.李蒸纪念文集.北京:中国社会科学出版社1996:75-76.

三、专办工科的北洋工学院

说到北洋工学院的历史,必须说到盛宣怀,这位鼎力协助李鸿章在天津开展洋务运动的实业派、北洋大学堂的创办人。

盛宣怀于光绪二十一年八月一日(公历1895年9月19日)通过新任直隶总督兼北洋大臣王文昭上奏光绪皇帝,设立一所新式学堂。八月十四日(公历10月2日)光绪皇帝在奏折上御笔朱批"该衙门知道","天津北洋西学学堂"正式创建,校址在天津大营门外的梁家园。1896年,更名为北洋大学堂。

北洋大学堂校门

1900年,庚子国变。北洋大学堂成为八国联军之一的德意志帝国的兵营,教学因此中断。1902年,直隶总督袁世凯奏请将北洋大学堂在天津西沽武库旧址复校。

北洋大学堂创建后,由盛宣怀亲自任督办兼名誉校长,他以"科教救国,实业兴邦"为宗旨,聘请美国教育家丁家立出任总教习。创建之初,北洋大学堂设立头等学堂(本科)和二等学堂(预科)。这是中国近代教育分级设学之始。头等学堂学制四年,分基础课和专业课。基础课有二十余门课程,专业课分五个专业:工程学、电学、矿务学、机器学、律例学,共三十余门课程。二等学堂是"中国最早的新式公立中学堂"。

中华民国成立后,学校更名为北洋大学校。1913年,改称国立北洋大学。1917年,教育部对北洋大学与北京大学进行科系调整,北洋大学改为专办工科,法科移并北京大学,北京大学工科移并北洋大学。1920年5月6日教育部训令:北洋大学法科于是年暑假即行终结,专办工科。同年6月北洋大学法科最后一班学生毕业,法科正式停办,专设工科正式开始,北洋大学进入长达三十五年的专办工科的时代。

1920年6月至1928年11月,北洋大学虽专办工科,但校名仍为国立北洋大学。

1924年北洋大学校长冯熙运辞职后,教育部委任刘振华为校长。刘振华任职期间坚持实事求是的校风,严谨治校,兢兢业业,对北洋大学建设与发展作出了突出贡献。他在经费常常积欠、校务推行非常困难的情况下,于1925年暑期呈准教育部把采矿冶金两学门合并为采矿冶金学门,奋力恢复了停办二十四年的机械工程学门。

1928年11月因试行大学区制,北洋大学改名为"北平大学第二工学院",刘振华校长辞职。北平大学临时指派矿冶工程系教授何杰、土木工程系教授李书田暂行维持校务,但很难推行。在师生紧急催促下,由北平大学聘茅以升为国立北平大学第二工学院院长。

1929年6月,大学区制废止试行。7月26日,南京国民政府颁布《大学组织法》,因北洋大学只剩工科,故暂称"国立北洋工学院",茅以升仍为院长。同时又同意成立"恢复北洋大学筹备委员会",并决定由王宠惠、李石曾、王正廷、王劭廉、赵天麟、陈立夫、茅以升七人为委员,筹备恢复北洋大学。这个委员会自成立起,也只是停留在纸面上。

1930年7月,茅以升辞职离校,蔡远泽继任院长,后因患病请王季绪教务长代行院长职责几个月,蔡远泽掌院仅两年,1932年9月正式请辞院长职,获准后由李书田接任院长。李书田在任五年期间,北洋工学院发展变化很大。且看其《北洋大学之过去五十三年》一文所云:

> 书田受任北洋院长后,一秉历任校长或院长治校之精神,努力迈进。复以蔡院长系书田业师,深愿步趋相随,完成蔡院长未竟之志。于是廿一年至廿二年,先完成工程学馆(即南大楼),并着重院务之安定与整理。旋即进行与其他九学术及水利机关合办中国第一水工试验所于天津。廿二年起,土木工程学系改招双班,分为土木工程组及水利工程组,同年停办预科,改称之附属高中,集中力量,专办本科各系。廿三年,请教育实业两部会呈行政院会议通过,由北洋与中央地质调查所、中国矿冶工程学会及中华民国矿业联合会,共同举行全国矿冶地质联合展览会于北洋,此为我国有史以来矿冶地质联合展览之创举。闭会后,标本模型及其他展览品,颇多赠予北洋,其中地质、矿物、岩石、矿产等标本尤夥,恢

复火灾以前之旧观且有过之,蔚为全国各大学收藏此类标本首屈一指之学府。旋复编刊《中国矿冶地质要览》,发行甚广。斯会出力最多者,为曹诚克、谭锡畴两教授。翁咏霓及李祖绅两先生,各以联合展览会主任筹委及筹委资格,赐助尤夥。同年矿冶工程学系分为采矿工程组及冶金工程组,并添设电机工程学系。廿四年,机械工程学系分设机械工程组及航空工程组。同年开办工科研究所,先成立矿冶工程部,分置采矿工程、冶金工程及应用地质三门,开始招考研究生,首届于廿六年大战前授予硕士学位。廿四年秋,建筑工程实验馆(即北大楼),翌年春完成应用。廿五年冬,因华北情形危急,经亲自赴陕勘定西京分院院址,正式承陕省府拨赠,嗣曾请款略建西京分院校舍,未邀部允。廿六年二月,奉教育部长面嘱,平津各校院勿迁移设备。乃完成筹备恢复北洋大学计划及概算,于廿六年四月携沪,面请北洋大学各筹委举行第一次会议,当即通过所拟计划及概算,由筹委会王主任委员亮畴,以公文送请教部核备施行,同年春在火烧大楼遗址,建筑可容四百人同时阅览之图书馆,藏书量五十万卷,建筑用费大半系校友捐助,只请政府拨发一部,三层甫完成一层半,即逢七七事变。①

此文提到的很重要一点就是,李书田深感战争威胁,未雨绸缪,积极寻求战时校址,向陕西省政府主席邵力子请求迁校帮助。邵力子致行政院笺函:"顷接国立北洋工学院院长李书田函,以此次五中全会有设立西北大学之提案,拟将该学院移于西安,以为西北大学之基本,并附意见书一份。详核所拟计划,颇为赞同,惟职日前曾上书请以北平大学迁陕改为西北大学,谅邀钧鉴。北洋工学院只工学一部分,与平大其他各学院自无重复,惟平大亦有工学院,是否该院亦一并迁陕,尚祈钧裁,统筹办理,并赐示复,不胜祷盼。"②该计划惜未能实施。1936年冬,李书田"经亲自赴陕勘定西京分院院址,正式承陕省府拨赠,嗣曾请款略建西京分院校舍"。1937年3月17日,天津《大中时报》报道:"本市国立北洋工学院,以建设西北人才孔急,决在西安设立分院,以资造就,前曾函陕西省教育厅代觅校址,现经陕厅勘定该城内东北隅崇义路边空地一大方,为该分院址,津院已接函,即日派员赴陕设计,以便兴工建筑云。"③遗憾的是,这一设想"未获部允"。但是,北洋工学院在西安建立战时分院以避免战争损失、延续学校生命的计划由此可知。

---

① 李书田.北洋大学之过去五十三年[Z].国立北洋大学卅七年班毕业纪念刊,1948.
② 行政院关于邵力子提议将国立北洋工学院西移事致教育部笺函(1936年1月3日)[M]//马振犊.抗战时期西北开发档案史料选编.北京:中国社会科学出版社,2009:27-28.
③ 张建.见证并记录:上[M].西安:陕西人民出版社,2006:144-145.

1937年4月3日，国立北洋大学筹备委员会成立后的第一次会议在上海举行。到会筹备委员有王宠惠、王正廷、李石曾、陈立夫、茅以升、赵天麟、李书田等七人，推定王宠惠为筹备委员会主席。会议讨论事项包括：（一）国立北洋大学分期完成计划案，决议通过；（二）添设医学院详细计划案，拟以天津前海军医学校地产处置作为医学院开办费案，决议通过；（三）"国立北洋大学分期完成计划"如何送请政府核定施行案，决议由筹备委员会函送教育部转呈行政院；（四）设法保全国立北洋大学天津特一区校产案，决议请教育部转呈行政院，令行关系机关，交还天津特一区校产，以为添设医学院及附属医院之用。此外，茅以升委员在会上提议，应推定本筹备委员会总干事案，决议推定李书田院长为总干事，负责恢复北洋大学的具体事宜。不久卢沟桥事变爆发，北洋工学院恢复大学计划被迫暂停执行。

第四节 北平研究院分道扬镳

西安临时大学组成单位里包括北平研究院，而且筹备委员会成员中也有该院副院长李书华，但实际上李书华并没有到任，北平研究院也未加入西安临时大学，而是分道扬镳、南迁昆明了。尽管如此，北平研究院也有部分研究所与西北联大、与陕西多少有些交集。

一、部分机构的陕西情缘

北平研究院由于研究经费十分紧张，不足的经费就要靠研究院自行解决。院长李石曾的筹款办法，一方面是从庚子赔款中获得补助，另一方面则是寻求与其他研究机构的合作。研究院的史学研究所考古组与植物学研究所先后与陕西的机构合作。

（一）史学研究会（所）考古组

史学研究会于1929年11月成立，设于中南海的西四所（怀仁堂左侧）。该会虽属于北平研究院人文科学方面的研究会系列，从经费和规模上来看却更类似研究所（北平研究院初期研究所经费每月2000元,研究会经费每月500元,史学研究会经费每月1800元),这与其他研究会不同。1936年7月,史学研究会改组为史学研究所,为北平研究院唯一的人文科学方面的研究所。所长由曾任北平师范大学校长、北平大学第二师范学院院长的徐炳昶担任。

史学研究会(所)下设两组:一组为调查编纂组,由李书华任主任;另一组为考古组,由徐炳昶任主任。1935年7月,调查编纂组改组为历史组,聘顾颉刚为主任,有吴世昌、吴丰培、刘厚滋等为编辑,白寿彝、杨向奎、顾廷龙等为名誉编辑。

考古组成员主要有徐炳昶、何士骥、苏秉琦、助理员常惠等。该组成立后,即将陕西、河南、山东、河北等中原省区作为考古发掘与研究的重点地区。考古组除在河北易县参加过发掘外,大部分工作都集中在陕西。

自1930年至1932年,北平研究院曾与陕西省政府相关部门进行过几次合作,如北平研究院函索西安碑林全套拓帖,陕西省政府即立刻组织人员拓印寄出。在几次接触的基础上,北平研究院一度设想在陕西成立分院。1933年,徐炳昶遵照北平研究院之总体规划,风尘仆仆赴陕筹设该院分院。但由于陕西士绅普遍反对由北平研究院独家在陕设分院,乃改提议由北平研究院与陕西省政府合组陕西考古会。经双方反复协商,陕西考古会于1934年2月1日在西安省府大楼内成立,推举张扶万为考古会会长,徐炳昶为发掘主任。

据1936年《陕西考古会会务报告》,该会成立近三年所开展工作撮要如下:

1. 调查事项。调查陇海路尤其是斗鸡台附近出土古物,调查郿县渭惠渠出土古物。

2. 发掘事项。斗鸡台发掘工作,由徐炳昶带队负责进行,所得古物一部分运往北平研究,一部分存放本会。此外莲湖公园北湖北岸发现古砖壁一段,城内兴龙巷发现已盗古墓。

3. 整理事项。包括发掘、调查、购买、捐赠所得古物(总计980余号)之整理,修理西安东岳庙壁画。

4. 拓印事项。拓印陕西历代碑刻400余种,拓印关中各县寺庙古钟39份。

5. 编撰陕西金石一览。此非短时间内能完成,草册已经编妥,考证尚未着手,未便付印。①

---

① 王建领,等.国立西北联合大学档案史料选编:上册[M].西安:西北大学出版社,2018:73-75.原载:新北辰,1936,2(12).

另据李书华回忆，该会在考古方面，"发掘陕西宝鸡县斗鸡台遗址，自民国廿三年春至民国廿六年夏，共发掘三次，发现新石器时代至隋代的人民居址及三代秦汉古墓多处；发掘唐中书省旧址（西安民政厅前院）得宋吕大防所刻唐大明、兴庆两宫图残石"①，等等。宝鸡考古发掘工作的目的究竟是什么？20 世纪 70 年代末，苏秉琦告诉其子苏恺之："（20世纪）二三十年代，是近代中国考古学的奠基时期，南京的重点是到河南的安阳殷墟做挖掘，而北京的重点一是北京南边易县的商周遗址的挖掘，二是陕西渭河流域的挖掘。斗鸡台的发掘目的很明确，就是找出秦人和周人的关系脉络，并和文献记载相联系做研究。"②

陕西考古发掘工作很多都只进行了一半，就因卢沟桥事变后研究经费不能及时拨付而中断。至于徐炳昶主任，则随史学研究所迁往昆明。

1938 年 2 月 18 日，西安临时大学历史系陆懋德（咏沂）教授率考古学班同学 30 余人慕名到陕西考古会参观，得该会留守负责人、北平研究院研究员何士骥（乐夫）热情接待，"其紧张情形，较之在实验室工作中，有过之而无不及"③。

1943 年，陕西省政府发布"三十二年度岁出概算裁并及折减办法"，决定裁撤陕西考古会，并将所有留守人员、古物及办公用品一概归并西安碑林管理委员会。④

（二）植物学研究所

植物学研究所于 1929 年 9 月筹备成立，聘刘慎谔博士为兼任研究员兼主任（因同时在北平大学农学院等高校任教），聘林镕博士为兼任研究员，又聘夏纬瑛、孔宪武为助理员。1933 年，刘慎谔改为专任研究员兼主任，加聘中国著名植物学家钟观光为专任研究员。此时有研究员 3 人，助理员 5 人，绘图员 1 人。⑤ 该所的研究工作主要是对中国东北部及西北部的植物进行分类及调查，除编纂植物图志外，专门研究方面，因设备上方便起见，每人专攻一科或数科。工作按领域可分为以下几类：编纂《中国北部植物图志》、高等植物研究、低等植物研究、植物地理研究、药用本草植物研究等。

植物学研究所的工作大体分为标本采集和植物分类两部分，春夏季节多外出采集，冬

---

① 李书华.二十年北平研究院[M]//碣庐集.台北：传记文学出版社,1967:154.
② 苏恺之.我的父亲苏秉琦：一个考古学家和他的时代[M].北京：生活·读书·新知三联书店,2015:24-25.
③ 周国亭.陕西考古学会参观记[J].西安临大校刊,1939(11).
④ 罗宏才.西部美术考古史[M].上海：上海大学出版社,2015:512.
⑤ 刘晓.国立北平研究院简史[M].北京：中国科学技术出版社,2014:111.

季则留所从事分类研究。研究所的标本来源,除了每年外出采集外,还与其他植物研究机构进行标本交换。同时,研究所自身的植物园和温室也栽培有多种植物。最初几年调查研究的重点为中国北部植物,后逐渐向西北和西南扩展。

1934年,国立西北农林专科学校在武功张家岗成立。1936年7月,辛树帜出任校长,他认为发展西北农林事业,必须由调查研究西北植物着手,于是与北平研究院院长李石曾、副院长李书华商议,请植物学研究所刘慎谔前来主持。植物学研究所虽从事纯粹研究,但亦倡导科学之应用,故不谋而合,甚得刘慎谔赞同,遂达成合作创办西北农林植物调查所的协议。11月18日,西北农林植物调查所在西北农林专科学校举行成立典礼,刘慎谔兼任所长。不料北平局势岌岌可危,当年冬季北平研究院植物学研究所的主要标本、资料和设备等便迁往该所,大部分人员也随同前往。植物学研究所与西北农林植物调查所实际合二为一。平津沦陷后,该所遂在陕西工作,因日机常到武功轰炸,大部分标本资料又不得不运往陕南沔县①保存。

西北农林植物调查所成立后的两年间,"工作以研究西北植物为主,尤注重于经济植物之调查及农林问题之探讨。该所采集标本约6万号,已发表论文共60余篇,登载于该所丛刊、中国植物杂志及生物学杂志等刊物,又编纂《中国北部植物图志》,已出版5巨册"②。

1940年在刘慎谔主持下,于昆明建立了昆明植物研究所及标本室。1944年植物学研究所迁到昆明,研究员林镕、汪发缵等随之。西北农林植物调查所1941年后则由刘慎谔的学生王云章在陕主持,人员还有夏纬瑛、王振华和钟补求等。③

在抗战时期,西安临时大学农学院与西北农林专科学校互有联系,西北联合大学又与西北农林专科学校合组为国立西北农学院,这是后话。

二、刘慎谔越权筹设办事处

卢沟桥事变时,北平研究院院长李石曾正在欧洲考察,院内实际负责人是副院长李书华(润章)。由于李书华"素主张坚决抗日",表示"日本军阀侵略无止境,欲吞并我全国,

---

① 沔县,因沔水(古汉水)而得名,后因"沔"字生僻难认,1964年改为"勉县"。1935年国民政府在汉中设陕西省第六行政督察区专员公署,沔县属之。
② 王建领,等.国立西北联合大学档案史料选编:上册[M].西安:西北大学出版社,2018:82.
③ 刘晓.国立北平研究院简史[M].北京:中国科学技术出版社,2014:165.

非全国起而反抗,别无他法"①。日军占领北平之后,极力搜寻他的行踪,并指令伪警察到位于八面槽椿树胡同 23 号的家中查询。当时他的夫人和孩子仍居家中,答以不知去向,嗣后迁往锡拉胡同居住。至于李书华本人,则躲藏在东交民巷的法国医院两月余,虽幸免于难,但也暂时失去了人身自由。所以,当其他文教机构都在积极南迁时,北平研究院却毫无动静。其上级拨款部门教育部便认为,该机构将自行解散,其按月拨付的经费亦即停止。

其时,身处陕西的刘慎谔,因其主持的植物研究所尚未受到战争直接影响,其合办之事业才刚刚起步,若研究院经费停拨,其经济基础则受到动摇,多年的事业岂不轻易断送。为此,他不能坐视不管,当获知这些情况之后,遂与同在西安之史学所徐炳昶一起策划成立临时办事处,推徐炳昶为主任,并托人在南京与教育部等有关部门接洽,报告西安情形,希望研究院事业得到延续。从刘慎谔于 1937 年 10 月 30 日致生理所所长经利彬一通书札,可知事情之原委。其函文节录如下:

> 接来片,知已逃出北平,今日始可畅谈无题矣。前接惠生兄函,称兄已奔丧返里,初以为函中不过托词而已。今见兄函,知系实情,至深哀悼。惟国难当前,敢祈我兄节哀为盼。研究所应领之数目,直接寄陕外,余均设法汇往北平,未悉院方收到与否。惟本院经费自九月份起已有命令停拨(机关在平,不能工作,当然在停拨之列)。而润章坐困北平,自以为无法,即听其自然,忘却院长之职务。盖北平虽沦陷,而往来北平者仍不乏人,己身即不能离平,何故不能派遣或委托代表在外进行经费及迁移事宜,加以旭生在陕,崔敬伯先生早至南京,而润章兄并无一字委托,他人皆无权过问。误事之甚,莫过于此。弟与旭生皆出于万不得已,本所谓亡君有君之原则,假托润章之意,"矫旨"在西安成立"北平研究院西安临时办事处",推旭生为主任,一面托人在南京疏通,一面呈请教部备案(教部呈内称:有六所均早迁出,三所尚在路中),一面托使馆设法使润章出险,一面并函催在平化、生、动三所所长来陕或派遣代表来此,筹划工作地点。然电报不通,函件亦不敢明言,亦不悉吾兄接到此函否?总之,现在迁出之几所,以弟之观察,均宜暂时设立西安,以俟时局平静之后,再筹商他往。盖各所如十分分散,教部易于借口就地归并。现在谈不到深远之计划,只求暂时能敷衍而已,未悉兄意如何?但如有一所能分往云南,为将来之准备,或亦不可。但似仍宜以分所名义分

---

① 李书华.二十年北平研究院[M]//碣庐集.台北:传记文学出版社,1967:134.

出为主要名义,仍以集中西安为佳,此则可以强固总办事处势力。所见如何,请示知并请早日来陕,就商大局。吾人皆在研究院服务多年,而于研究院之存亡与否,决不能以自身有办法,即袖手任其自然演变也。惟一兄住址不详,请兄促其前来是盼。

西安临时大学已在西安成立,经费已有办法,生物系主任发表金树章兄,惟因此系由平大与师大合并,平大教员中只有金树章兄一人,孤掌难鸣。前曾屡次函催君范及德耀二兄来此,终无音信,而师大皆招旧人,郭庸早到,刘汝强坚决要来,弟曾示意金兄林、汪之功课(尤其是君范之功课)坚持保留,任何人不能取而代之,金兄亦甚赞成斯意,请兄再促林、汪二兄早到。临时大学有通启,声明旧教授在十一月十五日以后不能到达者,即以解聘论,此为淘汰之法,然于林、汪二人,弟自当特别设法处理之,请勿念。惠生来函谓生活困难,欲出无费,弟已在无法之中,为之设法,但无把握。我兄如能为力,请分头稍为接济,使其早日出平来陕,共图进展。盖旧友中,惠生思想清楚,忠实可靠,吾人当此患难之中,均有互爱互助之责任,吾兄其以为然否。①

对于李书华大难当头未能积极策划北平研究院之去向,有失领导之责,刘慎谔不免微词。他以为,北平研究院在其与徐炳昶设立办事处后,各研究所亦相应迁至西安,作战时之处所。

经过刘慎谔、徐炳昶两人的努力,教育部只同意推迟停拨研究院经费之日期,而于迁移研究院,继续主办等请求则未见允。10月,李书华终于脱离危险,逃至天津逗留一周。当刘慎谔获悉后,立即于11月5日呈函,陈述筹设西安办事处之经过,及眼前之情形,希望李书华继续努力,与有关部门再为接洽,甚至向最高权力者蒋介石进言。此函甚长,但对全面了解事情之经过,亦是难得的史料,不妨全录如下:

平津失守,我兄被困旧都,在陕同人异常关心。前次旭生先生晋京,闻已商有挽救办法,稍宽放心。近闻我兄安抵天津,指日可到南京,不胜快慰之至。弟本欲不日进京迎迓,藉表欢心,燧初来信亦以此意相嘱。惟弟近方由太白山调查森林分布归来,正在整理材料之际,刻若离陕,深恐引人注意,而生误解。南京方面如有需弟奔走之处,可即电示,弟当遵命前往。

兹先将最近之经过略为陈述如下:研究院七月份经费已由旭生在京交涉领

---

① 胡宗刚.北平研究院植物学研究所史略[M].上海:上海交通大学出版社,2011:74,137.

出,同时由旭生先生转来教部公函,称吾院经费自九月份起停拨(最近又改自十月份起停拨,而九月份则以七折计),外人或以平津失守,吾院不及迁出,自在停拨经费之列,不然中央研究院与吾院为同样性质,而吾院之经费虽云有限,工作成绩并不在彼等之下,何故彼方则能迁往四川继续领款耶?弟等有鉴于此,因在西安与旭生先生筹商再三,以为吾人供职吾院有十年之历史,决不忍坐视其消灭而不顾。然欲请示吾兄意见,又苦于音信不通,出于万不得已,乃决定"矫旨"(假称吾兄示意),在西安组织北平研究院西安临时办事处,推定旭生先生为主任,主持一切。于是一面函请教部备案,并声明史学、植物、地质、药物、镭学五研究所早已在外工作,物理有岳劼恒先生在陕进行迁移事宜,其余化学、动物、生物三所人员,亦均动身来陕,刻在途中;一面分函报告在京沪各研究所并促化学、动物、生物三所之所长派人来陕接洽迁移事宜;一面又函请张、蔡诸翁诸先生从旁设法挽救,此中经过大致如此。

时至今日,拙见以为应在南京先设法,从旁进行,而欲此事发生最大效果,必须从旁觅得有力可靠之人,直接与委员长解释,措辞理由如下:研究院以每月三万元之经费(不及一专门学校之费用),惨淡经营十年,已得国际上之地位,而日本学术界素以大亚细亚研究为范围,且惊讶之,以为中国今日竟能自行研究矣。此乃近自东洋回国之多数学生耳闻日本教授亲指研究院刊物而言。对方之感想如此,益使吾人兴奋,向前迈进。今如停办吾院,是不啻自杀。盖研究院之经费有限,维持本非难事,若一旦弃之,全功瓦解,其耗费之财力与人力,当有不可思议者。是故,欲省反费,欲进反退。夫以研究院为中国近来数一数二之研究机关,弃之固易,而建设为难。欧美各国之著名研究机关,皆有数十年至数百年以上之历史,故有卓绝之成绩出现。吾人今方急起直追,而思有所贡献于国家,如今日放弃,是又退回十年矣。

日内弟亦拟以私人名义,托毛秘书设法进行,此路但恐力量不足,不能依靠。此路若通,部方自无问题。不然若仅从部方进行,恐难收得效果。惟院方八、九两月经费当可尽先提出,以维持残局。总之,勿论如何,研究院仍有继续维持之必要,即云停拨经费,决不能使其断气。故总办事处必须使其存在,地点以现在之大势观之,暂时自以西安为简便。苟能与部方商定后,即来陕主持一切。在陕同人皆引领而望之矣。

所见如此,再请我兄斟酌施行,在陕史、植所同人皆安适,请勿念。临书仓促,不知所云。①

据此函可见,刘慎谔虽为植物学者,却有非常人所具有的行政才能,对问题分析之深入,对事态顾及之周全,文字表述之得体,令人赞佩。在未有任何授权之时,他越权组织成立办事处,虽有失本分,但在此关键时刻,又不能不有所作为。就是在这种情况下,教育部筹设西安临时大学时,便将北平研究院列为组成单位。

11月8日,李书华到达上海与迁出各所取得联系。他对刘慎谔等假借自己名义成立临时办事处一事颇为不悦,因此就没有赴陕,更未参与西安临时大学筹委会工作。

1938年2月,教育部终于同意减半之经费,继续维持北平研究院。4月初,北平研究院总办事处及物理学、化学、生理学、动物学等各研究所陆续迁往昆明。

第五节　半路杀出个河北女师学院

国民政府教育部发出设立西安临时大学的命令里,并没有河北女子师范学院,但事实上后来却加入了。

河北女子师范学院,源自光绪三十二年(1906)创建的北洋女子师范学堂。它是中国近代最早的女子师范学堂。堂址最初设在天津河北三马路三才里西口,当年底迁入三马路原客籍学堂旧址。创办人为袁世凯委派的天津女学事务总理傅增湘。1906年6月1日,北洋女子师范学堂举行招生考试,首批招生46人,于6月13日正式入学。

北洋女子师范学堂是为培养小学师资而设的,属于现在的中师性质。开始为简易科,学制一年半。后来改为完全科(即本科),学制四年;因为本科前还要上一年预科,所以实际为五年毕业。由于学校提倡务实,崇尚简朴,校风很好,受到社会上的广泛赞誉。

1912年春,根据教育部关于学堂一律改称学校的规定,北洋女子师范学堂改名为北洋女子师范学校。1913年5月,学校改为省立,更名为直隶女子师范学校。1916年1月,校名改为直隶第一女子师范学校,由齐国樑任校长。

---

① 胡宗刚.北平研究院植物学研究所史略[M].上海:上海交通大学出版社,2011:75-76.

齐国樑(1883—1968),号璧亭,直隶宁津(今山东宁津)人。曾于1909年和1914年两度留学日本广岛高等师范学校。1921年9月,他再次留学美国斯坦福大学和哥伦比亚大学(校务由冯荣绂代理),"亦以考察美国家事(同家政)教育为目标。归国后,仍以发展家事教育为己任",家事教育已使齐国樑心重如山。目睹日、美"家事教育之发达,及其女子能力之伟大",而中国"对于女子生活最切要之家事教育,率皆漠然视之"。① 齐国樑从日、美和中国女子教育文化的巨大反差中,反思中国的家事教育,走引进和改造日、美家事教育之路,成为他创建家政学系的文化动因。

从日本回国后,齐国樑于1917年在学校创建了家事专修科。1925年从美国回国后,就向省教育厅建议,增设女子家政艺术学院,研究家事学科及有关艺术,以改进女子教育,但因当时连年战争,经费拮据,难以实现。1928年春,齐国樑再次建议增设女子家政艺术学院之事宜。几经周折,于1929年4月23日在河北省政府第八十五次会议上通过。学校在本市借河北省立第一女子师范学校②的一部分为校址,增设河北省立女子师范学院(因家政学科面窄,故未取家政学院名称),以家政为学院的一个系。③ 齐国樑兼任学院院长。学院初建时,设国文和家政两个系,各招生一个班,于当年9月10日开学上课。

家政学系建立之时,全国只有燕京大学和金陵女子大学等少数几所院校有家政学系。河北女子师范学院家政学系教育宗旨是:以造就女子师范及中学校家政教师,并以改善我国家庭生活。培养目标是:指导学生认识家庭为社会发展之基础;授以家政学识技能,俾能充任家庭指导师之职任,并采择中外新旧家庭之优点,诱导社会,改良家庭生活;养成师范及中学校家政学科之教师。

家政学系教授有齐国樑、孙家玉、陈慧苏、孙金胜、黄玉莲、程孙之淑、王非曼等,其中,齐国樑、孙家玉、程孙之淑、王非曼等人都在美国哥伦比亚大学获家政学或教育学硕士学位,另聘讲师若干名。家政学系的课程除基础课外,开设的主要专业课程有家政学概要、高等化学、社会学及社会问题、生物学、生理学、经济学、簿记学、营养学、家庭卫生及看护、家庭布置及管理、食物选择及调制、食物霉菌学、织品与衣服、衣服洗染及调色、实用服饰设计、儿童保育、园艺、家政学教学研究等,同时开设公共必修课和副系必修课(音乐、美

---

① 邱士刚.河北女师学院的一颗教育明珠——家政学系[M]//李建强.文化名流名脉——百年河北师范大学.北京:生活·读书·新知三联书店,2012:354.

② 1928年9月,直隶省改称河北省,故校名也随之改称为河北省立第一女子师范学校。

③ 邱士刚.河北女师学院的一颗教育明珠——家政学系[M]//李建强.文化名流名脉——百年河北师范大学.北京:生活·读书·新知三联书店,2012:354-355.

术)及专业选修课。除了讲理论外,还注重实际操作,要进行各种实习。家政学系建有科学馆、试验室(化学、食物学、生物学、营养学、霉菌学、染织)六个,模范家庭实习院一个,以便实验;增设织染工厂及大规模烹饪室以便制作;开辟苗圃及园艺场所以便实习。学生毕业前必须撰写论文、完成家事实习和教育实习等。

1930年暑假,河北女子师范学院除国文、家政继续招生外,增设了英文和史地两个系,各招收新生一个班。是年还奉令添招幼稚师范学生两个班,为幼儿教育培养师资。学院增设后,院校并立,给学校工作带来诸多不便。经呈准,从1930年9月起,将院校合并,以学院为总校名,分设学院、师范、中学、小学、幼稚园五部,至此,河北省立女子师范学院从幼稚园到附小、中师、高师,建成了一个完整的教学体系。

1931年,学院又增设教育和音乐(附设体育)两个系,连原有各系共招新生六个班。由于学院规模不断扩大,人员不断增添,校舍不敷应用,在以后的几年里,又陆续购买了民房多处,添建了教学大楼及体育馆等,校舍才日臻完备。据当年的师范班学生马翠官、孙淑卿两人(1930至1936年在校)回忆:

> 整个校舍分东西两大部分,学院师生走东大门,迎面是一栋办公楼,东院正中是学院的课室大楼,东边是体育馆,西边是图书馆,体育馆东侧靠北是饭厅兼礼堂,靠南是学院同学宿舍。师中部师生走西大门,进门跨过设有花坛的小院有一排小楼,楼上四间教室,楼下是办公室,一进门左边是训育课。训育员华乃文先生终年于每日清晨站在窗前,检查进校走读生的学生证。对面是教务课、庶务课和出版课。小楼后面是一个青砖墁地的大院,是师中部同学上体育课(以后在大经路对面开辟一个土地操场)和课外活动的主要场所,1916年添置的游木设在大院的西北角上,是同学们喜爱的运动器械。北面是座木结构的工字楼,是各种专业教室和实验室的所在,靠南边楼下是物理教室和化学实验室,楼上是生物教室和实验室,北面是史地教室和美术教室,楼下中间是缝纫室。各专业教室和实验室都有该科所用的教具、仪器和挂图,教学使用非常方便,同学们上课一天要换几个教室,也可作为课间活动吧。工字楼后又有一排教学楼,往东有个小卖部,卖简单的日用品、学习用品和小食品。再往东是音乐教室,音乐教室旁和图书馆前共有练琴室十多间,内设钢琴和风琴,供同学们练习使用。校舍的最西边是师中部同学的宿舍。校舍不算大,但教学设备比较齐全,学习条件较好,校园

内种植有芙蓉树和海棠树等,再加上五彩缤纷的小花,春夏之际香气袭人美不胜收。①

河北省立女子师范学院校门

河北女子师范学院的组织机构比较精简。院长以下设秘书主任、注册课、舍务课、庶务课、文书课及出版课,每课人员均不多。学院规定,凡是本省学生概不收费;外省学生每月仅交饭费6元,每学期交讲义费10元,因此很多贫苦的学生都愿意到这里读书。

1929年至1937年,是家政学系发展的第一阶段,也是最好的发展时期。主要标志:构建了较完整的学科教育制度;教师队伍、课程设置、装备条件等办学要素齐备、厚重,已彰显出办学实力;每年能连续招生,已成为那个动荡时代的教育亮点;在科学研究方面,开展了家政学科基础理论研究、中国家庭分层研究、中国都市和乡村社会应用研究等。家政学系的建设,"一方网罗人才,一方充实设备,增设科学馆以便实验,增设织染工厂及大规模烹饪室以便制作,并开辟园圃,培植园艺,设置实习家庭以便实习,凡有关于家事之研究进行者,几乎无所不备,其完备为全国之冠,以是之故,来院参观者,络绎不绝,声誉大著,中英庚款董事会及中华教育文化基金会董事会来院视察,特予补助,盖已跻身全国家事教育

---

① 马翠官,孙淑卿.忆母校——河北女师[J].天津文史资料选辑,2005(1).

之领导地位矣"①。这段文字,对家政学系的建设作了客观评价。按照现行的学科水平分类,20 世纪 30 年代河北女师学院的家政学科建设水平,已跻身于国家重点学科行列。

截至 1937 年 7 月,学院部设有国文、英文、史地、教育、家政、音乐、体育等 7 系 28 班,师范部 12 班,中学部 6 班,小学部 12 班,幼稚园部 3 组,总计学生 2000 余人。河北女子师范学院成为当时全国唯一一所实施完整女子教育的高等学府。

卢沟桥事变发生后数日,齐国樑院长即赴庐山参加谈话会,于 7 月 25 日始行回津。② 7 月 30 日,日军对天津狂轰滥炸,河北女子师范学院院舍毁于日军炮火中,学校器物被掠,损失中外图书 57000 余册、中文期刊 210 种,院务陷于停顿。③ 在形势十分严峻的时刻,齐国樑率学生退入天津英租借地,经商洽,由私立耀华中学和圣功中学将学院附属师范部和中学部学生分别收容,以求学生继续完成学业。附属小学部学生商洽于志达小学继续上课。唯学院本部学生在租借地各私立高校没有相应系科,一时无法安置。

9 月,齐国樑就家政学系师生无法安身之事,到南京与中英庚款董事会杭立武等人接洽,"请将该会补助敝院之款拨给,以便觅地续办家政系"④。杭立武深表赞同,并主张在甘肃设校,继以甘肃交通不便,乃商定在西安临时大学附设一系。很快由齐国樑拟定计划,特函临时大学校方审核;而拨款计划,则由杭立武邀同教育部周炳琳次长共同审议,议定本年度拨 1.5 万元,并议定董事会应拨给的补助 5000 元,统交西安临时大学作为家政系设备费。另外,"名义上请临时大学支给家政系教薪",而实际上由大学将所发教薪数目由庚款董事会及文化基金补助费中照数扣下,"以作临时大学科学设备费,而以其存之款购置家政系设备"⑤。

9 月 28 日,西安临时大学收到教育部高等教育司 9 月 23 日函,函曰:"奉部长嘱:关于河北省立女子师范学院呈请将该校家政系暂行附设于西安临时大学内,请由中英庚款董事会供给家政系特殊设备费及家事教员薪金一案,应由司函西安临时大学筹备委员会酌

---

① 邱士刚.河北女师学院的一颗教育明珠——家政学系[M]//李建强.文化名流名脉——百年河北师范大学.北京:生活·读书·新知三联书店,2012:356.
② 齐璧亭.天津失陷之经过及现在之状况[J].西安临大校刊,1937(2).
③ 邱士刚.河北省立女子师范学院西迁与复员之路[J].河北师范大学校报,2008,227.
④ 齐国樑致西安临大常委函[M]//王建领,等.国立西北联合大学档案史料选编:上册.西安:西北大学出版社,2018:141.
⑤ 齐国樑致西安临大常委函[M]//王建领,等.国立西北联合大学档案史料选编:上册.西安:西北大学出版社,2018:141.

办等因。"①

  9月30日,西安临时大学筹备委员会常务委员第一次会议议决,确定接受河北女子师范学院家政系并入。10月12日,齐国樑就教师薪酬一事致函西安临时大学常委:"关于敝院请在贵临时大学附设家政系事,近晤教育部周次长、黄司长及中英庚款董会杭立武先生,知各方面意见尚未趋于一致。兹特叙述此事经过,并建议简易解决办法……弟此次南来,本为敝院员生谋出路,今家政系员生既得救济,他系员生亦得借读及均予延用,于愿已足。弟个人如得滥竽贵校教职,予以家政系准备任务。俾迂素志! 弟不日启程西上,把晤非遥,余俟面罄。"②

  10月19日,西安临时大学筹备委员会回复齐国樑:"知台端对于河北省立女子师范学院家政系附设于本校一案,擘划周详,至深感佩! 敝会自应照办。仍希从速命驾来陕,共策进行,无任盼祷。"③

  在齐国樑的带领下,河北女子师范学院家政学系教授五人、技术教员二人及二、三、四年级各一班学生辗转入陕,并入西安临时大学。齐国樑任西安临时大学教育学院家政系系主任兼教授,教师主要有王非曼教授、程孙之淑教授等。

  从此,河北女子师范学院开始了长达八年的艰苦办学历程。

---

  ① 王建领,等.国立西北联合大学档案史料选编:上册[M].西安:西北大学出版社,2018:143.
  ② 王建领,等.国立西北联合大学档案史料选编:上册[M].西安:西北大学出版社,2018:141.
  ③ 王建领,等.国立西北联合大学档案史料选编:上册[M].西安:西北大学出版社,2018:143.

上 编

三校合一
（1937.8—1939.8）

第一章 非常时期的西安临时大学

第一节 长安居大不易

人员未定,校址先行。

1937年8月31日,国民政府教育部令陕西省教育厅"觅定校址后,即派员筹备"①。不足一个星期,西安方面"已觅定前三中旧址,俟部派人员到陕,即开始布置筹备开学"②。

9月2日,教育部长王世杰签发第16390号令,聘请李书华、臧启芳、李书田、童冠贤、周伯敏、徐诵明、李蒸、辛树帜、陈剑翛为西安临时大学筹备委员会委员。

9月7日,教育部长王世杰致电陕西省政府主席孙蔚如:"已聘定筹备委员九人,开过预备会一次,并派定常委徐诵明、李蒸、陈剑翛及秘书主任童冠贤即日赴陕会同周、臧、辛各委员筹备进行,即祈惠赐指导与协助为幸。"③当时,按教育部的安排,西安临时大学不设校长,而以筹备委员会代行校长职权。筹备委员会主席由教育部长王世杰兼任,委员由教育部聘任。不久,教育部发文称"西安临时大学设常务委员会,以秘书主任一人,常务委员三人至五人组织之,开会时互推一人为主席"④,并指定李书华、徐诵明、李蒸、李书田、陈剑翛五人为常务委员,童冠贤为秘书主任。客观地说,这种"轮流坐庄"的创新模式,不但体现了集体领导、民主决策、共同管理、防止权力过度集中的民主办学思想,而且有利于调动

---

① 见西安设立临时大学[J].国际言论,1937(3).
② 见陕临时大学校舍觅定[N].时报,1937-09-07.
③ 王建领,等.国立西北联合大学档案史料选编:上册[M].西安:西北大学出版社,2018:96.
④ 王建领,等.国立西北联合大学档案史料选编:上册[M].西安:西北大学出版社,2018:101.

原各参组院校师生的积极性。① 试想一下,假如任命这其中任何一人为校长,谁服谁? 真正的问题在于,与长沙临时大学(西南联大)相比,这几人组成的常委会对于国民政府和教育部而言,"是一个弱势的委员会,也是一个教育部直接连通的常委会","在这样的一种体制下,西北联大的一切都要依据教育部及国民政府的安排按部就班"。②

很快,筹备委员会的委员们陆续赶赴西安。筹备委员会委员之一的李蒸后来回忆说:"我于8月7日由北平脱险到天津,住到9月初得悉本校迁设西安之讯,遂经青岛、济南到南京向教育部接洽后即同北平大学校长徐诵明和新发表的西安临时大学常务委员陈剑翛同车经徐州转往西安,进行筹备工作。"③据当时媒体报道,徐诵明、陈剑翛和李蒸于9月11日晚上抵陕,童冠贤12日晚到达。陈剑翛在接受中央社记者采访时说:"预计下月初旬即可开学上课,至于首次筹备委员会议,俟李院长书田等抵陕,即可定期召集云。"④

西安临时大学由于仓促筹建,困难重重,就以北洋工学院集合师生入陕来说吧。当教育部急命西迁之时,正值暑假期间,许多师生离津回各地休假,战事一起,又难返校;在校师生又因校舍被占,流离四散,校方无法组织师生西迁。院长李书田仅带秘书、会计等少数人赴陕。在津的其他师生则设法通过日租界,经百般盘查进入法租界或英租界,然后乘英国轮船离开天津经大沽口入渤海,抵达山东的龙口或青岛,上岸后绕一个大弯奔往西安。分散各地的师生只能自行设法到达西安。当年有人这样写道:"西北是中国的'文化之海',长安便是这西北高原上几代文明的帝都,当我们渡过黄河时,每一个人曾兴奋地瞪大了眼睛,互相的庆幸着说:'投到母亲的怀抱里来了!'纵然也冒着风沙,谁都愿意看一看母亲衰老而慈祥的面孔。"⑤

北平师范大学教育系方永蒸教授,还在东北大学任教时多次发表抗日言论,日本人对他非常注意,但那时也毫无办法。所以当日军进占北平后,他马上更名换姓,改从母姓,叫吕成德,还印成名片,全家人也都改姓"吕",并且迁移住处。回首往事,耄耋之年的方永蒸说:

---

① 赵弘毅.简论国立西北联合大学办学传统、特色与精神[M]//何宁.西北联大与中国高等教育Ⅱ——纪念西北联大汉中办学75周年.西安:世界图书出版公司,2014:53.
② 储朝晖.中国近代大学精神史[M].北京:人民教育出版社,2013:415.
③ 李蒸.北京师范大学历史上的存废之事[M]//李溪桥.李蒸纪念文集.北京:中国社会科学出版社,1996:76.
④ 徐诵明等抵西安,临时大学下月开学[N].西北文化日报,1937-09-13.
⑤ 丁田.抗战期中的西北师范学院[M]//王觉源.战时全国各大学鸟瞰.重庆:独立出版社,1941:270.

那时不知道战争要打多久,结果如何,也难预料,而且离开北平到哪里去呢?去留一时难决,我有一个朋友是天主教徒,于是我就先躲进教堂里,想趁此机会,做些翻译工作,译些书籍,但我太太却反对,她很理智,坚决叫我赶快走,说天主教堂保护不了我,终会被日军查出。于是我决定先到南京,那里有些熟人,可帮忙找个工作。以前我介绍到附属中学做主任的姬先生要和我结伴同走,但他太太儿女情长不肯放他,故意拖延,叫他等等,一直拖到将近农历八月节(时阳历九月),这时我的朋友陈秀岩全家要先迁到天津,我觉得我可以混在他们的行列中,帮忙照顾小孩,或可闯过日军的盘查,于是就去找姬先生,他太太仍留恋不舍,我只得跟陈秀岩一家人离平……我在天津听熟人说北平师范大学已由教育部指定搬到西安,和北平大学、北洋工学院三校联合,组成一个西安临时大学。我以师大教授身份正好可以去,而陈先生的姻亲也在西安做事,他的太太和婴儿,也跟我们同行,于是我就和他们由天津上船,船上的人,非常拥挤,没有睡的地方,只能勉强坐着,舱里的汽油味很浓,空气非常非常不好,又不能到甲板上去,好多人都吐了,我也晕船呕吐,最后只好花五块钱现洋,买了船舱里装货物的一个小房间当"船位",才稍微舒服些,船只到威海卫,靠岸下船,没有交通车,先找一间学校住下,过两天有人交涉好大的交通车,于是乘车到潍县再换火车到济南。……

我们坐的是夜车,第二天早晨到徐州再换乘陇海铁路车才到西安……到西安北门外的北京旅馆租了一间房,虽不大,但很干净,放下行囊,就到西安临时大学筹备处,见到北师大校长李云亭先生,因为那时有些师生可能不晓得学校搬到西安来,先生、学生到的还没几个,所以他看到我非常高兴。①

北平大学历史系主任许寿裳教授,是从浙江老家到西安的。其小女许世玮在一篇回忆文章中对许寿裳离家赴校有过详细描述:

1937年6月底,父亲回嘉兴度暑假。这一年外祖母在庐山买下一幢别墅,邀我家一起去避暑。父亲没有到过庐山,不愿错过这次机会。嘉兴家中忙于准备这次远行,人人都兴高采烈。正在这时"七七"事变爆发了。父亲立即打电报给留在北平的女院秘书戴静山先生,指示应变事宜……虽然身在庐山,总记挂着战事局势。父亲日记上记载7月28日那一晚,和友人经亨颐先生在"天禄斋"共餐,举杯庆祝我军克服丰台、廊房[坊]的胜利。不料就在那一天的夜里,北平形

---

① 方永蒸.铁岭方永蒸回忆录[Z].艾弘毅,校订.台北:方永蒸先生百岁寿庆筹备会,1992:114-117.

势突变,沙河保安队竟附敌,宋哲元率部赴保定,平津就这样沦陷了。父亲感到形势严重,战事不仅不会很快结束,而且有扩大成全面抗战之势,心里非常着急。他一是挂念学校的前途和师生的安危,二是嘉兴地处沪杭要道,很不安全,要为家庭找个避难之地。……

父亲回到嘉兴松了一口气,觉得尽到了自己对家庭的责任,可以奔赴他的工作岗位了。那时北平大学、北平师范大学、天津北洋工学院奉教育部令,在西安合并成立西北[安]临时大学。徐诵明先生已来电邀父亲前往。他把自己的东西清理一下,只带一只皮箱,内放几件日用衣服和一本日记。他看到书桌抽屉中有鲁迅的四封信函,便随手放入箱中。10月4日他陪侍外婆,带上我三姐世玚到达杭州,其时,张晓凡已派人到杭州来接。父亲觉得一切已安排妥当,便于次日从杭州赴南京,约平大女院的佘坤珊教授同行。7日晨渡江由津浦路再转陇海路西行。9日晨抵达西安。①

北平大学曹靖华教授说:"(1937年)8月10日平津刚一通车,全家就即刻离开北平。本拟由天津乘船到上海,不料船到烟台,八一三沪战[事变]爆发,只得由潍县沿胶济路20余日后抵达罗山②岳母家。这时平大、师大、天津北洋工学院迁西安联合成立西北[安]临时大学。同年9月我只身赴西安,继续在西北[安]临大执教,住在北京饭店。那不过是一座破旧的两层小楼,当时部分临大教员住在这里。旅馆对面则是当年颇为豪华的西京招待所。"③

长安居大不易。好在教育部未雨绸缪,在国民政府设立临时大学的计划甫一出台,王世杰部长就于8月25日致电陕西省政府主席孙蔚如:"本部为使平津各校师生迁地研习,并发展西部高等教育起见,决定在西安设一临时大学,俟筹备委员会成立,当即派员前来办理。"④孙蔚如的复电十分爽快:"平津各校师生赴西安研习,自应赞助,现有可容四五百人之临时校舍一处,足资应用。至另建西北高等教育校址,亦经教厅勘定数处,俟派员来陕再为商决,绝无困难。"⑤当然,王世杰也不忘致电西安行营主任蒋鼎文,"敬希赐予协助"⑥。

---

① 许世玮.父亲许寿裳生活杂忆[M]//许寿裳纪念集.杭州:浙江人民出版社,1992:14-16.
② 罗山,县名,今属河南信阳市辖。
③ 曹靖华.自叙经历[M]//曹靖华.郑州:河南美术出版社,1997:44.
④ 王建领,等.国立西北联合大学档案史料选编:上册[M].西安:西北大学出版社,2018:94.
⑤ 王建领,等.国立西北联合大学档案史料选编:上册[M].西安:西北大学出版社,2018:95.
⑥ 王建领,等.国立西北联合大学档案史料选编:上册[M].西安:西北大学出版社,2018:96.

正是有了蒋鼎文、孙蔚如以及省政府秘书长杜斌丞等人的帮助,西安临时大学才找到了临时栖身之地。全校分散在三个地方,分别称第一院、第二院、第三院。

第一院在城隍庙后街工字四号警备司令部旧址(今西安市25中学校址),校本部,国文、外语、历史、家政四系及第一院和第三院学生宿舍设在这里。

第二院在小南门外东北大学校内(今西北大学太白校区),工学院、数学系、物理系、化学系、体育系设在这里,校门左边是东北大学的校牌,校门右边又悬挂了西安临时大学的校牌。当时的东北大学历史系主任兼西安临时大学教授周传儒颇有怨气地说:"东北大学原来很安定的,受了联大影响,挤在一起,乱轰轰地,东大也就骚乱起来了。"①

西安临时大学第一院校本部所在地的城隍庙

第三院在北大街通济坊,法商学院三系、农学院三系、教育系、生物系、地理系和医学院在此。农学院的学生虽在通济坊第三院上课,但学生宿舍却在城隍庙第一院内。两处相距有二三里,每天都得走来走去。加之西安当时还无公共交通设施,靠两条腿走路,且全为石子马路,每日来去路程不下十里。

教师们自找民房分散居住在全市,不少人暂住在西京招待所、北京饭店和西北饭店。周传儒教授抱怨:"招待所全部被临时联大占用了,几个人一间房子,除了伙食茶水方便之外,其他一概说不上。"②方永蒸教授回忆:"由于学校没有宿舍,所以我仍住在旅馆里,离学校不太远,我十二小时课都排在早上,每天起来,不吃早点先到学校上课,十点钟下课,才去吃些羊肉泡馍,中午不吃,下午五点多再吃晚饭,每晚临睡前必打太极拳,打完后身体热乎乎的就去睡觉。每到星期日和几位好朋友到郊外逛逛,看看碑林和城南的大小雁塔是

---

① 周传儒.西北联大始末记[M]//政协陕西省文史委.陕西文史资料精编:第四卷.西安:陕西人民出版社2010:95.

② 周传儒.西北联大始末记[M]//政协陕西省文史委.陕西文史资料精编:第四卷.西安:陕西人民出版社2010:95.

所谓雁塔题名,虽然是在避难,但生活还很安定,很惬意。"①

西安临时大学教师们在南五台山顶合影(1937年10月17日)

10月18日,西安临时大学正式成立。该校"合平大、师大、北洋极有历史之三校院,经过不少曲折历程,始在西北之重镇宣告成立,在教育史上实为一创举"②。不过令人悲催的是,这一"创举"是国土沦丧、教育流亡的产儿。

多方面因素导致西安临时大学的开学日期(11月1日)比长沙临时大学迟了一周时间。西安临时大学筹备伊始,教育部规定三校学生自愿前往西安报到。由于学生流落四方,各处赴陕又多费周折,为此,校方规定1938年1月10日为学生到校的最后期限,逾期者令其退学。同时考虑到本学年开学较迟,为不影响教学计划的完成,经校常务委员会议决定,将该学期延至1938年2月底。除元旦停课一天外,春节寒假亦不放假。最早报到的学生在西安临时大学上课不足一学期,迟报到者仅一月有余。可见西安临时大学时期是一个过渡性的收容时期。

石油化工专家郭雨东从开封高中毕业后,1937年7月1日去北平报考大学,未料发生卢沟桥事变,挺到7月18日,平汉路已不通,就转天津、徐州回豫。后又辗转去武汉投考,考入国立北平大学应用化学系,"平大延至11月才发榜,通知去西安临时大学报到"③。台湾作家尹雪曼曾经回忆过他从河南汲县(今卫辉市)初到西安临时大学报到的情景:

---

① 方永蒸.铁岭方永蒸回忆录[Z].艾弘毅,校订.台北:方永蒸先生百岁寿庆筹备会,1992:118 - 119.
② 见发刊词[J].西安临大校刊(创刊号),1937.
③ 见郭雨东.生平简述[EB/OL].郭南阳新浪微博,2016 - 01 - 25.

国立西安临时大学的校本部,设在西安大西门里的贡院。那是一座前清政府举行考试的地方,陕西省的秀才、举人,大概都曾经在这座院落中进出过吧。贡院里房屋很多,院落很大。我背着我的行李卷,像刘姥姥似的走进去。但见到处是人,人人年轻、活泼;人人脸上布满青春气息。

我在传达室打听了一下,查出牛百盈住第一宿舍。一位男生这时正好站在我的身旁。他听见我要找牛百盈,便说:"你跟我来。我认识他,我也住第一宿舍。"第一宿舍仿佛是一座大教室,但现在装上上下铺,住满了学生。

牛百盈看见我,好高兴。他说:"你来了?走,把被卷放下,我们先去注册。"我好兴奋!心直跳。我要变大学生了!

跟着他走到教务处的注册组,牛百盈向柜台里的人打个招呼,他们于是拿出名册查出我的姓名,让我报了到,注了册,并立即发给我一枚蓝底白字、三角形的徽章,上写"国立西安临时大学"!牛百盈替我别在左襟上。①

由于学校是临时联合性质的大学,西迁各校无论在名义或实质上均存在。在开学之初,既发给西安临时大学校徽,又发给三校各自的校徽。

西安临时大学特设学生生活指导委员会,每星期开会一次,讨论指导学生工作及审核学生请求事项。沦陷区来的流亡学生,有的孤身来校,衣服、被褥都成问题,当局为照顾困难,每人发棉大衣1件、制服1套,伙食费每月发给战区学生贷金6.5元(1938年3月后改为每月8元②)。报考北平大学法商系的女生曹贺被录取后,"她搬进学校住宿,学校发给伙食费8元贷金,解决了吃住问题。另外发给一套草绿色棉袄棉裤,还发了一件棉大衣"③。

第二节　三常委辞职风波

为了让筹备工作有所遵循,10月11日,教育部同时颁布《长沙临时大学筹备委员会组

---

① 尹雪曼.回头迢递便数驿[M].台北:楷达文化事业有限公司,2003:110-111.
② 王建领,等.国立西北联合大学档案史料选编:上册[M].西安:西北大学出版社,2018:261.
③ 龚人放.乐观人生[M].北京:作家出版社,2005:86.

织规程》《西安临时大学筹备委员会组织规程》。两部规程均为十三条,核心内容完全一样。兹将后者最关键的第三至第五条抄录如下:

> 第三条 本委员会设主席一人,由教育部部长兼任,设委员七人至十一人由教育部聘任之。
>
> 第四条 本委员会由教育部就筹备委员中指定常务委员三人至五人组织常务委员会议,依照本委员会决定之方针商决第二条列举之事项。常务委员会议开会时本委员会委员得列席。
>
> 第五条 本委员会主席指定常务委员一人主持本委员会各种事项之执行。①

10月11日这一天,因筹备委员兼常委的李书华不能到校,教育部发函改聘筹备委员兼秘书主任童冠贤担任常委。② 不过从现存档案资料来看,早在前一月的9月13日,王世杰就童冠贤任常委一事致函监察院院长于右任,以取得支持:"本部为救济战区流亡学生失学起见,定于西安设立临时大学一处。日前与公谈及,曾蒙赞可。兹以童冠贤先生熟悉华北及西北方面教育界情形,本部特聘定为筹备委员会常委,俾资协助。我公素日关念西北教育之发展,至为殷切,此事想荷察允。"③

王世杰此举不难理解:一来于右任作为国民党元老,位高权重,又是陕西乡党,一向关心家乡教育事业;二来童冠贤是监察院监察委员,是于右任的属下。此外,童冠贤长期在文教机构工作,历任中山大学教授、安徽大学法学院院长、国立编译馆人文组主任、中央大学法学院院长、中央大学经济系主任等。北伐之前,童冠贤是国民党的"老党务",但属于国民党内党务系统中的非主流派,和北伐胜利后长期主导国民党党务的CC系的关系并不融洽。

10月18日,"合平大、师大、北洋极有历史之三校院"的西安临时大学正式成立。然而,就在成立之日,三校院长也就是徐诵明、李蒸、李书田三位常委联名给教育部长王世杰提出辞呈:

> 顷奉大部训令,颁发西安临时大学筹备委员会组织规程,并指定童冠贤为常务委员兼主持筹委会各种事项之执行,均谨奉悉。校院长等奉命来陕合组临时大学,原为收容三校院学生,培植人才,奠定兴国家民族之业。到陕以来,竭力筹划,愧少贡献。今幸大部指派专人担负全责,既视前令组织加密且与长沙临大组

---

① 北京农业大学校史(1905—1949)[M].北京:北京农业大学出版社,1990:412-413.
② 王建领,等.国立西北联合大学档案史料选编:上册[M].西安:西北大学出版社,2018:103-104.
③ 王建领,等.国立西北联合大学档案史料选编:上册[M].西安:西北大学出版社,2018:102.

织亦不相同,校院长三人自今以后无能为力,校院长等应即日电请辞去西安临时大学筹备委员会委员兼常务委员及原三校院长职务,敬祈鉴察,并即派员接替以重职守。①

电文很清楚地告诉我们,三位常委联名辞职与童冠贤有关。本来,童冠贤只是筹备委员会一名普通委员兼秘书主任,但如今突然被教育部增为"常务委员兼主持筹委会各种事项之执行",等于是置于其他四位常委之上。这让其他常委感觉此项任命,可能是要加大"改组"步伐,危及原平津三校的生存,当然引起徐诵明和李蒸、李书田等人的不满。多年后,李蒸在一篇回忆文章中提及此事说:"当时的教育部长虽已换了王世杰,但教育部政务次长还是段锡朋,所以当时教育部对这三个学校的政策并未改变。利用迁校机会,想对这三个学校进行'改组',在当时的教育部当局的心里是'不言而喻'的,派童冠贤为筹委兼秘书是有作用的。但是我们原三个学校的校长和师生都团结得很好,童冠贤的秘书地位发生不了作用,因此当时教育部就突然发表了童冠贤为'主任委员',这是露骨地表示要对原三校进行'改组'了。当时徐诵明、李书田和我本人,感觉到事情不对,于是联名向教育部辞职,常委陈剑翛也一同表示辞职。"②

两天之后,王世杰回电解释并挽留:

> 巧(18日)电诵悉。临大筹委会规程湘陕一致,并系同时令知。西安临大原为收容北方学生,并建立西北高教良好基础,政府属望殷切。校事照章应由常务会议商决,系共同负责之合议制度。正赖诸兄及其他委员协同主持,何可言辞! 大难当前,务希继续积极任事,不胜企感!③

王世杰说"临大筹委会规程湘陕一致,并系同时令知",其实与事实是有较大出入的。尽管两校《筹备委员会组织规程》内容一样,但是教育部高教司于1937年8月28日曾给梅贻琦一封公函说:"奉部长密谕,指定张委员伯苓、梅委员贻琦、蒋委员梦麟为长沙临时大学筹备委员会常务委员。杨委员振声为长沙临时大学筹备委员会秘书主任。"④童冠贤和杨振声同是教育部所派,但给童冠贤的任命是"常务委员兼主持筹委会各种事项之执行",给杨振声的任命仅仅是"筹备委员会秘书主任",连"常务委员"都不是。接着8月29

---

① 张凤来.北洋大学—天津大学校史资料选编(一)[M].天津:天津大学出版社,1991:353.
② 李蒸.北京师范大学历史上的存废之事[M]//李溪桥.李蒸纪念文集.北京:中国社会科学出版社,1996:77.
③ 张凤来.北洋大学—天津大学校史资料选编(一)[M].天津:天津大学出版社,1991:354.
④ 清华大学史料选编:第三卷(上册).北京:清华大学出版社,1994:19.

日,王世杰又电长沙临时大学常委:"组织规程第五条规定:常委一人负执行责,在使常委会议之决议对内对外随时有人执行,不必遇事临时推人。此为合议制度应有之办法,否则将缺乏灵活与统一。兹拟请诸兄互推一人,以便照章指定。如虞一人偏劳,则每隔两月重推轮任亦可。"①由此可见,王世杰时期的教育部就对西安临时大学有特殊的"关照"。

再说三位校院长收到王世杰的回电后,随即(21日)又去一电:

> (二十)号电敬悉,辱承慰留,惭感交并,西安临大系平津四院校合组,本属临时联合性质,诵明等奉命来陕,本此宗旨,积极筹备,百端草创,粗具规模,承示校事应由常务会议商决,系共同负责之合议制度。诵明、书田及陈君剑翛在京时并蒙面示,由常委会代行校长职权,到陕以后,业已遵行。昨忽奉指定童君冠贤主持筹委会各种事项之执行,诵明等自应退避,贤且常委,李君书华正在路设法来陕,既未言辞遽尔免职,群情惶惑。查长沙临大仅指定原三校校长为常委,互推主任,分工合作,一切办法均系联合性质。西安临大亦当一致,国难方殷,教育责任愈重,诵明等以院校历史悠久、人才辈出为国家教育计,未敢缄默,大部对于西安临大指派专员主持,与前示办法及合议制度之精神难期符合,在大部未明令规定由常委会主持校务以前,诵明等实难继续负责。敬请迅赐裁决,以免校务中断,无任感祷。②

教育部是10月28日才收到此电的,如何回电已经不重要了。因为此间发生了一系列让王世杰不得不妥协的难堪之事:

10月22日,筹备委员童冠贤致电教育部,"因监院促返,请辞秘书主任",教育部10月26日复电"照准"。③

22日,陈剑翛、臧启芳、周伯敏三位委员也联合致电王世杰:"组织规程增定之第五条,似不适宜,日来校务几乎陷于停顿,可否速饬修正,以利事功。"

26日,徐诵明、李蒸、李书田分别以北平大学代理校长、北平师范大学校长、北洋工学院院长的身份,致电国民政府行政院院长蒋介石:

> 暴日入寇,平津沦陷,校院长等间道南来,奉教育部令将北平研究院、北平大学、师范大学及北洋工学院迁移西安合组临时大学。部聘校院长等为筹委会委员兼常委,另派童冠贤为秘书主任,遵即来陕,积极筹划,粗具端倪。原冀集合平

---

① 清华大学史料选编:第三卷(下册).北京:清华大学出版社,1994:20-21.
② 王建领,等.国立西北联合大学档案史料选编:上册[M].西安:西北大学出版社,2018:106.
③ 王建领,等.国立西北联合大学档案史料选编:上册[M].西安:西北大学出版社,2018:107.

津各校院学生加紧训练,奠复兴国家民族之基,巧日忽奉教部令函,取消李书华筹委会常委职务,改派童冠贤为常委兼主持筹委会各种事项之执行,更特订规程多方牵制,与长沙临大组织迥不相同。此间校舍、校具百端草创,原有学生及请求借读学生数近千人,定于十一月一日开学。今既蒙教部改派专员担负全责,主持校务,校院长三人自今以后,深愧素餐,无能为役,不得已电陈教育部,恳请辞去平大、师大及北洋工学院校院长原职,并西安临大筹委会委员兼常委职务,谨电呈明,敬祈鉴察。①

同一天,童冠贤再次电告王世杰:"常委均不到校,事务照常进行。"②

27日,王世杰无奈之下,只好向西安临时大学筹委会妥协:"部颁该校组织规程第五条暂缓实施。"③

11月2日,按照行政院秘书长魏道明的要求,教育部将徐诵明等请辞原职及兼职一案,及办理经过情形进行函告。

11月3日,童冠贤电告教育部高教司:"常委均已到校办公,贤旬日内返京。"④

就这样,徐诵明和李蒸、李书田三位常委取得了暂时的胜利。但是,他们联袂"迭电辞职",让王世杰觉得"此校此后颇难办好,以及徐、李诸人均非实心任事之人也"⑤。加之此前,上海私立联合大学难以调和,长沙临时大学"亦多龃龉"⑥,让王世杰喟然不已。

开学以后,筹委会五名常委于11月6日向王世杰部长呈报两个月来筹备经过,将所遇困难和现状一一陈述:

> 委员等承命为西安临时大学筹备委员,并被指定为常委,体念斯旨遂尔驰驱莅陕以来,不觉将届两月。此两月中考察地方环境之情形,与夫古代文化成规及现时科学设备之利用通盘计划积极进行,并得西安党政军当局及地方人士之协助共同努力筹备,暂局偏安差幸告成……现本校教授学生到达西安已近预计之数,而一切教学上管理上初步之设备布置亦将逐渐完成。委员等感到筹备工作虽繁,此可告一小段落,即于本月一日宣告正式开学,并定十五日实行上课,以树

---

① 王建领,等.国立西北联合大学档案史料选编:上册[M].西安:西北大学出版社,2018:88.
② 王建领,等.国立西北联合大学档案史料选编:上册[M].西安:西北大学出版社,2018:89.
③ 王建领,等.国立西北联合大学档案史料选编:上册[M].西安:西北大学出版社,2018:89.
④ 王建领,等.国立西北联合大学档案史料选编:上册[M].西安:西北大学出版社,2018:89.
⑤ 王世杰1937年10月23日日记,参见:王世杰.王世杰日记:上册[M].林美莉,编校.台北:"中央研究院"近史所,2012:58.
⑥ 王世杰.王世杰日记:上册[M].林美莉,编校.台北:"中央研究院"近史所,2012:48.

三校院临时联合设立大学之规模。但自审两月来筚路蓝缕苦心经营,殆足以上答政府维护战时教育之微意,而自慰同人服务教育之初衷。教育为国家命脉所系,应保持一成不变之经费,临时大学为战时教育所寄,尤宜有创立建筑之基金(或专款),两者之权责皆属于教育当局。今本校仅以原三校院三成五之款项,办理从前具体而微之事,业加以西安生活及物价之昂贵,远过往日之平津,以彼移此虑有不敷,而来日方长欲挖肉以补疮恐力劳而事败。瞻念前途不无忧虑,此对于教育经费应保持原款,不便分割折扣,为苟且目前之图其理甚明。况本校僻处西安,一切物质建设均赖自力创造。原有高大房屋洵不多观,即偶有洋式新房,亦与学校实验装置仪器不太适宜,辟作教室授课,则噪杂之声相闻,空气光线不足,均不易勉强利用。以较长沙临时大学之能借用圣经学校房屋与设备事半功倍不啻霄壤之别。……俾西北偌大地方有此一所简单朴素切合实用之黉舍,足容千百学生弦诵学习于其中也。①

在长沙临时大学如期开课两周之后,西安临时大学终于在11月15日正式上课。翌日上午9时,学校在第二院大礼堂举行开学典礼。校常委陈剑翛主持典礼,并在致辞中说,在目前国难日益严重的情况下,学校能在如此短期内开学是非常不易的。自平津失陷后,各高等教育学校不容存在。应事实的需要,继续开办学校是必然的。在当前非常时期,大家肩负的责任非常重大。怀着这种责任,西安临时大学以后愿将本大学作为造就人才的大本营,以报效国家。

蒋鼎文在训话中说,西安临时大学在短期内开学,足见各位常委筹备之力,极其辛劳。现在国难已达极点,各最高学府多被敌机轰炸,使有志青年不能安心求学,给我们以致命伤。教育文化为立国基础,敌人摧残我文化教育机关,以期绝灭我文化,其用心之毒可想而知。各位须知文化与国家有密切关系,所以在艰难困苦之中迁移边区设立。西北为文化发源地,嗣因渐移于东南,故变落后。将来仍须恢复固有文化,发扬光大,为东方文化中心,是则国家所期望于各位者至重且大,希望各位勿忘国家之苦衷,务必宝贵光阴,努力求学。

受王世杰委托,代表教育部参加典礼的陈大齐在训话中说,我本人觉得非常痛苦,同时非常感奋。北洋工学院、平大、师大,过去都有悠久历史,都对社会国家有很大贡献。自卢沟桥事变发生后,平津沦陷敌手,各校不能继续办理,全体学生相继失学,所以觉得非常

---

① 张凤来.北洋大学—天津大学校史(一)[M].天津:天津大学出版社,1991:355-357.

痛苦。经过设这临时大学,千万不要忘记"临时"两字,将来是要回原来学校。在这抗战时期即为复兴时期,政府临时在此设立大学,非仅要积极地进行。譬如建筑房屋,除有人力物力外,须有智力调度设计始能完成工事,养活力量。其他一切亦如是,即组织民众,亦非科学方法不可。临时大学系知识分子集团,要将所学贡献国家,增强抵抗力量。

西安临时大学筹委、东北大学代理校长臧启芳致辞指出,临时大学移设西安,与东北大学有同样遭遇。其有两点感想:一为可以此为家同时不以此为家。大家以为回家就安,在精神上不妨暂求安逸,暂以此地为家。各位即在此作为家,则不必客气。但此家不可久住,将来还是要回老家,所以不可以此为家,非客气不可。有此观念,将来定可达到回老家目的。二为必须忍耐,同时不要忍耐。在此抗战时期,小败为军事之常事,所以在此期中,非忍耐不可。但西安一切不及平津,绝对不能永久忍耐,要以不忍耐心理去奋斗,去收复失地。今天在此开学,最近的将来,回到平津原校再开学。

西安临时大学开学典礼的举行,标志着我国西北地区高等教育发展步入一个新的时代。

第三节　四校六院廿三系

早在9月15日西安临时大学召开的首次筹备委员会上,就决定全校设文理、法商、教育、工、农、医六大学院共廿三系,甚于长沙临时大学的文、理、工、法商四院十七系。此前,教育部曾令西安临时大学:"开办伊始,设备缺乏,需款骤多,教职员人数应以绝对必要为限,学系可合并的应暂并。如机械工程、电机工程两系可暂并为机械电机工程系,纺织工程系亦暂可并入。各学院每系教授、讲师至多不得过五人,各系得置助教,以二人为限。其利用东北大学或西北农专设备及师资等各系,教授、讲师人数并应参照减少。"①西安临时大学筹备委员会这样回复教育部:

查本校聘用教职员,现系以绝对必要为限度,各学院院长除工学院院长系由

---

① 王建领,等. 国立西北联合大学档案史料选编:上册[M]. 西安:西北大学出版社,2018:105.

常务委员会公推常务李书田兼代,以资熟练计划进行外,其余文理教育法商医农五学院院长,均系系主任兼任。教授讲师亦以每系不超过五人,助教每系不超过二人为原则……至教务总务两主任,因西安物资设备较差,筹备工作较繁,各常委为集中心力,提高行政效率起见,另就系主任中推举二人,分别担任。关于与东北大学教学合作问题,因本校土木工程系人数已多,而各年级课程,两校先后排列不同,未能合班讲授。本校只能借用其一部分房屋、设备,并未借重其师资。西北农林专校,位处武功,环境极佳,本校筹委及教职员十余人,曾联袂前往参观,甚愿将农学院及文理学院之生物系,迁往上课。唯该校创设未久,房舍不敷应用。尤以暑期后添招新生,极感拥挤,实不足以容纳本校。预拟迁往之人数,若临时建筑,又因该处距城市较远,运载工程材料费时太久,殊恐赶办不及,现已决定不再迁往。至学系之合并,已尽可能范围办理,唯机械工程电机工程与纺织工程,因课程内容繁颐,且其性质类多不同,学生人数亦多,未予合并。复按国立学校,设纺织工程(毛织)科系者,只本校一处,似应特予继续办理,以示提倡,又清华大学电机工程机械工程两系,学生人数并不如本校之多,并未合并办理,本校事同一律,自亦应予分别设立。①

现将六大学院情况分述如下:

(一)文理学院

文理学院是全校学生人数最多的学院,是在北平师范大学文学院、理学院和北平大学女子文理学院的基础上组建而成。北平大学和北平师范大学各有 4 名教授出任系主任,算是旗鼓相当。由北平大学教授出任系主任的有:许寿裳任历史系主任,佘坤珊任外国语文系主任,张贻惠任物理系主任,金树章任生物系主任。由北平师范大学教授出任系主任的有:黎锦熙任国文系主任,赵进义任数学系主任,刘拓任化学系主任,黄国璋任地理系主任。

文理学院汇集了一批有名的学者教授,他们按各自专长开设了各种课程。院长刘拓(字泛驰)教授,1897 年生于湖北黄陂。1920 年毕业于北京高等师范学校,并留校任教,不久考取留美公费生,获工业农业化学博士学位。回国后,任北京师范大学化学系教授。从 1931 年起相继任化学系主任和理学院院长等职。他是化学方面很有造诣的专家,讲授过

---

① 张凤来.北洋大学—天津大学校史(一)[M].天津:天津大学出版社,1991:351-352.

普通化学、生物化学、营养化学、农业化学、高等工业分析等,并开设毕业论文专题课。他担任理学院院长期间,严谨治学,添购实验仪器,充实实验室,还延聘北平名人专家来校做专职或兼职教授,使化学系教师的阵容之强在当时全国各院校中名列前茅。刘拓能兼任文理学院院长,在于其兴趣广泛、善书法、能诗词。他于南京失陷的翌日填《苏幕遮》词云:"夜方阑,风乍烈。鼙鼓东来,震破卢沟月。猛兽横行人迹绝,肠断金陵,梦绕燕山缺。吊忠魂,埋暴骨。仰问穹苍,此耻何时雪!浩劫当头宜自决,三户犹存,曷患秦难灭!"[1]刘拓在完成教学和行政领导工作的同时,还积极开展各方面的科学活动,曾筹建中国化学会。

国文系主任黎锦熙教授,原任北平师范大学文学院院长,毕业于前清优级师范史地部,曾任教育部编审处文科主任,国语统一筹备委员会常务委员。他有大量的著述,1937年以前出版的著作即达21种之多,如在语言方面,有《国语运动史纲》《注音汉字》《中国大辞典长编》等,在文学、哲学、宗教等方面也有不少重要著作。又如历史系主任许寿裳教授,著名的史学家,当年曾与鲁迅在北京女子高等师范学校并肩战斗。他上课时讲的内容多是章太炎、鲁迅等师友的著作,对于新旧文学论战和鲁迅的治学做人精神的剖析和介绍,深深地吸引了学生。凡听过他讲课的学生,都对其渊博的知识及为人师表的学风所感动。

数学系曾炯教授,曾留学德国柏林大学数学系,后又入哥廷根大学哲学院数学系,师从被爱因斯坦称为"有史以来最伟大女数学家"的艾米·诺特攻读抽象代数,1934年毕业获哲学博士学位。他是中国研究抽象代数的第一个学者,也是国际上最早进入抽象代数学领域作出重大贡献,并被丘成桐认为是20世纪唯一可与日本数学家相媲美的中国数学家。傅种孙教授,是第一个将数理逻辑引入中国的数学家,也是第一个将西方的数学基础引入中国的数学家。他是我国现代数学教育的先驱,早在20世纪20年代编纂的《初级混合数学》《高等平面几何》等教材被教育部作为蓝本并在全国推行。其《大衍求一术》是用现代数学方法研究中国古算的创举。

(二)法商学院

法商学院为北平大学法商学院。院长由校常委徐诵明教授兼代。法律系主任黄得中,政经系主任尹文敬,商学系主任寸树声。

原北平大学法商学院在院长白鹏飞任职时,按蔡元培的办学宗旨,提倡"兼容并包、学

---

[1] 赵遂夫.世纪足音:西北师范大学教师诗词选[M].兰州:甘肃文化出版社,2012:25.

术自由"的治院原则。当时,正值宋哲元在北平成立冀察政务委员会之时,蒋介石失去了对华北的直接控制,因此,北平大学法商学院得以云集大批全国著名的进步学者如李达、陈豹隐、沈志远、许德珩、程希孟、章友江、侯外庐等来校任教。张友渔、黄松龄等一批进步学者也经常来校兼课或讲学。由于教学中民主、进步的传统,培育了一代新人,这也是在"一二·九"运动中,北平大学法商学院学生成为主要骨干的原因之一。

西安临时大学成立后,原法商学院的一部分进步教授因战火阻隔,聘书发出较晚,未能来陕,但北平大学法商学院的进步传统依然带到了西安临时大学。随校来陕的进步教授有沈志远、章友江、李绍鹏、季陶达,讲师有韩幽桐、方铭竹等十数人。另外,由于全面抗战初期国共两党合作抗日,民主气氛增强,法商学院的一些进步教授,乐于在课堂讲授中论及国内外形势和抗战等方面的问题,他们公开讲授马列主义学说,联系抗日救国实际,论述全国总动员、改革政治、实现民主及民族团结诸问题,深受一些进步青年的拥护和欢迎。中华人民共和国成立后曾任四川科委副主任的黄流,1937年秋天考入法商学院,听了进步教授讲的社会科学方法论等课程,"如饥似渴地学习辩证唯物主义与历史唯物主义、政治经济学、社会学大纲等,茅塞顿开"①。

(三)农学院

农学院即北平大学农学院。院长由周建侯教授兼任。农学系主任汪厥明,林学系主任贾成章,农业化学系主任刘伯文。

西安临时大学筹备初期,拟将农学院及文理学院生物系等设于武功,西北农林专科学校校长辛树帜于1937年9月17日复函"极表欢迎",但指出,"本校前奉教育部令筹设西北大学理学院化学馆,并由本校计划建筑附设高级职校,设备不周,仅可容纳现有学生,房屋设备需争取资金"②。于是作罢。但是后来,西北农林专科学校还是给予西安临时大学农学院些许帮助。比如,1937年11月27日,西安临时大学筹备委员会致函西北农林专科学校,要求支援实习材料及标本等。西北农林专科学校给予"所有之水稻稻种、小麦八种,大麦、玉蜀黍、黍、粟、稷、荞麦、大豆各数种,及园艺方面之蔬菜种子五十种,昆虫方面八种,附标本瓶二个"③。到了1938年1月28日,西北农林专科学校再次"赠送大麻、亚麻枝

---

① 黄流.永远忘不了的启导洪恩——回忆母校及延安片段[M]//陈士矛.他从延安走来:陈越平诞辰一百周年纪念文集.广州:广东人民出版社,2014:327.
② 关联芳.西北农业大学校史 1934—1984[M].西安:陕西人民出版社,1986:12.
③ 王建领,等.国立西北联合大学档案史料选编:上册[M].西安:西北大学出版社,2018:503.

干各一束,种子各一包,棉花标本一包",至于"棉花种子,当于脱棉后,再行寄赠"。① 西安临时大学农学系以此展开了科学研究及试验工作。

鉴于抗战时期食品问题的重要,农业化学系学生于1938年1月23日组织成立战时食品问题研究会。他们深入到伤兵医院及逃难人员中间,了解伤兵和难民的营养状况。他们利用星期天,带上大批表格,来到西安东关第十八陆军医院及其各分院进行调查了解。研究会从了解粮食生产、战时食品制造、节俭食品、保持健康增加长期抗战力量,以及建议中央或地方当局从速调整食品问题进行了调查研究;研究会还对西安临时大学学生及人力车夫的食品做了调查了解。1月24日,农学系畜牧组的学生在该系畜牧学教授李正植的率领下,前往西安小雁塔东西京牧场参观,并对该场营业状况及经营方针、乳牛饲养情况及繁殖方法、牛乳的清洁及装瓶方法均一一进行考察。

教师除了进行正常教学外,还根据当时局势对一些问题进行了研究,如林学系贾成章教授在校刊发表文章说:"当前全面对日抗战,困难危急到这步田地的时期,来谈垦荒问题,表面看来,虽似属迂缓之图,要知道长期抗战,全赖后方经济力量的撑持,而开辟荒地,启发生产,实为增进经济力量之一种……岂止惠及灾区造福灾民,实可安定后方,培养财源,而充裕国家长期抗战的力量。"②

(四)工学院

工学院由北洋工学院和北平大学工学院联合组成。本院6个系主任由北洋工学院教授和北平大学工学院教授分别担任,但北洋工学院实力甚于北平大学。其中属北洋工学院的有:土木工程系主任周宗莲、矿冶系主任魏寿昆、电机系主任刘锡瑛、化工系主任萧连波。属于北平大学的有:机械系主任潘承孝、纺织系主任张汉文。

工学院学科的设立"因时因地之制宜",以"适应非常时期之需要""内求生存之自给,外御强暴之欺凌"③。院长由校常委、北洋工学院院长李书田兼任。北洋工学院办学历史长,科系设置较完备,师资力量雄厚,办学经验丰富。西安临时大学建校伊始,李书田就主张按北洋工学院"实事求是""以严治学"的校风办学,工学院的大部分北洋工学院师生又能身体力行,使北洋工学院传统得以继承和发扬,工学院很快开课。新生入学后,即教唱北洋工学院校歌。起初,教学内容基本上与战前一样,但是1938年1月24日院务会议决

---

① 王建领,等.国立西北联合大学档案史料选编:上册[M].西安:西北大学出版社,2018:503.
② 贾成章.为移民垦荒进一言[J].西安临大校刊,1938(11).
③ 李书田.适应抗战期间之生产建置与工程教育[J].西安临大校刊,1937(2).

定,自下学期开始教学与研究工作中心将转为与国防建设、国防工业及自卫教育等有关的工程科学。李书田后来回顾西安时期说:"喘息未定,因抗战需要,即着手从事工程学术之推广,对于改进西安飞机场,增辟陕西公路,多所协助。复派员生调查汉水流域沙金蕴藏,期稍裨益国计。"①

工学院在此期间有东北大学礼堂之便利,除正常授课外,每周均邀请校内外专家学者结合抗战内容举行学术报告。如水利专家李仪祉讲演《抗战力量》,华北水利委员会工程队队长徐宝溥讲演《在北战场办理军事工程之经过》,航空委员会第十三科科长顾校书讲演《防空工程》,陕西省建设厅厅长雷宝华讲演《求学态度与抗战时期应有之修养和准备》等。

西安临时大学第二院(东北大学)旧址(今西北大学太白校区)

(五)教育学院

教育学院主要为北平师范大学教育学院,只有家政系是由河北女子师范学院并入。院长李建勋。教育系主任由李建勋兼任,体育系主任袁敦礼,家政系主任齐国樑。

1937年12月17日,原北平师范大学的师生举行建校35周年纪念活动,李蒸在《纪念专刊》序言中说:"在参加西安临时大学的阶段中,庆祝师大三十五周年纪念日,真是悲感

---

① 李书田.北洋大学之过去[M]//陈明章.学府纪闻:国立北洋大学.台北:"南京出版公司",1985:71.

交集……想不到故都沦陷,学校流亡……本校同人同学又聚集了数百人于西安,师大生命得以延续,又逢学校诞辰,亦不可不有所纪念。"还有人在纪念文章中写道:"为着国土的沦亡,使我们原在北平的母校,迁到西安来了。今天又迫着我们不得不在西安来纪念北平母校的校庆。这一桩国破校散的悲痛事变,给予我们的刺激是太大了!我们如果还不能燃烧起火一般的热情,努力抗战工作,保卫祖国,恢复母校,那简直不配做时代的青年!"①

(六)医学院

医学院以北平大学医学院为主体组成,不分系,院长由吴祥凤教授兼任。全面抗战爆发之后,北平大学医学院的师生并未收到迁往西安的通知,西安临时大学成立的消息传到北平后,院长吴祥凤于石驸马大街召集在校的教授开会,提出"愿去西安的签名",吴祥凤、王同观、蹇先器等人当场签了名,然后便一起绕道来陕。当年学生王兆麟回忆说:"1937年9月,我由北平返回家乡,旋接北平大学医学院从西安发出的开学通知;同时亦闻徐佐夏教授自德返里,遂与临县霍炳蔚同学一起去探望徐老师。时徐教授激于民族义愤,已拒绝了去北平之邀,便决定带身边的儿女和我们一起,绕道前来西安。"②还有一些师生相继收到西安临时大学成立的消息,也毅然拒绝日伪的利诱,三三两两辗转来到古都。③ 当然也有部分师生留在北平,加入"伪国立北京大学医学院"(院长鲍鉴清)。

到达西安的大约5名教授、30名学生④,在北大街通济坊租赁了部分楼房作为教室,成立了西安临时大学医学院。医学院教授有徐佐夏、严镜清、蹇先器、王晨、林几,副教授有毛鸿志、王同观。据新城文史资料记载:"西安临时大学成立之初,医学院院长吴祥凤曾到陕西省政府卫生处找尤仙航,联系为临时大学医学院学生讲课。经商定,尤仙航主讲热带病学、诊断学和细菌学。据知,当时授课的教师还有:吴祥凤主讲一般内科学,马雅堂主讲德文,沈汪积主讲耳鼻喉科。"⑤医学家侯宗濂说:"由于所有图书仪器全部弃掉,加之师资不足、学生太少,因而只开设了少数几门课程,教学方式也仅仅限于教师课堂讲授,学生记笔记。"⑥

---

① 薛贻源.在西安纪念北平师大的校庆[J].国立北平师范大学三十五周年纪念专刊,1937.
② 王兆麟.徐佐夏在西北医学院[Z]//政协西安市新城区文史委.新城文史资料:第8辑.1990.
③ 西安医科大学六十年大事记(1937—1997)[Z]//西安医科大学六十年.1997:9-10.
④ 任惠民.前进中的西安医科大学[Z]//西安医科大学六十年.1997:1.
⑤ 尤仙航.《西安医科大学史话》补遗[Z]//政协西安市新城区文史委.新城文史资料:第3辑.1987.
⑥ 侯宗濂.解放前的西安医科大学追忆片断[Z]//西安医科大学六十年.1997:205.

北平大学医学院院长吴祥凤(前排左五)与签名去西安办学的同仁在石驸马大街合影(1937年9月)

1937年12月,由徐佐夏教授和王同观副教授任正、副队长,师生三十余人组成赴陕南抗日宣传队。他们不仅进行抗日救亡宣传,讲解防空知识,同时还为民众诊治疾病,深受好评。并且,"一路上,徐(佐夏)老师和同学们同吃同住,并常常利用休闲给大家讲授药理学。虽然没有教材,但言简意赅,重点突出,听来十分生动"①。

西安临时大学的教学指导思想,正如开学时校方宣称:"凡所教学训导之方,悉宜针对国难时艰,积极设施,以厉行非常时期之救亡教育。"②各院系所开课程,"仍参照原组成该大学之各校院旧课目酌为修改,以适应时势之需要,其性质相同者,则酌量合并,其性质特殊者,则仍予保留。法、商、农、医各院课程,沿平大之旧,唯极力减免重复科目,归并各系,至高年级得酌予分组,学生修习之学分,仍照旧办理。文理、教育各院课程,多沿师大之旧……唯原平大女子文理学院、农学院,与原师大合并之各系,则酌量损益课目,以期各保持其原有精神。工学院为北洋及平大工学院所合组,除合并之系,其课程参照两院原订课

---

① 王兆麟.徐佐夏在西北医学院[Z]//政协西安市新城区文史委.新城文史资料:第8辑.1990.
② 本校布告[J].西安临大校刊,1937,(1).

程标准酌量修改,学生选习特殊训练,得减数学分外,其余课程均大体照旧,无所变动。"①至于教学所需之图书仪器缺乏,"除由常务委员议决购置急需应用图书外,各系主任教授分别向校外接洽借用,并与西京图书馆及迁湘之国立北平图书馆分别商订合作办法。工厂实习与陕西省机器局合作,电机实验与东大合作,化学实验与建设厅化验所合作"②。

西安临时大学第三院(北大街通济坊)

总之,西安临时大学开学以后,"照常上课,顺利布施,虽设备上极感简陋,环境亦远不如往昔宁静,尚能保存若干学术研究精神,黉舍宛然,特殊训练之外,不忘正常教学,埋头苦干,鼓励刻苦攻读之勇气,冀成学风"③。

---

① 见西安临时大学概况[J].教育杂志,1938,28(3).
② 见西安临时大学概况[J].教育杂志,1938,28(3).
③ 国立西安临时大学布告(1938 年 1 月 8 日)[M]//王建领,等.国立西北联合大学档案史料选编:上册.西安:西北大学出版社,2018:369.

第四节　抗日救亡，匹夫有责

西安临时大学开学上课之际，以原北平大学地下党的力量为主，组成了中共西安临时大学支部。因有抗战初期国共合作抗日的有利形势，西安临时大学党支部和民先队分队部与西安七贤庄八路军办事处经常保持着联系。八路军办事处主任林伯渠经常在七贤庄接待西安临时大学的进步师生。同时，西安临时大学一批全国知名的学者、教授也常主动到八路军办事处向林伯渠请教有关抗战形势及抗日救国等问题。笔者在当年的《西安办事处工作报告》中看到有这样几段话：

> 随着革命浪潮的高涨，许多左倾或不甘没落的文化人和团体，自动要求和我们联系，因此办事处对于文化界统一战线的工作也做了一些，这些外来的或当地的文化界，其成分包括作家、文人、教授、外国留学生、新闻界（报馆及国内外新闻记者）；新剧团、参观团以及文化团体等等，外来的文化团体和文化人差不多都是去陕北参观的。至于西安文化界已经有或正在联系着的，如：
>
> 文人、作家、教授，除了一部分顽固的还保持着旧的观点的分子外，大多数同情我们的主张和我们往还，如杨明轩、杨绍宣、侯外卢[庐]、陈建晨、郑伯奇、车向忱、于振瀛、徐冰如、沈志远、张[章]友江、曹清[靖]华、季陶达、刘景向、马德涵、张德馨、李一非、谌厚慈、李子健、张性初、贾麟炳、徐竞成等人。至于外来的：李公朴、杨亦周、许重远、梁淑[漱]溟、刘治洲、连瑞琦、薛愚、吴海萍、方铭竹、戴涯、王宗、诸述初等人。①

上面名单中的沈志远、章友江、曹靖华、季陶达、张德馨、许重远、方铭竹等人都是西安临时大学教授，侯外庐、梁漱溟则为兼任教授。

1937年12月中旬，中共中央军委副主席周恩来途经西安，在七贤庄八路军办事处停

---

① 西安办事处工作报告（节录）（1938年8月）[M]//西安市档案馆.西安抗战备忘.西安：三秦出版社 2015：109.

留两天,工作人员即发出请柬,邀请西安各界300多人听其做《五个月抗战总结》报告。①西安临时大学民先队负责人、原北平大学法商学院经济系四年级学生郭有义等人,代表西安临时大学民先队出席会议。据郭有义回忆:

>会议开始了,周恩来同志面向群众,谦恭有礼地说:"今天是座谈会,想听听大家对抗战的意见,是否允许我先说?"他一边说,一边用他的炯炯目光扫视会场一周,以征询大家的意见。
>
>"请周先生先说。"会场众口一词。
>
>于是,在众目睽睽、屏息敛容、十分庄重的气氛中,周恩来同志像洪钟一样的声音响开了。他一边用他那动人的话音往与会者耳朵眼里送,一边又用他那双锐利的眼光,巡回瞟瞟每一个在座者,使每个在座者都感觉到他是对我讲话,仿佛他是在和每个与会者"促膝谈心"。使每个人的思想都不会"走火"。他——恩来同志,把全会场一百多人的注意,都吸引在他身上。外国人常说周恩来有魅力,这点我是深有体会的。
>
>他讲话的内容,我现在还记得。大意是:他从山西前线回来,前线战争有些失利。不过大家不要惊慌,不要互相埋怨,而是应该如何团结起来共同对敌的问题。……日本侵华是有长期准备的。从明治维新以来就准备侵华,到现在已有六十多年之久,而我们的国共第二次合作,尚不到一年。……
>
>他讲了三小时,从十九点起到二十二点止。讲完之后,他征求大家有什么意见?大家都说没意见。可是"没意见"的话音未落,突然在会议桌边的中间一段站起来一个人,他高举拳头,声音古怪地说,"我有意见"。大家齐看此人:中等年纪、身躯羸瘦、个头不高、面色苍白,着一套灰色毛哔叽中山装,活像一个大烟鬼。有人认得的,说:"这是国民党陕西省党部书记长郭紫峻。"他大嘟嘟地质问恩来同志说:
>
>"周先生!你一口讲团结,二口讲共同对敌,我问你:你讲这话是真的还是假的?明天敢不敢叫上报?"
>
>"我希望明天见报。"恩来同志明快地回答。
>
>可是明天及其以后,恩来同志的讲话,终未见报,而且连这次座谈会的消息

---

① 李珍珠.周恩来在西安"八办"[M]//西安市档案馆.西安抗战备忘.西安:三秦出版社,2015:114.

也未发。①

参加这个座谈会的除了郭有义和另外一个民先队学生外,还有西安临时大学负责军训的王教官。王教官是复兴社成员,也许是派去监视学生们的吧。

民先队是西安临时大学进步社团中最活跃的组织,有队员二百余人。1937 年冬至次年春,西安临时大学中共党组织通过民先队等进步组织,在西安积极开展抗日救亡运动。周恩来到西安八路军办事处作有关团结抗日的报告不久,关中地区的民先队在西安召开会议,讨论民先队的工作和联合行动,西安临时大学民先队亦派代表参加。随后,西安临时大学民先队与西安民先队又经常联合行动。如多次动员群众赴晋豫前线参加战地工作,举行游击战演习,并请八路军办事处派员前来指导等,这些活动为抗战输送了干部,支援了前线,同时也增长了学生们的抗战知识。民先队在抗日救亡运动中的带头作用,博得了广大学生的信任,校内队伍日益壮大。

1937 年秋,晋南前线战事吃紧,西安临时大学抗敌后援会决定组织"西安临大战地服务团",到敌占区周围进行动员群众、组织群众的工作,团长薛启犹、副团长申振民(申健)共二十多位学生参加,其中少数是中共党员,其他多为民先队员和进步学生。这中间,有几位成员还是刚从陕北受训回来的。服务团于 1937 年十一二月间去潼关、华阴等地工作,到 1938 年春才回到西安,不久,与湖南青年战地服务团(此服务团的主要成员就是当时已迁移到长沙的长沙临时大学学生)合并,在凤翔县组成"第一军随军服务团",为抗战做了不少工作。

1938 年 1 月,西安临时大学组织成立"陕西省各界抗敌后援支会西安临时大学学生支会",并颁布《简章》及《工作计划》,支会计划以学生为主体,成立宣传队、救护队、慰劳队、交通队、募捐队、防空队、妇女看护队、抗战剧团、农村工作团、汉奸侦察团、防毒研究会、民众宣传及组织研究会、游击战术训练班等机构,广泛参与地方抗战宣传活动。当时媒体曾经报道说:"西安临时大学大众剧团于昨(按,指 1 月 9 日)在本市城隍庙后街及南院门等处公演《放下你的鞭子》,观众甚为感动,当场并掷集得铜元一元一角七分半,该团当即派人送抗敌后援会作慰劳伤病之用。该团为扩大抗敌宣传计,定日内即行下乡公演云。"② 又,元旦期间西安临时大学抗敌后援支会"捐款慰劳费九元六角四分"送给陕西伤病慰

---

① 郭有义. 我在陕西省的一段工作经历[M]// 地下工作十五年. 郑州:河南人民出版社,1986:16-18.

② 见西京日报,1938-01-10.

劳会①。

西安临时大学工学院学生合影(1938年新年)

为适应战时的特殊需要,除课堂专业学习外,西安临时大学还在课外开设军事训练队(由军事教官李在冰主持)、政治训练队(由尹文敬教授主持)、救护训练队(由医学院院长吴祥凤主持)、技术训练队(由工学院院长李书田主持)四种训练队,并由教授指导学生组队下乡宣传,"以尽匹夫匹妇救亡之责","愿吾人勠力同心,艰危共济,尽瘁此临时教育事业,以挽救当前民族之大危机。否则,吾人将成为亡国士夫"。② 材料及冶金学家傅恒志院士在谈到西北联大精神时讲道:"从沦陷区逃出来的学生和随着学校西迁的师生,在西安组织了各种各样的抗日活动。西安一下子变了样,街上到处是演讲、活报剧、墙报、标语、募捐……""无穷的爱国心、无穷的救亡图存的思想,这就是思想,就是精神。"③

西安临时大学常务委员会关于组织南下宣传队的《决定》中指出:"训练民众、组织民众,为动员全国军民,最重要之工作。本校为西北最高学府,唤起民众,责无旁贷。爰组织

---

① 见西北文化日报,1938-01-03.
② 见发刊辞[J].西安临大校刊,1937(1).
③ 李家俊.西北联大与"兴学强国"精神[N].光明日报,2013-01-09.

宣传队下乡宣传,以尽战时青年应负之责任。"《决定》规定:"本校学生均有下乡宣传之义务""下乡宣传之目的,为唤起民众及灌输抗战常识,以期民众之组织化,及发挥自卫能力。"①方永蒸教授回忆说:"(学校)以宣传抗日为掩护,组织南下宣传队,实则探路,为师生徒步迁徙作准备""南下宣传队共组四队:第一队除由体育系作开路先锋,代表教育学院;第二队由理化系、生物系、地理系组成,调查各地气象、生态、饮食、通信等,代表理学院;第三队由国文系、英语系、历史系组成,为宣传抗日主力,到处讲演、编壁报、深入乡村;第四队由医学院组成,保健、医疗等。"②宣传队以二十至三十人为一队,指定学生一人为队长,二人为队副,并推定董守义、佘坤珊、罗根泽、徐佐夏、王同观等教授(副教授)分任领导,负责指导。③ 为避免与东北大学及陕西省府宣传地点重复,西安临时大学将以陕南各县为重点,要求"不得收受任何招待,对民众必须有最谦和之态度""自身所用之行李,必须能自身携带"④。宣传工作分期实行,以两周至三周为限。出发前进行一周训练,宣传成果将作为学业成绩之一部分。

1937年12月1日,医学院徐佐夏、王同观率领三十余名师生组成的下乡抗战宣传队,自西安出发,经宝鸡穿越秦岭,于12月11日抵达留坝。宣传队除了在陕南各县开展抗战宣传以外,还为群众诊病,调查地方病种。12月5日,学生宣传队第三队乘骡马驿车出发,"沿途各站驿,均乏大批食粮,幸本队自宝鸡出发时,即购置储存自携锅及其他炊饮用具,每日自行炊食两次,有足乐者。其后又续在凤县添购粮食,宝鸡以南,面价甚昂,并无洋面,粗面每元亦仅百六七斤[一百元仅购六七斤],米价则与宝鸡相若,菜蔬均较宝鸡昂贵,不易购取,有豆腐为易得之物品而已,沿途均系铺草席地而眠,每间约能容三四十人,风味尚不恶"⑤。宣传队于12月12日下午抵达留坝县城,第二天就开始宣传工作。宣传的形式以讲演和各种生动活泼的文艺形式为宜,如组织歌咏队、漫画班、话剧团,通过唱歌、演戏、绘画、写标语、出墙报等多种形式宣传抗日救亡。对于当地知识分子及民众领导人员,宣传队特别加以训练,使长期担任本地宣传工作。

宣传队第二队至褒城后,限定每个队员就近参加学校举行升降旗典礼,并轮流在升旗

---

① 见西安临大校刊,1937(1).
② 方永蒸.铁岭方永蒸回忆录[Z].艾弘毅,校订.台北:方永蒸先生百岁寿庆筹备会,1992:119-120.
③ 见西安临时大学概况[N].中央日报,1938-02-18.
④ 见组织宣传队分赴陕境各县宣传[J].西安临大校刊,1937(1).
⑤ 见本校学生宣传队第三队第二次报告[J].西安临大校刊,1937(2).

时做抗战精神讲话。平均每人每天给褒城学生授课两小时,晚间仍出席学生集训小组会议指导。又帮助该县县长,筹办救亡周刊。队员集会宣传时,"每次听众自六七百人至千余人不等,其在联乡一次群众排成行列约有二千余人,学生占十分之三四,农民占十分之六七,鹄立台前,谛听讲演。散会时合唱'义勇军进行曲'及'牺牲已到最后关头'等救亡曲。民众兴奋,于讲演毕,高呼'打倒日本鬼子','打倒汉奸''拥护中央'等口号,其热烈情绪与夫民族意识之勃发,匪言可喻"①。

学生宣传队依照原定计划宣传外,并协助地方办理壮丁训练,保安队体育训练,社训军官之体育指导等工作。壮丁训练两星期,每日训练两小时,"先教以雄壮之军歌,继之以激烈奋斗之活动,最后讲话(每次讲一题目)并将宣传材料写成故事,以通俗之叙述法讲述之"②。两星期的讲题有:疆域史地常识、时局报告与分析、我国必胜的原因、日军残杀我同胞的惨痛故事、民族英雄故事、军民合作、国家观念与民族意识、防空常识、服兵役与服工役等等。保安队体育训练时,也给受训者讲演民族英雄故事,并注重精神与纪律训练。

1938年2月12日,西安临时大学常务委员会召开茶叙会,慰劳下乡抗战宣传队。此次赴陕南宣传抗战行程一千多里,在社会上产生了重要影响。后来,汉中各界人士赠西安临时大学名誉旗帜一面,以慰劳表彰西安临时大学学生一个月以来在陕南地区的抗战宣传和社会教育活动。

西安临时大学师生在学习的同时,积极用自己的实际行动,全力支持抗战。教职员积极认购救国公债,按校常务委员会决定,"本校教职员一律以一个月薪金认购救国公债",自1937年10月至1938年2月止,分五个月扣缴,全校教职员缴第一期救国公债计国币共7655.44元。与此同时,学校响应陕西省新生活运动促进会"一日一分运动",设置钱箱,每日每人于生活费中节省出一分钱来,投入钱箱,每三天由负责人当众点清,汇存银行,以接济抗战需用。为救济大批难民来陕,校常务委员会又决定:"全校教职员各捐实领薪百分之二,由会计组扣垫,薪金在五十元以下者,自由捐助。"③

---

① 见本大学下乡宣传队近讯[J].西安临大校刊,1938(7).
② 见本大学下乡宣传队近讯[J].西安临大校刊,1938(6).
③ 见救济难民[J].西安临大校刊,1937(1).

第五节　安康探矿记

在中国西部秦岭、巴山之间夹裹着一条大河,这就是汉江(又叫汉水)。它从汉中宁强县境内的嶓冢山发源,而后向东南横贯陕南汉中、安康等市,进入鄂西北后继续向东南奔腾,直到武汉与长江汇合。

汉水不仅孕育了历史悠久的汉文化,也孕育了价值连城的金矿。《管子》曰:"金起于江汉。"《唐书·地理志》云:"金州汉阴郡,汉阴月川水有金""西城汉水有金"。黄金当作价值尺度,并担任起支付、流通、贮藏职能是在西汉后期,《汉书·食货志下》载,王莽即位,"黄金重一斤,直钱万"。从春秋战国时起,人们就在汉水及其支流用简陋的工具、原始的方法采集黄金。《读史胜说》:"汉水月川鲤鱼山下金头岭,秦汉淘金场。"何景明《雍大记》载,汉阴恒河"北岸,有古之淘金场"。《续修陕西通志稿》载:"汉水入境至出境长六百里,沿岸多沙金①,居民用木床、竹篓淘取。"又云:"月河堡俱产沙金。"

安康的黄金资源一直为世人所瞩目,引起中外地质学者的极大注意。1904年,美国加尼基研究院派遣学者维理士和布拉瓦尔等人,对安康、紫阳、石泉一带汉水的沙金矿进行了调查和评价。1929年,我国地质学者赵亚增和黄汲清教授在他们的地质报告中,也对安康的沙金矿做了专门的论述。

抗战初期,陕西省建设厅委派技正白士倜到安康一带勘查,发现各种矿产都很丰富,特别是沙金矿最有开采价值。"值此国困民敝之秋,开发资源,实属刻不容缓"②,于是建设厅函请西安临时大学委派专家,前往调查研究并代为设计开采计划,议定补贴两万元经费,提供水泵、柴油机等设备。校方认为,"本校以长此抗战,端赖生金银之大量开采,以资抵补军需消耗之入超""在陕西省缺乏地质矿冶专门技术人才前往调查之现时,本大学工学院矿冶工程学系,允宜责无旁贷"。③ 西安临时大学"以矿冶工程系三四年级学生,本有

---

① 沙金,也叫砂金。
② 见矿冶系将往安康调查砂金宣传救亡[J].西安临大校刊,1938(3).
③ 见陕西省建设厅委托本校代为调查陕南金矿[J].西安临大校刊,1938(3).

地质调查及矿冶厂实习共六星期之规定",经常务委员会议决,"拟即请该系教授率领三四年级学生前往安康区各县调查,及计划开采沙金,藉以开发资源,并顺便在该区从事抗敌救亡宣传,以期唤起民众,组织民众,为抗战之后盾也"。①

1937年12月31日,西安临时大学李蒸、徐诵明、陈剑翛三常委联署公函致驻陕陆军测量局,派工学院矿冶系魏寿昆主任前往接洽使用地图,以便用于安康宣传和调查。公函称:"本校矿冶系教授三人率学生廿余人,定于日内取道南郑赴安康,为从军保国宣传,并调查矿产。关于应用安康及附近县属地图,拟请查照赠予或价卖。兹特备函介绍该系主任魏寿昆亲往接洽。事关唤起民众及探查矿产,尚希惠允照办为荷。"②

同时,校方致函陕西省机器局,拟用"沟探法"探矿,需用离心水泵及原动力柴油机各一台,"兹特派雷(祚雯)教授持函前往试用,俾克早日成行,即希赐予接洽为荷"③。

1938年1月10日早上8时,总领队、矿冶系主任魏寿昆教授率领杨萃芳、余景生、关荣枢、王朝林等19名学生出发,晚上9时抵达宝鸡,因城门关闭,只好宿于车中。翌日,学生暂住宝鸡西街小学。魏寿昆出外接洽赴汉中的汽车,并拜访宝鸡县(今陈仓区)县长。

1月13日,魏寿昆率领18名学生乘汽车南下,夜宿双石铺。副领队张伯声(遹骏)、雷祚雯二教授从西安启程,随同机器物资来到宝鸡,由留守同学杨萃芳迎接。

1月14日下午,魏寿昆等抵达汉中,学生借宿联立中学,恰好与也住该校的临时大学第一宣传队相遇,大家十分开心。是日,雷、张二教授及杨同学并工人一名随机器也乘汽车南下,夜宿草凉驿。

1月15日,魏寿昆接洽赴安康汽车事宜,并拜访汉中地区张笃伦(伯常)专员。

1月16日,魏寿昆面访本校南下宣传队的董守义、佘坤珊、罗根泽三教授,商谈抗战宣传事宜。是日,雷、张二教授等抵达汉中,前三天因军事运输繁忙,暂无汽车到安康。

1月17日,全体学生由雷、张二教授率领出城,赴汉江边考察土法淘金,遇到两组本地人土法淘金,每组约八九人。魏寿昆则去银行接洽汇款事宜。

休整几天之后,全队人员终于在20日乘上汽车东下。因汽车不时需要修理,行驶十分缓慢,直到第二天晚上才抵达安康,住在城外。魏、雷、张三教授乘坐的另一辆车,路上也是坏了两次,夜宿安康县恒口镇。

1月22日,学生进城借住安康中学。三位教授考察恒口附近恒河流域的地层状态,并

---

① 见矿冶系将往安康调查砂金宣传救亡[J].西安临大校刊,1938(3).
② 姚远.衔命西来:话说西北联大[M].西安:西北大学出版社2018:452-453.
③ 姚远.衔命西来:话说西北联大[M].西安:西北大学出版社2018:453.

了解当地人淘金方法。午后1点钟,安康地区魏专员派八名卫兵来接。下午3时,三教授抵达安康,然后拜访魏专员。

第二天上午,教授们商定勘查方针及计划。确定三项方针:"(一)视察地层构造时,必须全体出发,相机进行,但准于当日午后五时半以前归返;(二)勘察地点以不离县城十里为限;(三)将来拟赴石泉及洵阳(今旬阳,下同)等城工作。"拟定初步勘察计划大纲如下:

1. 安康县城周围三十里圈内,地层均系千枚岩层,其内含有多数石英脉,因缺少多量黄铁及蜂窝状形态,绝少含金之可能。

2. 安康县城勘察区域内,曾见砂砾层三种,即长检岑砂砾层、安康砂砾层及新河床砂砾层(三层之分别见最后总报告)。第三层除新河床层已确实证明含金外,其余二层含金之可能性甚小,现正在勘察测定中。

3. 新河床层所含之金均系麸金,成薄方状,证明来源甚远。设其他二砂砾层证明无金,则安康附近殊难有寻获大块金粒之可能,换言之,亦无发现富矿带之希望。

4. 洵河上游及恒河上游,地近火成岩带,传说曾有大块金粒发现。该区必有富矿带,唯距安康百五十里及二百里不等,土匪盘踞(两河关以上有匪八百之众,其余数十人一股者颇多),本队能否前往勘察,实成问题。

5. 石泉之珍珠河及大坝河源流甚短,共长三十余里。该处或可溯源勘察,拟于此间工作完毕后赴石泉一行。

6. 拟选择同学十人,由张魏二教授率领,步行至洵阳(距安康二百二十里),并拟相机溯洵河之源而勘察该区地质构造。往返约需五日。

7. 安康掘探地点暂定三处,即七里沟、汉江河及五里铺。淘金床因旧历年关制作极慢,工作进行颇感迟滞,此一区若果无富矿带拟先作贫矿含金的成分之研究。①

鉴于23日下午到城外越河口考察结果表明,该地河床系细沙层,没什么希望,所以24日溯越河而上到长枪铺,探寻淘金情形,可是当地人"秘而不告"。

1月25日,雷祚雯教授带学生两人到五里铺,此地春间淘金者很多,可是将近年关,找一个向导都找不到。张、魏两教授率其他学生到黄洋河口、桑园铺等地考察。

1月26日,雷教授计划制作淘金盆及淘金床(长三四丈)。张、魏二教授率学生出南

---

① 见本大学安康探矿队报告[J]. 西安临大校刊,1938(12).

关,绕行到西南区吉河口视察。

综合几天的勘察结果,拟定三个勘察地点,其中第一个地点在七里沟西南一小山沟内,该处有泉水流下,27日前往做详细勘察。第二天,在七里沟掘探区修筑小坝以阻挡泉水。

1月30日是旧历年除夕,教授们依然在七里沟掘探区维修堤坝,并测量坡度及计划安置淘金床事宜。

1月31日,春节。全体人员休息一天。

2月2日,张、魏两教授率学生十人赴洵阳勘察地质,魏专员派十一名卫兵护送,沿汉江二十里,夜宿神滩。雷教授及留守学生九人,开始在七里沟从事掘探工作。

2月3日,神滩乡保派船护送,沿滩而下九十里,平安到达洵阳,卫兵全部返回安康。

2月4日,天阴雪。考察洵阳附近地层构造并探寻当地淘金方法。路线溯汉江而上至刘唐铺,再绕道至草坪铺,沿洵河返回洵阳。学生沿途散发抗战宣传品,向乡民仔细解说。

2月5日,溯洵河而上步行至甘溪铺,沿途见有含金之新砂砾层于洵河河床内,但含金成分与安康之新砂砾层相同。自甘溪铺北行因有大股土匪盘踞,于是转而西行。

2月6日,从住宿地红花坪溯甘溪河而上至麻坪河,攀关沟越关岭。夜宿六里沟,雨雪中行山路约七十里,路面滑溜危险。学生不忘沿途散发宣传品,并作解说。翌日晚返安康。

2月8日,雷祚雯完成七里沟试探工作,曾掘试井一个证明该地砂砾层无金。

2月9日,全体学生去七里沟拆毁所筑堤坝,雷教授淘试汉江沙滩砂砾层作含金之定型试验。

2月10日,开始筹备在汉江沙滩安置水泵及淘金水槽等相关事宜,并试淘七里沟及其以下汉江沿岸之沙金。

2月16日,魏专员称爱国人士四千人盘聚秦郊铺、五里铺一带,去恒口大道无法步行。紫阳土匪年前肃清,故教授们决计乘船赴紫阳转石泉,沿途勘察地质,并淘试汉江沙金。

2月18日,启程离开安康,行李、机件等分置二船内,学生分班步行,魏专员派一队卫兵护送。直到21日,始抵紫阳县。又五天,26日下午4时抵达石泉县。

2月27日下午,开始在城下沙滩打试井。

2月28日,视察张家坡山上淘金区,并溯饶峰河至古堰滩。其他二组,一组在城下沙滩打试井;一组在西关大沙滩试淘沙金,得一大块重逾三分。第二天继续。

3月4日,张、魏两教授率学生杨萃芳、陈延熙步行赴恒口考察。6日,继续东行,一天大雨,全身皆湿。宿汉阴县。接下来的日子里,他们留在汉阴县考察凤凰山地质,并调查利民公司、两汉河及四台坡二处淘金工作概况。直到13日返回石泉县。

在此期间,雷祚雯教授留在石泉,监督城下沙滩掘打试井、安置水泵等一切事宜,并在张家坡老山上掘探台塬沙砾层之沙金。

同一时期,西安临时大学派人到汉中一带寻觅校舍,并成立了准备迁移事务委员会。

3月16日,雷教授在张家坡试验人力抽水筒与各种外国做法的效果,而西安临时大学师生正式出发开始南迁。

一连数日都在装抽水机,但抽水机工作状态不佳。3月23日,修理抽水机。赴五里铺、杨家坝、堰滩视察预备试探老山沙金。

直到月底,张家坡、五里铺工作都照常进行,长岭南开工。就在此时,西安临时大学已经翻越秦岭在留坝县庙台子一带休整待命,①故学校通知探矿队立即返回汉中。于是,魏雷张三教授一行自安康乘木船经汉水逆流而上,过紫阳到达石泉,再换乘长途汽车到城固。②

1938年3月7日,《西安临大校刊》第12期刊发消息:"本校矿冶系赴安康探矿队,推测汉江中河底沙层含金较多,干支流长千余里,宜用掘金船,从事开发。李院长耕砚与雷厅长孝实特往谒孙主席,商与经济部向国外购买掘金船,较小者约需美金十五万元之谱。"

同年8月15日,《西北联大校刊》第1期刊发署名"魏寿昆、雷祚雯、张遹骏"的《勘察安康行政区沙金矿简要报告》:"此次寿昆等奉陕西省建设厅的约请,勘察安康行政区沙金矿,行程所及,计有安康、洵阳、紫阳、石泉、汉阴等五县。勘察时间,前后共三月有半。"③报告先概述,然后再从汉江流域区、饶峰河流域区、越河流域区、洵河流域区分别论述,最后得出如下结论:

(一)安康区沙金区域虽广,但含金量太低,较之世界一般之沙金含金量每吨二三钱者,相去太远。但以我国人工贱,生活程度低,择一二较富之富矿带小规模经营尚无不可。

(二)石泉之富矿带,似应作一详密之勘探;其沙金生成状态迥异,亦勘有科学上研究之价值。

---

① 据南迁第二中队中队长、土木工程教授刘德润行军日记:"三月三十日……接校方信,嘱在庙台子多住几日亦可,因校址尚未分配停当也。"(参见:西北联大校刊,1938(4).)
② 吴石忠,姜曦.魏寿昆传[M].北京:科学出版社,2011:54.
③ 见勘察安康行政区沙金矿简要报告[J].西北联大校刊,1938(1).

饶峰河流域上自饶峰河之两河,以迄张家坡,有多数含金较富之红色层。此层延向东南,以迄恒口。除汉阴一部,面积较广,沉积物较细,无多含金之希望外,余均有试探之价值。此种红色层之底部,虽可用矿井矿洞试探,然为进行速探费低计,仍宜采用钻探法。

(三)陕南洋县城固南郑汉江沿岸,均产沙金(每吨有四五厘),其来源果系何处?苟能作有系统之勘察,不难有发现富矿带之希望。至略阳及阳平关二区嘉陵江流域,亦产沙金,其矿床成因,或与汉江沙金有相当关系,故亦有详细勘探之价值。①

不难看出,此结论推翻了之前建设厅技正白士倜"尤以金矿为最有开采价值"的观点。当然,"寿昆等此行,期间仓促,而又困于经济,未能作充分的探勘,深以为憾。故愿以后能再有机会,作进一步之工作;苟能有所发现,则不独寿昆等精神上得无上之代价;即陕省民众之经济,亦有以利赖也"②!

可惜后来再没机会了。魏寿昆在1939年3月随李书田出走四川广元,继而到西昌技艺专科学校、贵州农工学院任职。雷祚雯1940年出任西昌会理金矿矿长兼总工,不幸于1946年遭遇空难。只有张伯声一直留在西北联大(西北大学)。因此,三位大师级教授分别从冶金、采矿和地质角度展开的一次强强联手的科学考察活动成为绝响。

第六节　潼关吃紧,西安告急

1937年11月9日,华北重镇太原失守。紧接着,上海(11月12日)、南京(12月13日)等地相继沦陷。

11月16日,西安行营主任蒋鼎文致电教育部长王世杰:"自晋省战况变更,西安渐迫近战区,此后敌机来陕轰炸,定日益狂虐,文化机关尤为敌之目标,查临时大学设立在此,生徒日众,其中更有女生多人。弟意似可在长江上游择地另设分校一所,先将女生拨往授

---

① 见勘察安康行政区沙金矿简报[J]. 矿冶半月刊,1938,1(7).
② 见勘察安康行政区沙金矿要报告[J]. 西北联大校刊,1938(1).

课,藉策安全,此意曾与该校诸常委谈及,谅经陈述到部,未谂尊意如何,用再电达,敬希察核。"三天后,王世杰回复:"铣电敬悉,甚感关注,俟该校详陈到部时,当妥为考虑。"①

方永蒸教授在回忆中说:"这期间,生活虽安定,但敌机常来轰炸,于是我们要躲警报,钻防空洞。后来太原沦陷,临汾吃紧。西安也不安全。学校乃向教育部申请,迁校四川,教部怕动摇人心,不准。"②许世瑛《先君许寿裳年谱》也说:"时太原初失,西安震动,西北[西安]临时大学遂有迁川之议,唯女生步行入川为不可能……后以教育部不同意临大迁川,此议遂作罢。"③

转眼进入新的一年。1938年2月18日,晋西南重镇临汾失守,山西的主要城市和交通干线均被占领。3月,日军侵占山西风陵渡,关中门户潼关告急。潼关是陕西的东大门,是连接西北、华北、中原的咽喉要道,其战略地位不言而喻。

日军经常隔着黄河向对岸陕西境内打炮,飞机也不时到西安侵扰。西安作为西北军事重镇和大后方重要基地,是日军轰炸的重点目标之一。自卢沟桥事变之后的同年9月起,就有日机频频飞临古城上空,从事侦察活动。11月开始轰炸西安。1938年,日本陆军航空队在山西运城机场建立中心基地后,对西安的空袭活动更加频繁和猖狂。3月11日,日机三十架分四批空袭西安,中国空军飞机奋勇迎击。日机在郊外投弹十余枚后,向东逃窜。

与此同时,陕西军民紧急动员,中共陕西省委于3月8日发表了《陕西省委为保卫陕西宣言》,"号召全陕同胞,团结自己的一切力量,准备迎击敌人的进攻",并强调"巩固陕西国共两党及一切抗日力量的团结,建立抗日统一战线的坚强壁垒,是保卫陕西的先决条件"。④ 由延安的陕北公学校长成仿吾作词、延安鲁迅艺术学院音乐系主任吕骥谱曲的《保卫陕西》,就是这时创作出来的。歌词中写道:"日本强盗打到了陕西的门前,黄河两岸都成了抗日的前线……保卫长安,拼着头颅热血,保卫我们的河山、河山!"⑤这首歌曲甫一发表,即唱遍了陕西城乡,对鼓舞各界民众团结抗战起到了一定的作用。

面对日军的暴行,开学不到半年的西安临时大学的广大师生,再也不能关门读书了,

---

① 王建领,等.国立西北联合大学档案史料选编:上册[M].西安:西北大学出版社,2018:97.
② 方永蒸.铁岭方永蒸回忆录[Z].艾弘毅,校订.台北:方永蒸先生百岁寿庆筹备会,1992:119.
③ 许世瑛.先君许寿裳年谱[M]//倪墨炎,陈九英.许寿裳文集:下卷.上海:百家出版社,2003:1090-1091.
④ 陕西省委为保卫陕西宣言[Z]//陕西革命历史文件汇集1938年(1).中央档案馆,1992:23-24.原载:西北周刊,1938(6).
⑤ 见西北周刊,1938(24).

纷纷走上街头宣传抗日。事实上,"敌机无日不骚扰,亦辄一日三次警报,确实上不成课了"①,"年青人心中的仇恨火苗被撩拨得白热,每天进出着防空洞,用严肃的干粮不断地充实自己,去承受那最大的罪恶威胁"②。当大家得知北平师范大学教授杨秀峰领导平津同学上太行山打游击的消息后,更是按捺不住自己抗日救国的激动心情,认为守土卫国,匹夫有责,西安临时大学是西北最高学府,师生应作民众的表率,坚决与古都共存亡。

但是,社会上一些片面抗战论者和复兴社分子却趁此散布战争恐怖,煽动西安临时大学迁校陕南。这一动向正好反映了国民政府当局的主张,因为西安临时大学多数同学经历过"一二·九"运动的洗礼,又饱受日寇炮火的痛苦,他们从平津地区来到西安,艰辛的流亡历程,使他们的抗战爱国激情像烽火一样在心中燃烧。革命圣地延安深深地吸引着这些热血青年,西安的八路军办事处就是这些年轻人去陕北的"介绍所"。从华北、华中流亡到西安的学生,有的未进临时大学的校门即去了陕北,有的进校不久也跟着去延安进入抗日军政大学、鲁迅艺术学院、陕北公学等院校。比如商学系俄文选修班学生刘蕴华(柳青),就没有随校南迁,而是奔赴陕甘宁边区文协,开始文学创作活动,后来成为知名作家。彭迪先教授回忆:"在校的学生虽然坚持学习,但同样感到国难深重。抗日前线和延安时时刻刻像块磁石吸引着他们,国民党当局害怕这个局面延续下去,使大批临时大学青年'赤化',同时,更加可怕的是临时大学中共地下党组织和民先队的抗日革命活动越来越活跃。因此,他们就决心利用'潼关吃紧''西安告急'的紧张空气,把这所他们称为'陕北公学'第二的西安临时大学搬迁到陕南。"③后来西北大学校长赖琏和西南联大常委蒋梦麟在重庆见面时,两人互言两校所遇到的困难,赖琏谈到西北大学过去的主要麻烦是距延安太近了,而蒋梦麟说:"我们比你们幸运一点,昆明离延安很远。"④这一语道破了国民政府当局力主迁校的深刻政治用心。

寒假去了延安的北平大学农学院学生张德耀说过一个原因:"大概1938年1月,白崇禧到西安讲话,他也让学生参加军队。他讲'兵战与学战','有人担心学生往延安去,我们在西安也办抗战学校'。在三原县(按,应为泾阳县)安吴堡,冯文彬搞了一个西北青年训练班,寒假半个月,让青年抗战,中国求解放,要团结起来。白崇禧讲:'延安还那么远,我们在秦岭不远处组织。'白崇禧的讲话有几千人听……抗战开始国民党不能不做一点,这

---

① 赵慈庚.西安临大南迁琐记[M]//李溪桥.李蒸纪念文集.北京:中国社会科学出版社,1996:255.
② 紫纹.抗战期中的西北大学[M]//王觉源.战时全国各大学鸟瞰.重庆:独立出版社,1941:19.
③ 彭迪先.我的回忆与思考[M].成都:四川人民出版社,1992:39-40.
④ 赖琏.西北工学院与西北大学——抗战时期兼长西北两大学的回忆[J].传记文学,1966,8(5).

是后方发动群众。"①文中所言"西北青年训练班",实乃中共党员冯文彬主持成立的西北青年救国联合会所属青年干部训练班(通称"安吴青训班"),它以培养青年工作干部,组织动员青年参加抗战,达到统一青运为目标。毛泽东在延安对高级干部的一次讲话中强调:"没有革命知识分子革命不能胜利。国民党和我们力争青年,军队一定要收容大批革命知识分子。"②

1938年2月底,一部分学生去安吴堡参加青训班;没去的人便公开议论起迁校之事了。而与西安临时大学同一天诞生的长沙临时大学,已于2月19日出发迁往昆明。

3月2日,西安行营主任蒋鼎文要求"为维持学生的学业起见,及为国家根本的教育事业起见"③,令西安临时大学南迁汉中。为此,不少师生持异议,校常委徐诵明找年初新上任的教育部长陈立夫交涉,然而陈立夫的态度非常强硬,没有丝毫商量的余地。

陈立夫的态度是有着不可言说的理由,不妨从蒋介石要他接掌教育部说起。

淞沪会战失利之后,随着战事的持续扩大,日军节节猛进,首都岌岌可危。蒋介石在1937年12月11日的日记中,记下已在进行"南京失陷后政局变迁之影响与预测"和"持久抗战时期变化之预测",并且要"强化政府健全组织"。④ 12月18日的日记"下周预定表"中,排在首位的即是"行政院军委会之改制"⑤。29日下午,"决定行政院与大本营各部长人选"。30日,"决定行政院与军委会改组名单"。⑥

12月31日,国防最高会议常委会开会议决:陈立夫为教育部长。王世杰在当天日记中写道:"今晨蒋先生约余往谈。初谓拟令陈立夫(第六部部长)为予助。予告以当由陈负全责,予愿退避。蒋继谓,拟请余改任行政院政务处处长,并拟改处长为特任职。予谓此层余亦须再考虑,始能答复。予归寓后,即专函蒋先生,告以政务处职务,杰之能力兴趣均不相宜,请其另择他人任之。"⑦王世杰当然不愿陈立夫给他当助手,他们两人对于教育问题本来意见不合。在1937年9月3日国防最高会议常委会上,陈立夫对王世杰所负责的教育工作大加挞伐,"意谓中国教育为美国式教育,根本错误"。王世杰在日记中评说:"陈

---

① 张德耀.回忆七七事变后参加抗战活动[M]//林家栋.百年回眸.北京:中国农业大学出版社,2005:29.
② 中央档案馆.中共中央文件选集:11册[M].北京:中共中央党校出版社,1991:128.
③ 本校城固本部举行开学典礼志盛[J].西北联大校刊,1938(1).
④ 蒋介石.蒋中正日记(1937年)[Z].台北:抗战历史文献研究会,2015:143.
⑤ 蒋介石.蒋中正日记(1937年)[Z].台北:抗战历史文献研究会,2015:146.
⑥ 蒋介石.蒋中正日记(1937年)[Z].台北:抗战历史文献研究会,2015:148.
⑦ 王世杰.王世杰日记:上册[M].林美莉,编校.台北:"中央研究院"近史所,2012:77.

氏年来思想屡倾向于复古,故有此论,实则其议论,只是一些浮浅之语。余以为中国教育之病,在尚未能彻底现代化,其所以然,则此等人梗之也。"①同年9月19日,王世杰与陈立夫、戴季陶商讨未来教育改革,"立夫对于现行制度颇多幼稚之见;戴劝其勿多谈制度之改革而注重制度之实行,其于立夫见解之幼稚,似甚了然"②。对于出任教育部长之职,陈立夫回忆说:"1938年元旦,蒋先生召见我,令我接掌教育部。这一着任命让我感到非常意外,一时也无法决定。当时大批沦陷区学生流亡内地,教育工作,千头万绪,真不知从那里入手。教育部长王世杰因为不能处理这个困难的问题,因而辞职。"③

陈立夫只是说了蒋介石要他当教育部长,没有说明当时教育部所负责任的重大。蒋介石之所以任命陈立夫取代王世杰,"是认为陈立夫更有手腕,能使教育界反统制的局面得到转变"④。前面讲过,陕北是深深吸引着全国热血青年的革命圣地。陈立夫在国民党内已干了十来年,和共产党也斗了十多年之久。他确实带着很大的政治敏感来上任教育部长的,立即观察出和共产党争夺青年是教育部的一大任务。所以上任后,一方面采取措施把相当一部分青年学生都争取到国民党这边来了,一方面严厉防止青年学生投奔陕北去。那么,让西安临时大学南迁就是一个不错的选择了。

为了保存学校实力,西安临时大学随即投入到紧张的迁校工作之中。3月2日,学校即派总务处徐世度持公函前往汉中地区寻觅校舍。9日,经校常务委员会第23次会议决定,成立以徐诵明为首的十七人"准备迁移事务委员会"(下设布置、运输及膳食三委员会),并修正通过《国立西安临时大学准备迁移事务委员会规程草案》。另据当时师大附中教员赵慈庚回忆:"实际上在一个多月之前,已经由体育系选出十几人,徒步往返了一次。一则看看路上食宿条件,再则估计一下一般人能否顺利通过。他们回来说:'一天走七八十里不成问题',这才决定搬家。"⑤

接着,校常务委员会又公布了《国立西安临时大学全体学生由西安至汉中行军办法》(以下简称《行军办法》)。依照《行军办法》规定,布置委员会按军训队原有大队编制,大队设大队部,大队长由全校军训队长徐诵明兼任,总理全大队事宜。军训主任教官李在冰

---

① 王世杰.王世杰日记:上册[M].林美莉,编校.台北:"中央研究院"近史所,2012:38.
② 王世杰.王世杰日记:上册[M].林美莉,编校.台北:"中央研究院"近史所,2012:44.
③ 陈立夫.拨云雾而见青天:陈立夫英文回忆录[M].卜大中,译.台北:"近代中国出版社",2005:286.
④ 张学继,张雅蕙.陈立夫大传[M].北京:团结出版社,2008:219.
⑤ 赵慈庚.西安临大南迁琐记[M]//李溪桥.李蒸纪念文集.北京:中国社会科学出版社,1996:255.

为副大队长,协助大队长办理一切事宜,大队部聘请各院长、系主任、学生生活指导委员会常委,及膳食、运输、布置各委员会召集人为参谋,校常务委员为当然参谋,组成参谋团,以李蒸为参谋长。

大队下分三个中队,每个中队五百至六百人。中队设中队部,为行军单位,下设区队、分队、运输组(给养班、行李班)、设营组(前站班、饮食班)、纠察组(秩序班、收容班)、交通组(传达班、侦察班)、医务组(内科班、外科班)、察卫组(白日班、黑夜班)等。中队设中队长一人,副中队长两人。区队、分队各设队长一人。

无论中队、区队,还是分队,都要用白布制作一面角旗,各组制白布方旗,写明番号。

运输委员会积极联系搬迁所需要的车辆等。膳食委员会购买了锅盔317袋8676斤,咸菜(腌萝卜)3000余斤,以备迁移路上食用。同时,雇定胶皮轮大车六辆,运送炊具名数如下,"咸菜十七袋,盐二袋,秤一个,行军锅二十三口,炉二十三份,铁锨九个,提灯十八个,镐六个,铁勺九十九个,洋灯六箱,小桶四十二个,木盖十八个,刀二十九把,火剪三个,面盆三个,面板四个,菜墩三个,煤油三桶,水壶三个,扁担一个,水勺二十八份,小铁锅十七个"①。此外,西安临时大学师生们也开始准备旅行用品,都去买背包、油布等物品。

屈指算来,西安临时大学在西安从诞生到迁移,驻留了大约五个月的光景,而正式上课十三周,为期仅三个多月。在此期间,师生们既没有过多纠结、苦恼于生活上的种种不便,也没有因临时而存五日京兆之心,而是尽可能融入地方社会中,给古城添加了一些新的血液。当时有一篇文章说:"西安以前在教育上是够荒漠的,自从搬来了东北大学,又搬来了临时大学,二三千文化兵突击到这座静静的古城来,使一切都呈现出活泼蓬勃的新气象。街头,巷尾,当每个大的节日来到的时候,到处活跃着这些大学生的面影。他们做通俗讲演、大众歌咏,更演出街头剧。……在这里流荡着的是一种严肃的新气息,紧张、工作、努力,这是抗战的熔炉中锻炼成的中国进步的一个面影。无疑地,这种进步的新气象在古城中产出了好的效果。"②

---

① 见佟学海.膳食委员会报告[J].西北联大校刊,1938(1).
② 紫纹.抗战期中的西北大学[M]//王觉源.战时全国各大学鸟瞰.重庆:独立出版社,1941:18-19.

第七节　南迁:翻越秦岭

1938年3月16日,"春天在开始用翠绿的笔刷着荒漠的世界",西安临时大学师生整队开拔,"二千多年青的影子离别了刻画着他们浅浅履痕的西北古都"。① 按照行军编制,在大队长徐诵明的率领下,开始了"破天荒的大举动"(李书田语)。陕西省民政厅特电饬沿途各县县政府,"予以便利,并妥为保护"②。

为了抢时间,全校师生于当日晚乘坐陇海线的火车前往宝鸡。火车为有顶的货车(闷罐车),车门一关里面漆黑一片,为此,只好在车厢顶部挂上一盏灯照明。没有座位,大家席地坐在地板上。途经咸阳、马嵬坡等地,八九个小时之后,天明到达宝鸡。

西安临时大学学生在宝鸡火车站

从宝鸡下车后,按照预定的计划开始了"一次徒步的长征"。徒步所走的川陕公路穿越在崇山峻岭之中,基本上是沿着古蜀道修建的。一提起古蜀道,人们自然就会想起李白

---

① 紫纹.抗战期中的西北大学[M]//王觉源.战时全国各大学鸟瞰.重庆:独立出版社,1941:19.
② 见西安临时大学迁汉中[N].西京日报,1938-03-15.

在《蜀道难》中所写的"猿猱欲度愁攀援"诗句,同时也会想到为什么李白在这首诗中会三次发出"蜀道之难,难于上青天"之感叹的原因。

川陕公路分为三段:从宝鸡到汉中为北段,汉中到广元为中段,广元与成都之间为南段。每段八站,北段古道是褒斜道,自留坝以北东南行直达西安附近之斜峪关,现今公路由留坝向北到宝鸡,是为穷八站。汉中以南总称南栈(又名金牛道、蜀栈),不穷不富是为中八站。最南段在四川境内,称为富八站。这所谓站,是历代商贾一天的行程。不过那时川陕公路还没有完全筑成,公路可以通车,但汽车很少。隔几里地就有十几个工人坐在路边砸石头,为铺路面准备石子。

西安临时大学学生南迁途中

大队穿行在峡谷之中,永远有河水做伴,时而滂沱雷鸣,好像山也在怒吼,时而湛平如锦,似提醒大家要冷静。

西安临时大学师生此次徒步迁移行军,自宝鸡到汉中将近二百五十公里,费时约十二天,沿途穿秦岭、过栈道不必细表,单说期间的基本生活问题是如何解决的。

迁移行为首。迁移之时正值抗战艰苦岁月,汽车非常缺乏。就是有车,燃料也大成问题,真所谓"一滴汽油一滴血"。除了学校公物如图书、仪器等运输雇用汽车或胶皮轮大车外,各炊具伙夫均雇用汽车运送,以便先到前站预备膳食。赵慈庚回忆,"大队租的这辆汽车,是西安东大街亚洲汽车公司的。经理姓殷,和我是小同乡,所以我知道一点运输情况。这辆汽车还负有一个任务:准备病员乘坐,大概全程只有一位女生坐过","教职员中年老体弱的,中年携幼奉亲的,当然允许人家自费乘汽车南下,这样走的教职员也不少"。①

按《行军办法》规定,每个中队由学校拨给胶皮大车十五辆,以装载粮食及随身行李之用;学校共用及学生自备脚踏车,应交由各中队交通组统筹登记,再分配给前站班、饮食班和传达班使用。"随军行李均雇骡驮,然骡夫驴骡不习于有秩序之进行,乃由运输组将骡夫驴骡编号排次加以管理,至各中队行进先后规定:最前为警卫组;二为各分队;三为骡夫;四又为警卫组,教职员殿后,一行前进蜿蜒数里不绝。"②最怕中途遇雨,将给行军增加不少困难。出发时为了减轻行程负担,大多数师生都未带防雨工具,加之路两边不是大山就是悬崖,无处躲雨,师生们只好冒雨行走。雨把衣服打湿,如果再遇到寒风一吹,会冷得浑身发抖。雨水使道路更加湿滑,大家提心吊胆地一步一步向前挪动着。即使如此,还是有不少人摔倒,大家只好相互搀扶着走,有的同学还把随身带的草鞋套在脚上防滑。他们把一个个的脚印烙在古栈道上。

事先担心的因缺乏交通工具和人数庞大而随时会出现停滞的情况并未出现,安步当车的学生们把迁徙之苦转化作春游之悦。有学生这样生动地描写:"行过南星镇,山势陡峻,景色绝佳,白云从身边脚下飘过,仿佛到了神仙境界。路旁有万尺深的山涧,潺潺流水声,不知名的鸟儿婉转歌唱,数不尽的珍花异草,有种类似塑胶花朵,形似雏菊,红色、黄色、艳丽宜人,我们串成花环,围在草帽上。"③在秦岭山间,他们偶尔走小路,与行驶在曲折公路上的汽车争先,汽车与人一呼一应间,欢笑声震动山谷,长途的枯燥劳累得以化解。赵慈庚回忆:"每天一出发,大队便唱起抗战歌曲,《义勇军进行曲》每天不知要唱上几遍。其他像:'枪在我们的肩膀,血在我们的胸膛……''大刀向鬼子们的头上砍去……''工农兵学商,一起来救亡……'歌声,水声,筑路工的锤声,交织成沸腾的声浪,在山谷中回荡,宛然是雄赳赳赴敌之兵,震撼着寂无人烟的山峦。歌声停了,话声来了。山上的一石一木也会引起议论,不然就从张子房烧栈道说到诸葛亮出祁山。沉寂下来便只听到脚步声与远处的流水声。郝圣符先生怕沉寂下来会产生疲劳感,便向前方喊了一句:'王鑫,唱!'于是歌声又起——王鑫是高三的学生,行军中时常由他领唱。"④

男女搭配,行军不累。工学院的王玉琳回忆:"第二中队有女生数十名,那时大学女生

---

① 赵慈庚.西安临大南迁琐记[M]//李溪桥.李蒸纪念文集.北京:中国社会科学出版社,1996:256-257.
② 见佟学海.本校迁移行军沿途经过纪录[J].西北联大校刊,1938(3).
③ 朱兰训.秦岭行军[M]//学府纪闻:国立北平师范大学.台北:"南京出版公司",1981:454.
④ 赵慈庚.西安临大南迁琐记[M]//李溪桥.李蒸纪念文集.北京:中国社会科学出版社,1996:258.

不是大官千金就是富家女,从未受过苦难,徒步爬山更休论矣。有几位女生好逞强,不吃早饭即出发,希望争取最早到达目的地的荣誉,我与二位同学均善走路,虽早饭后出发,不出十里仍能追及。内奚姓同学乃山东大汉,身强力壮,在将赶上该等女生时,在路边拾起两块大石头,以麻绳系于旅行手杖两端,担在肩上。然后口中念念有词'如不用重石压肩,早就到宿营地了,男生天生一切优越。'女生听到后气得七窍生烟。女生也有阻挡奚大汉超车办法,在羊肠小路上(为缩短行程,善走者均走短路,不随公路盘旋)二人并肩,并用旅行手杖向后大幅摆动。奚大汉几次接近均被打回,相持半小时以上,及至小道接公路后,我等方始相继超越,然后回首相视,彼此皆面露胜利的微笑。"①

由于每日至少需步行十几公里,最多达三十余公里,晚上抵达居住点的学生们虽饥肠辘辘地围观伙夫烧菜煮饭,仍能毫无旅途倦意地热烈交谈。休息之余,通讯组坚持收听广播并于次日清晨书写张贴,不仅同学们及时了解国事要闻,当地居民识字者也竞相围观,是为一景。虽然衣衫俭朴、满面风尘,但有礼有序、快乐轻松富有青春气息的临时大学学子们,让沿途早已饱受散兵游勇之苦的百姓人家投出惊诧的目光,欣然招待有加。显然,对师生们而言,国难中迁徙赋予他们的不是颠沛流离的愁苦,而是与学校同舟共济的坚毅。

路途给养问题,《行军办法》有规定:"由膳食委员会在各站布置,每中队携带给养两天,由运输组给养班负责保管押运分配(每日三餐,中饭为馍咸菜)。由分队长于早餐后未出发前(或前一日晚饭时)向驻在地办理伙食人员领取该分队全部给养,转给同学自行携带,早餐为稀饭及馍,晚膳为干饭及汤菜,均由舍营地办理伙食人员负责整理。如遇路程距离较远中途煮水由饮食班办理。"②临时大学文书组的行军经过记录更为翔实:"行军膳食以沿途无处购买,各队均自带锅饼(西安有名之干粮)、大米、军用锅、伙夫等,每晨烧水煮饭各一次,中午于途中打尖食所带锅饼咸菜,晚间炊饭烧水各一次。每晚所到城镇,青菜、豆芽、豆腐、粉条等,均被收买一空,然亦为数不多,不足应用,以各该城镇村庄所产蔬菜本少也,伙夫熬菜煮饭,均以铁锹为调动之具,既具烹调之知识,复有泥水匠之技能,而教职员学生等以行路辛劳,食欲加强,又以沿路城镇食品缺乏,故每当开饭前职教员学生多已持箸拥环立鹄候,迨伙夫一声报热启锅分盛,无不食之津津有味,有外籍沙博格、克敦

---

① 王玉琳.迁校——由西安到古路坝[M]//学府纪闻:国立北洋工学院.台北:"南京出版公司",1981:118.

② 见国立西安临时大学全体学生由西安至汉中行军办法[J].西北联大校刊,1938(1).

二人亦羼入分取,享受一日辛劳之酬报。"①

如果读刘艺民的回忆文章,就发现行军途中的膳食其实不算差的,他说:"说起来在山里猪肉倒不缺,所以每天差不多是萝卜条煮肥肉片,有时候赶到有卖豆腐站头就有点豆腐吃,其他的就谈不到了,可是鸡蛋到处皆有,但是没人敢吃,据说有麻风菌,直等到了汉中,经过医学院化验证明,麻风菌成分颇微,对身体无甚损害,同学们才敢大快朵颐。"②

行军到了集镇上,少数手头宽裕的学生也会相约打牙祭。据王玉琳回忆:"双石铺为宝鸡到褒城的中点站,汽车行旅均在此打尖或住宿,有小饭馆一家,我与两位同学到得最早,一见饭馆,垂涎欲滴,食指大动,进入饭馆后几乎将该馆的'高级'菜(肉、蛋而已)全部照点,独占该馆后的一间雅座,大吃大喝。正在酒酣耳热时,外间进来三位教授,其中一位是土木系主任周宗莲博士,正是顶头上师(非司)。于是三人鸦雀无声,如坐针毡。三教授各自取出锅盔,嘱饭馆用肉烩一烩。饭馆告以适才三位先生已将肉点光,用菜汤烩烩罢。于是三教授吃了菜汤烩饼,同时离去。警报解除后,每人雀跃三尺,庆幸未被发现,免去一场尴尬场面。"③同样是在双石铺,法商系龚人放和曹贺受其东北老乡、医学院王景槐教授邀请一起吃便饭:清炖牛肉、红烧鲤鱼、两个小菜,还有一碗榨菜汤。几天行军肚子有点素了,饱餐一顿"加点油",走起来会更有劲。大家吃得正高兴时,王教授拿起酒杯喝了一大口,趁着酒兴说:"我从德国回来一直呆在大学里,过着优裕的生活,天天上课下课真没意思。要不是学校搬家,我怎么也体会不到行军的乐趣,既能接触大众,又得到很多知识。"④

总的来说,临时大学师生行军路上的主食还是吃锅盔,因为山里不产米,也没有米卖。虽有时食不果腹,但精神快乐压倒了一切。

至于晚间的歇脚问题,每队有两人负责安排住处,"先向该地保甲长,按站借用民房,事后酬以每人每日五分租金,故各当地居民最初尚持支应普通军队过境态度,其后乃喜出望外,接待殷勤"⑤。他们手中拿着该队各单位的人数表,到了一处,就查看民房,用粉笔在农家门外写上某单位几人,例如"高中部女生""高中部十人"等,待该队到达时,便可对号入住。晚上,学生们总要请一两位老师和他们同宿一处,大家甘苦与共,出入相顾。

---

① 见佟学海.本校迁移行军沿途经过纪录[J].西北联大校刊,1938(3).
② 刘艺民.秦岭道上的泪和爱[M]//姚远.西北联大史料汇编.西安:西北大学出版社,2012:672.
③ 王玉琳.迁校——由西安到古路坝[M]//学府纪闻:国立北洋工学院.台北:"南京出版公司",1981:117 – 118.
④ 龚人放.乐观人生[M].北京:作家出版社,2005:98 – 99.
⑤ 见佟学海.本校迁移行军沿途经过纪录[J].西北联大校刊,1938(3).

然而,由于师生人数众多,加之沿途居民生活异常穷困,破屋颓垣人畜杂居,住宿很难解决。有时住房不够时,路边"所见星斗的破庙,三面敞开的戏楼,或周仓脚前,或古墓河滩"①等,都是师生住宿的地方。有一次,几个师生住到一个农户家里,正好这家有人去世,晚上只好睡在与死人一墙之隔的房子里。还有一次,学生们住到一个农户家里,半夜大家被巨大的鼾声吵醒,醒来一看,原来是一头猪睡在了旁边。当年有人在文章中这样写道:"晚间,在土坑上或是阴湿的泥土上酣甜地入梦。半夜醒来,满鼻子氤氲着牲口粪味,驴夫们佝偻着腰,在黑黢的角落里,吸着旱烟袋,让一明一灭的黝暗的光闪着,像是旷野中的鬼火。他们由沙哑的嗓音谈着天,那语调浊重得好像就是凝在三月的夜风里,叫人觉得生活又倒退了几个世纪。"②

假如没有日寇侵略,西安临时大学师生做梦也想不到会夜宿荒山僻野。但,这又算得了什么呢?"每当午夜梦回的时候,想起苍发的母亲,和每一个家人时,就不禁泪洒莹然,感觉到国破家亡的辛酸:'云横秦岭家何在?雪拥蓝关马不前。'假设真有再大的雪,也阻碍不了我们的前进,因为我有目的,抱着最后胜利的决心!"③

这么着,十多天的长途跋涉过去了,"数着自己一个接着一个的脚印,一个转弯,头上的天逐渐大起来,用着一种迫切的心情冲出山口,遥远的绿的原野上笑着一派红艳的桃花,心里像拾到一种宝物样的跳动"④,因为目标就在眼前。

三个中队于 3 月底 4 月初先后抵达褒城后,由于校舍还未最后确定,只好停留待命。

客观地说,西安临时大学南迁算是比较幸运的,毕竟只走川陕北段,而几乎同时从西安出发南迁的东北大学 500 多名师生,自 3 月 19 日坐火车到宝鸡后,徒步至褒城,再到北川三台,历时一月左右。至于长沙临时大学西迁,300 多名师生,在 68 天里穿越湘黔滇三省,徒步 3500 里,终于抵达"彩云之南"的昆明。这段艰苦卓绝的迁徙,被称为"中国教育史上最伟大的长征"。相形之下,西安临时大学迁移之旅长期湮没无闻。

---

① 见苟保平.西北联大在城固[Z].陕西省城固县博物馆,2012:10-11.
② 紫纹.抗战期中的西北大学[M]//王觉源.战时全国各大学鸟瞰.重庆:独立出版社,1941:19.
③ 刘艺民.秦岭道上的泪和爱[M]//姚远.西北联大史料汇编.西安:西北大学出版社,2012:673.
④ 紫纹.抗战期中的西北大学[M]//王觉源.战时全国各大学鸟瞰.重庆:独立出版社,1941:19.

第八节 散布在三县六地

早在行军大队出发前两周,即1938年3月2日,总务处徐世度受校方派遣前往汉中地区寻觅校舍。4日早晨从宝鸡出发,当晚夜宿凤县,5日晚到达南郑①。

3月6日上午,徐世度"持公函并陕西建设厅科长魏公权君介函访行政专员张伯常君,张君谓已接彭厅长电,但张君谓此间军队甚多,房屋甚少,无处容本校。招其科长杨君来问,亦称无法"②。

所谓的"行政专员",即行政督察专员。1935年9月25日,陕西省政府在汉中设第六行政督察区,专员公署驻南郑(汉中城),辖南郑、褒城、沔县(今勉县,下同)、略阳、凤县、留坝、洋县、西乡、佛坪、城固、镇巴、宁羌(1942年改名宁强)12县。为何说"此间军队甚多"呢?因为汉中北接秦岭、南倚巴山,是关中通往四川的必经之地,也是可守可退的兵家必争之地。抗战爆发后,汉中特殊的地理位置,使其成为抗战战略后方军事重镇,是西南地区及陪都重庆的重要屏障。国民政府的许多机关和军队也都驻扎在汉中城里,能用的房屋都被这些机关和军队占用,根本无多余的房屋来供西安临时大学办学使用。同时,这些机关和军队驻扎的地方也是日本飞机对汉中轰炸的目标,随时都有遭受袭击的可能。据1937年11月14日《西京日报》报道,汉中首次发现日本飞机的时间是当年11月13日八九点。又据资料记载:自1938年3月13日,日机开始轰炸汉中城乡,至1944年10月7日,共空袭汉中地区44次,出动飞机575架次,投弹2056枚,轰炸、空袭了汉中城区、西乡、

---

① 抗战时期的南郑和现在的南郑不是一个完全相同的行政建制。中华民国成立之后,1913年汉中废府设道,汉中城为陕西省汉中道治所,1928年撤销汉中道,设南郑县直属省辖,南郑县治所汉中城。1935年以汉中各县为陕西省第六行政督察区,专员公署驻汉中城。中华人民共和国成立之后,1949年12月以南郑县的城关五镇设南郑市,1954年更名为汉中市。1958年撤销南郑县,并入汉中市。1961年市县分设,恢复南郑县(驻地迁于周家坪)。1964年撤市设汉中县。1980年撤县恢复为市(县级)。1995年,汉中地区辖汉中市及南郑、城固、勉县、留坝等10县。1996年,撤销汉中地区以及县级汉中市,改设为地级汉中市,原县级汉中市改为汉台区(县级)。换言之,现今汉中市政府驻地汉台区即战时南郑县城区。

② 见徐世度.奉派至汉中区觅校舍工作日记[J].西北联大校刊,1938(1).

城固等地。① 1944年4月,美国第十四航空队一部驻防汉中,有效遏制了日机对汉中的轰炸。

南郑没有多余房屋,徐世度听说城内有天主堂,"彼又招其副官华君来,华称沔县有武侯祠及墓,张(按,指汉中行署专员张笃伦,号伯常)属华先同余往天主堂接洽。允借房屋四间,走廊一条,仅可堆藏图书仪器粮食"②。于是,他开始踏着积雪、马不停蹄地四处寻访校舍,长达一月有余。以下便是其寻觅校舍工作的三月份日记节选:

七日:街上积雪寸许……至天主堂见主教祁济众君,拟畀以借屋之约,而忽谓昨谈之屋,早已允借给东北大学矣,彼不知东北大学与临大之为两校,昨误以余为东北大学派来之人,与磋商至十二时,约定下午五时再商。午后三时再访张专员,请其知照沔县、城固两县长,俾余前往觅屋。又以据祁主教说,古路坝有教堂,彼已□洛阳军分校,但彼更愿借给本校,属余姑可与专员一商,因面及此事,专员称不便,属余自与军分校刘副主任商量,随为余介见其科长朱君,谈知沔县、城固两县长事……五时复往晤祁主教,商妥借屋事,口头订定,不立约。

八日:九时坐滑竿,冒风雪赴沔,公路计程四十六公里,余循老路经长林镇、杏花村、新街子、黄沙镇(黄沙镇离汉中三十三公里,距宁羌九十三公里),约华里八十里,历八小时,以下午五时到。路虽平坦,而泥泞不堪,舆夫倾跌,衣冠污湿。沔县街道狭窄,市廛不繁,至沔县政府访县长……傅县长为湖北武昌人,自谓四十五岁,衣灰布中山服,已破旧;官署甚陋,晚餐亦不佳,可见西北县长之苦。傅谓沔县有武侯祠、武侯墓、马超祠及其他各庙宇,容两千人不难。对于本校迁沔,甚表欢迎,约定明日同往。

九日:晨六时许,微雪,啜稀饭后,与傅县长各乘滑竿出发,出西门六七里,先看马超祠(在自褒城至宁羌三十一至三十三公里之间路北)可容百人;次看路南武侯祠,容三百人,两处均方训练壮丁,约二十天后可完毕。晤陆教官。又前进一二里,至老城古阳平关内看民房数处,亦均有壮丁在内,房屋均甚隘陋,而傅辄曰此处可容若干,彼处容若干不成问题。行经第三区之指导员办公处,入内小

---

① 郭鹏.汉中地区志:第3册[M].西安:三秦出版社,2005:1347.另据张立奇主编《汉中市军事志》记载:"自1938年3月13日上午9时,日本侵略飞机开始空袭、轰炸汉中城乡,至1944年,共向汉中地区出动飞机600多架次,投弹数百枚,轰炸、空袭了汉中地区南郑(今汉台区)、西乡、城固等地,炸死炸伤1000余人,炸毁房屋250余间。"(陕西人民出版社,2002:386.)

② 见徐世度.奉派至汉中区觅校舍工作日记[J].西北联大校刊,1938(1).

坐，有楼房，屋宇亦较整齐。旋至老城，方圆二里，屋宇寥寥，实一空城。有药王城隍文武四庙，败壁断垣，须拆底换面，方可住人。傅之估计，可容六七百人也。唯四方一城，三面皆山，南临沔水，北傍公路，筑舍设学，正复不恶。后又登舆赴武侯墓，在定军山之麓，离新旧沔县均七八里，须涉沔水，武侯墓有不过容数十人，闻附近有数处祠庙，合之可住三四百人，未及往观，返署午饭。下午与县长及洋车往九州乡，则不过两小庙一祠堂，庙内已有一完全小学……又至汉中沔县，自沔县至宁羌，近俱平靖无匪。然而，所看之屋，多数破坏不堪，如何能住！若在此建筑，固未为不可，傅县长初谓修理费不过千元，复谓约需三千元，以余估计，出十倍以上之费，茅茨土阶，勉可容纳耳。

十日：晨六时起，七时进稀饭毕，与傅县长约定三五日内决定后通知。彼谓木料及烧瓦均方便，泥木匠工资均五角，畀以六角，必可迅速蒇事。遂即坐洋车返汉。行二十里至黄龙乡，区指导员孟君已于昨日得县长电话，嘱其招待（沔县有通川陕长途电话，将来可以开放，县属有通四乡之电话，指挥甚便，有邮电局，无银行）。故一到即由区指导员往黄龙堡及各处寻觅房屋，有毛氏宗祠、弥陀殿、寺庙新、董氏宗祠等庙宇，尚有他处未看。据指导员称：方圆五里内，有空房二百零五间，但俱系分散之小屋。

十一日：蒋君荫楼今晨往城固购粮食，并看有无空房。九时与董君往见张专员，告以赴沔经过，并与其转照县长保留（一）武侯祠、马超祠，（二）老城，（三）武侯墓，（四）黄龙乡各庙宇，四处均标临大校舍字样。又汉中城外龙岗圣水两寺均请其知照，俾余等去看，张并派政警一名供差遣……同董至华北午餐，梁君同座。忽有空袭警报，街上行人颇慌张，余甚镇静，明知此处无躲处，不如安心吃饭。饭毕，与董同访刘副主任海波，邀同赴天主堂访祁主教，以中央分裂一时不能来，可以见让古路坝天主堂房屋，与祁君接洽也。祁前语余，借本校更愿意，故一说便成。相约十四日同余等往看房屋，出天主堂，又往专署，与沔县傅县长打电话，托其代为修理武侯祠、马超祠两祠，晤专员，告以已借妥天主堂房屋。

十二日：晨七时往西北旅馆与董徒步行往龙岗寺，行七八里到第六区区办公所，与区员雷陈两君续行四里许到寺……客走尽，已九时余，饥甚，厨房已熄火，至街上灯火阑珊处觅得饺子一碗裹腹。

十三日：早七时与董往城东南二十里之圣水寺，恐下雨，以肩舆往，竹制之杠，轿顶又低，甚不舒服，中途步行，到寺已十时，忽闻飞机声，仰望天空，有九机自东方来,旋闻隆隆之声,遥望汉中城,起白烟如幛,学校未迁来,而寇机已到,天涯何处无风雨……下午二时返城:闻敌机在飞机场投弹二十余枚。三时持支票九百二十四元往东关购蜡七十二箱,又购米六担,俱嘱送往天主堂,收货付款,六时始毕。

十四日:晨六时,与董往天主堂,同包神父、余校长出发往古路坝,计七十华里。路中停两次,进茶点,下午二时许到,其地四面皆山,而巍然一片建筑,盖五十年前所经营,现有魏、郭、高三神父主持,进西餐,甚丰富,餐毕,参观各处,东南一角,完全可借与本校,约容得千人。夜,月色甚佳。

十六日:下午理发沐浴,归寓,闻黎邵西先生已到,晤谈甚久……但闻湘宸先生等汽车被劫。

十七日:上午李湘宸、齐璧亭、黎邵西诸君在董室谈,拟在此上课,宝鸡方面又派人来取米面,纷扰不堪,下午访董渔青,商购米十担,并托其制麻袋百集,汉中无米行,麻袋亦无处购,均须托人代办。五时,许季弗、李季谷、林觉辰诸先生到。校舍勘察及布置委员会定明日上午九时开会,夜谒张少涵院长,报告寻觅校舍经过。

十八日:昨夜十二时,钟君书衡以街上戒严来余处宿,余已寝矣,为加一竹榻以安之,又为跳蚤所扰,不成寐;而晨五时余即起,为须往天主堂取米面付钟君,九时返,列席校舍勘察及布置委员会,并记录;又誊纪录一份函常委报告,事毕逾午,下午为购米事往返西街及中交两行,卒不成,又往中行及邮局,往文庙,往刻字铺,刻办事处木戳,印信封信纸……

十九日:晨同张少涵院长赴城固县之上元观镇,在汉中东五十里,十时余到,由该处区员何衡两君导看上元、中元两观,文昌、关帝两庙,俱甚狭隘,时近午,就一茶饭吃元宵烧饼裹腹。天雨,复至区指导员办公处,两区员均回避不见,正默坐无计,有当绅士衡李两君来,告以来意,两君甚表欢迎,即谓区指导办公处,即衡君私产,其西尚有两院毗连,欣然导观,足容三百人,议租价,索三十金,唯区指导办公处能否谦让,须与城固县长商洽,以电话告余,并即冒雨前往磋商,承许可,并嘱余备一租约,由彼转交,余以代表名义致衡氏一函,并附租金,言明即日起租。办妥后,至海上旅馆投宿,夜晤同馆焦作工学院王君,并邀居停郭姓谈当地情形,夜半始寝,是日衣履湿透,借一火盆烤干。①

接下来的事情,无外乎继续寻觅校舍、采购物资、开会讨论。

3月23日,李书田委员到达;26日下午,徐诵明、李蒸两委员到;27日,第一中队率先抵达褒城;31日,主要教职员及学生抵达汉中;4月4日,第二中队最后抵褒城待命。

4月10日,西安临时大学于城固办事处举行常务委员会议,会议决定,鉴于没有一个县能完整接纳整个学校,将分别安置在三个县的六个地方,其分配方案为:文理学院之国、英、史、数、理、化诸系,教育学院之教育、家政二系,工学院之矿、机、电、化、纺五系及土木系一年级,医学院之一年级均在城固城内上课;法商学院在城固小西关外上课;体育学系、地理系及土木系二、三、四年级在古路坝上课,农学院在沔县或古路坝上课,高中部在上元观上课,如农学院往沔县,高中部在古路坝亦可,医学院除一年级外余均在南郑上课。生物系因课程与理教农医等院系均有关系,在城固或沔县或古路坝上课均可,如农学院与生物系不在一处时,农学所需要之生物学教员应请往农学院授课。

说到城固校舍,赵慈庚回忆:"原师大附中(在北平厂甸时)有一位国文教员名卢怀琦,字伯玮,是陕西省城固县人,家住城内福顺巷。他是20年代前半期北平师大的毕业生。他家世代是城固县的富绅。这时卢怀琦正在家里(不知他是抗战前就从北平辞职还乡的,还是在'七七'事变时,于假期中还乡的),他听说联大[临大]要来汉中的消息后,当然希望联大[临大]能落在城固。师大当局为寻找校舍也想到要找他帮忙。以他家的绅士地位在当地进行呼吁,地方当局就表示欢迎。城固比西安小,房屋当然又要紧缩。法商学院分在小西关的一所职业学校(不敢十分肯定),文理学院设在贡院及文庙,工学院与附中尚无地点。据本地人说,最好的房子是古路坝山上的天主教堂,只是那地方强盗出没,难保安全。"②

古路坝的天主教堂是怎么回事呢?早在清康熙三十五年(1696),罗马教廷就建立了陕西教区,汉中教区归属其中。光绪十一年(1885),经罗马教廷批准,从陕西教区中划分设立"汉中代牧主教区",管辖陕南汉中、兴安府(今安康市,1928年安康教区分出)天主教事务,主教座堂就设在城固县古路坝。1887年,罗马教廷任命圣伯多禄修道院的安廷相神父担任汉中教区第一任主教,1889年开始,征集当地能工巧匠修建天主教总堂,1895年初步落成,后历数十年,相继建有大公馆、小公馆、拉丁修院、修女院、育婴堂、养老院和教会学校等,计有房舍千余间,规模十分宏大,精雕细刻,美不胜收,可谓是中国传统建筑工艺

---

① 见徐世度.奉派至汉中区觅校舍工作日记[J].西北联大校刊,1938(1).
② 赵慈庚.西安临大南迁琐记[M]//李溪桥.李蒸纪念文集.北京:中国社会科学出版社,1996:260.

与西方建筑艺术的完美结合。① 1917 年,英国外交官台克满考察之后这样写道:"古路坝位于山顶之上,是一座属于天主教的有围墙环绕的要塞。虽然主教居住在汉中,但古路坝却是在陕西南部地区布道的天主教传教士活动的中心。意大利神父在陕西的这个僻远角落已经耕耘了很多年,在当地形成了庞大的势力和影响……在古路坝,整座山顶上都盖满了坚固的房屋,周围有一道高墙环护。当发生变乱时,寨门就会被紧紧关闭,传教士们会拿起自己的武器,给前来滋扰的土匪或其他坏人迎头痛击。"②1929 年秋,川军团长高树臣带领一小股部队窜扰川陕山区,在一个晚上对古路坝天主堂进行了洗劫。经此一劫,教区遂将原设在古路坝的教务中心机构迁移到汉中城内,在古路坝仅留下几位神父和修女管理教务。

城固古路坝天主教堂(天津大学档案馆提供)

到了抗战时期,意大利传教士以敌国人员被限制活动,许多房屋都腾出来了。西安临时大学校方听说后,就派李建勋教授带领几个人前去勘察,由当地人带路。当他们看过房子,在饭摊上吃饭时,引路人就指给李教授说:"您看,那就是一个强盗!"回到城里,多数人都不敢说可以去借住,唯李书田说"我去",所以工学院就决定去古路坝。临时大学附中在无奈之际听到有人敢去古路坝,也同意去那里了。师范学院在城里还是很拥挤,便把体育系也分去古路坝。由于校址分散,为了加强管理,规定各学院设在城固城内本部者,一切行政事务均由校常务委员会所属各处组办理。其不设在大学本部之各处学院,由院长秉

---

① 张芳.西北工学院抗战时期建校于古路坝教堂之渊源[C]//第四届西北联大与中国高等教育发展论坛论文集.天津:天津大学,2015:221.

② 台克满.领事官在中国西北的旅行[M].史帅红,译.上海:上海科学技术文献出版社,2013:31.

承常务委员会督率各院事务室人员处理,遇有对外重要公共普遍性之事项,并须由院送请常务委员会统筹办理。

城固是个小城,"一个南北长而东西狭的小城,从高空下望,应该像艘军舰"①,这城虽小,但是城墙、护城河一概俱全。城门墙砖逐年毁坏,已有缺口。正街上北有丰乐桥,中有石牌坊,不是很精确的中心位置上建有钟楼,其下可通行人。抗战时期,大学、中学、兵工厂等同时迁来,人口骤增,行人拥挤。迫于情势,地方政府曾集资整改,缩退房屋,加宽街道,清理下水道,市容略有改善,而城外依然如旧。城里沿街两旁布满小饭馆、小客栈、小杂货铺和茶馆,有趣的是,每家小客栈的门前都写有"未晚先投宿,鸡鸣早看天"的字样,饭馆门前则写着"闻香下马,知味停车"的话。

由于经济比较发达,所以当时城固文庙和考院修得很大,古路坝天主教堂的房子也修得很多,这些房屋正好成为西安临时大学的校舍。政治经济系彭迪先教授在回忆中说到城固,"当地是处在大后方的一个小小的偏僻而闭塞的城镇。自从学校迁来后,这个安静、偏僻而落后的小小城镇,情况就起了很大变化,逐渐地热闹起来。当时西北联大学生、教职工一千多人,迁在那里的师范学院也有一千多人,加上其他一些学校,使这座陕西小城一跃而为'西北教育的中心'"②。历史系周传儒教授则说:"我到城固之后,首先感觉到是生活的静适。城固,地不重要,没有飞机轰炸,亦没有报纸,不大谈时事。城近汉水,饶鱼米之利,肉多,蔬菜多,小馆亦不少。民风朴素,没有戏院电影院,倒是一个可以讲学的地方。"③

---

① 何欣.城固的那段日子[C]//国立北平师范大学七十周年校庆纪念特刊.北平师大旅台校友会,1972:27.
② 彭迪先.我的回忆与思考[M].成都:四川人民出版社,1992:40.
③ 周传儒.西北联大始末记[M]//政协陕西省文史委.陕西文史资料精编:第四卷.西安:陕西人民出版社2010:96.

第二章 昙花一现的西北联合大学

第一节 联而不合

到达汉中不久,西安临时大学尚未安排就绪,教育部即以国民政府行政院第350次会议所通过的《平津沪战区专科以上学校整理方案》(以下简称《整理方案》),于1938年4月3日(汉教字1654号)电令其改名为国立西北联合大学。该电称:"陕西南郑专员署转国立西安临时大学,该校应改称国立西北联合大学,奉院令已奉国防最高会议通过,合电令遵照。"上述《整理方案》节录如下:

  全国高等教育,因战事影响,亟待整理,其整理方案,正在通盘拟议中。兹遵国防最高会议常务委员会第十八次会议决议案,先就平津沪战区专科以上学校作初步整理,拟具方案。

  查战区专科以上学校,无论已迁出战区与否,学生人数均已减少,自不能维持原有规模。并拟就组织及经费方面力求切合实际需要,予以紧缩,即以节余之经费作救济战区专科以上学校员生之用,并办理其他必要之高等教育事业。目前因战事而失业之教员与费用断绝之学生,流离失所,亟应救济,为国储才。本部现正办理此项员生登记,登记事竣,即须分别设法安置。国难严重之时,筹款艰难,不得不暂以整理各校节余之款,移作救济之用。其他必要之高等教育事业经费亦可由此挹注。至于各校整理办法,及经费之支配,列举如次:

  (一)国立北京大学、国立清华大学及私立南开大学。现为发展西南高等教育,推进边疆文化起见,拟将长沙临时大学移设昆明,改称国立西南联合大学。

其院系仍旧,经费自廿七年一月份起,国立北京大学、国立清华大学、私立南开大学,各支原校经常费或补助费之六成,各以其中之四成,作国立西南联合大学经费,二成作学生贷金及教职员救济金。学生贷金及教职员救济金准实支实销,但总数不得超过所指定之二成。又三校原有教授,多数集中一校,未免超过需要。本部拟调用十二人,分别指定任编译、研究或训练师资工作。其薪金仍照原校实发之数额,在应发国立西南联合大学经费中,由部直接支给。

(二)国立北平大学、国立北平师范大学及国立北洋工学院,原联合组成西安临时大学,现为发展西北高等教育,提高边省文化起见,拟令该校各院逐渐向西北陕甘一带移布,并改称国立西北联合大学,院系仍旧。其经费支配及调用教授办法,悉仿国立西南联合大学办理。

……

以上各校,除杭州艺术专科学校、北平艺术专科学校及交通大学所属之唐山工学院及北平铁道管理学院各减经费二成外,其余各校各减经费一成。节余之经费,拟均多移作本部统筹救济战区专科以上学校员生之用,有余额时,即用以办理其他有关高等教育之必要事业。

以上整理方案之施行,限于经费,须专案呈核之平津沪战区专科以上学校。其他平津沪各校之另有专案核定者不列,合并声明。①

需说明的是,国民政府行政院第350次会议的日期为1938年2月15日,也就是西安临时大学南迁之前;而《整理方案》的拟定年份则是在1937年,具体月份应在10月至12月之间(因国防最高会议常务委员会第18次会议时间在10月初)。可见最高当局筹谋已久,绝非一时兴起。

那么,为何1937年底拟定的方案,直到1938年2月份才上会通过,又到4月份才公布?笔者认为,一方面是行政院改组、教育部易长;另一方面似可从王世杰1938年1月4日(这是王世杰与陈立夫工作交接日)的日记中找到答案:"今晨陈立夫来谈。予告以目前急务,在保全教育界元气,一切改革当候局势稍安时始便着手。且告以不宜轻易发表主张,以免教育界工作人员益陷于恐慌彷徨之境。"②

4月10日,西安临时大学于城固办事处举行第24次校常务委员会议,决议:自即日起

---

① 中国第二历史档案馆.中华民国史档案资料汇编:第五辑第二编教育一[M].南京:江苏古籍出版社,1994:10-12.

② 王世杰.王世杰日记:上册[M].林美莉,编校.台北:"中央研究院"近史所,2012:79.

遵用"国立西北联合大学"校名。

这次的校常务委员会议还规定了师生自褒城前往新校址的出发日期："学生赴古路坝者,于本月16日由褒城出发,赴沔县者亦于16日出发,赴城固者分17、18两日出发,赴南郑之医学院学生于18日出发,高中部学生赴古路坝之出发日期为16日,如校址在上元观改日。"①南迁第二中队共518人因校舍未分配妥当,一直留在褒城待命,至4月19日才抵达城固。

4月20日,第25次校常务委员会议决议:于南郑医学院成立本大学办事处;于古路坝设立文理教工分院(9月归并于城固校本部)。

4月28日,第26次校常务委员会议上议决学校证章图样,"国立西北"四字平行,"联合大学"四字直写,教职员佩戴者白底蓝字,学生佩戴者蓝底白字。

5月2日,西北联大正式开学。当天,全校师生员工在城固校本部举行开学典礼。大会由李书田主持,他在回顾平津沦陷以来学校艰难曲折的迁建过程后,激动地说:"回忆这次迁移所费达一月有奇的长久时间,全体师生徒步近千里的路程,过渭河,越秦岭,渡柴关,涉凤县,从事这样的长途旅行,在我们学界,却是破天荒的大举动。"②

西北联合大学常委陈剑翛与胡庶华

校常委陈剑翛在讲话中指出更改校名的意义,他说:"本校现改名为国立西北联合大学,其意义一方面是要负起开发西北教育的使命,一方面是表示原由三所院校合组而成。"③后来西北联大分立后,西北大学等五校仍然秉持这一办学宗旨。

西北联大仍按西安临时大学旧制,为临时性的联合大学,"联而不合"。西北联大本部设在城固县城内的考院和文庙,在考院的大影壁上灰底白字书有"国立西北联合大学"八个大字,在考院入门的门楼里高悬着"国立北平大学""国立北平师范大学"和"国立北洋工学院"三校校牌。第27次校常务委员会议议决,本届毕业生由原三校发给毕业证。

---

① 姚远.西北联大史料汇编[M].西安:西北大学出版社,2012:695.
② 见本校城固本部举行开学典礼志盛[J].西北联大校刊,1938(1).
③ 见本校城固本部举行开学典礼志盛[J].西北联大校刊,1938(1).。

第二章 昙花一现的西北联合大学 101

国立西北联合大学照壁

西南联大文学院院长冯友兰曾经这样说过:"当时还有一个西北联合大学,也是从北京迁去的几个学校联合起来而成的,设在陕西城固。但是它们内部经常有矛盾,闹别扭。蒋梦麟说,它们好比三个人穿两条裤子,互相牵扯,谁也走不动。当然这只是说有问题的一方面,而另一方面,西北联大也是很有成绩的。"① 不过更多的人记住的只是"有问题的一方面"。

以三所校院为主体建立起来的联合大学,三校的团结合作、取长补短是非常重要的。以西南联大为例,"南开的校长张伯苓,不常在昆明,实际上只有两个校长在校。北大校长蒋梦麟负责对外,清华校长梅贻琦负责对内,处理日常事务。办事的职员也以清华的为多。梅贻琦说过,好比一个戏班,有一个班底子。联合大学的班底子是清华、北大、南开派出些名角共同演出。但是步骤都很协调,演出也很成功"②。当然,这很大程度上缘于他们三人长久以来的友谊。梅贻琦曾随张伯苓读书直至南开中学毕业,与张伯苓有良好的师生关系;蒋梦麟是南开大学董事会董事,常年参与南开校政方针;张伯苓也曾任清华学校教务长以及清华大学筹备顾问。因此张伯苓不在昆明时,能对蒋梦麟说:"我的表你戴着(意即你代表我)。"不过西北联大总的来说,三校师生在全民抗战的大背景下一起来到西北,在工作和生活中是相互帮助的。特别在西安时期是融洽的,"三校合作精神,较之其他

① 冯友兰.三松堂自序[M].北京:人民出版社,2008:299.
② 冯友兰.三松堂自序[M].北京:人民出版社,2008:299.

联合校院,有过之无不及"①。但是,毕竟是几个校院临时捏合在一起的一所庞杂的大学校,原各校院之间门户之见、派系之争,闹独立是常有之事。如李书田自1932年接任北洋工学院院长后,一心致力恢复北洋大学,后被推为恢复北洋大学筹委会总干事。因此,他虽是西北联大的常委,但分离之心早已有之,同时他与当时教育部长陈立夫是北洋校友(陈立夫1922年毕业于北洋大学采矿系,李书田1923年毕业于北洋大学土木系),他的要求得到陈立夫的纵容和支持。身为教育部特派员的陈剑翛,本应起维护平衡的调节作用,但他目睹三院校之间各自为政、矛盾重重,他一人单枪匹马,也无能为力,在西北联大开学不久就请辞常委职务,于当年6月转任湖北省教育厅厅长。难怪蒋梦麟回忆西南联大时感叹:"在动乱时期主持一所大学本来就是头痛的事,在战时主持大学校务自然更难,尤其是要三个个性不同历史各异的大学共同生活,而且三校各有思想不同的教授们,各人有各人的意见。"②也因此,加速了教育部对西北联大的重组。

西北联合大学史学系毕业生在学校照壁前合影(许文郁提供)

5月25日,徐诵明、陈剑翛一同抵达汉口,"分谒各关系当局,报告校务,即请示将本校一部分迁移他处,均以四川之大学甚多,并无余地容纳,即拟利用他校一切设备,恐亦不能如愿以偿。且西北联合大学,系经最高会议通过,尤负西北文化重责,均以为非在万不得

---

① 李书田.北洋大学之过去[M]//陈明章.学府纪闻:国立北洋大学.台北:"南京出版公司",1985:71.

② 蒋梦麟.蒋梦麟自传:西潮·新潮[M].北京:华文出版社,2013:221.

已时,总以不离开西北为佳";"陈部长亦希望本校不离西北,陈部长主张,大致与前相同,并谓:东北大学未奉部令,径行迁移入川,当即仍令该校迁回陕西"。① 两位常委在教育部只得到"不离西北"的指示,似未听到将要改组的风声。

一个月之后,6月29日,教育部突发一电,命令西北联大:"该校农学院与西北农林专科学校合并改组为国立西北农学院,该校工学院与东北大学工学院、焦作工学院合并改组为国立西北工学院,业经行政院通过。"② 校方收到此电,茫然不知所措。这次改组对北平大学最为不利,所以北平大学师生最早反对。首先是北平大学教授会致电行政院长孔祥熙、教育部长陈立夫,敦请收回成命。接着北平大学毕业同学会致电中央党部、国防会议、行政院和教育部,进行交涉。教育部当然"碍难照准"。

7月14日,教育部长陈立夫收到陕西省民政厅长彭昭贤电:"云密部令将北洋工院、平大工院、东北工院、焦作工院合组西北工院,以武功农专、平大农院合组西北农院。据报平大对此甚为不满,已开会数次商量应付办法,恐闹成风潮,颇与公威信有关。最好从速发表与原校院均无关系之人充任校长,则可免去许多纠纷,特电奉阅。"③

7月19日,蒋介石向陈立夫推荐刚刚辞去省立重庆大学④校长职务的胡庶华,赞其"在学术界颇负时誉",希望"设法酌予聘用"。⑤ 此时,陈剑翛已辞常委职务,加上彭昭贤的建议,更有蒋介石的推荐,给了陈立夫一个天赐良机,于是派胡庶华接替陈剑翛职,相当于往常务委员会中掺进了一粒"沙子"。

7月22日,教育部正式电令西北联大"该校筹备委员会应即撤销,改组校务委员会,原有筹备委员,改任为校务委员",并指定李蒸、徐诵明、胡庶华为西北联大常务委员。至于一心致力恢复北洋大学的李书田,则去筹办新成立的西北工学院。

胡庶华(春藻)是湖南攸县人,系清末秀才,后来公费赴德国留学获冶金博士学位,回国后历任湖南大学、同济大学、重庆大学校长。1938年6月,身为省立重庆大学校长的胡庶华向四川省政府提出辞职,辞职书上写道:"庶华承乏重大,三载于兹,辱蒙刘故主席(按,指刘湘)及我公指导,幸免陨越。值此外患严重之际,原不敢畏难苟安,唯庶华赋性鲁

---

① 见历届纪念周讲演纪要[J].西北联大校刊,1938(1).
② 陈钊.陈立夫与西北联大改组[J].民国档案,2015(3).
③ 王建领,等.国立西北联合大学档案史料选编:上册[M].西安:西北大学出版社,2018:144.
④ 重庆大学,1929年由四川省主席刘湘筹资创建,1935年更名为省立重庆大学,1942年更名为国立重庆大学。胡庶华于1935年8月至1938年7月任重庆大学校长。
⑤ 陈钊.陈立夫与西北联大改组[J].民国档案,2015(3).

钝,前长国立同济大学及省立湖南大学,均以三年为期,甫公(按,指刘湘)当日见约,庶华亦曾以此为言,人贵有信,栈不应恋,本年度诸事结束就绪,谨恳另简贤能接长校务,以便进行下年度一切计划,庶华将以自由之身参加前方工作。语出至诚,尚乞俯允。"①这里,胡庶华把"三年为期"作为辞职的理由。实际上,当时学校困难重重,矛盾丛生,是更为重要的辞职原因。不过王世杰日记中谓其"被四川省政府解职,闻即以胡氏过于联络中央西迁之学校或予以特殊便利之故"②,姑且聊备一说。

胡庶华辞职的消息传出后,1938 年 7 月 2 日,重庆大学师生派出代表向教育部请愿,要求教育部挽留胡庶华,不发表新任人选。可是,四川省政府却很快批准胡庶华辞职,另选四川人曹四勿继任重庆大学校长。于是,出现历时数月的"挽胡拒曹"斗争。重庆市政府邀请重庆大学在校负责人谈话,明确表示,"胡庶华现为朱家骅秘书长邀去,其借重于长才者必多,以此推定,实难望其重来",希望将移交问题迅速解决,避免影响学生学业。同时,胡庶华也来电表示,"复职不可能,不必勉强",请教务长等共同办理移交。9 月 1 日,重庆市政府正式在重庆大学办理移交接收手续,胡庶华派代表参与移交。10 月 21 日,四川省政府最后确定并报经教育部批准,由安徽人叶元龙担任重庆大学校长,"挽胡拒曹"风潮才平息下来。③ 而此时,胡庶华被任命为西北联大常委已经三个月了。

胡庶华离川入陕后,还于 1939 年 1 月起兼任国民党陕西省党部执行委员,④一身二职,实际上从此掌握了西北联大的实权,也标志着学校内部管理党化的增强。与西北联大毫无渊源的胡庶华,今后只有尽力配合教育部,才能在陕南站稳脚跟。

第二节 教学与科研也是救国

1938 年初,陈立夫调任教育部长时,面临亟须解决的有两大问题:第一是战区逐渐扩

---

① 重庆市档案馆重大档案,档号 0120 - 0001 - 000380000。重庆大学档案馆提供。
② 王世杰.王世杰日记:上册[M].林美莉,编校.台北:"中央研究院"近史所,2012:134.
③ 重庆大学校史:上册[M].重庆:重庆大学出版社,1984:52 - 57.
④ 省党委胡庶华抵省,日内即行就职[N].西北文化日报,1939 - 01 - 19.

大,师生纷纷内迁,颠沛流离,除需紧急救济外,此等学校究竟应继续办理,还是紧缩归并?此为"量"的问题。第二是在抗战前夕,即有人高唱"实施国难教育",完全改变了平时教育的性质,一切课程及训练均以适应军事需要为前提。因此亟须在平常教育与战时教育两者之间作一抉择,这是"质"的问题。根据抗战与建国双管齐下的国策,陈立夫认为:"建国需要人才,教育不可中断。即使在战时,各种专门人才的训练和供应也有赖学校的训练和养成。当时的高等教育司吴俊升司长对这个问题早有很卓越的见解,他在参加教育部工作之前就发表过《国难期间的教育》一文,主张国难期间的教育不应在原有的教育之外另加一部分特殊教育,而是应该贯彻救国目的教育,也不应该只是应付一时非常局面的教育,应该针对来日大难的教育。我赞同吴司长的见解,遂决定学校数量不仅不应减少,并且根据需要,还须相当扩张,这样才解决了教育的量的问题。"①陈立夫还提出,教育应该"平时应有战时的准备,战时应如平时的镇定"②,所以战时各个高校教育都是抗战与建国双管齐下的。

西北联大是在日本侵略者的炮声中诞生的,因此,努力为抗战服务,提倡和宣传抗日救国,是这一时期办学中重要的指导思想原则。西北联大常委徐诵明在1938年5月2日城固校本部举行的开学典礼会上,曾明确地指出:"不一定非拿枪到前线去才是救国,我们在后方研究科学增强抗战力量,也一样是救国。"③同年9月,全校学生赴汉中参加陕西省学生集训总队陕南支队军训,以从身心两方面锻炼学生,其中心理方面就是经常邀请"教授名流轮流讲演",讲演内容一个主要的方面就是激发学生的爱国主义思想。代表性讲演如李季谷教授的《中国历史上所见之民族精神》,开篇就明确指出:"任何民族,其能存在至今者,必有其特殊精神也。吾中华民族,自亦不能例外。中华民族,立国以来,凡四五千年,然其间所遭困难实甚多。……吾中华民族之势力,卒能续持至今而不衰者,则缘吾族具有特殊的民族精神故也。"④然后通过对越王勾践卧薪尝胆、荆轲刺秦王、祖逖击楫中流、文天祥等民族英雄人物的选择介绍,鼓励青年学生以他们为示范,高扬民族精神,提高民族自信心。这是非常典型的以历史文化激发学生的爱国情怀。西安行营主任蒋鼎文通过对悠久历史文化的优越感、责任感鼓励学生要勇于担当抗日救国的责任,他指出:"我们觉

---

① 陈立夫.拨云雾而见青天:陈立夫英文回忆录[M].卜大中,译.台北:"近代中国出版社",2005:288.
② 陈立夫.成败之鉴:陈立夫回忆录[M].台北:正中书局,1994:286.
③ 徐诵明.战时最高学府学生应如何救国[J].西北联大校刊,1938(1).
④ 李季谷.中国历史上所见之民族精神[J].西北联大校刊,1938(12).

得如果国家亡了,上对不起祖宗,下对不起子孙,自己受着日本人的凌辱。我们一般青年学生是社会上的中坚分子,抗战建国的责任,是放在我们肩上的。"①

  1939年4月6日是民族扫墓节,西北联大"为提倡民族英雄",由学校常委李蒸、徐诵明、胡庶华率领全校师生一千四百余人,整队齐赴汉博望侯张骞墓举行祭扫,徐诵明主祭,殷祖英教授宣读祭文,仪式非常隆重。同时,还在张骞墓前增设总理遗像,全校师生举行宣誓实行国民抗敌公约。主席徐诵明报告了在博望侯墓前宣誓实行国民抗敌公约的重要意义,监督人胡庶华训话指出,"本校师生,在此宣誓,其意义甚为重大,博望侯在匈奴十余年,不与敌人妥协,此种精忠报国之精神,堪为吾人所效法。"②校方希望通过张骞的民族精神和气节,激励学生虽处在艰苦的环境下,但要鼓起抗日的信心和勇气。

  同年6月3日,西北联大在校本部大礼堂设立林公神位,举行林则徐虎门销烟纪念大会。李蒸、胡庶华、徐诵明等常委参加,历史系杨人楩教授详细讲解了鸦片战争及林则徐禁烟的措施。后来学校还组织禁烟宣传队,赴城固各地宣传鸦片的危害。

  以上这些充分说明西北联大非常注重采用灵活多样的形式,并且就近利用文化资源,来对学生进行民族精神的教育,对于培养抗战建国人才,都有积极的意义。

  与民族精神教育相比,课堂上的师者风范,更是西北联大于艰难困苦中坚守精神家园的生动展现。身着蓝布大褂、一顶瓜皮小帽的历史系教授陆懋德,不仅学术精湛,时常用外文讲授外,更是风趣幽默,常以其对平剧的爱好劝导学生仪表。偶尔在讲课中,突然指着一位学生说:"你的眉毛很好,不要吊",令紧张听讲的学生忽然得以轻松,课堂陡然生趣盎然。还有治学严谨缜密的黄文弼教授,终年一身中山装,两袖发亮,肘下裂缝,令学生观之有博物馆陈列品之感。但一站上讲台,黄教授引经据典,资料翔实,无一句闲话,令学生全神贯注并肃然起敬。③ 这些以教育为职守,忍受着清贫生活的教授,一俟站在讲台面对学生时,一切物质上的艰难困苦,都仿佛被他们用破旧的柴门轻轻掩到身后。

  走下讲台之后,不少教师每天还得在豆油灯光下工作至深夜,或认真备课,或批改作业。法商学院的王守礼教授在生活不宽裕的情况下,还叫学生到家中进餐讨论,当得知前来请教的学生赵毅参加演出,颇为担忧,听说赵毅是以表演为志向又颇为欣慰,常与他讨

---

  ① 见蒋鼎文.抗战中青年学生应有之努力[J].西北联大校刊,1939(12).
  ② 见本校师生祭扫博望侯墓[J].西北联大校刊,1939(14).
  ③ 向玉梅.忆城固、念西大、怀师长[Z]//国立西北大学建校三十周年纪念特刊."国立西北大学"台湾校友会编印,1969.

论推敲至深夜,悉心指导。其奖掖后学的殷殷关爱之情,令其学生多年后忆起仍是热泪盈眶。① 经济系罗章龙教授回忆说,城固时期有一帮学生如罗珊姐、罗云峰、蔡秀贞、段成章等等,"他们课余和星期日先后来到李家宅看望老师,或座谈学术、探讨问题、析疑剖难;或会文作诗,推敲韵律;或携粮到近郊旅行,游泳汉江,垂钓柳林"②,又说他本人在西北联大任教期间,"足迹不出县城,日夕讲学,闭户著书,交游极少。在此期间完成一些讲稿的写作,平生精力大部分尽于此"③。在西安北平研究院史学研究所任编辑的吴世昌,受聘西北联大讲师之后,"当时他的收入按照他每周上课的钟点而定。为了多拿一点钱,他除了教修辞学、文字学,还教公共英语。当时学校图书馆资料缺少,每门课都得自己找课本,写讲义","他为了备好课,常常工作到深夜,人越来越瘦,但他仍是很关心国家大事,总认为我们的国家有希望"。④

西北联合大学某教员婚庆嘉宾合影(许文郁提供)

---

① 赵毅.怀恩师[Z]//国立西北大学建校三十周年纪念特刊."国立西北大学"台湾校友会编印,1969.
② 罗章龙.罗章龙回忆录:下[M].达拉斯:溪流出版社,2005:782.
③ 罗章龙.罗章龙回忆录:下[M].达拉斯:溪流出版社,2005:783.
④ 严伯昇.怀念世昌[Z]//海宁文史资料:第27辑"纪念吴世昌先生专辑",政协浙江省海宁市文史委编印,1987.

遥想当年西安临时大学初成，教授们即布告全校，在环境窘迫的情况下，"究能保存若干学术研究精神，弦歌未断，黉舍宛然，特殊训练之外，不忘正常教学，埋头苦干，冀成学风，此未始非我一群学人领导知识青年共体国家维持战时教育之至意所致，然亦其力求精诚战胜危机之一种心理建设也"①。这正所谓弦歌不辍，精神不坠。

平津沦陷之后，民族危机空前严重。正在协和医院深造的汪堃仁为了民族的尊严和国家的安危，依然决然离开协和医院，准备到大后方去追随迁往西北的母校北平师范大学。1939年，他带着千方百计筹集来的1800元钱，携妇将雏踏上了由北平到陕西的辗转之路。他由塘沽乘船至香港，经越南到昆明，再取道贵阳、重庆，一路颠沛流离，受尽苦难。到重庆时，他结识了在此开办教学仪器厂的蔡翘教授。考虑到后方落后的教学条件，生理课没有仪器等于白开。他想方设法搞了一套生理教学仪器，还带着两个年幼的女儿，千里迢迢由川入陕，其困难程度可想而知。当他带着弥足珍贵的一套设备到达城固时，所有的师生都流下了泪水。②

因受设备条件与战事的影响，科研工作困难重重。当时，教师除编写有关课程的教材外，也发表了一些有分量的科研论文。如法商学院教授尹文敬在1939年3月《时事新报》发表的《改良税制与调整地方财政》一文，引起了经济界的重视。陆懋德发表《汉中各县诸葛武侯遗迹考》，许兴凯发表《抗战的经验与教训》和《近代民族主义之发展及吾人应有之认识》，郁士元发表《沔县煤矿区之地质》，谢似颜发表《民族主义与道德》，黄文弼发表《张骞通西域路线图考》，周国亭发表《沔县考古记实》。此外，历史系发表《发掘张骞墓前石刻报告书》，地质系发表《勘查安康行政区沙金矿简要报告》。1938年9月，黎锦熙受聘担任城固县志续修总纂，仅用一月时间，便草成近九万字的《续修工作方案》。他不仅在学术上深思熟虑、筚路蓝缕，还不间断地将关于修订城固县志的体例、原则和方法等，陆续发表于《西北联大校刊》，以供师生切磋。至1940年商务印书馆出版该书时，因为其内容"实是泛陈现代新修方志之要旨及方法，但就城固一带举出实例，其用不限于一邑"而命名为《方志今议》。这部著作直到七十多年后，还是国内方志界编修当代地方志书的重要理论参考。

与西安相比，经济落后的陕南更激发和推动了师生们动手解决问题和创造性研究活动的热情。譬如，初到城固，教学所用纸张极为匮乏，化学系的师生就收集当地所产构（楮）树原料，利用实验室分离转化，竟然造出质地洁白平滑的白纸，满足了教学上的需求。有些研究活动更是帮助当地老百姓开发资源、解决生产中的实际问题。如陕南盛产桐树，

---

① 见西安临时大学校刊，1938(5).
② 刘基，丁虎生.西北师大逸事[M].沈阳:辽海出版社，2001:206.

本为当地一大财源,因为交通阻断无法出口而多被废弃,化学系师生随即着手实验研究,以裂化桐油制造汽油,发掘地方资源。汉中十八里铺盛产甘蔗,当地糖坊一贯使用旧法炼制,某年突然出现早霜,糖浆不能结晶,眼看一年心血付之东流,坊主求助西北联大师生,师生们经过调查确认,原因是旧法落伍,漏盆温度过低,导致结晶与母液不能分离,经调整温度,化解了危机。解决了糖坊问题的刘拓教授,还因此提出了结晶分离的理论和方法,写成《糖液中石棉粉过滤之效果》的学术论文,发表于美国《化学工程杂志》。还有的工科教师克服设备上的种种困难,在教学实践活动上,尽力根据陕南地区的条件进行安排。如矿冶系,对安康行政区沙金矿和沔县煤矿区的地质情况进行了勘察。西北联大的师生正是以这样的方式,在播迁流离中,始终与这块土地密切联系、结合着。

在"培养人才与服务社会并行"的原则下,西北联大从1938年7月、12月开始兼办社会教育,由教职员领导学生办理:

1. 文理学院:主办国语及注音符号讲习班(办理两期,每期一个半月)、防空防毒讲习班(办理两期,每期一个月)、科学常识讲习班(办理两期,每期一个半月)、调查陕南城固、南郑两县风俗民情及协助各县改良陋俗(会商两县政府计划进行)。

2. 法商学院:主办法律常识讲习班(期限两个月)、地方自治讲习班(期限两个月)、商业讲习班(期限三个月)。

3. 师范学院:主办小学教员讲习会(暑期奉办,限期一个月)、小学教员通讯研究部、民众学校(指导学生办理)、体育训练班(期限三个月)、民众业余运动会(春季举办一次)、家事讲习班(期限三个月)。

4. 医学院:主办教护训练班(期限一个月)、公共卫生训练班(南郑、城固各办一期,每期一个月)、乡村巡回医疗队。[①]

这一系列社会活动,大大地提升了陕南民众的科学文化水平,同时也丰富了教学内容,增强了学生的实践能力。

西北联大还在经费极度紧张困难的情况下,多次组织学生赴西北地区,主要是甘肃、宁夏、青海等地参观考察、调查古迹遗址,自觉地承担起"复兴西北古代文化""发展整个西北教育"的重任,以此增强学生的民族自信心、自豪感。在这些参观考察中,最突出的就是对汉中城固张骞墓的考古发掘、参观。1938年5月,西北联大历史系成立考古委员会,委员有系主任许寿裳、国文系主任黎锦熙及陆懋德、李季谷、黄文弼、何士骥等。起初,考古

---

① 王建领,等.国立西北联合大学档案史料选编:上册[M].西安:西北大学出版社,2018:163.

委员会拟对陕南各县古迹文物诸如城固张骞、萧何、樊哙、李固墓和沔县诸葛亮墓及褒城石门石刻等作一个系统调查;后以陕南范围过大,拟先从城固入手。其时,梁启超弟子何士骥据已考察所得向委员会提议:"城固张骞墓,为一县古迹之冠,且博望侯一生精神事业,虽已昭垂史册,中外共仰,外人尊之为东方之哥伦布;然在此抗战建国之际,更宜力事表彰,以为增强民族意识,唤醒民族精神。"①委员会经讨论研究,遂定于5月21日由校常委李蒸、徐诵明、胡庶华及许寿裳、黎锦熙、陆懋德、许重远、李季谷、何士骥、黄文弼等率学生员工共百十人前往张骞墓调查,黄文弼负责摄影,何士骥到墓周近村采集汉代残砖碎瓦、陶片等。

西北联合大学师生发掘张骞墓(1938年夏)

考古委员会经实地考察后,决定第一步发掘墓前东西对峙的石兽,就地筑台陈列以资保护;第二步修葺墓本身等规划,则是张骞墓历史上首次得到具有现代考古学水平的认识和清理。7月3日,何士骥、周节常率学生、工人、县府人员、联保长等往饶家营先行清理陷入泥淖及半的墓前石兽,当日即毕。考古委员会制订的《张骞墓间古物探寻计划书》及何、周二位《发掘张骞墓前石刻报告书》则发表在《西北联大校刊》第一期上。8月24日,许寿裳、李季谷、何士骥等委员复率学生、工人实施第二步方案。到8月31日,发掘已深入到墓底一米多,时有汉代遗物出土。但墓底忽有一股清泉汩汩而出,发掘极为困难,清理工作

---

① 陶喻之.记抗战初期西北联大考古委员会几次考古活动[J].文物天地,1990(3).

受阻。加之预算经费即将用罄,被迫停止发掘重加封固。并为之刻立《增修汉博望侯张公墓道碑记》一通,由吴世昌撰文,黎锦熙书丹;碑阴由许寿裳书《汉书·张骞传》。黎锦熙所撰碑文使用了新式标点符号,这在当时极少见;许寿裳的字体是篆意楷写,亦独具风格。当年,李季谷等再次踏察饶家营,并在《西北论衡》上发表《民族英雄张骞墓考古小记》。1939年1月,校方将挖掘张骞墓所得之文物在历史系考古室陈列展览,供全校师生参观学习。

第三节 法商学院的风潮

何兆武在回忆侯外庐先生时说,平大的教师"左"倾多一些,特别是法商学院,"左"倾教师集中,学生多是"左"倾,容易闹事。这一"闹事"传统,一直延续至西北联合大学。

1938年9月新学期开学时,校常务委员、法商学院兼院长徐诵明,请辞兼院长职务,并经第38次校常务委员会议决定,聘请历史系主任许寿裳继任法商学院院长,李季谷教授改任历史系主任。学校当局以为,"左"倾教授当然拥护许寿裳出任院长,另一派的教授看到许先生德高望重,也不好反对。但学校当局的考虑,一半对,一半错了。宣布许寿裳任院长后,进步教师及学生开欢迎大会,另一派的头儿立即到重庆,向陈立夫告状。他们认为在徐诵明兼院长时,实行了许多开明政策,已经是走得太远了,现时哪能再容得下一位鲁迅的好友上台呢? 因此,在全院欢迎许寿裳的大会上,一些三青团分子首先发难,对许寿裳进行攻击,而"左"倾学生则起而驳斥,据理力争,各不相让,只差打起来。后来许寿裳在一封私信中言及此事:"自民二七(1938年)秋,弟兼长法商学院时,教部长别有用意。密电常委,谓院长宜择超然者。弟闻之,愤而立刻辞职,从此不欲与陈(按,指陈立夫)见面,以弟秉性孤介,实难与此公周旋。"①许寿裳辞职是辞去行政职务,而专心教学工作。及至12月9日,西北联大常务委员会奉部令加聘许寿裳为校务委员;12月14日,又聘为学校建筑设备委员会主席。很显然,这两个任命带有一点安抚意味。

---

① 黄英哲,等.许寿裳日记(1940—1948)[M].福州:福建教育出版社,2008:125.

却说另一派向陈立夫告状,却是一告就准。10月,教育部电西北联大,增派原教育部督学张北海任校务委员。张北海过去在国民政府做新闻检查工作,曾任上海影检所所长和国民党中央调查统计局专员。他的到来,自然肩负陈立夫的特殊使命。

张北海带有随员一人,这位随员名义上是秘书,实际上是精通太极拳的保镖,一度当过褚民谊练拳的助手。该随员戴着墨镜,不苟言笑,出出进进,仿佛时刻在搜寻他准备搏斗的目标。堂堂教育部的督学,竟带着保镖,其来势如何,不言自明。张北海很"忙",徐诵明说他"常匆匆来往渝陕道上"。忙啥呢?不外乎是把胡庶华和他所掌握的学校情况上报陈立夫,然后再把陈立夫的指示下达给胡庶华。假如说胡庶华是陈立夫楔进西北联大的一个钉子,那么张北海实质上就扮演着坐探和打手的角色了。史学家顾颉刚在回忆文章中写道:"不幸教育部长是陈立夫,他是只知有系而不知有党,只知有党而不知有国的人,在他极端褊狭的心肠中,总想把CC系统一全国大学。西北临时[联合]大学本来徐诵明做得很好,他派张北海做该校法学院长,带了手枪去发给学生,教他们闹起风潮来,把徐氏逼走。"①

再说教育部对徐诵明聘许寿裳为法商学院院长一事,也很不满,旋即电令西北联大任命张北海为法商学院院长。可是按大学组织法规定,大学校长为教育部任命,各院院长应由校长聘任。国民政府成立以来,教育部还没有直接任命院长的先例。为了弥补这一纰漏,又于11月12日召开校常务委员会议,决定以校方的名义正式聘请张北海为法商学院院长。许寿裳得知这一消息后,立即向北平大学校长徐诵明辞职,徐诵明为表示同情和抗议,立即批准其辞职,同时自己也向教育部提出辞职。于是,这位带着特殊使命的张北海便乘虚而入。徐诵明后来回忆说:"胡庶华要把张北海的办公桌设于常务委员会室内。当时我认为,学校既有常务委员会之设,为什么教育部又派来督导进行监督?张北海毫无专业知识,只会张牙舞爪,我羞于与此人为伍,拒不同他一室办公。他在胡庶华的授意下,借机把办公桌移到法商学院去了。旋即宣布他为法商学院院长。"②张北海沐猴而冠,抢先占据了这个阵地。

11月21日,法商学院举行本学期第一次总理纪念周,校常委胡庶华主持会议,介绍法商学院新院长张北海,讲话中说:"张院长过去曾在国内文化界,颇为努力,此次担任本院院长,我想一定会有很好的成绩表现。"接着他针对全院进步师生讲到:"希望各位在新院

---

① 顾颉刚.在中央大学[M]//顾颉刚自述.郑州:河南人民出版社,2005:186.
② 傅道义.关于西北联大时期校内政治斗争几个问题的片断回忆[Z].西北大学校史资料汇编:第一辑.1987:93.

长到校以后,对于功课,务要加倍努力。"①

张北海的走马上任,引起了全校进步师生的强烈反对。大家立即意识到这是企图向进步师生开刀的一个序幕。当时法商学院教授曹靖华、韩幽桐(女)、沈志远、彭迪先、寸树声、章友江、刘及辰、李绍鹏等十余人,开会决定挽留许寿裳,抵制张北海当院长,并很快发出《快邮代电》(油印传单),送全国各报社、各大专院校和各机关团体,公开反对教育部的决定。《快邮代电》发出后,在社会上引起了强烈反应,校内外轰动,掀起了一次学潮。商学系助教李毓珍回忆此事说:"进步教师立即发宣言,表示反对。宣言是油印的,学校印刷有很多不方便,由我到兵工厂请熟人代为刻印(兵工厂是由太原迁来的,有些山西同乡我认识)。印好后怕他们扣去,所以一部分由城固邮局发,一部分送汉中邮局发,而且分批寄出。但是仍然被他们扣下了。"②政经系彭迪先教授指出,"张北海不过是反动派豢养的一个'电影检查员',不学无术,品质低劣,不堪为人师表,更不配作大学的院长。"③国文系讲师吴世昌则不点名地说:"教部派到城固参与校政的大员,已不称为'先生',而呼为'同志'。有一位'同志',经常带着手枪,口袋中装了子弹,对于他所看不顺眼的有些教授,竟下流到在许多人前面,掏出一把子弹来,嬉皮笑脸地问道:'花生米吃不吃?'"④

此时,张北海对"左"倾进步师生恨之入骨,积极与三青团骨干分子杨立奎、主任军事教官李在冰等人结成联盟,商议对策。杨立奎原是北平师范大学物理系教授,此人在"一二·九"学生运动前后,以反对学生运动而出名,曾任学生生活指导委员会主任委员,后来出任西北联大训导处导师会主席。经杨、李二人商议,在学生中组织了一个三青团的分支机构——"新生社",这是一支胡庶华、张北海随时可以驱使的别动队。其中不少国民党、三青团骨干分子开始带着手枪上课,有时为了显示自己的威风,还别有用心地在学生中亮亮这"家伙"呢。

为了对付进步师生,在张北海的授意下,三青团学生开始对进步师生跟踪监视、威胁、刁难,并围攻支持进步教授的学生。对有的进步教授采取不安排授课或者削减授课时数,这意味着扣减工资,排挤打击;有的则采取公开威胁或破坏课堂秩序等办法,进行恫吓。例如:在彭迪先教授讲课时,有三青团学生坐在第一排,竟然拿出手枪擦弄,蓄意威胁。还

---

① 本校法商学院本学期第一次纪念周纪录[J].西北联大校刊,1938(7).
② 李毓珍.我和西北大学[Z].西北大学校史资料汇编:第一辑.1987:70-71.
③ 彭迪先.我的回忆与思考[M].成都:四川人民出版社,1992:44.
④ 吴世昌.哀悼许季茀先生[M]//倪墨炎,陈九英.许寿裳文集:下卷.上海:百家出版社,2003:1053-1054.

有一名叫原景信的学生,在课堂向彭迪先教授提问:有一个教授每月领"国难薪"二三百元,但讲的是马克思主义经济学,试问从"边际效用学说"看来,这有无"边际效用"?意在使人难堪。彭教授立即回答说:"边际效用学说是从主观的唯心观点来说明问题,不能解决实际问题,所以我就不讲那一套。"在众目睽睽之下,把那学生驳得哑口无言。其他同学哄堂大笑,弄得原景信很是尴尬。① 季陶达教授则被任意削减和更改了课程,据其回忆:

> (1938年)暑假后开学快上课了,我收到学校发下的一纸课程表。一看,呀!我原来担任的《经济学》和《货币银行》这两门课被剥夺了!只剩《经济思想史》仍让担任,另外加上一门《经济政策》课,是谁决定的呢?我不知道!去找谁询问呢?没有对象,因为院长和系主任谁也没有同我谈过!在这毫无办法之际,我只有把真相对同学说明。所以第一次上《经济政策》这门课时,我站在讲台上,一开头就说:同学们大概以为我是来授课的吧?不!不是的!我是来向大家说明我为什么不授这门课的原因的。我是学校聘请的一名教授,在这个学校及其前身已工作了近四年,从现在起是第五年。既然是学校聘请的,当然不能是谁的奴隶,可以被随便支使。照一般的惯例,一系的课程由系主任决定,院长如有什么高见也必须通过系主任来执行。可是我原来担任了几年的两门课被取消了!谁取消的?我不知道,因为给我的授课表上未曾说明!给我添上现在所谈这门课,谁添上的?我也不知道,还是因为课程表上没有说明!教授自有教授的人格。如果我无原则地随人支使,只知服从,那么我就不配当教授而且不是一个独立而有自己思想的人,而变成只摇尾乞怜的哈叭狗。如果这样的话,我不但侮辱我自己,而且侮辱教授这个名称!请你们替我想想,我能这样无原则地服从吗?不能哦!因此我不能不来向大家说明我为什么不担任此课的原因,说完就下课了。②

1938年底,教育部严斥西北联大沿袭北平大学法商学院的传统,继续讲授马列主义观点的社会科学课程,并认为开设俄文课程,引进了共产党学说。随后,下令禁止商学系学生学俄文,同时要求解聘法商学院俄文教授曹靖华等人。

当局的种种行为,不仅没有吓退进步教师,反而更加激起了他们的愤怒。法商学院推举曹靖华、彭迪先二人作为教授代表,前往校本部找胡庶华抗议。胡庶华根据所谓"罪状",说他们都是"反动教授"。曹靖华怒了,反驳说:"北伐战争年代,共产党第三国际驻中国的代表团团长是鲍罗庭,军事代表是加伦将军。当时我是加伦将军的翻译。如果你说

---

① 彭迪先.我的回忆与思考[M].成都:四川人民出版社,1992:45.
② 季陶达.我在西大的日子里[Z].西北大学校史资料汇编:第一辑.1987:66.

我是反动教授,那么你是如何看待国民革命和北伐战争？如何看待中山先生？又如何看待共产党第三国际的代表团？你是最高学府的领导,又是国民党陕西省党部的委员,怎么一点常识都没有？"胡庶华被质问得脸色发青,招架无力,只是反复地支吾道："任命院长,教育部有权这样办；解聘教授是照上级命令办事,学校有权这样办。"曹靖华、彭迪先同心协力,舌剑唇枪,把胡庶华质问得哑口无言,坐立不安。据目击者刘养桐回忆："室内徐诵明、李蒸、杨立奎等均在,仿佛李蒸在主持会议。对胡的尴尬窘况,无人为之排难解纷。妙的是,杨立奎也未敢说一句话,足证反动当局无理了。"①

1938 年底至翌年春夏,一批教员先后离校。11 月 30 日,教授刘及辰、副教授韩幽桐、讲师张云青最先遭张北海解聘。教授李绍鹏请假一年。之后,教授曹靖华、沈志远、寸树声、黄觉非、彭迪先等人,以及讲师方铭竹、吴英荃和夏慧文夫妇,都不再续聘。1939 年 7 月 2 日,徐褐夫教授萌生退意,函告校常委徐诵明：

> 仆此番之所以急欲求去者,自亦有隐痛在仰……盖法商年来纠纷皆起自人事问题,仆坚信人事合理解决之日乃法商安定之时,间常与觉非、芹生诸前辈致函一再言之,不意北海先生前此赴渝之际竟将仆列入商学系主任人选之内,逢迄今未予通过,已为仆稍余颜面,然此席未可久悬,而爱仆者终为感情所蔽,由是惴惴……尤以代院长履新在即,此问题愈见萦迴于诸长者脑海,仆深恐卷入漩涡,故不若行其三十六计俾释长者系虑,藉免法商与人事相终始……②

徐诵明第二天就回函徐褐夫,恳切挽留："台端辞意恳切,对于法商院务困难尤慨乎言之,足见关怀学校及难进易退之雅量,至为钦佩,唯是风雨如晦,正待惠而好我者携手共进方能于事有济,务请本爱护法商之意勿再言辞。"经过挽留,徐褐夫最终留在了西北联大,但还是十多人离去了。法商系学生龚人放回忆："1939 年暑假,学校贴出布告：'曹靖华、沈志远、彭迪先、王守礼、李毓珍等十三人,宣传激进思想,不宜在校担任教学职务,下年度不再聘任,特此布告,以儆效尤。'第二天,法商学院部分学生包括我在内,贴出抗议书,要求学校收回成命,不得无理解聘教授。我们的抗议书就贴在校方的布告旁边。学校当局不但不予理睬,反而把我们载入'另册'。"③

---

① 傅道义.关于西北联大时期校内政治斗争几个问题的片断回忆[Z].西北大学校史资料汇编：第一辑.1987:98.

② 陈海儒,李巧宁.西北联大的校园政治生态[M]//何宁.西北联大与中国高等教育Ⅱ——纪念西北联大汉中办学 75 周年.西安:世界图书出版公司,2014:262.

③ 龚人放.乐观人生[M].北京:作家出版社,2005:108.原文将 1939 年误为 1938 年。

因各种原因离校的各位进步教授,辗转四川等地继续进行马列宣传和抗日救亡工作。有意思的是,在西北联合大学干了十个月的法商学院院长张北海,似乎完成了历史使命,也在1939年7月辞职离去。

第四节 首设训导处,推行训导制

训导制是国民政府时期,特别是战时学校管理学生思想工作的一种制度,也就是训育制度。早在1931年,国民党第三届中央执行委员会上通过的《三民主义教育实施原则》案中,规定"训育应以三民主义为核心,养成德智体美兼备之人格",确立了国民政府力图将德育与政治教育合而为一的训育政策。全面抗战爆发后,教育部于1938年2月23日颁布《青年训练大纲》,分为人生观、民族观、国家观、世界观四大部分。

陈立夫接掌教育部后认为:"正规教育仍然应该维持,为将来建国储备人才。但为适应军事需要,应该加强特殊训练,以备随时征召。"[①]根据这项原则,他在1938年4月国民党临时全国代表大会讨论抗战建国纲领时,提出其中有关教育的纲领,经过讨论后通过。原文有四点,其中第三点是"注重国民道德之修养",第四点是"训练青年,俾能服务于社会事业,以增加抗战力量"。此外,陈立夫又提出战时各级教育实施方案纲要,内含九大教育方针,首先第一条是"德、智、体三育并进",第四条是"教育目标与政治目标一贯"。

基于此方针,教育部于1938年9月25日颁布《训育纲要》,对训育的意义、标准、目标以及实施等做了详尽阐述,战时训育标准的构建最终完成。训育的意义,"在于陶冶健全之品格,使之合乎集体生存(民生)之条件,而健全品格之陶冶在于培养实践道德之能力,培养社会实践道德能力之道无他,好学、力行、知耻三者而已"[②]。训育的目标有四:"高尚坚定的志愿,与纯一不移的共信——自信信道多;礼义廉耻的信守,与组织管理的技

---

① 陈立夫.拨云雾而见青天:陈立夫英文回忆录[M].卜大中,译.台北:"近代中国出版社",2005:288-289.

② 中国第二历史档案馆.中华民国史档案资料汇编:第五辑第二编教育一[M].南京:江苏古籍出版社,1994:162.

能——自治治事;刻苦俭约的习性,与创造服务的精神——自育育人;耐劳健美的体魄,与保卫卫国的智能——自卫卫国。"①

全面抗战爆发之前,多数学校的训育工作都是由教务处下的生活指导组负责,因此训育也常被看作是教务的附属事务。1938年9月16日,在西北联大常务委员会第40次会议上,新到任不久的常委胡庶华提议,请增设训导处,议决"应予设立"。这是国内大学首设训导处。②

胡庶华的这一提议,并非完全是迎合陈立夫,而是其一贯的教育思想反映。早在1935年3月20日,他在重庆大学的一次演讲中就讲道:"大学教授除授课而外……同时并负训导学生之责,以求教训合一","(大学教育)注重军事训练以养成勇敢、耐劳、敏捷、负责、整齐、严肃、简单、朴素的习惯,使生活军队化,生活生产化,生活艺术化。"③

增设训导处之前,西北联大校务委员会设秘书、教务、总务三处。秘书处分为文书、出版两组;教务处分为注册、图书、军训三组;总务处分为会计、庶务、斋务三组。设立训导处之后,将原属教务处之军训组和原属总务处的斋务组,及学生贷金管理部划归其管辖,并将总务处裁撤(其下机构归并于常委办公室)。训导处设主任(后改称处长)一名,由校常委胡庶华兼任。

西北联大训导处的设立,立即引起各界关注。在1939年3月份召开的第三次全国教育会议上,国民政府决议全国高校仿照之设立训导处。参加这次全国教育会议的徐诵明常委在一次纪念周讲话中指出:"教部提出专科以上学校设立训导处的方案。这种办法,我们学校算是首创,教部也说是仿照西北联大来设立的。"④

同年5月6日,为"划一各校行政组织,并使灵活运用,以增进效率起见",教育部颁发了《大学行政组织补充要点》正式将训导处与教务处、总务处列为大学三大行政机构,并于同日颁布了《专科以上学校训导处分组规则》,规定大学训导处分为生活指导、军事管理(后改为课外活动)、体育卫生三组。与此同时,为配合训育实施,各校还设有专门的训导委员会及训导会议等机构负责制定各项规则章程及决议其他训导事宜。训导机构的设立,使训育工作由原来的教务附属事宜变为与教学同等重要之高校事务,显示了国民政府

---

① 中国第二历史档案馆.中华民国史档案资料汇编:第五辑第二编教育一[M].南京:江苏古籍出版社,1994:165.
② 训导处实则由国立北平师范大学的"学生生活指导委员会"发展而来。
③ 胡庶华.大学教育与民族复兴[Z]//胡庶华论著选编.重庆市沙坪坝区地方志办公室,2009:27.
④ 本大学校本部本学年第二学期第二次纪念周纪录[J].西北联大校刊,1939(15).

对战时学生思想政治及道德教育的重视,训育的地位在高校亦得到前所未有之提高。后来陈立夫在回忆中说:"我们也设法健全大学行政组织,提高行政效率,这也不是一蹴可及的工作。1939年教育部颁行了大专学校行政组织要点十二项,规定每校必须设教务、训导和总务三处,各处主管都由教授兼任。其中训导处的设置乃是针对战争的需要。第一设置导师制;第二处理战时学生贷金、救济、疾病医护以及军事征召事务;第三战时须集中意志,争取胜利,青年行动须有积极指导,方可免入歧途,妨碍抗战。"①

专门的机构有了,接下来就是人员。训导人员的遴选,关系到训育政策的实施效果,教育部对此也非常重视。1939年7月,训导处被列为高校主要行政机构不久,教育部就颁布了《专科以上学校训导人员资格审查条例》,对高校训育人员的资格及其审查做了规定。据此,担任大学训导长(或专科训导主任)之资格,必须是:"1.中国国民党党员;2.曾任大学教授或专科学校教员二年以上,著有成绩者;3.学望品行足资表率者。"训导员必须是:"1.国民党党员;2.在国内外大学毕业且曾任专科以上学校助教经历者。"②为审查各校训导人员,1939年国民政府专门成立了由中央社会部长和教育部长等人主持的专科以上学校训导人员资格审查委员会,规定学校训导人员必须经该会审查合格,方得任用。训导人员标准的制定与审查,使战时高校训育有了专门人员具体负责,训育专业化之程度进一步加强。

为达到训育之目的,教育部及各大学采取各种方法,最终形成了以入学教育、课程教学、导师制、情景教育及党团活动等为主要内容的训导网络体系。1938年9月14日,为"使新生对国家民族有正确之观念、对三民主义有坚定之信仰、对于学校之历史规章及内容有深切之了解",教育部颁布了《高中以上学校新生入学训练实施纲要》,指导新生入学训练。新生训练科目主要有政治训练、修学指导、道德修养、小组讨论、校史章则、军训体育、音乐等科,其中与训育实施有密切关系之内容,主要是政治训练和道德修养及小组讨论等。

训育必修课程的开设,是战时大学课程改革的重要内容之一。作为学校德育的重要形式,训育知识在课堂上传授本无可厚非,但事实上,战时课程除了后加的伦理学外,几乎都是"三民主义"体系,其设置亦表明了国民政府欲借训育加强对学生思想意识,乃至行为规范控制和管理的真正目的。比如西北联大文理学院公共必修科,就专门配备党义副教

---

① 陈立夫.拨云雾而见青天:陈立夫英文回忆录[M].卜大中,译.台北:"近代中国出版社",2005:299-300.

② 教育部.教育法令汇编:第五辑[M].南京:正中书局,1940:19.

授曹配言。

  导师制是战时高校训育的重大改革之一。1938年3月28日,教育部为"矫正现行教育之偏于知识而忽于德育指导,以免除师生关系之日见疏远而渐趋于商业化起见,特参酌我国师儒训导旧制及英国牛津剑桥等大学办法",颁布了《中等以上学校导师制纲要》《关于各校实施导师制应注意各点令》,饬令各校推行导师制。之后又陆续颁发了《切实推进导师制办法》(1939年7月)、《专科以上学校导师制实施办法》(1944年8月),使之进一步完善,最终确立了导师制度,成为战时实施训育的主要举措之一。根据上述规定,各大学纷纷结合本校实情陆续出台具体实施办法,推行导师制。西北联大于1938年8月率先颁布《教育系导师制实施办法》,对学生、导师都有详尽规定。10月28日,《国立西北联合大学导师制施行细则》颁布,对每组导师、各学系导师、各学院导师的责任和权利做了明确规定。

  11月16日,校常务委员会第49次会议决议,推定杨立奎、蹇先器、刘拓、张北海、袁敦礼、张贻惠、黄国璋等七先生为西北联大导师会常务委员。又,经校常务委员会第55次会议(12月21日)备案,颁发《本校导师会常务委员会办事细则》。

  值得一提的是,作为理科的西北联大数学系也严格施行导师制,在学校成立不久,就为各年级学生聘定了导师,一年级导师赵进义先生,二年级导师张德馨、刘亦珩两先生,三年级导师傅种孙先生,四年级导师杨永芳先生。[①] 导师以个别谈话、个性考查、团体训导等多种方式指导学生,在思想方面养成研究之信仰、合作改进之精神,培养学生服务之观念;在治学方面,督导学生养成切实、虚心、创造之精神,培养学生寻求及探讨问题之兴趣、习惯,训导方式多种多样,成绩评价不拘一格。为了给予学生个性化的督导,导师们事先去明了学生的性格、思想、行为及学业,以对学生选系、选组、选课、改课及学业进修等事宜做周密的计划,并尽可能事先预定谈话讨论或研究题目,督导学生举办各种谈话会、学术讨论会、读书会、研究会、服务团或远足会,逐渐使学生养成健全人格、科学修养,成为国家有用人才。[②] 可见,导师制的实施,确实改变了以前"视庠序如传舍,目师儒如路人"的师生关系,"导师关心学生的生活、学习;学生亦常常访问、求教于导师,师生感情融洽",在一定程度上实现了教学与德育的合一。同时,不可否认,作为训育改革的重要内容,导师制也是当时国民党严密监视学生思想行为(防止学生受革命思想的影响)的举措之一,从而使得

---

  ① 见聘定文理师范两院系各年级导师[J].西北联大校刊,1938(7).
  ② 李晓霞,姚远.国立西北联合大学的数学教育[M]//方光华.西北联大与中国高等教育.西安:西北大学出版社,2013:313-314.

很多具有正义感的教师因不愿做监视学生的工具而拒绝担任导师。政治色彩的渗入，最终限制了导师制应有的积极意义发挥。所以在战后的1946年7月，教育部决定废除大学导师制，代之以训育委员会制。

为达到训育之目的，教育部还非常重视情景教育，力图借日常生活中的事件及特殊活动强化官方意识形态及其道德标准的普及，使学生在潜移默化中接受其教育，进而产生思想认同。其中最为突出的，莫过于利用集会和节假日的一系列活动实施思想同化教育。在学校，规模范围最为广大者有国民月会（一月一次）、总理纪念周（每周一次）等活动。1939年4月29日，西北联大常务委员会第71次会议决议，国民公约宣誓及第一次国民月会与下周纪念周合并举行，并规定每月之第一日举行国民月会。

"总理纪念周"（简称"纪念周"）是国民党推行仪式政治的集中反映，影响一度及于当时政治、社会生活各个方面，可谓20世纪前期中国政治文化史上的一道独特风景。1925年3月12日孙中山病逝后不久，国民党在京中央执行委员召开全体会议，通过接受"总理遗嘱"的议案，并训令各级党部："每逢开会时，应先由主席恭诵总理遗嘱，恭诵时应全场起立肃听。"①1926年1月，国民党"二大"正式通过如下决议：海内外各级党部会议场所应悬挂总理遗像，凡集会开会之前应宣读总理遗嘱，海内外各级党部及国民政府所属各机关、各军队均应于每星期举行纪念周一次。随着国民党逐渐掌握全国政权，这一仪式在全国推广开来，不仅渗透到党、政、军，乃至大中小学校。

早在1929年10月，时任武汉大学校长的王世杰就提出，大学的"总理纪念周"要有大学的特点，"应当有关于学术教育之报告和讲演"。说到西北联大，在西安时期，1938年1月，西安临时大学筹备委员会常务委员会就通过《本校学术讲演办法》，规定将定期举办总理纪念周，并届时举行学术讲演，内容则注重国防科学、文学与艺术、战时国际问题、战时政治经济与社会、非常时期之教育、西洋文化及历史、地理、资源各问题、青年学术之修养问题等，并规定讲演人员由常委会或院长系主任分别敦请党政先进、校外学术专家及本校教授担任；讲演每次以一小时为限，其题目应先期宣布，讲稿并得由本校送报纸杂志刊载。

南迁汉中之后，西北联大自1938年5月2日举行第一次纪念周，到暑假前的7月4日共举行8次纪念周。报告内容主要有：《迁校经过及中央临时全国代表大会教育纲要》（李书田）、《学校更改校名意义》（陈剑翛）、《战时最高学府学生应如何救国》（徐诵明）、《迁校以来校务情况》（李蒸）、《抗战时期社会教育的方法途径》（李建勋）。此外，学校还邀请

---

① 见广州民国日报，1925-05-04.

交通部公路处赵祖康处长讲演《全国公路建设之实际情形》,邀请陇海铁路工程局工程师、宝汉公路测量队队长李乐知作《中算的故事》学术讲演。

1938年11月21日,西北联大举行本学期第一次纪念周,校常委胡庶华就抗战形势及校务作报告,指出:"在物资方面,吾人不敢求之过奢,在精神方面,必须适合战时需要,如节约运动及棉背心运动提倡,校训(公诚勤朴)校歌之制定,导师会之设立,务使抗战教育之精神随抗战生活而孟晋。过去一年全在颠沛流离之中,纵或精神不免松懈,外人还可相谅。今后希望彻底实施军事管理,养成守纪律耐劳苦的抗战生活,不要错过读书机会,以免辜负政府在财政艰难中不忘高等教育之盛意。熟读青年守则,以为培养高尚人格的准绳。"①据笔者统计,至1939年3月6日,西北联大第一学期共举行14次纪念周。3月27日,年度第二学期开课,当日即举行纪念周,至6月5日共举行11次纪念周。其内容无外乎关于抗战形势、校政校务情况的报告。当然,作为训导处主任(处长),胡庶华也免不了在纪念周上宣读国民公约及誓词,要求全体师生"不得违背三民主义和政府法令,不得违背国家民族的利益"云云。

本来国民政府要求各单位群体举行总理纪念周等各种仪式和活动,目的是用来进行训育,正如竺可桢在阐述纪念周的意义时所说:"顾名思义由纪念中山先生而立,但在学校,纪念周犹有命意,即对于训育方面有所裨益。"②事与愿违,战时各个高校的纪念周并没有很好地发挥训育的功效。

第五节 "公诚勤朴"——校训与校歌

1938年9月,西北联大为"积极训导学生思想、行为、学业及身心摄卫起见",在全国大学首创设立训导处、建立训导制度。1939年3月,国民政府在重庆召开第三次全国教育会议。会上,蒋介石在讲话中声称:"今天我们再不能附合过去误解了许多的教育独立的口号……应该使教育和军事、政治、社会、经济一切事业相贯通。"会上,教育部按照西北联大

---

① 见胡常委春藻在本学期第一次纪念周训词[J].西北联大校刊,1938(6).
② 竺可桢日记:第一册[M].北京:人民出版社,1984:35.

设立训导处的样板,提出专科以上学校设训导处的方案。

如果说训导处是管控学生思想行为的机构,那么校训则是指导师生的行为准则与道德规范。舒新城等编著的《辞海》解释为:"学校为训育上之便利,选若干德目制成匾额,悬之校中庄严显著之地,是为校训。其目的在使个人随时注意而实践之。"①由此可见,校训是一所学校对全校师生员工具有导向性、规范性、勉励性的训示、号召与要求。从深层意义上来讲,校训是一所学校教育理念、治学风格的高度概括,是学校办学传统与育人目标的集中体现,同时也是大学文化体系中至关重要的一个内容。因此,大学校训不仅应当挂在校园的醒目之处,更应当印刻在广大师生的心里,融化在广大师生的行为中。只有这样,作为大学校训才具有实际的意义。

1938年9月19日,教育部训令《颁发国训及青年守则》指出:"查全国各级学校,无论其为公立或私立,自其分者观之,每一学校各有其不同之历史环境及一贯之精神,故每校应依其所有之特征,制定校训校歌,昭示诸生,以必遵之准绳。自其同者观之,凡属中国之青年,均应有其共同一致之道德信念,以确立民族自尊自信之基础。兹规定:(一)全国各公私立各级学校,务各制一特有之校训及校歌,以兹感发;(二)各校一律以'忠孝仁爱信义和平'为共同之国训,并制成匾额悬挂于各该校之礼堂……并限于一个月内,将办理情形及校训校歌,呈报备核。"②在这种情况下,各个院校催生了一批新的校训。如西南联大制定"刚毅坚卓"的校训,武汉大学提出了"明诚弘毅"的校训。

西北联大校址安定之后,于1938年10月19日召开第45次校常务委员会议,决议称:"校训制定'公诚勤朴'四字与国训'忠孝仁爱信义和平'③,制成匾额悬挂礼堂。"④

校训最原始的解释出自黎锦熙教授1944年5月撰成的《国立西北大学校史》,其中有:"'公诚勤朴'校风养成,盖与西北固有优良之民性风习相应。夫'民生在勤,勤则不匮',此足以去贫,非仅治学修业宜尔也。勤以开源,朴以节流;然朴之意又不止此,乃巧诈之反。'今之愚也,诈而已矣',此足以去愚,凡诈皆愚也。公以去私,用绝党争。'诚者天之道也,天行健,君子以自强不息',此足以去弱。弱源于虚,诚则实矣。'贫、愚、私、弱',

---

① 舒新城,沈颐,等.辞海(合订本)[M].北京:中华书局,1947:64.
② 见西北联大校刊,1938(4).
③ 早在1931年7月18日,教育部就发布训令,要求各级学校将"忠孝仁爱信义和平"八字制匾悬挂。
④ 王建领,等.国立西北联合大学档案史料选编:上册[M].西安:西北大学出版社,2018:288.

人皆知为吾民族之所苦;勤朴公诚,正其对症药也。"①详解如下:

"公"即天下为公。《礼记·礼运》提出的"大道之行也,天下为公",表达的是一种大同的理想社会。近代以来,"天下为公"则是孙中山先生终生所倡导的精神。黎锦熙以"公以去私,用绝党争"释之,表达了西北联大以国家建设与民族事业为己任的强烈使命感。

"诚"即不诚无物。《礼记·中庸》说:"诚者天之道也,诚之者人之道也。"黎锦熙认为,"诚"可以"实"去"弱"去"虚",蕴含了西北联大师生以诚待人,以诚做事,忠诚于中华民族的精神。

"勤"即勤奋敬业。《尚书·周书》:"功崇惟志,业广惟勤。"韩愈说:"业精于勤荒于嬉,行成于思毁于随。"而黎锦熙指出:"勤以开源";"夫'民生在勤,勤则不匮',此足以去贫,非仅治学修业宜尔也"。② 它是西北联大师生忠于职守、奋发有为的表征。

"朴"即质朴务实。《论衡》:"无刀斧之断者,谓之朴。"儒家认为质朴与文饰相对。道家主张"朴"即素、本真。黎锦熙说:"朴以节流;然朴之意又不止此,乃巧诈之反。'今之愚也,诈而已矣',此足以去愚,凡诈皆愚也。"③把"朴"解释为节俭节流,不事雕琢,与世无争,埋头苦干。它是西北联大师生艰苦朴素、质朴务实的真实写照。

受命撰写校歌歌词的西北联大秘书处主任兼国文系主任黎锦熙教授,和法商学院院长许寿裳教授稍后将校训写入校歌。自西北联大分出的西北农学院、西北工学院也分别拟有"勤朴勇毅""公诚勇毅"的校训,表现了三校同出一源、分而有合的紧密联系。2002年1月15日,西北大学筹备百年校庆时研究确定,沿用1938年所定之校训。

1939年3月初,蒋介石在第三次全国教育会议上建议,各级学校校训定为"礼义廉耻"四字。4月5日,西北联大常务委员会第68次会议决议,本校校训改为"礼义廉耻"。5月1日,教育部又发出代电:"查各级学校校训,前经总裁在第三次全国教育会议中建议,规定为'礼义廉耻'四字,当经全体一致接受",兹颁发遵照悬挂。对西南联大制定的"刚毅坚卓"的校训不予批准。此举虽遭到西南联大的抵制,但"礼义廉耻"一统学校的情形还是显现了。多年之后,陈立夫在自传中说:"我相信,中国抗日图存的战争要求每一位指导学生言行的老师以身作则,对于他所训导的人自应有一套崇高的理想,因此我写了一篇《训育纲要》……同时也颁布全国各校共同校训'礼义廉耻'四字,用这个'国之四维'来教导青年学子,使他们能自我纪律,贯注于日常生活,为国服务的精神之中。美国哥伦比亚大学

---

① 黎锦熙.国立西北大学校史[M]//姚远.西北联大史料汇编.西安:西北大学出版社,2012:657.
② 黎锦熙.国立西北大学校史[M]//姚远.西北联大史料汇编.西安:西北大学出版社,2012:657.
③ 黎锦熙.国立西北大学校史[M]//姚远.西北联大史料汇编.西安:西北大学出版社,2012:657.

著名的汉学家狄百瑞在他的译著 Sources of ChineseTradition（按，中文意思为《中国传统的来源》）一书中解释说，礼是规规矩矩的态度，义是正正当当的行为，廉是清清楚楚的辨别，耻是自自然然的觉悟。"①

"戊戌变法"失败之后，以梁启超为代表的改良派文人极力鼓吹音乐对思想启蒙的重大教育作用，积极提倡在学校中设立乐歌课，发展学校音乐教育，通过学校唱歌来传播新思想，唤起年轻一代树立"救亡图存"的立国大志。国民政府时期受美育思潮的影响，以美感教育来完善学生的道德成为整个教育界的共识。一首好的校歌除了能抒发情怀、鼓舞士气外，还能让学校师生统一意志、协调行动。校歌的这种训育功能是其他教育方式无法替代的。因此国民政府非常注重校歌，并让学生习唱校歌。"查国歌所以鼓舞群伦，树立建国之理想；而各校校歌，则以昭示诸生，达成崇高之使命。两者对于青年学生之精神教育，关系至为深切"，"校歌传达学校之心声……俾使诸生耳濡目染之余，知所兴起。"②1938年6月，教育部发出训令称："音乐一科，为陶冶青年儿童身心之主要科目，自古列为六艺之一。现在各级学校教授音乐，取材虽未尽趋一致，但多自编校歌，以代表各该校之特点，而于新生入学之始，则教之歌咏，以启发爱校之心，影响至为重大。兹为考察起见，各级学校应将所编校歌，呈送本部，以备查核。"③西北联大则在10月19日校常务委员会上决议，"校歌歌词仍照三十七次决议案催请黎锦熙、许寿裳两先生赶编"④。词曰：

并序连黉，卅载燕都迥；

联辉合耀，文化开秦陇。

汉江千里源嶓冢，天山万仞自卑隆。

文理导愚蒙，政法倡忠勇；

师资树人表，实业拯民穷；

健体明医弱者雄。勤朴公诚校训崇。

华夏声威，神州文物；原从西北，化被南东；

---

① 陈立夫.拨云雾而见青天:陈立夫英文回忆录[M].卜大中,译.台北:"近代中国出版社",2005:300.
② 台湾"教育部"教育年鉴编纂委员会.第四次中华民国教育年鉴:第十七编训育[M].台北:正中书局,1974:1423.
③ 马嘶.往事堪回首[M].北京:文化艺术出版社,2007:61.
④ 王建领,等.国立西北联合大学档案史料选编:上册[M].西安:西北大学出版社,2018:288.

努力发扬我四千年国族之雄风！①

这首古奥文雅、壮志凌云的校歌，精辟地反映了西北联大组建的历史渊源与院系情况；标出"公诚勤朴"的校训，深刻地表达了西北联大教师们对在西北这片土地教书育人的忠诚感和责任感。

歌词表层意义及内涵，后来黎锦熙先生做过一些阐释。"并序连黉，卅载燕都迥"一句，对于一个新联合起来的学校，似乎有些难于理解。这就得从西北联大的主要组合院校北平大学、北平师范大学和天津北洋工学院说起。

北洋工学院源自1895年创设的天津北洋西学学堂，北平师范大学源于1898年设置的京师大学堂。倘从最初算起，两校设立时间都超过了四十年。故有"并序连黉，卅载燕都迥"之句。

至于国立北平大学要略晚一些，于1928年设立。设立时包括女子文理、法、两个师范、农、工、商、医凡八个学院。这些学院原本都是独立大学，各有渊源。譬如法学院，可上溯至1902年京师大学堂附设的速成科"仕学馆"。说起其历史，也有近四十年。

黎锦熙回顾历史后，对校歌的首两句这样概括："以上所述两大学十学院，大都创始于清代光绪末年，除北洋工学院在天津外，皆连黉并序于燕都，凡四十载，可谓'迥'矣！"

接下来"联辉合耀，文化开秦陇"两句，主要是叙述几所学校为何"联合"的情况。1937年卢沟桥事变，使得平津一带很快陷入日寇之手。为了保存国家教育种子，教育部令北平大学、北平师范大学和北洋工学院三校合组为临时大学迁往西安，并要求11月15日开学。据当年底统计，1937年度西安临时大学共计学生1472人，其中在西安两次招考录取新生310人，其余大都是从战区跋涉而来的原三校学生。此所谓"联辉合耀，文化开秦陇"。

"汉江千里源嶓冢，天山万仞自卑隆"两句，总体含蕴"西北联大"迁移陕南城固等地境况，是对西北地区自然景物方面的描述。"汉江"发源于汉中宁强嶓冢山，是长江最大的一条支流。写在这里，是希望"西北联大"能如汉江源头给陕南、西北，乃至整个中国播撒教育的种子。"天山万仞自卑隆"，说起略微繁复一些。1938年春，西安临时大学决定南迁。全校师生从西安出发，经宝鸡，走栈道，用十余天时间翻越莽莽秦岭，抵达汉中。黎锦熙对此句做了一点附注："初议迁，所向不能决。有朋聚谈，余谓若具远略，宜指西北，度陇屯甘凉，趋新疆，是为左宗棠路线。若避入蜀，是为唐明皇路线。迁陕南，是为唐德宗路线。仅少西移，则为杨贵妃路线矣。然此时新疆道阻且长，故不能往；唯校名西北，终不可忘情与

---

① 见西北联大校刊，1938(6).

天山也,行远自迩,登高自卑,当踏实地以图之;故曰'天山万仞自卑隆'也。"①

校歌接下来的一句为"文理导愚蒙",这个比较好理解。大致是说当时学校文理学科兼备,可以起到启蒙解愚的教育功效。"政法倡忠勇"是对法商学院而言。该院原分法律、政治经济、商学三个学系,后拆分政治经济系为政治、经济两系。"政法"按中国人的理解,是"法度"所在。然而在中国,要做到"法治""法度",非得要有"忠勇"的精神和信念不可,这便是"政法倡忠勇"的来由。

"师资树人表"主要是说教育学院情况。西安临时大学改校名为西北联合大学后不久,教育部令教育学院改为师范学院,并广泛开展社会教育。接下来的"实业拯民穷"一句,主要指农、工两学院而言(实际上,此时的联大农、工两院已不复存在),也包括法商学院之商学系。这些院系都是传授实用技术,与实业相关。

"健体名医弱者雄",一眼可看出是写医学院,无须赘言。

"勤朴公诚校训崇"。1938年9月,教育部颁令要求各校将校训校歌呈报备核。西北联大在常务委员会上,通过"公诚勤朴"四字为校训。

整个歌词以"华夏声威,神州文物;原从西北,化被南东;努力发扬我四千年国族之雄风"作结,有很强的感染力。按照后来黎锦熙的解说,西北联大的"使命""目的"应当有这么三义,第一重意义:"曩固言之,'公诚勤朴'校风尚养成,盖与西北固有优良之民性风习相应……'贫、愚、私、弱',人皆知为吾民族之所苦;勤朴公诚,正其对症药也。此一端也。"②强健国民,开启民智,此为西北联大在西北的教育意义所在。第二重意义:"西北之华山汉水,即'华夏'之名所由来,古代文化实肇此土;然若徒珍故物,发思古之幽情,不计神州奥区,实赖物质交通而开发,则荣誉虽存于往史,今终无以解于落后之诮也,可讳言乎?学府在此,提挈群伦,当以继往开来为务。文化者,合精神与物质综古代与现代而言,非可偏举。此又一端也。"③这是说西北地区是古中国文化的发源地,可在现代落后了,西北联大有责任义务给这块土地播撒新文化、新文明的种子。第三重意义:"西北民族杂居,异于东南,而其开化亦久,异于西南;融为'国族',正学府之任务矣。四千年使华夏之雄风,宁以遇暴敌而遂摧挫?惟在西北,必藉教育学术之力,努力铸成'国族'以发扬之;西大之责,无可旁贷。此又一端也。"④

---

① 黎锦熙.国立西北大学校史[M]//姚远.西北联大史料汇编.西安:西北大学出版社,2012:653.
② 黎锦熙.国立西北大学校史[M]//姚远.西北联大史料汇编.西安:西北大学出版社,2012:657.
③ 黎锦熙.国立西北大学校史[M]//姚远.西北联大史料汇编.西安:西北大学出版社,2012:657.
④ 黎锦熙.国立西北大学校史[M]//姚远.西北联大史料汇编.西安:西北大学出版社,2012:657.

总之,与西南联大校歌强调抗战胜利后返回故都相反,西北联大校歌崇尚扎根西北。这也从一个侧面折射出两所"联大"不同的办学目标,着实耐人寻味。

歌词写成后,经西北联大常务委员会讨论通过,正式定为校歌歌词。正当校方委托专家为歌词谱曲的过程中,学校因为改组,谱曲工作只得搁下。这也导致此歌未能广泛传唱。

第六节 抗战生活:集中军训

自清末以来,中国一直处于内忧外患之境,有识之士认识到军事教育的重要性,提倡对学生进行军训,而军训的真正实施是在国民政府建立以后。鉴于欧、美、日等国在中等以上学校大都开设军事教育科目的情况,1927年7月,南京国民政府教育行政委员会通过的《国民政府教育方针草案》中提出:"各学校应增设军事训练",作为实施党化教育方针的一项内容。"九一八"事变后,国人对青年训练特别注意,表现在学校课程以国防教育为原则,加重军事训练,补救现代教育缺陷,使青年负起复兴民族的责任。特别是1932年3月"中华复兴社"(简称复兴社)成立之后,一直把控制青年和学生作为自己的重要任务之一。而主持学生军训的教官多由复兴社成员充当,"他们通过军训对学生进行监视和控制,并在学生中间进行宣传,建立外围组织和发展复兴社成员"[①]。

面对日本的步步进逼,国难日亟,军事训练愈显重要。为了整顿学风,适应国家军事需要,军方建议在学校厉行军事训练与军事管理。1936年1月2日,教育部颁布的《高中以上学校军事管理办法》总则中规定:"为养成学生整洁、敏捷、勤朴、耐劳、团结、互助、振作精神、遵守纪律诸美德起见,高中以上学校学生不分年级,均实施军事管理。"为了加强纪律训练,教育部、训练总监部于1936年12月制定了《高中以上学校学生军事训练管理办法》,凡14章98条,对学生的一切言行都有严格的限制,俨然把学校当作兵营,用管理军队的办法来管理学校。从此,学生军训逐步走向军事化管理。

---

① 贾维.三民主义青年团史稿:上卷[M].北京:社会科学文献出版社,2012:10-11.

全面抗战爆发之后,为使军训与战事更密切的配合,1937年9月,国民政府教育部与训练总监部会同制定了《高中以上学校学生战时后方服务组织与训练办法大纲》,将防空、防护、难民救济等课程列入军训学科之内。12月13日,西安临时大学筹委会常务委员会第11次会议决议:对在校学生展开军事训练,实施军事管理,以适应战时教育的需要,并公布《西安临时大学军事管理办法》。其中规定:本校学生不分年级,均实施军事管理;全体学生编为"国立西安临时大学军事训练队"。1938年1月10日,《西京日报》以《临大实行军训》为题报道说:"本市临时大学为适应战时教育起见,自上月底起即实行早操,每晨六时半至七时半,在莲湖公园集合,全校男生无不参加。该校军训教官,兹为作更进一步之军训计,当令该校女同学亦一律出操。"

南迁之后,西北联大于1938年10月26日通过《本校军事管理暂行办法》,凡11章70条,包括总则、组织、请假、外出、操场、野外、值日、附则等。其中总则云:"本大学为养成学生整洁、敏捷、勤朴、耐劳、团结、互助、振作精神,遵法守纪律,诸美德起见,在正式办法未颁发前,暂依据训练总监部与教育部会衔公布之高中以上学校军事管理办法,参照本大学实际情形制定本办法,对本校学生,不分年级,均施行军事管理。"①

西北联大第46次常务委员会议通过《训导处军训组组织章程》,凡7条,其中"本组之职掌"包括军事训练和军事管理。联大军事训练队长一职,原本由徐诵明兼任,因新近成立训导处,"为集中事权,以期划一训练起见"②,经常务委员会议决议,改由胡庶华兼任。

1938年6月24日,教育部训令称:"专科以上学校下年度二三四各年级学生须一律受集中军训,集训时期几占半学期之久。为免影响学生学业,各校应不放寒假及春假,以资补救。兹将下年度各学期始业及休业日期重行规定如左(下)。十一月一日:第一学期始业——三四各年级开始上课。十二月一日:二年级学生开始上课。三月十五日:第一学期休业。各校办理本学期结束及下学期始业事宜。三月二十二日:第二学期始业。七月二十五日:第二学期结束。依照以上规定,二年级学生尚缺一月课程,各校应另行规定……"③

据此,9月8日,西北联大全校凡千余学生齐集南郑,参加了教育部组织的为期两个月的军训。陕南支队由中央陆军军官学校第一分校主任祝绍周及各位教官主持,"不辞劳苦,认真训迪,技术学科,兼筹并施。课余之暇,复延请各处军事长官及教授名流轮流讲演:或致其希望,或勖其努力,或从历史以激扬民族精神,或言古训以促进旧有文化,或说

---

① 见本校军事管理暂行办法[J].西北联大校刊,1938(5).
② 见胡委员春藻兼任本校军训队队长[J].西北联大校刊,1938(5).
③ 见学生集训改进办法[J].西北联大校刊,1938(1).

明集训与建国之关系,或阐发集训对抗战之功用,琳琅满目,美不胜收;外以军事训练劳其筋骨,内以精神食粮充其肠胃;进则为国家民族致杀敌之用,退亦可训练民众,组织民众,在后方效一日之长"①。参与过集训的赵兰庭写过一篇记述集训生活的文章:

……去南郑的那天,中途遇雨,跋涉维艰。在受训之前,先来这么一下,好像是我们能否吃苦的一回试金石。然而我们不怕风吹,不怕雨打,不怕什么艰险与阻隔,我们的脚步,前进得越发迈大而有力,开始了我们的集训生活。

老实说:在入队开始,因为生活习惯的突变,处处都感着不便,处处都受着限制;睡在地上,没有桌凳,也没有灯光,寝室兼课室兼自习室,操场兼饭厅兼会场;最讨厌的是区队长,总是唠唠叨叨地说来说去,什么内务不整啦,说话的声音太大啦,脸盆放得不是地方,鞋子要摆在指定的处所啦,一切都应按照规定,不许随处晒衣服晒被子啦,甚至一个对长官的称呼都发生了问题,现在想起来,不觉哑然失笑!"敬礼"这个小动作,也不知经过了多少次的告诫,才慢慢的由习惯而自然。星期天的例假,须按时返队,否则便有"禁足"的希望,多么随便的一天,让人家出来进去,自己却无味的藏在屋里,假如那天下雨还好,若是"是日也,天朗气清,惠风和畅",可真有点儿难受了!

两个星期后,我们整肃的队伍,便时常地出现在十字街头;刀光盔影,闪灼在江汉河畔,原野上展开了我们的攻击和防御,一草一木,一个土堆,都是我们最好的掩蔽,我们的身体,潜伏在自己的领土上,我们的枪口,瞄准着敌人的头颅,每一寸土地的得失,关系着我们每一个人的存亡,我们保卫了领土,便是保卫了自己,锦绣灿烂的河山,给与我们多少精神上的安慰和健康?!每天的野外演习,使我们感到无限的兴趣。

规律的生活,像是很呆板:五点钟起床,晨操,内务,制式教练,早餐,学科,野外,晚餐,接着又是学科或术科,八点钟点名就寝,好容易盼到了星期天,纪念周后,还得整理内务,检查服装,训话毕,九点才开始放假。其实过惯了,也没有什么,而且觉得这种生活,最紧张,最活泼,最自由,最快乐,最整齐,最不死板。唯有从纪律的生活中得来的自由,才是真自由;从紧张整齐的生活中得来的快乐,才是真快乐!而况处处要求着整齐划一,都是为了养成协同一致的习惯;有了重服从,尚团结,负责任,肯牺牲,守时刻,有礼貌的陶冶,才能在同一指挥下去完成

---

① 见徐诵明.集训专号发刊词[J].西北联大校刊,1939(12).

这神圣的抗战使命！

野外回来，坐在教室里，听听"战术"教官的幽默口吻；月下，后操场上，端着茶杯，散散步，唱唱歌，又多么自在而逍遥！晚上倒在床上，甜蜜的一觉醒来，恰好起床号在"的的答答"的奏着。黑漆一片，操场上集合着我们这一群，没有一个人讲话，只有严肃的步调和雄壮的歌声。

四块八毛钱的伙食，一天两餐，刻板的米饭白菜豆腐，晚餐有时加上几片白肉。请放心，个个都放开肚皮来装，看我们出队时的体格——面赤体壮，便是铁证。①

尽管集训时期学生们对教官用一两个小时强迫灌输政治说教充耳不闻，但会餐仪式却是学生眼中最富生动教育特色的一项。当时，全体教官和学生齐聚操场，以中央的升旗台为中心，六人一组席地而坐，围成国民党党徽的形状，每组放一盆猪肉烩白菜、两盆馒头。奏乐升旗后，一声令下，伴随军乐节奏，大家开始狼吞虎咽。饭后，祝绍周主任对学生说，吃馒头的用意，在于馒头象征着日本军阀的头颅，人人可得而食之。学子们受到"饥餐倭奴肉，渴饮倭奴血"的激励，精神为之一振，回营的步伐前所未有地整齐，所唱的《大刀进行曲》也响亮合拍，令人振奋。②

11月4日，西北联大学生集训队迎来了考试之日。考试前一天晚上，军训总队部通知：除了免戴钢盔外，其他武器均要随身佩戴。考试当天，军训教官还没有将考试题目写完，警报声即起，教官掷下粉笔夺门而出，武装考试的学生们也一窝蜂似的扛起枪来，撒腿就跑向城外。学生卫万瑞和一位周姓同学慌乱之中，躲在一片树林的两个坟墓之间。很快，"嗡……嗡……喂！你们听，来了，哎！八架那不是呀！嘻！还有九架！啊！还有，后边还有九架，顷刻间二十六架敌机在汉中城的上方盘旋，呱……呱……我方高射机关枪开始射击了，声还未落，敌机之炸弹爆炸声，在西关飞机场，已应我们的枪而起。轰……轰……昏晕的黑烟，一团一团的由地上升，同时抬头一看，三中队的飞机还在我们的头上飞绕着"③。

11月6日早上，部分学生受训期满，在南郑北校场举行隆重的会餐时，学生们照样组成一个"人造党徽"。餐后，祝绍周主任站在"党徽"中央的台上喊着："今天我们会餐，大

---

① 赵兰庭.从集训生活说到大学教育军事化[J].西北联大校刊,1939(12).
② 刘俊凤.西北联合大学师生生活研究[M]//方光华.西北联大与中国高等教育.西安：西北大学出版社,2013:355.
③ 见卫万瑞.集训日记选摘[J].西北联大校刊,1939(12).

家围成党徽,这就表示着:每个人都是党的一分子,同时国旗在党徽中飘扬,更明白地宣示我们:国家建筑在党的基础之上!……诸位要在一个政府、一个主义、一个领袖领导之下,踏上抗战革命的路程!"①他又对集训学生训话,提出三点希望,作为临别赠言:

  第一,希望各位受训以后,对于三民主义的信仰更为坚定……只要大家整齐步伐,统一意志,努力迈进,抗战一定胜利,建国一定成功。

  第二,希望你们永远保持健全的体格……自强不息地时加锻炼,方能在今国难严重时候,负起抗战建国的使命。

  第三,在求学时代的青年,应明了本身的立场和职责。在国难期内,国家对于每个青年的希望都很殷切,我们因为科学落后,所以这次对日抗战,遭受很大的牺牲,你们的家乡多数属于沦陷(区)了,已受到了颠沛流离的痛苦,所幸政府当局,本着爱惜青年和培养青年的至意,使你们仍然有机会来求学,你们应该坚决意志,努力学问的深造,做到每个人都有创造和发明的能力,贡献于国家……这才是你们应负的职责。②

从祝绍周的训话不难看出军训的目的,一方面是为适应抗战的形势,加强学生抗敌的军事训练,而另一方面则是千方百计地利用军训,强化国民党、三青团对学校的管控。当年蒋介石在对全国学生集训发表的训词中也强调,此番受训以后务必坚定对三民主义的信仰,不管环境如何艰难,要始终不移地为实现三民主义而努力。

许寿裳教授会餐时受祝绍周之命,为学生做了一个关于越王勾践的专题演讲。他说:"诸位都在青年期,所处的时代又是一个伟大而严重的抗战建国的时代。越王勾践是我国历史上一位报仇雪耻的好英雄,也是一位抗战建国的好模范。""希望诸位出队以后,永远保持着受训时期的生活,努力前进,并且学着勾践的精神,对于我们抗战建国的大事业,有所贡献。"勾践的精神是什么呢?可以分作四点来说:第一,有自信心;第二,有整个的计划;第三,能苦硬干;第四,能持久战。最后,许寿裳总结说:"讲的勾践故事,报仇雪耻,复兴国家,终于成功,宛然是我们这次抵抗暴日的神圣战争的预兆。自从七七抗战,到现在还不过一年有余,比起越国和吴国的相持,并不算得什么。只要我们能够学着勾践的精神有自信,有计划,刻苦耐劳,长期抗战,上下一心,共赴国难,那么我们的抗战建国,革命大业,一定是成功的。"③卧薪尝胆的故事耳熟能详,很容易激发学生们的爱国主义情怀。

---

① 见西北联大校刊,1939(12).
② 见祝绍周.对集训学生今后的希望[J].西北联大校刊,1939(12).
③ 见许寿裳.勾践的精神[J].西北联大校刊,1939(12).

11月9日,参加受训的三、四年级男女生及二年级女生集训完毕,整队回校。学校当局为爱护学子,鼓励尚武精神起见,率同全校主要教职员前往西郊迎接,城固县政府亦派警察和保安队参加,在军乐悠扬声中欢迎学生大队由大西门进城。"全队纪律严明,精神焕发,城乡居民沿途围观者,莫不同声赞美抗战期中,又添一生力军也。"①至于二年级男生须延至12月初集训完毕,方能返校。

当年有篇报道称赞说:"自南郑受完三个月集中军训回校之后,联大同学的生活,便完全摆脱了种种消极的意(按,此处疑少一字),而都格外振奋起来,这个向上的新的现象,一方面是得之于集训中;一方面则是由于新来的常务委员胡庶华先生之能一切躬身力行,他现在是联大同学的训导主任兼军训主任一切的事,真诚训导的方法及严厉军纪的制裁并用,因是同学都已很能服从团体有规律的生活,西北在此时已经是非常的寒冷,然而我们不分男女,整个过着吃苦耐劳的军事管理的生活。"②

11月21日,校常务委员胡庶华在新学期开学第一次纪念周上做抗战形势报告,指出:"今后希望彻底实施军事管理,养成守纪律耐劳苦的抗战生活,不要错过读书机会,以免辜负政府在财政艰难中不忘高等教育之盛意。"③

第七节 "覆盖报纸代棉衣"——师生们的物质生活

北边是横贯东西的秦岭,南边是绵延千余里的大巴山,虽不时也能看到日本飞机从天上掠过,但比起战火纷飞的抗日前线,西北联大所处汉中平原确实是一小块平静的"世外桃源"。放眼望去,江水东流,远山如黛,阳春三月,莺飞草长,一派江南景象。正所谓:

菜花金黄遍四野,秧苗葱绿满田垄。

课堂学子吟诵起,街巷挑夫叫卖声。④

---

① 见欢迎三四年级学生集训完毕回校[J].西北联大校刊,1938(5).
② 见治:西北联大动态[J].青年向导周刊,1939(29):13.
③ 见胡常委春藻在本学期第一次纪念周训词[J].西北联大校刊,1938(6).
④ 见李英才.情系乐城[J].西北大学北京校友会会刊,2008(5).

数十年之后，当年的学子闭上眼睛，就会浮现城固街巷乡亲们挑着担子叫卖鲜嫩蚕豆的身影。

但是，除了清新的空气、美丽的田园、清澈的流水……这些大自然赐予的优越条件之外，可以说别的一无所有。没有电灯，没有自来水，一切物质方面的保证均谈不上。偌大的西北联大，图书馆起初只有图书两千来册，全校师生平均每人只有一本多书。看不到全国性的报刊，学生读书买不起书，也买不到书。当时的学生陈宝琦这样回忆："书太宝贵了，每晚要到图书馆去抢看参考书，许多人在门口等着开门，门一开大家就拼命挤，进了门又得眼快腿快地抢座位，放好书包又得挤到台前抢书。听课则人多座少，也得抢……"①为了解决图书缺乏问题，由各院系介绍订购之图书杂志，共计一百余元，学校函托香港、西安各书店订购，并委托西安商务印书馆为总经购处。其他学习条件方面的困难更多，如晚上自习用油灯照明，不但光度不足，而且油烟使人窒息。学习必备的文具纸张也缺乏到了极点，连半月一刊的《西北联大校刊》由于纸张缺乏，不得不在第十期以后由新闻纸改为地方黄土纸印刷。

办学经费的紧缺，在设备方面就谈不上建设，一方面，校方感到难以为继，经常向教育部要钱；另一方面，教育部强调"国难当头，不应有过高的要求"来对师生进行安抚。同时，为提倡节约，1938年8月13日，教育部训令称："凡吾同僚务须厉行节约，服用国货，痛除奢侈之恶习，避免无谓之应酬及屏[摒]绝一切不正当之娱乐，努力工作，以应战时行政之需要，务使公私物品，无一物之虚糜，有用时间，无片刻之浪费，同矢卧薪尝胆之精神，完成抗战建国之大计。如有目忘责任，罔识艰难，自甘暴弃者，一经发觉，定予从严惩处，不稍宽贷。"②西北联大常务委员会也据此制定了公务和个人节约的具体办法。

教师生活方面，1938年11月16日学校第49次常务委员会通过的《本校教员待遇章程》规定：教授薪俸分为8级（300元至440元）；副教授分为9级（180元至300元）；专任讲师分为13级（100元至220元）；助教分为11级（60元至110元）。同时，按教育部1938年训令——"抗战期间薪俸七折"的规定，从本年度8月起，所有教职员工工资按七折发给，折后余款可移充设备费及研究费。大多数教职员都是靠薪俸收入维持生活。少数从东北、华北一带流亡来的教师，由于多数是携家带眷的，生活的担子就更重一些。月薪百元以下者，学校可分配校内住房，其他收入在百元以上者，多是自己租房。从东北流亡来的商学系俄文副教授龚锡庆，家住城固县城小西门至法商学院的马路东边一土墙茅屋内，

---

① 见谷雪艳.鲜为人知的西北联合大学[J].文史精华,2007(3).
② 见教育部命令:促进生产 提倡节约[J].西北联大校刊,1938(2).

1939年3月20日晨，突被匪徒破门行凶刺死，财物被抢劫一空，邻居的东北同乡赵树勋教授亦负伤被抢。此事引起全校师生员工极大的愤慨，吁请县政府重赏严缉罪犯，并表示对死者的同情。事后，住在城固县城郊外民房的教师，为了安全都纷纷迁入城内居住。

西北联合大学图书馆（城固文庙尊经阁）

和其他内迁高校一样，西北联大的校舍多是东借西凑外加因陋就简地添盖，教学用房紧张，学生宿舍也很简陋。学校初建时难以寻觅到合适的校舍，只得将所属六个学院分设在三县六处废弃庙宇和破旧公房里，学生一般都住在附近竹片泥巴墙的草屋中，睡双层大铺，甚至打地铺，夜间透过屋顶间隙可见依稀星月，遇到下雨时，上课、吃饭，甚至睡觉都得撑着雨伞。比如，工学院刚到城固古路坝时，学生白天借用教堂上课，晚上就在教堂楼上睡通铺。后来学校改建了一些临时住房，学生才有了专用的宿舍，但依然是十几个人甚至几十个人的大通间。法商学院的学生宿舍是新添建的草顶土坯房屋，外观看起来似乎比较体面，可惜宿舍数量太少，男生全是住一二十人的通铺，非常拥挤，以至部分学生只好自己想办法到附近农村几人合伙租一间农舍居住。但是，校方担心学生住在外面不仅人身安全没有保障，而且可能从事政治活动，就劝他们搬回学校住。可惜学校的宿舍实在紧张，学生在校外栖身的现象后来也就屡禁不止了。1939年冬天的一个夜间，狂风大作，竟把师范学院新生合住的大草棚顶棚给吹掉了，同学们就睡在露天大屋里的铺板上。后来，师范学院盖了新宿舍，学生的住宿条件才有了改善，但这新宿舍也仅是"板筑土墙，稻草覆顶,檐下透风的茅屋"。

西北联合大学法商学院学生宿舍

宿舍简陋、拥挤,淋浴设施欠缺,洗澡不便,再加上泥土地面给跳蚤等小昆虫提供了良好的藏身之处,学生宿舍一到夏天满是跳蚤和臭虫。有的学生睡眠本领高,在跳蚤、臭虫的围攻之下也能安然入睡;有的就不那么幸运了,往往被"擅长游击战术"的跳蚤、臭虫骚扰得心神不宁、寝食难安,尤其是打地铺睡稻草的学生,更免不了时时刻刻与跳蚤、臭虫斗争的处境。余虹在若干年后回忆起当时的住宿情况还心有余悸:"我一年级住的时候有30个人,睡的上下铺双层床,不过是连铺。当时艰苦的生活你们无法理解,就是海陆空——蚊子、臭虫、跳蚤都有。"①有学生为"跳蚤"制作了这样一条谜语:"你是谁家小红娘,半夜三更来同床,五更天你去了,抛下学生好痒。"②这条谜语充分反映出学子们苦中作乐的天性。

南迁途中,一日三餐均由膳食委员会负责安排。安定下来之后,学院各自办食堂,学生每顿以数人(多为八人)一组,围桌共餐,菜饭则各院有差异。医学院的学生因为全是公费,伙食冠于各院,几乎每天都有红烧肉吃,还每三天"小变饭",每七天"大变饭"(即加菜)。法商学院的食堂,因主食不同,分馒头类和米饭类两种,选举出内阁制的伙食委

---

① 见陈海儒.西北联大的真实生活[J].休闲读品·天下,2012(3).
② 见陈海儒.西北联大的真实生活[J].休闲读品·天下,2012(3).

会,负责每日餐饭的安排,每期分为三个时段,头五天饭菜平淡,中间五天最坏,最后五天最好。不过,文理学院状况惨淡,大多时候是八人一桌的水煮大烩菜。1939年3月,学生华遵舜在作文《饭厅》中描述道:"像吃宴席似的,八个人一桌、一桌、一桌……水煮的白菜连盐都没有!'有警报'(没有饭的术语)!打游击(乘机多盛一碗)!倒霉!吃一口沙子……!这是敌人送给我们的!这是磨练我们的功课:水煮白菜和沙子……"①

至于少数经济较好一些的"土豪学生",当然可以到当地老乡家里包饭。偶尔有朋友来访或有什么喜事时,就在校外的饭馆打打牙祭。城固北街"老乡亲"的牛肉泡馍独占鳌头,还有白水羊肉、醪糟蛋让人回味悠长。在古路坝,有一家取名"大华食堂"的河南饭馆吸引着学生们,"你要想打打牙祭,改善一下生活,就进来吧,吃不起酒席,就单炒个菜肴,喝口酒,就是吃碗肉丝面,也满惬意啊!"然而,对于大多数学子来说,去"大华食堂"打牙祭的机会少之又少,去一次之后久久回味。每当他们在学校大食堂吃腻了单调、劣质的饭菜时,就搞"精神会餐",以"谈"梅止渴:在课余饭后,津津有味地谈论各地的特产名菜。

衣着既是经济状况的反映,又是个人性情的展示。然而,对于西北联大的大多数学生来说,衣着仅是为了满足蔽体的需要,还谈不上与个人性情有多大关系。学生们的穿着除了中山装、西装之外,最典型的就是早先学校作为御寒制服发放的蓝布大褂再外套一件黄棉袄。由于经费减少,制服随后停发,早先发的制服被学生们届届相传,接替穿戴,竟成为学生印象中"世界上最舒服、最实用、最美好的服装"。因为这套服装,让他们贫富不分,其乐融融。物质匮乏之下,学子们既有取布一块,两边加缝,中间挖洞变为背心的乐趣,也有裁下长裤膝部,补到臀部破洞而变为短裤的乐观,更有衣服被褥相互借用、不还亦不讨的豁达。有人这样回忆学子们的衣着,"一般都不穿制服,便衣很多,乱七八糟是其特色,大布衣料和破衣也有现于同学中";就连最爱美的女生,也"个个都是一头的清汤挂面,布衣布鞋,没有脂粉口红,尤其冬季每人一件草绿色的布棉袄,已觉得十分神气"。② 再看下面的一段描述:

> 小姐们也无复发旧日的高跟烫发的生活了,一件布大褂,必须维持到最后一秒钟,不到最后关头,是绝不轻言牺牲的,穿来穿去,真正确确实实做到了"以不变应万变"的原则,而袜子是只有冬天才穿,夏季完全是草鞋,刚来的人,似乎不惯,久而久之也就完全泰然了。冬天,大家却是一件大衣或棉袍,小姐们往往冻

---

① 西北师大校史[M].兰州:甘肃人民出版社,2002:24.
② 赵文艺.我和抗战时期的北师大[J]//政协汉中市文史委.抗战时期的汉中.汉中文史,1994(12).

肿得像刺猬。然而,这并没有丝毫影响他们的朝气,看见他们的破破烂烂,而又蓬蓬勃勃的气象,便会感觉到,这是真正代表中国民族的年轻一代。①

学生们衣着虽然朴素甚至破旧,但在当地百姓眼里,其款式还是非常新颖。更何况,学生们能以自身的学养和朝气把旧衣穿出一种特殊的气质来。于是,当地求新的年轻人在好奇之余,纷纷效仿西北联大学生的着装方式,就连他们的普通装束也成了当地青年着装的样板。比如,女生们夏天总喜欢穿短裤,当地的年轻女子就跟着穿起短裤来,尽管家长们百般反对,但女孩子爱时髦的天性总是压抑不住的,后来家长们只好睁一只眼闭一只眼了。

一个叫王余的学生曾经写过一组《竹枝词》来尽情描绘当年的艰苦生活,兹录如下:

宿舍木板大通铺,多人同睡一张床。

屋顶透风不漏雨,冬日寒冷夏不凉。

传承黄色大棉袄,惜我没能得一袭。

夜寒二人相拥抱,覆盖报纸代棉衣。②

不过,学校迁陕南之后,出行不便是日常工作中最大的困难。聘请教授、购图书仪器,均因交通不便,很难如愿。如校常委李蒸,1938年10月7日接教育部通知去渝参加全国高级师范教育会议,走路、乘滑竿、坐汽车,由城固—汉中—成都—重庆经历半月到达,但已是会议闭幕之日。待返校时,在成都候车更是费了三个礼拜的时间。究其原因,一是无路或道路太差;二是大部分汽车调往前方,缺车;三是汽油缺乏。正如李蒸回校后在全校大会上感叹地说:"此次我在四川买五架显微镜,价值比在北平时候昂贵几倍。由香港购买图书仪器,最多能运到昆明,还不保险,要费很久的日期,才能到重庆,重庆运回学校,又需若干时,这种困难情形,影响到学校一切的发展。"③

不少学生是靠借贷和半饿肚子来坚持学习的,因此健康水平日益下降。据西北联大校医室统计,在1939年3月8日至29日22天中,全校约800名学生,生病就诊者达2177人次,尤以患肺病和心脏病者居多。一位医师报告,当时高校学生40%患有肺结核。④ 生病就医的支出,使学生的经济负担更加沉重。学生的疾病大多与营养不良、生活环境差有

---

① 见卢苇.自城固迁西安的国立西北大学[N].青年日报,1946-06-30.
② 李英才.情系乐城[J].西北大学北京校友会会刊,2008(5).
③ 见本大学校本部本学期第五次纪念周纪录[J].西北联大校刊,1939(8).
④ 见陈海儒.西北联大的真实生活[J].休闲读品·天下,2012(3).

很大关系。

绝大多数学生并不因物质生活的艰苦而中断学业。这主要有以下三个方面的原因：其一，在抗战中许多人流离失所的背景下，物质生活的艰苦是普遍存在的，学生在心理上能够接受这样的现实。其二，陕南生活消费水平低。正如当时学生所说："这里生活程度比之重庆、昆明等地还算低得多，所以学生中真正穷得没有办法而因穷失学者还没有。"其三，陈立夫任教育部长期间给大多数学子发放贷金和米贴，解决了很大一部分实际问题。西北联大刚刚建立之时，物价较低，政府给学生每月8元钱的补助起了很大作用。学生余虹这样回忆：

> 我们到了城固以后，一个月发8块钱，吃饭6块，2块钱零花。这2块钱能干啥？1毛钱就10个鸡蛋，1块钱就能买100个鸡蛋，2块钱就能买200个鸡蛋。那伙食6块钱非常好，因为东西便宜（西安东西贵）。后来我们每天早饭发两个鸡蛋，稀饭随便吃，烧饼有时候发1个2个，有时候我们1个也吃不了，男同学能吃。那饭也好，中午饭有炒鸡蛋、炒肉，非常好，就那才6块钱，一天2毛钱，一顿饭才大概1毛钱。①

除了贷金，还有极少数的学生可享受公费待遇。1938年上半年，西北联大千余名学生中，能享受公费待遇者为54人（北平大学26人、北平师范大学17人、北洋工学院11人），约占全校学生比例百分之四。该年下半年，全校享受公费待遇者为21人，规定专为照顾非战区清寒学生而设，约占全校学生比例百分之二。此外，政府、个人或社会团体设置的资助品学兼优学生的奖学金，不仅激励了学子努力向上的精神，而且在一定程度上解决了优秀学生的后顾之忧。

课业之余，学生们使用"11号汽车"（对步行的戏称）徜徉在郊野美景中，常常是流连忘返、其乐融融。桃花林、汉江桥、橘子林、望江楼、渭水桥，阡陌间、白杨下，都留下了学子们乐游的身影和朗朗的笑语。昔日法学院的学子忆及当年柴门乐读之生活，有杂咏记称："正院几回廊，弦歌深动肠。才看海棠红，又数枇杷黄"（《咏读书看花》）；"后院茅屋住，墙外野花香。同窗皆年少，谈笑常无疆"（《咏寝室风光》）。②

根据多年后学子们的回忆文章描述，虽然大家对当时物质生活的匮乏皆有同感，但深藏记忆之中的，却多是于清贫中透露出一丝乐趣。"如果说回忆者通常选择记住艰难中美

---

① 见陈海儒.西北联大的真实生活[J].休闲读品·天下,2012(3).
② 枚子.法商学院杂咏[Z]//国立西北大学建校三十周年纪念特刊."国立西北大学"台湾校友会编印,1969.

好的部分是出于潜意识,那么这种潜意识就是普遍存在于当年学子心中的,对国家和民族的信心、对个人未来的希望,正是这希望使国难时期的大学始终生机勃勃。"①

第八节 改组分立:一石二鸟

正如《三国演义》开篇所言"话说天下大势,分久必合,合久必分",西北联大的命运亦类似,只是它们合的并不久。

命运的转变始于1938年6月29日。是日,教育部突发一电,命令西北联大,该校农学院与西北农林专科学校合并改组为国立西北农学院,该校工学院与东北大学工学院、焦作工学院合并改组为国立西北工学院。校方7月2日收到电报,距西北联大成立正好三个月,距开学正好两个月。遭此突然袭击,校方完全不知所措,既不见具体如何合并改组的指示,也不知下一步校政该如何进行,不得不去电向教育部请示,并派李书田赴汉口商讨。

这次改组,主要目标应是北平大学。改组之后,原来拥有女子文理、法商、工、农、医五学院的北平大学,只剩其三,保持完整建制的则只有法商、医两学院。因此,最早跳出来反对改组的正是北平大学师生。7月5日,北平大学全体教授潘承孝、汪厥明、李季谷等五十九人联名向行政院长孔祥熙、教育部长陈立夫致电,敦请收回成命:

> 钧部对此种战区学校,似宜特加爱护,今忽将北平大学裁去二院,实使流亡至此者深感失望,且不足昭示政府誓志光复失土,恢复旧都文化之信念,此其一。钧部之意,如在节省经费,似应将其他独立学院加入联大,方足符最高国防会议决定设立西北联大之原意,亦以副国府历年筹划综合大学之本心,此其二。在陕同人,俱自平津脱险而出,尚可望源源而来,今忽改组合并,是使已到者流浪失所,未来者裹足不前,此殊愧政府招至战区知识分子,以集中抗战力量之道,此其三。同人等俱在教育界服务有年,与钧部谊切同舟,用特摅诚奉告,谨希垂察,收

---

① 刘俊凤.西北联合大学师生生活研究[M]//方光华.西北联大与中国高等教育.西安:西北大学出版社,2013:355.

回成命,重加计划,同人幸甚! 西北教育幸甚!①

7月11日,教育部回电称这次将西北联大农、工两学院分出,"系根据全国代表大会之决议及抗战建国综颁[纲领]之规定,谋全国高等教育机关设置之合理",是"确立西北农工教育基础之计",实在是全国一盘棋,并非专门针对"一校一院"量身定制。同日,正在汉口的西北联大常委李书田也发回电报,确认"农工两院难挽回"。

就这样,从1938年7月开始,西北联大只有文理、法商、师范、医学四个学院十九个系。换言之,完整的"西北联合大学"实际只有三个月时间。

一年之后,"厄运"再次降临。1939年8月8日,国民政府行政院决定改国立西北联合大学为国立西北大学。同时,将原西北联大师范学院、医学院各自独立设置,分别改称为国立西北师范学院、国立西北医学院。从这以后,西北联大进入五校分立时期。

对此,许寿裳致信徐诵明云:"慨自前岁平津沦陷,同人等誓与暴日,不共戴天,所以茹千辛,冒万险,牺牲一切,间关西来者,无非愿在先生指导之下,服从政府设立联大之至意,继续黾勉,两载于兹,希冀他日收复失土,复兴我平大也。不料西迁以来,教部对于我平大,迭事纷更,去夏既令裁并我农工两院,今夏忽添派常委二人,忽又取消西北联大,将我医学院独立设置,并得仅存之文理法商两院,改组为西北大学。朝令夕改,一再摧残,独使我平大,完全消灭于无形,查西北、西南两联大之设置,均经最高国防会议通过,同时成立,今西北联大既除,而西南联大无恙,此非教部有所歧视自相矛盾之明证乎。值前军事第一,胜利第一之际,同人等对于此举,本不忍有所批评,唯念我政府屡布德音,招致战区智[知]识分子,以增强抗战力量,同人等因皆由战区脱险而来者,而教部如此蔑视,显与政府原意相违,虽有百喙,莫能解辩。"②吴世昌则认为西北联大改组是常委张北海的"杰作":"这位电影检查员出身,留英而不会说半句英语的'同志',后来毕竟完成了他的'杰作',把西北联合大学解散,改成在他认为清一色的西北大学,最后在临行时还对他的朋友说:'我是一架轰炸机,现在任务完毕,安然返防。'"③

作为1937年同时诞生的联合大学,西南联大持续八年多,几乎与全面抗战相始终,为什么西北联大从1938年4月改名到1938年7月、1939年8月先后两次改组为五所学校,

---

① 北平大学教授会致教育部电[J].民国档案,2015(3).
② 致徐诵明(1939年8月)[M]//许寿裳.许寿裳书简集.彭小妍,等,编校.台北:"中央研究院"中国文哲研究所,2010:127-128.
③ 吴世昌.哀悼许季茀先生[M]//倪墨炎,陈九英.许寿裳文集:下卷.上海:百家出版社,2003:1054.

仅仅存在了不到一年半的时间?

就目力所及,正面陈述西北联大解体原因的"权威"文献资料,是当年均为联大常委的李蒸和徐诵明的回忆。先看李蒸1962年的回忆:

> 西北联大成立后不久,陈立夫就派了张北海来校担任法商学院院长。他秘密从事迫害进步学生和解聘教授的活动,使学校情况很不安定。1939年春,徐诵明和我到重庆参加当时教育部召开的教育会议,我们同陈立夫几次谈到学校的不安定情况,特别是法商学院,提出张北海的特务做法不能使学校正常进行,请调离学校以重课业。陈立夫业已面允调他回部。我们于教育会议后回到学校,以为他必能实现自己的诺言。但是,他不但未将张北海调离学校,反而将他由法商学院院长地位"提升"为全校的常务委员。法商学院是原平大的一个学院,平大校长徐诵明看到这是陈立夫决心与他为难,所以立即向当时教育部提出辞职。我当时看到陈立夫这种做法,显然是要把整个西北联大置于特务控制之下,学校不能再办下去,于是也向当时教育部提出辞职。原有平大、师大两校长都提出辞职,特务张北海也就无法在西北联大赖下去了。陈立夫羞恼成怒,一不做,二不休,于是趁我们提出辞职的机会,毅然对西北联大进行改组。命令8月下来,分别成立西北大学和西北师范学院,及西北医学院。发表西北联大常委胡庶华为西北大学校长,发表我为西北师范学院院长,把徐诵明调到教育部任职。①

再看徐诵明1963年的回忆,更为翔实:

> 西南联大一直办到抗战胜利,才迁回平、津,各自复校;而西北联大则仅存在两年时间,于1939年8月就被政府教育部横行解散。这是什么缘故呢?问题就出在教育部要解聘平大教员,而平大拒不受命,这是西北联大被解散的唯一原因。
>
> 国民党政府图谋解聘平大教员,由来已久。在抗日战争发生以前,平大特别是法商学院的员生中就有不少进步分子,因而早为国民党中央所注意。我自代理校长职务后,每次到南京见到陈果夫、陈立夫、陈布雷等时,他们总说法商教员分子很复杂,希望我好好地整顿。1936年平大新聘许德珩、程希孟、沈志远为法商学院教授之后,国民党中央更加仇视。约在1937年三四月间,教育部忽来电,称奉中央命要解聘陈启修、李达、许德珩、程希孟、沈志远五教授,嘱我依照办

---

① 李蒸.北京师范大学历史上的存废之事[M]//李溪桥.李蒸纪念文集.北京:中国社会科学出版社,1996:78-79.

理。……国民党企图解聘法商五教授的阴谋虽未能得逞,但是他们的不满意是可以想像而得的。这是日后西北联大所以解散的远因。

　　西北联大成立以后,情况更为复杂了。校务陈剑翛不久辞职,教育部派胡庶华接替,而胡是兼任国民党陕西省委的(此时教育部长已改由 CC 头目陈立夫继任)。以原师大教授杨立奎为首的极端反动分子,勾结一批国民党学生利用学生自治会名义,动辄干涉校政,猖狂已极。上述法商五教授在抗战一开始就星散了,陈启修做了军事委员会参事室主任,李达到广西大学任教,许德珩、程希孟失去联系,仅沈志远一人到了城固。但法商员生中仍不乏先进人物,因此更成了陈立夫集中注意的目标。约在 1938 年下半年,陈立夫派特务张北海以督学名义到校视察,后竟常驻在城固,与常委胡庶华内外勾结,一面监视,一面搞颠覆活动。所幸平大大多数员生团结一致,常委李蒸和原师大教授黎锦熙等主持正义,使张北海等无隙可乘,因而学校尚能勉强维持下去。至 1939 年上半年,经沈志远介绍,邓初民等二人到校为法商教授后,张北海等即指使法商教授李宜琛、王治焘等公开反对,并致电教育部控告我和许寿裳(原平大女子文理学院院长,当时任法商学院院长)有袒共嫌疑,张北海等也致电教育部攻击,形势极为紧张。嗣经校委会将邓等聘书暂行搁置不发,始稍缓和。约在同年四五月,教育部来电称奉蒋介石命,要解聘教员沈志远、章友江、韩幽桐、曹联亚等十余人(大多数是法商教员),并嘱从速执行。我到重庆两次向部力争无效,许寿裳因此辞职,但解聘一事并未执行。不久教育部又电派张北海为校委会常委兼法商学院院长。我忍无可忍,李蒸也鉴于张北海等专横难以共事,我二人乃联名电部辞常委职务。此电发后不及五日,西北联大解散之令即下,可见陈立夫早有布置。

　　拒不解聘教员,后又辞职消极抵抗,这是西北联大被解散的近因。远因、近因是前后联系着的,其实是一个问题。①

　李蒸的回忆与徐诵明的回忆,实质内容如出一辙,都是说教育部为有力控制西北联大同时"防共"而解散它的原因,却不能解释将其"分立"的原因。

　在引用两位校长的回忆时,笔者特意交代写作年代,以兹引起注意。因为他们都是在 20 世纪 60 年代初期写的,带有很浓的意识形态色彩,故而不能忽视时代背景对他们当时回忆的影响。事实上,1949 年之后撰写的各种文史资料,在"革命史叙述"的政治语境下,

---

① 徐诵明. 西北联合大学的解散[M]//马玉田,舒乙. 文史资料存稿选编:第 24 辑"教育". 北京:中国文史出版社,2002:145-146.

出于对革命斗争效果的放大心态,都将"防共控制"作为西北联大改组的主要原因,也是能够理解的。但是,这只能说是其中一个表因,而不应该是全部的、深层次原因。

笔者以为,探究西北联大解体的内因,不妨从它的组建开始。

在本书的序章里谈过国民政府意识到开发西北的重要性,蒋介石也提出了"西北是建国根据地"的理论。1936 年 1 月 3 日,邵力子致函行政院提议北洋工学院和北平大学一起迁陕,行政院指示教育部"统筹办理"。之后,教育部于 1937 年 7 月 28 日发布"筹设国立西北大学"的训令。① 8 月份,西北农林专科学校奉部令筹设西北大学理学院化学馆。8 月 25 日,王世杰致电陕西省政府主席孙蔚如明确说明:"本部为使平津各校师生迁地研习,并发展西部高等教育起见,决定在西安设一临时大学。"②

在本书第二章里还谈过,教育部令西安临时大学改名为西北联合大学的时间是 1938 年 4 月 3 日,但是行政院通过之《平津沪战区专科以上学校整理方案》(以下简称《整理方案》)拟定时间却是在 1937 年。换言之,《整理方案》是在王世杰任部长时期拟定好的,陈立夫只是推动落实。《整理方案》已经把组建的原因说清楚了:

> 国立北平大学、国立北平师范大学及国立北洋工学院,原联合组成西安临时大学,现为发展西北高等教育,提高边省文化起见,拟令该校各院逐渐向西北陕甘一带移布,并改称国立西北联合大学,院系仍旧。③

一言以蔽之,为"开发西北""建设西北",教育部早有明确的使西安临时大学及后来的西北联合大学扎根西北、奠基西北高等教育的意图,并且,非独西安临时大学,当初设在西安的东北大学,教育部也是令其"迁移甘青一带"④,只是当时的代理校长臧启芳抗旨不遵,先斩后奏改迁四川三台,既成事实之后陈立夫也只好默认。⑤

同时,《东北大学八十年》记载:"1938 年 5 月 10 日,国立东北大学在三台复课。奉部令于暑假将工学院并入西北工学院。"⑥这一日期仅比西北联大 5 月 2 日开学日迟八天。

从 1938 年 7 月开始到 1939 年 8 月,教育部先后两次下令将西北联大的相关院系与其

---

① 王建领,等.国立西北联合大学档案史料选编:上册[M].西安:西北大学出版社,2018:7.
② 王建领,等.国立西北联合大学档案史料选编:上册[M].西安:西北大学出版社,2018:94.
③ 中国第二历史档案馆.中华民国史档案资料汇编:第五辑第二编教育一[M].南京:江苏古籍出版社,1994:11.
④ 臧启芳1938年3月24日向教育部的呈文,参见:杨佩祯,等.东北大学校志:第一卷(上册)[M].沈阳:东北大学出版社,2008:141.
⑤ 事实上,在徐诵明、陈剑翛两常委赴汉口面见陈立夫时,陈立夫曾强令东北大学迁回指定地。
⑥ 杨佩祯,等.东北大学校志:第一卷(上册)[M].沈阳:东北大学出版社,2008:136.

他院校的相关院系重组,设立国立西北农学院、国立西北工学院、国立西北大学、国立西北师范学院、国立西北医学院,给这些学校统统打上了"西北"的烙印,基本完成了奠定西北高等教育基础的计划。正如西北大学教授姜琦在《祝西北学会成立》一文中对西北联大分立意义的阐述中所说:"民国二十八年(1939)夏,教育部鉴于过去的教育政策之错误,使高等教育酿成那种畸形发展的状态,乃毅然下令改组西北联合大学,按其性质,分类设立,并且一律改称为西北某大学某学院,使它们各化成为西北自身所有、永久存在的高等教育机关。"①高等教育到底是怎么个畸形发展的状态?姜琦教授有深刻的论述:

> 自从抗战发动以来,东北及东南诸省所有省公、私立的大学,先后逐渐迁移于西南和西北两隅。但是,介乎西南和西北之中间,除掉原有的四川大学一所,可以说是真正地专为发展四川文化而设立的外,其余各大学仍然是因抗战的关系,暂时退避于西南各省,如广西、云南及贵州乃至四川而已。请看这许多大学仍然坚决地保持原有的名称,就可以思过半了。固然,我们若站在对外的立场,我们应当希望抗战快些得到胜利,把所有各大学搬回到原设立地,然而若站在对内的立场,我们不可尚存地域的观念,仍然使这样多大学恢复旧态,都再集中于一线之上,甚至集中于一点之上。论者或以为照几何学上的原则,万象起于一点,如果一点能够先成立而稳固,自然由点而线,再由线而面,然后由面而体。因此,现在各大学在目前虽都集中于某一点或某一线之上,然而文化一经成就,自会推及于面,并且能够扩张于全面。但是,请鉴诸过去情形,国内各公私立大学之数量,究竟怎样?它们只有始终停留于某一点或某一线,政府在平时,若下命令,要其迁移于内地,它们无一不起反抗而不愿受命的。除非在抗战时期,它们为敌人所胁迫,姑作别论。
>
> 再就西北面而论,陕西一省,也在抗战以后,才有所谓"西安临时大学"之产生。所谓"临时大学",顾名思义,一望便可知诸当局最初并未曾想到久居于西北了。因为所谓"临时大学",本是由北平迁移而来之几个国立大学凑合而成,它们的用意如同东南各大学暂时退避于西南诸省一样,也极不愿意即刻化为西北自身所有的大学——由点线的大学转变为面的大学。②

西北联合大学分立后的各高校聚于陕南一隅既不易发展,也不符合国民政府为西北

---

① 姚远.西北联大史料汇编.西安:西北大学出版社,2012:695.原载:西北学报(创刊号),1941.
② 姜琦.西北大学是一块基石又像一颗钢钻[M]//杨德生.西北大学教育理念文选.西安:西北大学出版社,2004:40-41.原载:西北学报(创刊号),1941.

高等教育布点的目的,于是1940年4月教育部"通盘筹计","决定西北大学迁设西安,西北工学院迁设宝鸡,西北农学院仍设武功,西北师范学院迁设兰州,西北医学院迁设平凉"①。后来李蒸在西北师范学院的一次纪念周上说:"教育部划定西北各院校永久校址,以奠定西北高等教育的基础,计西大设在西安,以其为西北最大之城市,而西北最高学府之西北大学,设在此地,亦很适当。师院设于兰州,以其为西北第二大城市,将师院设于此地,当然为重视师范教育之故。工学院设于宝鸡,以其为西北工业区之故。农学院仍设武功,一则原来就设于此地,一则有纪念历史上后稷在此教民稼穑之意。医学院设在平凉,该地在甘肃之东。这便是五院校分布在大西北地点上的大概。"②1941年,西北师范学院开始迁往兰州,至1944年全部迁完,实现了教育西进的第一步。这也实现了当初《平津沪战区专科以上学校整理方案》里说的"拟令该校各院逐渐向西北陕甘一带移布"的规划。

时在教育部供职、后任西北大学校长的刘季洪,也谈过西北联大改组之事:"是时政府作长期抗战计划,教育部有意为西北地区建立高等教育基础,特在二十七年七月令西北联大将农、工两学院分出独立设置……二十八年七月教育部再进一步将西北联大改组为国立西北大学,其中医学院及师范学院也划出分别独立……在这期间我正在教育部服务,不但明了西北联大改组的经过情形,并且有若干公文也曾直接参加处理,所以印象至今犹新。"他又说,"西北各省青年在抗战前升学大专学校,多须远至北平,自从设有此数校后,求学机会大为增加",仅就西北大学而言,至1949年时,"全校学生一千五百余人中,陕、甘、宁、青、新疆各省学生已达半数以上,可见当时教育部西北建校政策的重要,至于以后对西北地区发展的影响,当然更为深远"。③ 事实早已证明了刘季洪的判断。

再回到西北联合大学解体的原因,还有一种说法是"内部分裂说",是说内部"摩擦极多,矛盾重重",尤其是李书田"分离之心早已有之"。④ 且看地质地理系教授郁士元在1962年所写一份材料:

  当时的三个常务委员各怀鬼胎,勾心斗角,在国难当头的时候,仍然植党营私,扩张自己的势力。三个常委轮流值日,当某常委值日时,即大拉其亲信,终日忙于发聘书和委任状,彼此仿效,甚至竞争,把学校搞得人浮于事,经费预算庞大,入不敷出,教授中还有争权夺利,拍桌骂人,甚至有用手电棒动武的,闹得乌

---

① 见规定西北各院校永久校址[R].国立西北师范学院校务汇报,1940(11,12).
② 见国立西北师范学院校务汇报,1941(27).
③ 刘季洪.教育生涯漫谈[M].台北:台湾"商务印书馆",1986:164-165.
④ 李永森,姚远.西北大学史稿:上卷[M].修订本.西安:西北大学出版社,2002:219.

烟瘴气。当时教育部长特务头子陈立夫就利用这种混乱局面,乘机分化,把西北联合大学拆散……将进步教师赶走,换来一批与特务集团有关系的教师,有时感觉校院长不顺手,就连校院长一起换。①

当然,西北联合大学作为不同背景、不同地方的高校组合而成,在融合的过程中出现矛盾是正常的,就连西南联合大学也不例外。话说回来,当局既然下决心将这些学校组合在一起,就不会仅仅因为内部矛盾而将其解散分立,主动引火烧身。

综上所述,笔者认为:将西北联合大学改组分立最主要、最深层次的原因,应是国民政府开发西北、完善西北地区高等学校战略布局长远考虑;而防共控制的政治动机多少也介入到了政府的决策过程中,尤其是法商学院的系列风潮强化并加速了政府要将西北联合大学改组分立的决心。对于当局来说,改组分立西北联合大学既赢得建设西北的美誉,也起到防共控制的一定作用,可谓一石二鸟。

五十多年后,年近百岁的陈立夫回首往事,不无骄傲地说:"我在主持战时教育的七年中,抚藉流亡学生,重整后方弦歌,扩展各级教育,改革并建立教育制度,发扬民族文化,培训并征调学生直接参加抗战工作等等,做了不少事情,我对能完成这些工作感到自豪。"② 其中的"不少事情"想必也包括改组西北联合大学吧。事实上,他在1943年2月给蒋介石的一份呈文中,就很得意地称西北高等教育改组进行顺利。③

---

① 郁士元.解放前的西北大学校风[M]//政协陕西省文史委.陕西文史资料精编:第四卷.西安:陕西人民出版社,2010:100.
② 陈立夫.拨云雾而见青天:陈立夫英文回忆录[M].卜大中,译.台北:"近代中国出版社",2005:286.
③ 陈钊.陈立夫与西北联大改组[J].民国档案,2015(3).

下 编

五校分立

(1938.7—1946.11)

第三章　农学工学两院率先改组

第一节　扎根周原大地的农学院

自从戴季陶1932年5月在《建设西北专门教育之初期计划》中提出"先办国立农林专科学校……而农林专科学校,亦可扩充为农学院"之后,直到1938年6月教育部才开始召集西北农林专科学校校长辛树帜等商议西北农学院筹备事宜。教育部设想,将西北联大农学院与西北农林专科学校合并为国立西北农学院。与此同时,决定河南大学农学院畜牧系也并入国立西北农学院。

不妨简单说说西北农林专科学校。早在1932年秋,国民党中央通过了于右任、戴季陶等人提出的方案,成立了"筹备建设西北专门教育委员会",后更名为"建设西北农林专科学校筹备委员会",委任于右任、张继、戴季陶三人为常务委员。1933年元月开始,于右任、杨虎城等亲自踏勘地形,反复论证,最终选择武功县张家岗为校址。其理由是:

(一)武功县西原,即古周原地,系我国明农神后稷教稼之地,张家岗为其余支,以之建校,讲习农林,继往开来,洵有意义。

(二)张家岗一带,由北而南,具有头、二、三道原不同地带,纵约十余里,横约五六里,直达渭滨,村落稀少,形势开拓,可代表西北各省高、中、下三种不同地质,便于农业上各种作物试验。而渭河北岸,并有横约五六里,纵约四十里之广大草滩,堪为牧场;渡河而南,水田漠漠,可以种稻;再南而进达秦岭,树木苍郁,天然长成,可作森林研究资料……迥非易得。

(三)本校建于张家岗,属头道原南边,襟渭带漆,前把太白之秀,后负周原之美,气势雄伟,风景绝佳。且邻马融扶风之绛帐镇,张横渠之绿野亭,周至李颙、眉县李柏诸儒故里,亦相接近,学术环境,允称美善。而隋文帝之泰陵,唐太宗之悬弧处,均毗连左右,创业君主之遗迹昭然可考,尤足激发青年崇高伟大之思想。

(四)陇海铁路如走天水,即必从校前之二道原经过,现在陇海路已决定取道天水,路基铺轨已至本校门前,现西凤汽车路车辆颇多,约三四小时由武功即达西安,交通方面,亦称便利。

(五)地方居民淳朴纯正,距城也近,治安可以无虞。①

1934年4月20日,在武功张家岗校址举行了学校大楼奠基典礼。在学校筹建过程中,上海劳动大学农学院和陕西省水利专科班相继并入,学校内部附设高级农业技术学校。

1936年7月,西北农林专科学校筹委会工作结束,教育部任命辛树帜为校长。在办学思想上,辛树帜强调两点:一是结合实际,学以致用。他认为农业是一门地区性很强的科学,西北农林专科学校地处武功,应该开展陕西,特别是关中平原的调查研究。他要求农学系学生熟悉棉、麦的育种和栽培,要求林学系学生以太白山为实习区,入山采集。二是热爱专业,刻苦向学。他认为学习农林的学生应关怀农民,以发展祖国农业为自己终生的事业。首先要"化为农民",然后才能成为农业科学家。他和学生一起走访关中农村,用改变西北农村落后面貌来激励学生刻苦向学。

河南大学畜牧系是许振英教授1933年创建的我国第一个畜牧系。在许振英任系主任时期(1933—1935),河南大学畜牧研究工作已有长足进步和发展,当时鸡舍、牛圈、蜂园都有相当规模,研究设备与研究环境,在大学畜牧系中可算上上之选。自1938年1月河南大学迁到镇平之后,因当地不具备畜牧业基础,畜牧系就在当年5月停办了。据在河南大学农学院工作三十多年的徐正斋回忆:"畜牧系路仲乾、谷子俊等教授,在汴教书,很受学生欢迎。因路与我在汴说过'河南大学校长不是经过选举才为教育部任命的',遭到何一平、郝象吾的不满。农学院迁到镇平后,该系学生,感到镇平没有畜牧业基础,郝院长未征求系主任意见,把该系学生批准离校三分之二,路仲乾感到课程没法进行,索性连同教授、学生,一道转到西北农学院。有人询问郝院长,说'教育部规定,大学学院没有三个学系,不准成立'。郝即答:'他们走了正好,没有畜牧系,我还能办学。下期添招园艺系,学系还够三个,免得他们在农学院中麻烦。'这样造成路仲乾非走不可的局势。畜牧系从此就在河

---

① 西北农林科技大学档案馆.民国西农纪事[M].杨凌:西北农林科技大学出版社,2015:14-16.

南大学农学院停办了。"① 6 月,河南大学农学院畜牧系教授、学生一起并入西北农林专科学校,组建为国立西北农学院畜牧系。

1938 年 7 月 21 日,教育部发[汉教第 5942 号]训令,规定西北联大各院系调整办法:"本部兹遵照全国临时代表大会决议,并根据实际需要,参酌目前情形,拟定调整国立专科以上学校办法。自下年度起,该校农工两学院应与国立西北农林专科学校、国立东北大学工学院及私立焦作工学院,分别合并改组为国立西北农学院及国立西北工学院,业经电令知照。"②

7 月 27 日,教育部发[汉教第 6076 号]训令,称:"令国立西北农林专科学校:案查该校自廿七年度起与国立西北联合大学农学院合并改组为国立西北农学院,业经呈奉行政院核定电知,并聘请该校长与曾济宽、周建侯等为筹备委员各在案。该校所有校产及学生成绩文卷等项,应即造册点交筹备委员会接收。除分令外合行检发合并改组办法一份令仰遵照办理具报,此令。"③

也是在 27 日这一天,西北联大农学院全体学生联名呈请教育部维护学校组织完整,反对改组分立。呈件曰:"自本大学成立以来,设教西北启发边陲,当此之时,使命綦重。此所以最高国防会议将本大学改称西北联合大学以重其使命而健其组织也,考其意义盖欲西北之各独立学院各专科学校次第并入本大学,集中人力财力以共负其使命耳。今教育部电令本大学农学院与武功农专合并改称国立西北农学院,显系与最高国防会议决议案之意旨相左,此应据理力争者一;按国防方针、名流意向、高等教育之实施,率以综合大学为依归,良以节省经费便于教学,我国实施以来颇著成效,兹教育部所命显有悖于国防方针,失检于实际效果,此应据理力争者二;西北联合大学乃平津三校院合组而成,现虽平津失陷,然吾校尚存西北,而能于最高领袖领导之下其意义之深何可言喻,况来此者只让平津更坚定抗战之志,滞平津者系念吾校常怀南下之心,故西北联大之高最高国防会议亦谆谆言其使命也,且以三校历史彪炳全国,当如何获其存在,今而若是实有失于抗战之意,此应据理力争者三。我西北联合大学既经联合当为一体,彻理任当共负之,联大之荣即三

---

① 徐正斋.河南大学农学院亲历杂忆[M]//毛德富.百年记忆:河南文史资料大系教育卷:卷一.郑州:中州古籍出版社,2014:387-388.
② 王学珍,张万仓.北京高等教育文献资料选编1861—1948[M].北京:首都师范大学出版社,2004:772.
③ 王学珍,张万仓.北京高等教育文献资料选编1861—1948[M].北京:首都师范大学出版社,2004:772.

校之荣,联大之辱即三校之辱,昔既联合而负其使命,今背其联合是则联大之蠹,此所以恳诸公同心协力者一,我三校按校址之处在以往历史之光荣以及其在我国所负使命……宜如何图其共存共荣,而希于抗战胜利之后重回故土乎。唇齿之意,虞果之迹,诸公明哲何待言,此所以恳诸公同心协力者二。"①教育部未予理会。

北平大学各地校友会闻讯后也纷纷致电教育部,强调北平大学农学院"历史悠久,人才辈出""改组归并后名实俱亡",②请求收回成命。对于这类电报,教育部多由政务次长顾毓琇或高教司司长吴俊升批示"暂存",不予回复。眼见呼吁中止改组无效,北平大学农学院毕业同学会重庆分会又提出,"际此抗战建国之时",对教育部将西北联大农学院与西北农林专科学校合并的命令,"凡我国民,均应禀遵政府明令切实奉行",但鉴于"联大农学院在沔县从事农业改良,及造林等工作,颇著成效,一旦迁至武功,在国家建设上,殊不经济",而且"武功农专系专科性质,联大农学院系大学性质,两校学生程度,相去甚远,在事实上,不能合班上课",因此,"农学院与武功农专合并时,准予均不迁移,仍各就原址上课,以收分工合作之效"。③ 教育部明确回复,此议"碍难照准"。

8月中旬,教育部召集农业教育委员会全体委员会议,讨论了关于今后农业教育改进方案,西北农学院筹备委员曾济宽、周建侯与会。主任委员辛树帜以候机不得,改乘汽车由陕越秦岭入川,虽因途程耽延未能参加农业教育委员会议,然在9月20日到达成都之时,周建侯、曾济宽已先期奉命到达。

9月20日,西北农学院筹备委员会在成都沙利文大饭店召开第一次筹备会议,辛树帜、曾济宽、周建侯出席。会议议决:

(一)除农艺、林学、农业化学、畜牧、农业工程五系已决定设置外,请添设园艺、农业经济、作物病虫害三系;农业经济及园艺二年专科不必设置;

(二)西北农学院经费应如何筹划案,请及时按原有校院经费尽数拨充以便完备以上各学系;

(三)各主要职教员应如何拟定案,确定了各主要职务;

---

① 姚远.国簧播迁:西北联大通史:上[M].西安:陕西人民出版社,2021:399.
② 北农同学会湖南分会致教育部长快邮代电[M]//王步峥,杨滔.中国农业大学史料汇编:下卷.北京:中国农业大学出版社,2005:627.
③ 北平大学农学院毕业同学会重庆分会致教育部长函[M]//王步峥,杨滔.中国农业大学史料汇编:下卷.北京:中国农业大学出版社,2005:626.

（四）地点：武功为永久地址，沔县仍然保留。①

在此次会议上，主要研究决定了聘任教授、副教授及重要职员名单，并于9月24日赴重庆向教育部长陈立夫请示定夺。第二天，陈立夫亲定西北农学院设农学、森林学、园艺学、畜牧兽医学、农业化学、农业水利学六个系②，比教育部原来办法规定的五个系多了一个园艺学系，并明确规定农学系之中包含农艺、病虫害、农业经济三个组，还指定主任委员辛树帜兼园艺系主任，筹备委员周建侯兼农学系主任，曾济宽兼教务主任及森林系主任，并派教育部农业教育委员会常务委员张丕介为西北农学院训育主任。后来园艺系主任经辛树帜推荐由谌克终教授担任，畜牧兽医系主任由盛彤笙教授兼任，农业化学系主任由王志鹄教授兼任，农业水利系主任由沙玉清教授兼任，推广主任由贾成章教授兼任，总务主任由王德斋教授兼任。此外，所拟聘之教授、副教授及重要职员，均由筹备委员会正式签请教育部核定。

所要聘任的教职员由筹委周建侯制备聘书，按拟定的名单进行签发。筹委曾济宽于10月17日回到西北农学院当即会同总务主任王德斋、会计主任王庸编制1938年度经费概算及西北联大农学院教职员并入后的薪俸概算，以及西北联大农学院教职员和学生迁移费等。

10月中旬接奉部电，增派教育部农业教育委员会常务委员张丕介为筹备委员。在此之前，已由筹委会聘张丕介为西北农学院教授兼训育主任，学生训育工作正待其早事筹划。部电到后不久，张丕介委员即于10月27日到院。

11月9日，西北农学院筹委会举行第二次筹备会议，讨论对西北联大农学院及西北农林专科学校如何接收案，推曾济宽、周建侯两委员及王恭睦为接收西北联大农学院委员；推周建侯、张丕介两委员及王泛月为接收西北农林专科学校委员；接收西北联大农学院日期由接收委员决定，接收西北农林专科学校从11月10日开始。

11月11日，西北农学院筹委会第三次会议议决，校训拟为"勤朴勇毅"。同一天，西北联大农学院的一切设备文卷经过三个月的长途转移，从沔县运抵武功张家岗。

11月12日，曾济宽、周建侯两位筹备委员同赴沔县接收西北联大农学院，途中略有耽延，致全部接收之后，原西北联大农学院师生候车来院略需时日，直至11月底，除极少数教授尚须候车来院外，所有农学院旧生均已到齐。至各系一年级新生从11月中旬起，已

---

① 王建领，等.国立西北联合大学档案史料汇编：上册[M].西安：西北大学出版社，2018：355.
② 按，西北农学院到抗战结束已发展到八个学系，即农艺学系、植物病虫害学系、农业经济系、森林学系、园艺学系、畜牧兽医学系、农业化学系、农业水利学系。

有陆续报到者,至11月25日预定开课之日,新生报到者将近百人。已报到新生按系分组编为造林实习队,自11月26日起在校门外一带高原地植树,实行义务劳动一星期。后到者也令其于星期例假日照分配工程补足,截至11月底,除畜牧、园艺两系及农学系所属农业经济组尚有二三新聘教授未到者,其余新旧教员大都到齐。新生除来函请假有五十余人不能如期赶到外,已报到者亦达一百二十余人。故决定自12月1日起各学系各年级全部上课。

鉴于各项筹备事宜大体就绪,西北农学院筹备委员会遂于12月15日将四个月来的筹备工作上报给教育部。该报告陈述两所院校合并改组为西北农学院的理由时提到,"教育部为谋集中人力物力,积极进行教育生产工作,以适应抗战建国之特殊需要起见,爰决定将由战区迁出之西北联大农学院(即北平大学农学院)与原设在国防建设重要区域之西北农林专科学校合并改组为西北农学院"①。该报告还陈述了西北农学院筹备委员会的组成、校址、经费、学生、教职员等方面原则规定,又说:"本院筹备之始,既合两校原有环境不同,历史不同之学生于一处,又骤增新生二百五十余人,合计新旧生为五百数十人,再加附设高职二百二十余人,附设小学三百余人,共计人数逾千,实为国内单科大学中人数最多者之一。际此非常时期,欲为本院养成勤朴勇毅之校风,为建设西北培植健全之人才起见,不能不一方面加强训育行政之组织,一方面树立严格管理之原则……庶能实现抗战建国中大学教育应有之使命也。"②

随着抗战形势变化,西安局势紧张,刚刚组建成立的西北农学院准备南迁。12月28日,筹备委员会第七次会议:"本院接近战区,虽现状尚称安宁,但防备万一,应如何预为筹划案。"议决:"重要图书仪器及其他校产迁移于较安全地点存放,由处系组室场股主任开会决定之;建议教职员家属于新年后自动设法迁移。"③学校先在沔县寻得庙宇祠堂十座,并在沔县柳树营黄龙乡设立临时保管处,又在武侯祠设立办事处,以备紧急情况时迁校。

1939年2月15日,西北农学院筹备委员会令本院职员张德懋为押运员,押运本院图书、仪器、印刷机械及公用物品,由武功起运至宝鸡,转汉中沔县。学校与国民党第八军取得联系,用军车于2月16日6点启程,当晚凌晨1点到达位于沔县的西北农学院办事处,前后共运来二十一车计三四百件。这些物品直至抗战胜利,才于1946年春全部运回张家岗校本部。

---

① 王步峥,杨滔.中国农业大学史料汇编:下卷[M].北京:中国农业大学出版社,2005:624.
② 王步峥,杨滔.中国农业大学史料汇编:下卷[M].北京:中国农业大学出版社,2005:625-626.
③ 姚远.西北联大史料汇编[M].西安:西北大学出版社,2012:637.

4月20日,国民政府教育部训令:"查国立西北农学院业经正式成立,筹备委员会应行撤销。所有院产及文卷等项应即出该院长接收具报。"①从此以后,国立西北联大农学院不复存在,而国立西北农学院继续扎根西北农村小镇,以国际化的视野,践行开放办学的理念,使学校在短短的十余年,一跃成为当时国内高等农业院校中学科门类最为齐备的大学。

第二节 "驱周运动"始末

蒋梦麟说过,西北联大好比三个人穿两条裤子,互相牵扯,合组后的西北农学院亦然。

西北农学院院长辛树帜是原西北农林专科学校校长,教务主任曾济宽是原北平大学农学院院长,训育主任张丕介原是教育部农业教育委员会常务委员。辛树帜本属国民党朱家骅系,又与驻扎西安的第34集团军副总司令胡宗南关系较好,而北平大学农学院教职员本来关系复杂,合并时教育部长陈立夫又插进CC系人员如张丕介。由于派系纷争,内部互为夺权,原西北农林专科学校与北平大学农学院各利用学生,在西北农学院形成"保辛"与"反辛"的学潮。加之陈立夫与朱家骅两系的矛盾,学潮发展为CC系成员与北平大学农学院联合反辛。1939年,教授中"有一百多个为辛派"②,学生中亦有一百多人积极拥护辛树帜,而张丕介的支持者仅西北联大农学院来的极少数教师以及四五十个学生,再加上他私人生活原因而在学生中没威信。双方力量的悬殊,使张丕介采取了极端攻势。

1939年3月,辛树帜以西北农学院筹备主任身份出席教育部在重庆召开的第三次全国教育会议。③ 在辛树帜离校期间,张丕介组织了由其亲信负责的张系"学生自治会",在学生中积极活动以培植力量。待辛树帜回到西安后,张丕介便公开召集学生讲话,谓"辛

---

① 北京农业大学校史[M].北京:北京农业大学出版社,1990:437.
② 关联芳.西北农业大学校史[M].西安:陕西人民出版社,1986:36.
③ 第二次中国教育年鉴:第二编[M].北京:商务印书馆,1948:71.第三次全国教育会议于1939年3月1日至9日举行,旨在讨论抗战建国时期教育实施方案。

校长这一次开会,把我们学校的经费由八十万减至五十万了,要把我们的高职班拨归陕西教育厅接办,这些都是辛校长的不好"①。试图以此激起学生对辛树帜的不满。但张丕介显然低估了辛树帜在校内的威望,他的讲话非但未能激起学生普遍共鸣,反而暴露了自己反辛的目的,引起了大部分学生的愤怒和不满。就在张丕介讲话的当天晚上,拥辛派学生把张丕介"连人带行李送上火车"②,将其赶去西安。"驱张"事件使校内两派势力公开对立。国民党陕西省党部领导的"西北青年抗敌协会"发起了拥护辛树帜的签名活动,征集到 105 人签名,并成立了"105 人团"组织,电请辛树帜

西北农学院首任院长辛树帜

回校,主张辛派教授继续上课,恢复学校秩序。另一方面,张丕介及 CC 系力量以七八十名原西北联大学生为依托拥张反辛,拒绝上课。③

　　身在西安的辛树帜被学校的情况所震动,不愿再回学校。CC 系方面进而拖延时间以求辛树帜自动辞职,由此"去辛"风波拖延两月余,终于引起重庆方面重视,蒋介石令教育部迅速解决此事。6 月,教育部委托陕西省教育厅厅长、原西安临时大学筹委周伯敏进行调解。辛树帜于 6 月 29 日返回学校,鉴于"周委员建侯,张委员丕介未能同时回院,而前

---

　① 陕西省青委关于十个斗争的研究[Z]//中央档案馆,陕西省档案馆.陕西革命历史文件汇集(1941 年至 1942 年).1993:44.
　② 陕西省青委关于十个斗争的研究[Z]//中央档案馆,陕西省档案馆.陕西革命历史文件汇集(1941 年至 1942 年).1993:44.
　③ 陈恺.党派、校际与国立西北农学院的校园政治[Z].第八届西北联大与中国高等教育发展论坛论文集.2019:368.

北农①一部分学生又复扰乱秩序"②,在不得已之下便按照教育部指示,对部分学生与教师作了处置。

周伯敏到达学校后,对罢课师生分别作了劝告,但至 7 月上旬,罢课师生毫无复课表示。之后,周伯敏提出由张丕介回校担任训导长,并由张指定开除"105 人团"中的 4 人。与此相对的,"105 人团"及拥辛派教师则提出:(1)辛校长回校任院长;(2)张可以回校,可以给以训导长地位,但须成立训育委员会,由辛院长提出名单;(3)不能开除学生;(4)恢复以前学生的自治会,取消张指派的自治会。

最终,张丕介提出开除的 4 名学生自动申请转学,由学校提供旅费,张丕介回到西北农学院,"去辛"风波到此结束。

7 月,曾济宽调往兰州筹备西北技艺专科学校,并带走部分教师。

8 月,辛树帜应经济部农本局局长何廉之邀,到重庆出任该局顾问。临走之前,他对学生们说,"不能因为我一个人的去留影响同学学习",劝慰大家"埋头读书,学好报国本领","便飘然隐去"。③

9 月,陈立夫向戴季陶、于右任、张继请示,决定调整西北农学院领导班子,正式任命周伯敏(周乃于右任外甥,国民党中央委员)为该院院长,齐坚如(原西北农林专科学校教授)为教务长,贾成章(原北平大学农学院教授兼森林系主任,何柱国将军的女婿)为训导长,陈家珍(于右任的侄女婿,原任陕西省教育厅主任秘书)为总务长。

当齐坚如接到部长陈立夫的聘任电报后,考虑学潮结束,辛树帜已离去,但参加学潮的三方面主要派系力量依然存在,院务很难整顿,不愿担任教务长。经陈立夫一再电催,中央组织部部长朱家骅也来电敦促,齐坚如实在不好拒绝,又考虑与新任院长周伯敏素无关系,恐不能相处,因此就向其安徽和县老乡、国民党陕西省党部要员班志洲征求意见,摆出整顿院务的困难,仍想推脱。多年后回忆此事,班志洲说:"我劝先生(按,指齐坚如)以战时大学教育为重,权且就任,至于周伯敏方面,我可以代为打通。因当时周兼任国民党陕西省党部委员,我们同属 CC 系,关系尚好,于是在我的拉拢下先生与周初次见面,周向先生表示热诚合作的愿望,并设盛宴款待先生。我又介绍先生与郭紫峻(时任国民党陕西

---

① 北农,这里指北平大学农学院,即西北联大农学院。
② 陈恺.党派、校际与国立西北农学院的校园政治[Z].第八届西北联大与中国高等教育发展论坛论文集.2019:368.
③ 沈煜清.怀念西北农专时代的辛树帜校长[M]//吕卫东.永远激扬的心弦.咸阳:西北农林科技大学出版社,2014:13.

省党部书记长)见面,郭亦对先生表示支持并设宴接待,我均作陪。先生在这种情况下,向我提出先决条件,这就是为了沟通与周伯敏的关系便于去西农合作,要我去西农从中协助,否则他还是不干。我将此意传达给周伯敏和郭紫峻,他们都赞同此举,暂时调我去西农。"①

1939年9月,班志洲随周伯敏与陈家珍到西北农学院办理接收,在齐坚如的配合下,一切都很顺利。对于系主任的聘任,基本上还是原西北农林专科学校、北平大学农学院所占有的份额,暂时保持各方面的平衡。这些人事安排,事先都是经周、齐磋商后才作出决定。关于原属西北农林专科学校方面的人事,统由齐坚如联系,北平大学农学院方面的人事则由贾成章联系,班志洲(任西北农学院仪器馆主任兼训导)则串联于齐坚如和贾成章之间,将情况反馈给周伯敏,起桥梁纽带作用。至于有关总务的事情,班志洲也与总务长陈家珍进行磋商,一道向周伯敏请示,大都得到周伯敏的批准才执行。因此在1939年秋至1941年这段时期,齐坚如与周伯敏的关系十分融洽,班志洲也尽力为贾成章沟通与周伯敏的私人关系。一时间,西北农学院上层三角关系保持平衡,还算稳定。

为了进一步加强控制力量,1940年初,周伯敏向国民党中央建议成立国民党中央直属西北农学院区党部,并推荐齐坚如、贾成章、陈家珍和班志洲为该部委员。经由国民党中央组织部部长朱家骅核准派遣,并指定周伯敏为主任委员,班志洲兼组织委员。② 周伯敏任职期间,积极发展国民党组织。国民党西北农学院区党部与三青团约定:对一、二、三年级学生尽量促其加入三青团,四年级学生和教师尽量促其加入国民党,并要求每个国民党员最少要介绍二人入党。周伯敏以国民党中央委员的身份,为要求入党的人员直接办理入党手续。至1940年底,西北农学院有国民党员七十人。③

周伯敏上任后,尽管把上层关系巩固稳定了,却把教师和学生关系弄得每况愈下,"情形甚乱""旧教员离去者亦多"④,并且一而再地逮捕学生,激起公愤。

第一次逮捕学生是1939年冬至1940年春。为配合国民党发动的第一次反共高潮,维护其在学校的统治地位,周伯敏指使西安国民党特务到学校大肆逮捕进步学生。这次被逮捕的有水利系张承辕、园艺系张宗铭、农经系段志学、农学系王含英(女)等二十多人。

---

① 班志洲.齐坚如博士永垂青史[Z]//政协安徽省和县文史委.和县文史资料:第4辑.1992.
② 班志洲.齐坚如博士永垂青史[Z]//政协安徽省和县文史委.和县文史资料:第4辑.1992.
③ 王启儒.杨陵区志[M].西安:西安地图出版社,2004:230.
④ 许寿裳日记[M].黄英哲,等,编校整理.福州:福建教育出版社,2008:585.

他们都被押往西安后,有的几个月后放回,有的一直没消息。

第二次逮捕学生是在1941年"皖南事变"以后。据兽医系的买永彬回忆:"1941年春周伯敏与陈家珍等对学生下了毒手,共捕了14个同学,我是其中之一。我们在西安关了一个月,后经学校地下党和教授会营救,并保释出狱(当然14人出狱的情况不尽相同,也未完全关在一起)。我是同周文光、段志学、杨遵德等4人同时出狱的,也是关在一起的。"①

学校当局不仅抓人,还封锁国民党"消极抗日、积极反共"的消息。一天晚上,学生李孟岩发现教学大楼一楼门内布告栏里,贴着一张中共关于"皖南事变"的传单,便约樊守聚去看。樊守聚当即拿盏灯跟他一起去,正在看时,听到西边走廊上有皮鞋声,隐约看出是训育员班志洲走来,他们马上熄灭灯,从东边走了。过一会再回来看时,传单已经被撕掉了,李孟岩气愤地说:"自己不抗日,也不让别人抗日,这是什么世界!?"②

周伯敏倒行逆施,在学校造成紧张气氛,以致很多人惶惑不安,怕遭不测。也引起大多数富有正义感的学生不满,但敢怒而不敢言。所以第二次逮捕学生之后,平静了一段时间。

事物总是在不断变化之中的,当力量失去平衡时,问题就会产生。从1942年起,周伯敏在聘用教授上开始倾向于重用西北籍学者,引起西北农林专科学校、北平大学农学院两方面的不满,造成双方教授联合起来,在教授会上一致对抗周伯敏,而此时教务长齐坚如对原属农林专科学校方面的教授亦无力说服。周伯敏遂决心树立自己的、以陕西籍教授王德崇为中心的小集团,从而与原农林专科学校、北平大学的教授集团相抗衡,结果造成上层三角关系的破裂。③ 院长秘书、中共地下党员徐梦周教授,愤而离开西北农学院,并写了一首诗反映当时的斗争情况:"三年太白峰前住,日日山光入眼明。也拟排云临绝巘,又惊豺虎正纵横。"④

和事佬班志洲与总务长陈家珍一再向周伯敏分析当时学校各派系的情况,并认为他不宜树立自己的集团,无法控制全局,否则将发展到与辛树帜同样的命运,但不为周伯敏

---

① 买永彬.在西北农学院参加民主革命活动的回忆[Z]//西北农学院爱国民主革命活动(续集).西北农业大学档案室.1989:34.

② 樊守聚.驱逐周伯敏学潮的回忆[Z]//西北农学院爱国民主革命活动(续集).西北农业大学档案室.1989:37.

③ 班志洲.齐坚如博士永垂青史[Z]//政协安徽省和县文史委.和县文史资料:第4辑.1992.

④ 安徽省寿县县委党史办公室[Z].中共寿县党史人物:一.1990:17.

所采纳。班志洲回忆说:"直到1943年秋,西农形势发展得更坏,我们虽不断向周建议,周不愿改变,只好听之任之,但我们与坚如仍保持友好关系,此时我决心离开西农,周伯敏介绍我回国民党中央,即前往重庆。"①与此同时,教务长齐坚如也离开西北农学院,后受西北技专校长曾济宽之聘前去兰州任教。接着,总务长陈家珍也离职他就。所以,这年新学期人事大变动,新聘刘鸿渐为教务长,白士倜为总务长,郭季通为秘书兼生活指导组主任,至于训导长一职,则由周伯敏自兼。②

1943年是世界反法西斯战争发生重大转折的一年,也是国民党当局发动第三次反共摩擦的一年。是年冬到1944年春这段时间,周伯敏不顾学校师生的生活困难,克扣教师薪金和学生贷金,囤积居奇,大发其财。以致有的教授靠卖衣物、拣煤炭来维持生活,学生更是叫苦不迭。教师要求增加工资,学生要求增加贷金,办好伙食,均遭周伯敏拒绝。在师生生活无以为继的情况下,学生罢课,教师罢教,一场驱逐周伯敏的学潮爆发了。

1944年2月的一天清早,拥护周伯敏的五六十名学生手持棍棒、砖石,腰插枪支,以要补考为借口,冲向教学大楼。几百名学生得知后,一齐拥到教学楼前,挡住他们的去路,互相对骂起来。那时农田水利系有一位陕西学生,功课很差,平常不用功,考试常不及格,同学们瞧不起他,这次他也大言不惭大喊大叫要进大楼上课,参加期末考试。大家见后嗤之以鼻,祝秉鑫同学狠揭其老底。他们有人指挥着,在教学楼前的草坪上排着队转了一圈就回去了。过了一会儿,他们又列队走了出来,趁大家不备,就用砖头木棒大打出手。以致有的学生被打得头破血流,有的身体被打伤,衣服被撕烂。他们追打畜牧系学生张牧森,追到二楼,逼得他从二楼跳下来。那个腰间带着枪的徐××还开了一枪,子弹打穿了一个穿军绿色棉衣的同学的袖子。霎时间,教学大楼一片混乱,学潮爆发了。

领导四五百学生闹学潮的是学生自治会和学生大队部,前者做决策,后者组织学生行动。郭冰(郭维清)回忆:"一开始我被选为学生大队部的副大队长,负责纠察工作。一天夜里周伯敏派一校警,身上披着标语,上写'要到延安去'等字样,叫他秘密张贴。目的是要给我们扣红帽子,说这次学潮是共产党搞的,就要下毒手逮捕我们。那知冤家路窄,那个校警叫我们纠察队截住,搜出了标语,连夜在战区灶召开了公审大会。"③那个校警如实招认是校警队长叫干的。周伯敏眼看计谋破产,于是恼羞成怒,宣布将学生会负责人支青

---

① 班志洲.齐坚如博士永垂青史[Z]//政协安徽省和县文史委.和县文史资料:第4辑.1992.
② 见文化新闻,1943-10-30.
③ 郭冰.我们的大学生活[Z]//西北农学院1934—1949爱国民主革命活动.西北农学院,1984:77.

云等开除。

学生们毫不畏惧,就在战区灶召开了声讨周伯敏的大会。声讨大会上,学生会重新选举了领导人。大队长被开除了,郭维清被选为大队长。为了防止周伯敏下更大的毒手和避免同学们遭到更多的伤害,学生会决定到西安请愿。

由学生会分头动员,在晚饭后三三两两以散步的形式分散走小路到车站,准备乘火车去西安。孰知周伯敏事先与铁路部门打了招呼,火车到武功车站根本不停。于是,学生会决定,步行到下一站普集镇上车。四五百人沿着渭惠渠,步行二十几里,到达普集镇。幸好普集车站站长王者香,是支青云、曹方久同学的河南内黄同乡,为人忠厚正直,他听说了情况,甚表同情,当即答应增挂两个车厢让学生坐。同学们顺利地上了火车,在天蒙蒙亮的时候,就到了西安车站。

第三天早晨,大家正在熟睡的时候,突然,几个便衣人闯进学生住地,大喊大叫要找支青云。支青云睡在另一间屋子,很早起来就感觉外面不对劲,机警地逃走了。不一会儿,来了一队宪兵,胡乱抓走一二十个学生,用汽车押到司令部,一个个问有没有支青云。他们之所以这样重视支青云,不仅因为他是学生会领袖,更重要的是他的思想倾向进步,坚决主张罢课,是周伯敏的眼中钉。当天下午,被抓去宪兵司令部的学生都被放了回来。

又过了一两天,宪兵司令部派一位宋营长带了几名宪兵开着汽车到学生住处,强迫他们上车,押送回校。学生们不得已,只好跟着回去。而支青云则在亲戚家躲着,没有回校。

隔了几天,宋营长通知被开除的九名学生到西安去,名义上说是住集中营,实际是到西安原东北军司令部一个单独的院子暂住下来,说是保护他们。要求他们白天不要外出,晚上出去走走,看电影可以。这期间,胡宗南的长官部要学生们写一个欢迎×教育长到西北农学院任院长的推荐书,学生们说:"我们都已被开除了,没有资格写。"胡宗南的长官部要写推荐书,表明周伯敏的院长位置已经动摇了。

全院师生在共同斗争中,心贴得更近,老师对学生的遭遇十分同情,决心与学生携起手来并肩战斗。在校毕业校友也进一步商议,以校友会名义写《快邮代电》揭发周伯敏的一贯恶行,寄给教育部和在重庆各部门工作的校友,请他们通过各种关系就近给予援助。同时也寄给其他各地工作的校友请求支援。学生代表在重庆的活动,得到各方面的同情和支持。国民党元老吴稚晖听说周伯敏迫害学生,甚为气愤,在国民党中央的一次会议上,指着陈立夫说:"你怎么搞的,周伯敏在西北农学院开枪镇压学生,使学生跑西安请愿,来重庆告状……"①这才引起了国民党中央和教育部的高度重视。

4月间,教育部派李书田(原西北工学院院长)来院调查。他一到院,学生们就向他请愿,有很多人甚至给他跪下,苦苦哀求撤换周伯敏。李书田通知樊守聚等十几位助教到院长会客室开会,去的人都站成一排,他也站着。李书田走到排头的老师面前,抬起右手,用手指指着很严肃地问道:"听说,你们学校有开枪镇压同学的事,有没有?你知道不知道?"就这同一个问题,被问的老师都说"当时不在场,不知道"。最后,李书田指着樊守聚询问,樊守聚义正词严地回答:"有,我亲眼看见。那天,我看到大楼门前和草坪上聚集着很多同学,走近一看,门前还有少数同学正在争吵。突然,在大楼门前西南边一声枪响,子弹打穿了东南边草坪上一位穿军绿色棉衣的同学的袖子,很多同学围上去看,有个同学高喊:'捉住那个开枪的',在广大群众的愤怒声中,开枪的那一伙人就走了。"李书田听完一愣,停了一下说:"就这样,你们先回去吧。"②

周伯敏机关算尽也没有保住其院长位置,1944年5月,他被调离西北农学院。全校师生所坚持的斗争,终于取得了最后胜利,并于5月24日复课。

周伯敏离任之后,宪兵营一直驻扎在学校,直到新院长邹树文接任后才撤走。邹树文上任后,日子也不好过。只干了一年,就迎来日寇投降。

第三节　名师荟萃张家岗

1931年12月2日,清华大学校长梅贻琦在就职演讲中提出"所谓大学者,非谓有大楼之谓也,有大师之谓也"的著名论断。

西北农林专科学校建校之初,就高瞻远瞩地建起一座巍峨耸立的七层教学大楼,那么"大师"如何汇聚?西北农学院教师队伍的设建,早在西北农林专科学校时期就有明确要

---

① 樊守聚.驱逐周伯敏学潮的回忆[Z]//西北农学院爱国民主革命活动(续集).西北农业大学档案室,1989:40.

② 樊守聚.驱逐周伯敏学潮的回忆[Z]//西北农学院爱国民主革命活动(续集).西北农业大学档案室,1989:40.

求。校筹委会常委戴季陶在《与子元先生论本校用人施教方针书》中论及该校的"用人施教方针",认为学校自身的建设,最重要的有两件事,"一曰如何延揽基本之人才与培养基本之人才";"二曰如何建设基本学术"。其中特别强调"延揽人才"的重要性。"所谓人才者,一曰性行忠实;二曰勤俭;三曰身心强健;四曰学识经验,基础正确;五曰年富力强,兴趣浓厚,愿以本校之校业,为其世业。"他认为五者之中,几乎"缺一不可"。"必不得已"时,对于那些"真有学术经验,而又忠实勤俭之人,肯为学校尽力者,不必问其年之老少"。"更必不得已"时,"则专于学者,可不必定为身体强健;而专于事者,不必定为智慧高明是也"。① 这反映了既有全面要求,又注意用人之长,不求全责备。

筹建初期,师资缺乏,但是随着学校的发展,教师发生了很大的变化。在平津沪相继沦陷的情况下,很多爱国学者怀着救国热忱来到陕西,克服重重困难,坚持为科学教育事业贡献力量。他们从全国各地会集于西北农学院,如沈学年、王缓、涂治、沙玉清、吴耕民、刘慎谔、盛彤笙、齐敬鑫、熊伯蘅、祁开智、李赋都、石声汉、周昌芸等教授,大多数人系名流专家,学术造诣高深,享有很高的社会声誉。从西北联大农学院过来任教或从事其他工作的教职员共54名。教授有20名,即周建侯、贾成章、王志鹄、金材章、王正、虞宏正、周桢、林镕、陈朝玉、路葆清、罗登义、殷良弼、夏树人、谷延庥、李秉权、姚鋆、杨权中、汪厥明、刘伯文、汪德耀。副教授4名,即苏麟江、段兆麟、季士俨、舒联莹。另有讲师2名,助教16名。②

西北农学院(武功)教学大楼

---

① 戴季陶.与子元先生论本校用人施教方针书[J].西北农林(创刊号),1936.
② 北京农业大学校史(1905—1949)[M].北京:北京农业大学出版社,1990:440.

西北农学院教师队伍的成长变化,可从全校人员结构的变化中显示出来。据不完全统计,全校教师人数 1939 年 113 人,1946 年达到最高峰 142 人;全校教授人数 1939 年 40 人,1944 年达到最高峰 60 人。① 所以,西北农学院在当时"规模之大、人才之众,国内农业大学无能出其右者"②。郭成勋 1941 年从国立七中毕业后,被三所高校录取了,一是西北农学院,二是西北医学院,三是浙大先修班。他决定先去西北农学院报到,再去西北医学院报到,两者比较一下做抉择。他走访了几位暑期没有回家的高年级同学,"得知农化系主任兼土壤肥料教授是意大利归来的学者王志鹄,教'分析化学及生物化学'的是德国归来的名教授虞宏正,教'农产品加工'的是日本归来的王玉岗教授,教'园产加工'的是美国返回的园艺系主任陈锡鑫教授,教'高等数学'的是杭州老乡,从法国归来的潘泳珂副教授,第二外语日文教师是日本留学的杨尔璜副教授……我一听教师阵容如此雄厚,国内哪个系敢与之相比。我当即决定,享有丰厚待遇的西北医学院不去了,而要扎根于这块沃土"③。

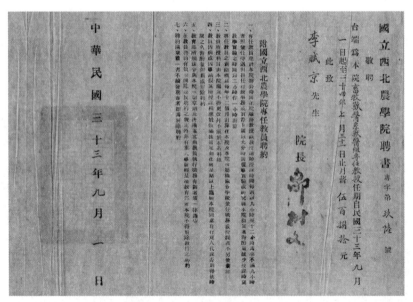

西北农学院教授聘书(李昊提供)

---

① 赵忠,徐养福.西北农林科技大学史稿 1934—2014[M].杨凌:西北农林科技大学出版社,2014:16.
② 闫祖书.西农抗战记忆[M].杨凌:西北农林科技大学出版社,2015:24.
③ 郭成勋.抗日时期的校园生活[M]//吕卫东.永远激扬的心弦.杨凌:西北农林科技大学出版社,2014:115.

1949年之前在西北农学院工作过的247名教授、副教授中,有92人曾在国外留学(尤以美、英、法、德、日五国的留学最多),有21人获博士学位,9人获硕士学位,真可谓人才济济,群英荟萃。[①] 有不少教授把毕生精力贡献于西北农学院的教学和科研事业。

沈学年,1935年留美回国,先后在西北农林专科学校、西北农学院工作十余年,历任副教授、教授、系主任和农场主任。作为农艺学系的早期创建者之一,沈学年在广泛搜集小麦种质资源的基础上,分别从潘氏世界小麦和当地小麦中选出"碧玉麦"和"蚂蚱麦",并在关中地区大面积推广种植。沈学年教授的高足赵洪璋,1940年从农艺系毕业,到陕西农业改进所大荔农事试验场工作,负责小麦、谷子、棉花等作物的相关试验。1942年,赵洪璋被老师沈学年调回西北农学院做助教,一边讲课,一边做小麦改良研究,不久便升任讲师。再后来,赵洪璋凭借在小麦杂交育种上的成就成为中国科学院生物学部委员(院士),与袁隆平并称为"南袁北赵"。

1936年10月,李仪祉去信给在德国汉诺威工科大学留学的沙玉清——"明年归国,务恳至该校任教授职"。沙玉清遵照老师的嘱咐,1937年返国后接任了西北农林专科学校水利组主任的工作。在他的努力下,不到两年时间,水利组的教师阵容迅速壮大了起来。1939年4月,水利组改名为农业水利系,自此诞生了我国第一个以服务农业为明确目标的水利教育机构,沙玉清担任了农业水利系第一任主任。这时,全系已有教授7人,讲师2人,助教7人。教授中包括来自中央大学的余立基、留德博士倪超(后任台湾成功大学土木系主任、校长)、法国波恩大学数学博士程楚润教授,留学美国芝加哥大学和哈佛大学物理系的祁开智教授。到1940年,水利系又增加了孟昭礼、方在培、邢丕绪等多位教授。1941年秋,沙玉清又成立了水利教育史上最早的研究生部——西北农学院农田水利研究部,培养出了如李翰如、余恒睦、张灏、贾毓敏、李述斋、孙庚昌、熊运章等不少知名学者。

在学生的印象中,沙玉清身材高挑、清瘦,喜穿长袍不着西装,是一位严肃的、令人仰的儒雅长者。他终生以研究泥沙为伴。1943年10月,西北大学地质地理系主任殷祖英曾与沙玉清同赴新疆考察,赋诗《赠别沙公》一首赠予沙玉清,诗中每句均有一"沙"字,略述了新疆大漠之奇景,也记载了他对儒雅的沙玉清学术精神和为人品格的赞扬。兹录如下:

西北大漠漫黄沙,结伴沙公走荒遐。沙风沙雨同栉沐,沙枣沙葱共嗟嗟。

弱水三千沙门子,沙夹道里夜停车。玉关西出沙州路,敦煌郊外听鸣沙。

---

① 赵忠,徐养福. 西北农林科技大学史稿 1934—2014[M]. 杨凌:西北农林科技大学出版社,2014:16.

沙湾道上秋萧瑟,白龙沙堆映落霞。闻道沙雅多古迹,莎车百里富桑麻。

茫茫瀚海同沙滩,愧我无缘涉流沙。引矣沙公多弥撮,妇当剪烛话窗纱。①

沙玉清对水利学科的贡献,有四本专著作证:《农田水利学》《灌溉工学》《水工设计》《泥沙运动学引论》。其中,《泥沙运动学引论》是我国第一部自成体系、公式实用、见解独到的泥沙专著,凝结了沙玉清三十多年的心血,是对我国泥沙研究的一大贡献。

虞宏正,1938年受聘任职农业化学系教授,后担任系主任。他博学多识,先后三度在德国、英国、美国留学,能熟练运用英语、德语、日语、俄语四种外国语言。他在胶体化学与物理化学方面造诣高深,曾在西北农学院和许多高等院校担任热力学、物理化学、量子化学等教学工作。农化系1942届的赵书田回忆:"开始见到虞老师时,我的印象是,生活非常俭朴,对人态度十分和蔼,丝毫没

西北农学院学生毕业证书

有学者架子,平易近人,教学严肃认真,对同学要求相当严格的一位老师。每逢上虞老师的课,同学们去的早,去的齐;当然我也是去的比较早的一个。当时课本不容易买,虞老师讲的仔细,大家都是认真地尽量的多记笔记,我记的笔记一直保存到文化大革命才遗失掉。由于虞老师讲课生动活泼,能深入浅出,内容丰富,同学们听的非常带劲。老师讲课优点很多,给我印象最深的是理论联系实际。不管是物理化学或是胶体化学,经常与土壤学联系,这一点给我的影响很大。"②农化系1946届的王泽民说:"他(按,指虞宏正)可以说是我一生中仅见的具有诲人不倦,春风化雨作风的教师。至于虞师在课室上讲解之清晰,材料之丰富,口齿之伶俐,那是每位听过他的课的学生交相称誉的。我常想,听虞师讲课,不但是天大的福气,而且也是一种令人陶醉的享受,和饮醇醪一般。比较难理解的物

---

① 大禹事业两传人[M]//漫游中国大学:西北农林科技大学.重庆:重庆大学出版社,2009:74.
② 赵书田.纪念虞老师九十诞辰,回忆虞老二三事[Z]//虞宏正教授诞辰九十周年纪念集.1987:128.

理化学,经他一讲却成了最容易明白的功课,可说是教育史上的奇迹。"①农化系1942届的杨胜回忆:"在课后,我们经常喜欢找虞老师质疑、希望能从他那里多学到一些知识,多懂得一些从事科学、教学事业的道理。虞老师博学多才、学识深渊、为人正直、热爱祖国的精神,是我们这些学生所深知的。他教育我一句名言,他说:'一个有名的教授,如果没有十个有名的学生是难以成为有名的。'"②虞宏正后来被尊称为"教授的教授"有两个原因:一是他29岁时便已是名满京华的教授,1950年是西北农学院唯一的一级教授,中国科学院首批学部委员(院士);二是他的学生中有不少后来都成了学术大家,比如土壤学家侯光炯、熊毅、于天仁、席承藩,农业生物化学家和营养学家、贵州大学一级教授罗登义等。

1939年,从意大利那波利大学留学回国的周尧,同时接到了四川大学农学院和西北农学院的聘书,是去天府之国的四川,还是去黄沙蔽天的大西北?周尧选择了后者。晚年,他在回忆中这样写道:"我是1939年怀着'科学救国'的理想,抱着'到祖国最需要的地方去','到最艰苦地方去'的决心来到杨凌。那时,从火车站到校门,一路没有一棵树,没有一间房,满目都是黄土,夜间经常可以听到土匪的枪声。……但我还是爱这里,这里是后稷诞生的地方,教稼台就在附近,西边是绛帐,是马融教书的地方。我要学习先农先儒,为中国农业与教育作出贡献。"③周尧扎根祖国西北,把一生精力都倾注在昆虫学的教学和科学研究事业上。他主要从事植物保护专业的普通昆虫学教学,重视课堂讲授,讲课思路清晰,内容纯熟,语句简练,表达确切生动,板书工整。再加上他绘画昆虫图的独到功夫,深深地吸引着学生。他重视教学实践环节,尽力把讲课和实验结合起来,根据昆虫分类实践性强的特点,采用使学生听、看、做、议相结合的教学方法,常带领学生到田间观察和采集标本,结合实际,传授技术,帮助学生识别昆虫。

刘潇然教授,中国农业经济学的卓越开拓者。1936年留德归国,经徐诵明校长介绍,到北平大学农学院农经系任教。1940年初被西北农学院聘为农经系教授(后兼系主任),主要讲授"土地经济学""农业金融学""农业经营学"。"这三门课程不仅重要,而且彼此有着紧密的联系。可以说,土地是农业的根本,金融是农业的血脉,经营是农业的指挥中心,它涉及农业再生产活动的各个环节。"④刘均爱说:"时刘老师开'农业金融'课。从我

---

① 王泽民.纪念虞叔毅师并略述感想[Z]//虞宏正教授诞辰九十周年纪念集.1987:129.
② 杨胜.虞老师对我启蒙与教诲[Z]//虞宏正教授诞辰九十周年纪念集.1987:124.
③ "雕虫"大师周尧[M]//漫游中国大学:西北农林科技大学.重庆:重庆大学出版社,2009:96.
④ 欧阳国显,宋荣昌,等.明其道不计其功——深切怀念恩师刘潇然教授[M]//刘潇然.刘潇然自述:申阳·开封·旅日·旅德.郑州:河南大学出版社,2014:295.

国农村经济实际出发,分析农村金融现状,揭示运行机制,指出改善途径方法,深入浅出,富有知识性、趣味性和启发性。经过几次讲课,大受学生欢迎,平时不常上课的同学也不再缺席了。即令遇上警报拉响,讲授不到一个节段,学生无一离座。老师从容讲授,同学静心听讲,必等老师刹住话题,听完最后一句始走出教室躲避。刘老师讲授引人入胜,可以想见了。"①1942年左右,刘潇然增开新课"土地经济学",为当时国内农经界首例。聂常庆回忆起这门课程说,"由于当时是抗日战争时期,教学条件很差,不但没有课本,连讲义也没有,主要是老师在上面讲,学生在下面记。这种教学方式,以及土地经济学的性质,学起来不免有些枯燥。但刘老师却把这门课教得很成功,并不是他口才好,能说会道,主要是因为他对这门课的知识很丰富,研究得很深很广,并能有条理有层次清楚明白地讲出来……这门课对我影响很大,甚至影响了我一生的学习和事业的方向。"②刘均爱也曾回忆刘老师的"土地经济学":"讲授时,听者无不聚精会神,生怕有遗。课后交口称赞,大受学生欢迎,纷纷要求刊印。因印刷条件困难,几经拖延,全书上下两册约60余万字,才于1945年刊行。"③

李秉权教授,1917年以官费考入东京帝国大学农学部,1921年毕业后又入北海道帝国大学农学部畜牧系继续攻读。他是中国畜牧业的开拓者之一,毕生致力于畜牧学的教学与研究,为促进中国畜牧业的发展作出了卓著成绩。著有《中国羊毛品质之研究》(上海商务印书馆,1926年),是研究中国羊毛和羊毛品质的最早著作。另著有《实用养猪学》《畜牧学通论》《畜产品制造》《养羊学》《羊毛学》《养马学》《养鸡学》等。

农艺组主任涂治教授,是著名的农业科学家、植物病理学家。1924年毕业于清华学校后赴美国明尼苏达大学研究生院攻读生物学专业,1929年获博士学位。同年回国,先后在岭南大学、武汉大学、河南大学任教,1934年任河南大学农学院院长。他得知中国工农红军胜利到达陕北后,便悄然离开内地,来到大西北,在武功农林专科学校任教。1940年到更西的新疆农学院担任院长。1955年当选为中国科学院学部委员(院士)。

此外,姚鋈教授兼农场场长及推广处处长。两次东渡日本求学,分别在日本高等蚕桑

---

① 刘均爱.忆恩师潇然先生在西北农学院二三事[M]//刘潇然.土地经济学.郑州:河南大学出版社,2012:518.

② 聂常庆.怀念刘潇然老师[M]//刘潇然.刘潇然自述:申阳·开封·旅日·旅德.郑州:河南大学出版社,2014:288-290.

③ 刘均爱.忆恩师潇然先生在西北农学院二三事[M]//刘潇然.土地经济学.郑州:河南大学出版社,2012:519.

学校和东京帝国大学农学部学习并从事研究工作。编著有《养蚕学和栽培学》《怎样养好蓖麻蚕》等。农经组杨亦周教授原是天津法商学院院长;树木学教授刘慎谔和原江西国立中正大学校长胡先骕教授当时并称为"南胡北刘",共执我国植物学牛耳。园艺组的吴耕民、章君瑜、谌克终三教授,被认为是当时我国蔬菜、花卉、果树学的三大宗师。

这一批教授学贯中西,造诣高深,奠定了学校的学术高度,营造了浓郁的学术氛围。抗战时期的条件虽然艰苦、派系斗争激烈,但这些名家大师倾尽所能,呕心沥血,秉承"诚朴勇毅"校训,心怀社稷,情系苍生,承远古农神后稷之志,行当代教民稼穑之为,以振兴华夏农业文明、推进农业现代化为己任,为国家培养出了一批又一批农林科技人才,为我国农业及农业高等教育事业的发展作出了重要贡献。

第四节 充实我民生与国防

"巍巍乎高岗,巍巍乎高岗,乃在后稷公刘文武周公之故乡。普以农业开基者,今以农业充实我民生与国防。朣朣周原兮辟作农场,皑皑太白兮赐我以博厚洁白之光,莘莘学子兮不断的光大与发扬,使我校之精神永为全民族之太仓。"①

这首唱响于抗战时期的《国立西北农学院院歌》,既唱出了学校选址于中华民族农耕文化的发祥地——后稷教民稼穑之地的农业文明史,同时表明了学校"今以农业充实我民生与国防"的办学宗旨。特别是诞生在国难当头的全民族抗日救亡时刻的这首校歌,极具历史时代感,充分表达了西北农学院师生继承和发扬中华民族精神和优秀传统,勤奋学习,立足周原,建设西部,充实民生与国防的豪情壮志,并激励着一代代"西农人"勇往直前,不断创新。

抗战期间,西北农学院的科学试验研究以突出实用性为特点,主要通过各系、组所属的试验场进行。农艺学科所进行的重要作物的育种栽培试验工作,取得了重要成果。先后育成了各种优良品种22种,其中棉花有"西农32—433号";小麦有"西农—27号""西

---

① 闫祖书.西农抗战记忆[M].杨凌:西北农林科技大学出版社,2015:18.

农 30—198 号""西农 30—543 号""碧蚂一号""碧蚂二号";裸大麦有"西农 3102 号""西农 3120 号""西农 31—1153 号""西农 31—10177 号";谷子有"西农 8—696 号""西农 33—579 号";大豆有"西农 502 号""西农 503 号""西农 506 号""西农 509 号";玉米有"西农混选白玉米"、自交系;高粱有"西农混选大锣槌";马铃薯有"西农 700 号",以及"武魁番茄""紫白甜萝卜""武功苞心白菜""农院大蒜""武功水蜜桃"等蔬菜和水果新品种。同时,还进行了小麦播种法、播种量、厩肥用量试验;关中棉品种、株距、灌溉、栽培试验;油菜、荞麦混作与单作的利弊对比试验;小麦、黑麦杂交育种试验;小麦成熟期抵抗淋雨危害的初步研究;黄玉米、白玉米穗部丰产性状间相关性的研究;家蚕品种的比较研究;家蚕饲料试验;等等。试验研究及其成果在当时农业生产及示范中发挥了重要作用。

特别值得一提的是,原西北农林专科学校秘书长、农经系教授杨亦周,由于和中共驻陕西代表林伯渠交上朋友,把学校研究出的花草种子、蔬菜种子卖了一批给八路军西安办事处,西安办事处又将这些种子送到延安。延安从此种上了品种优良的蔬菜,像西红柿、茄子、豆角等,改变了陕北仅有白菜、土豆、南瓜等单调菜种的局面。①

森林学科取得结果的试验研究有:华山松树播种与土地关系,棕榈幼苗冬季保护及其成活率的试验,油桐的播种试验,毛白杨繁殖法的研究。发表的论文和报告有:《西北初期造林中主要树木之研究》《陕西黄土高原天然情形之研究及其改造之可能性》《渭河滩地的性状及其树木之培植》《太白山、青峰山森林调查报告》《楼观台橡树调查报告》等。

园艺学科育成的新品种有:武魁番茄、紫白甜萝卜、武功苞心白菜、农院大蒜、武功水蜜桃。试验研究及调查研究专题有:陕西彬县梨、河南灵宝枣、山西清源葡萄、陕西关中树种调查、白菜田间技术研究及品种比较试验、茄子三要素试验、兰州醉瓜在武功栽培之可能、葡萄田间试验及苹果枝条的成长、桃的授粉试验等。

畜牧学科进行饲养与育种的研究有:乳羊、猪、同州绵羊、来航鸡、芦花鸡、翻毛鸡、洛岛红鸡。取得试验研究结果的有:山羊发情与当地季节的关系、发情周期的研究、山羊的受胎率与当地季节的关系、全年产乳量渐趋平均的山羊配种办法、仔羊发育试验、盘克纯种猪及杂种猪的繁殖力比较研究、盘克纯种及一代杂种与陕西土种猪屠宰率的比较试验及产肉快慢试验、土种鸡繁殖力的研究。

学校科学研究十分重视与战时的国防安全结合。1939 年 2 月,森林系与国民政府军政部兵工署合办国防林场,在陕西凤县黄牛铺、宝鸡县孟家滩营造核桃林 6400 亩,历时五

---

① 刘彤璧.西安七贤庄[M].西安:陕西人民出版社,2002:21.

年,为解决汉阳、孝义、济南等兵工厂制造军用武器枪托所需核桃木资源紧缺起到了重要作用。同年10月,教育部训令西北农学院,令畜牧兽医学系就军政部陆军马政类之全部或一部分问题加以研究,并在最短期间内将研究结果呈报。10月24日,校方迅即委托畜牧兽医学系主任路葆清教授和农业化学系主任王志鹄教授共同负责完成该项目研究。1942年4月,学校与陕西省卫生试验所及农业改进所合办血清厂。这些服务战时的研究为当时国民政府各部门所重视,其成果在支援抗战中也发挥了重要作用。[①]

根据国民政府教育部档案资料,西北农学院各系在抗战末期的研究工作分述如下:

(一)农艺学系:(1)举行小麦纯系育种,及杂交育种,并对小麦、黑麦杂交小麦成熟期抗雨生长促短遗传及栽培,作理论及应用之探讨;(2)举行棉作育种试验及棉作研究试验;(3)举行杂粮方面大麦、大豆、玉米及马铃薯育种试验;(4)举行旱作育种及抗旱育种,并作作物之田间需水量测定,黄土水分研究,旱地适应性栽培,中国旱区之调查统计,成立食用作物标准区;(5)举行蚕之育种及饲育方法之改良;(6)选获武功17号小麦产量较农家种高出10%,引进优种武功14号产量高出武功27号11%;(7)获得棉花较优种四个;(8)获得优良品种大麦武功3102及3120号大豆、武功白玉米及马铃薯Chippema旱作育种,育成良种小米西农八—六十六、高粱混选西农打锣槌,其他各项多已获有成果;(9)育成优良蚕种西农一、西农二、至西农一三、西农一五。

(二)植物病虫害学系:(1)关中昆虫相(象)之调查;(2)关中植物相(象)之调查;(3)昆虫标本之采集(包括经济昆虫);(4)病菌标本之采集;(5)关中经济作物病虫害之调查;(6)豌豆象之生活史及其防治试验;(7)金龟子生活史之研究;(8)除虫菊栽培试验;(9)蚜虫之研究;(10)太白山、楼观台、华山之植物标本采集大部已竣事;(11)经济昆虫标本约60余种;(12)病菌标本约80余种;(13)渭河流域植物社会之研究;(14)透明介壳虫之重记载;(15)中国产介壳虫之一新种;(16)陕西之昆虫。

(三)农业经济系:(1)关中区各项调查;(2)编制武功县乡村物价指数;(3)出版《关中农村人口调查》《关中区土地制度调查》《关中区土地利用调查》;(4)编有《农产品农用品价格指数》及《张家岗生活费指数》二种;(5)已出丛书《土地经济学》(刘潇然著)及《农场管理学》(王德崇著)二种,刊行《农经汇刊》及《农

---

① 闫祖书.西农抗战记忆[M].咸阳:西北农林科技大学出版社,2015:111.

经通讯》,以上各研究工作均有论文发表。

（四）园艺学系:(1)《陕西邠县①之梨》《河南灵宝之枣》《山西清源之葡萄》《陕西关中之柿种》《秭归毛坪甜橙》等之调查;(2)术之研究及其实验差误之分析;(3)白菜品种比较及种植时期试验;(4)茄子肥料三要素试验;(5)葡萄田间试验之区形大小及重复次数之研究;(6)苹果枝条之成长测定;(7)武功之气候与桃之栽培;(8)Colchicine 在花卉育种上之应用;(9)西北风土与葡萄之栽培;(10)武功苹果之生长与花芽分化;(11)苹果之生理的花芽分化;(12)苹果贮藏试验;(13)已出《蔬菜园艺学》(吴耕民著)、《桃之栽培》(路广明著)及《温室园艺》(章君瑜著)三种,通讯、园艺及西北园艺等刊物。

（五）森林学系:(1)从事树木标本、木材标本、树木种子标本、森林昆虫生态标本、森林动物标本、木材分类标本、森林副产物标本之采集与制作;(2)调查秦岭各区天然林之森林状况;(3)播种发芽以及苗木移植之研究;(4)实验沙滩造林;(5)森林育苗、苗床整理以及各种苗木土壤之适应性研究;(6)气象测候。

（六）畜牧兽医系畜牧组:(1)牧草栽培及保藏之研究;(2)土种鸡与白色单冠来航鸡生产能力之比较试验,与孵化育雏等试验;(3)武功土种猪与盘克猪生殖能力之比较试验;(4)《影响乳用山羊产乳量及乳脂含量因子之研究》。

（七）畜牧兽医系兽医组:(1)数种市售普通染料对于细菌之染色试验;(2)数种市售普通染料之防腐灭菌及治疗能力试验;(3)新法制造牛瘟脏器苗之试验;(4)牛瘟绿脏器苗之制造;(5)抗黄牛出血性败血病血清之制造;(6)液体石腊[蜡]在制造家畜出血性败血病血清之应用;(7)制造兽医防治血清菌苗。

（八）农业化学系:(1)关于电解体吸着之一新公式;(2)表面平衡热力学之研究;(3)荆峪沟土壤之土性与水土保持;(4)脂解酵素作用之动力学;(5)张家岗发面酵母之分离;(6)渭水灌溉与土壤性质及增肥之研究。

（九）农业水利学系:西北黄土区之水文、水理、水工、灌溉、防冲、土工、工程材料、水力机械之研究。

（十）农科研究所农田水利学部:(略)②

西北农林专科学校建校初期,学校就已十分重视科学研究成果及新技术的推广。

---

① 邠县:因字生僻,1964 年以同音更名彬县。2018 年撤县设市,改名彬州市。
② 国立西北农学院概况[M]//中国第二历史档案馆.中华民国史档案资料汇编:第五辑第三编教育(一).南京:江苏古籍出版社,2000:264-266.

1934年便设置农村事务处,担负着"培训农民、讨论农事、推广新农艺"之职责,下设农村合作、农业推广等四股。1935年国民党中央政治会议做出一项决议指出:"在洛阳设立中原社会教育馆,以洛阳周公庙为馆址,由西北农林专科学校筹委会拨款津贴经常各费,作为将来西北农林科学推广事业之一。"①此议后因全面抗战爆发而未能实现。1938年西北农林专科学校组建为农学院后,将农村事务处改为农业推广处,内分农村合作、生产指导、农村教育及编辑宣传四组。该处职责是,通盘筹划和推动农业科学技术的推广工作。学校还与有关业务单位合作,并提供技术支援,推广科技成果。1941年,陕西省设立改良作物品种繁殖场(1943年为陕西省推广繁殖站,1946年春改为西北区推广繁殖站),西北农学院租让给该场水旱地七百亩,用于建设场址和进行良种繁殖工作。据刘敦道所写《西北区推广繁殖站历年来推广繁殖工作》一文记载:"武功509号黑大豆,为本站与西北农学院合作新育出之优良品种,优质丰产,由1943年开始繁殖。1943年8亩,1944年10亩,1945年135亩,1946年150亩。本站与西北农学院合作育成的大麦品种'310''3120',每亩超过标准产量94.7至104.3斤。"②

根据西北农学院校史资料记载,农业推广处的经常性工作主要有以下几个方面:

一是指导农村合作社。战争年代的陕西农村,百业凋敝,合作事业很不发达。农业推广处大力宣传了建立合作社的意义及其利益,指导农民成立了各种合作社。农业推广处先后辅导扶风、武功两县共成立棉麦生产合作社170多个、信用合作社265个,社员达3251人,并对社员进行分区训练。农业推广处以合作社为推广的基层组织,督导其采用西北农学院农场育成的优良麦种和棉种。同时,指导社员植树、修路和兴修引水灌溉工程,这些都曾使农民得到合作的实惠。

二是充分利用学校资源,组织培训农民,传播科学知识。从1936年西北农林专科学校时期起,学校利用农暇,在周边县村的姚安、大庄、烧台、绛帐、杏林、毕公等村镇,举办扶风、武功农民合作训练班,训练科目有合作常识、合作簿记、合作法规、农业常识、社会常识,各合作社社员前来受训者极为踊跃。1940年,学校对杨陵镇等17个合作社理、监事130人进行农村合作社记账专题培训。1940年12月份学校在武功县杜家坡学校农场举办农民夜校5次,农场全体职工参与,附近农民和农场工人百余人参加。此外还在学校开办青年阅览室,办壁报、简报,向周边群众传播农业科技知识。

三是深入开展生产和技术指导。指导张家岗社、西魏店社等二十余社推广学校选育

---

① 闫祖书.西农抗战记忆[M].杨凌:西北农林科技大学出版社,2015:113.

② 见西北农报,1947,2(6).

的小麦品种"武功27号"。指导董家庄和半个城信用合作社、穆家寨稻莲合作社、徐家湾生产合作社推广"斯字棉四号"。在武功全县进行麦棉生产教育,参加农民共计147971人。指导二十多个合作社开展小麦黑穗病防治。在大庄镇合作社6处指导合作社轮作耕种及施肥改良法。在武功杨陵、大庄两镇,指导合作社养猪防瘟共计12社,在武功、眉县进行牛瘟防疫示范与推广。指导柴家嘴合作社和川口合作社引导漆水河开渠灌溉。西北农学院教师、学生在陕西宝鸡等47个县开展粮食增产工作巡回服务。学校农业推广处还为农民编辑出版了《田间选种法》《治蝗浅说》《造林浅说》《植棉浅说》《防除棉虫浅说》等通俗读物。

四是指导合作社造林,改善农业生态环境。1935年春,学校农村事务处和学校森林组自备造林苗木3万株,分发各村堡合作社社员择地种植,并号召每社自置苗圃一亩,邀请学校森林组派员前往指导苗床建设、选种、催芽、播种、苗期管理等工作。学校还对开展植树运动效果良好的合作社给予奖励。

五是举办农产展览会,构建产销对接及互相学习平台。1941年2月27日至3月1日,由农艺系5名教授组织、农艺系全体学生参与的农产品展览会在武功县杜家坡学校农场举办,附近农民一千余人参加了农产品展览会。① 为鼓励农民改进农业起见,西北农学院还在1943年1月1日至3日举办农产品评展览,②征集附近数十里农民选送的各种农产品参加展览比赛,择优给以奖品。元旦那天,"附近往观者约十余万人,情况至为热烈"③。

西北农学院科研成果推广的载体是校刊。1939至1946年间,西北农学院出版学术刊物多达20余种。1936年7月10日,西北农林专科学校校刊《西北农林》创刊。创刊号《发刊词》明确提出:"(本校)应社会之需求,创设经营,垂及三载;虽内部设施尚未完备,而欲担负其应尽任务之心,则未敢后人。所谓应尽任务者无他,盖拟欲研究教学诸方面,实地探究改进中国农业之新方法、新技术,并以有效办法推广于民间,以期于复兴中国农业。"《西北农林》共发行5期,刊载论著及译文共56篇,在其上发表论著者63人次。因战争及材料关系,停刊过8年。

考虑到《西北农林》专载"具有研究性学术论文",尚无"学术化及通俗化"的刊物,西北农学院在1946年9月中旬创办了《西北农报》,逐月发行,以适应社会需要。《西北农报》对欧美各国农业试验研究成果亦予以介绍。同时,该报还辟有《农事顾问》专栏,敦请

---

① 闫祖书.西农抗战记忆[M].杨凌:西北农林科技大学出版社,2015:116.
② 见国立西北农学院举办农产品评展会[N].西北文化日报,1942-12-31.
③ 见武功农院举行农产品展览会[N].西京日报,1943-01-08.

学校各系负责解答有关农艺、园艺、森林、植物病虫害、畜牧兽医、土壤肥料及其他各种农事问题,并向读者说明:"读者遇有疑难,本刊当于次期予以满意答复。"

第五节 一个少壮工程学府的诞生

国民政府在合并改组西北联大农学院的同时,也对工学院下达一连串改组令。

1938年7月21日,教育部发[汉教第5942号]训令,规定西北联大各院系调整办法:"本部兹遵照全国临时代表大会决议,并根据实际需要,参酌目前情形,拟定调整国立专科以上学校办法,自下年度起,该校农工两学院应与国立西北农林专科学校、国立东北大学工学院及私立焦作工学院,分别合并改组为国立西北农学院及国立西北工学院,业经电令知照。"①

7月27日,陈立夫再次发出[汉教第6074号]训令,令称:"令国立西北联合大学:案查该校工农两学院自廿七年度起与国立东北大学工学院、私立焦作工学院及国立西北农林专科学校分别合并改组为国立西北工学院及国立西北农学院,业奉行政院核定电知,并分聘李书田、胡庶华、张清涟、雷宝华、王文华等为国立西北工学院筹备委员,辛树帜、曾济宽、周建侯等为国立西北农学院筹备委员,指定李书田为工学院筹备主任,辛树帜为农学院筹备主任各在案,该校工农两院之一切设备用具及学生成绩有关文卷等项均应分别造册移交两筹备委员会点收,原属两院经费亦应自本年度起停发,另由本部发给两院经费之百分之五约计2万元作为津贴该校行政经费之用。"②并附改组办法和筹备委员会简章各一份。改组办法就经费支配、院系编制、师生人员、院址、院产等事宜做了规定。

其中,规定院系编制,"设土木工程、矿冶工程、机械工程、电机工程、化学工程、纺织工程六系,原有各工学院各学系分别并入上列六系";规定三学院原有职教人员由西北工学院尽量聘用,其名单呈报教育部先行审核;三院学生则完全并入西北工学院,除东北大学

---

① 王学珍,张万仓.北京高等教育文献资料选编 1861—1948[M].北京:首都师范大学出版社,2004:772.

② 姚远.西北联大史料汇编[M].西安:西北大学出版社,2012:699.

工学院学生仍发伙食费外,其他两院之战区学生准给贷金;规定西北联大及东北大学工学院,"之一切设备用具及学生成绩有关文卷各项均归国立西北工学院接收",但是"焦作工学院之设备用具归国立工学院借用";院址定在甘肃岷县或天水。①

7月28日,教育部为农工两院教授聘书如不续送恐将流失,特电西北联大常委徐诵明、教授潘承孝等59人:"查本次调整国立各校院系计划系根据全国代表大会之决议及抗战建国纲颁之规定,谋全国高等教育机关设置之合理,各校院系之改组均就目前全国实际需要而定,固不能全为一校一院设想。且平大自西迁以来农工两院设备简陋,不易发展,令与附近院校合并改组成独立学院,使人力物力集中办理,正为充实内容,确立西北农工教育基础之计,对于学生学业教师研究均属有益之举,并非裁撤两院节省经费者可比。改组以后不独两院原有教授尽先聘任,即平津热心教育之学者如能南来亦必设法容纳,不使有失教机会之感。至北平收复后如有设立两院必要时,仍得照旧设置,此时不勿庸过虑。当此国家多难之秋,本部对于原有国立各校院仍采维持与改进之旨,所望各教授共济时艰,竭尽智虑致力于发展西北教育,勿于本部既定方针有所异议,并勿派遣代表来部以免徒劳往返,是所至盼。"②

8月10日,西北工学院筹备委员会在城固组成,李书田(北洋工学院)、胡庶华(西北联大)、张清涟(焦作工学院)、王文华(东北大学工学院)、张贻惠(北平大学工学院)、张北海(教育部)、雷宝华(陕西省建设厅)为委员。

对此委员名单,原北洋工学院的一帮教职员工坐不住了。8月21日,魏寿昆、王翰辰等35人致电教育部:"西北工学院筹委原奉聘五人均仰处置,现各院均有代表委员,惟北洋独无。筹备主任例不参加表决,遇有争执,即首先牺牲北洋权益,同人等夙夜彷徨,深虑四十三载北洋高尚优美校风消失。谨依据此次并组西北工院,以北洋成绩最著教授、学生及经费均最多,敬请电聘本院前总务长兼土木系主任周宗莲及资望最老教授兼电机系主任刘锡瑛为筹委,藉收中流砥柱之效,并树良好工院之基。同人等非敢缪参校政,实欲共挽狂澜。"教育部23日电告李书田:"北洋工学院教职员魏寿昆等马电请聘周宗莲、刘锡瑛为西北工学院筹委,碍难照准,希转知。"③

筹委会成立了,为高效推动筹备工作,采取什么样的决策机制很重要。8月19日,焦作工学院校董任殿元、李余庆致函教育部,提出"常委制"建议:"钧部顾念战时需要合并改

---

① 张凤来.北洋大学—天津大学校史(一)[M].天津:天津大学出版社,1991:359-360.
② 姚远.西北联大史料汇编[M].西安:西北大学出版社,2012:640.
③ 王建领,等.国立西北联合大学档案史料选编:上册[M].西安:西北大学出版社,2018:148-149.

组各工学院无任钦佩,惟望国立西北工学院能采用常委制,将更利于进行,当否恳请钧裁。"①第一战区司令长官兼河南省主席程潜也致电教育部:"国立西北工学院闻采常委制,可否以焦作工学院院长张清涟列入常委,请酌夺办理。"②

8月24日,教育部收到筹备主任李书田电:"受命以来深觉材轻任重,拟电请让贤,弟恐旷时迟误开学遂即如今筹委积极推进,惟筹备主任与筹备委员权责尚未蒙钧部明确规定,定于执行部颁合并改组办法及维持合作上殊感困难,尤其部示就旧教职员尽量选聘,应依贤能岂必各院再蹈联大覆辙,关于取舍似应请电令特予筹备主任以相当裁决之权。苟有益于奠定西北工院良好基础者,书田虽摩顶放踵亦奚辞,若徒负主任名义而无由本良知良觉与九载办理工程教育之经验,而展布莫名及早退休,免贻筹备不善之咎。"③

10月5日,西北工学院筹备委员会讨论院长制或委员制,委员们进行投票表决,结果票数相同,最后李书田加入表决,通过院长制。但为减少纠纷起见,筹备委员会致电教育部:"拟恳钧座定一目前过渡办法。暂用院委制,但书田意见必须指定院委三人,由庶华、北海充任,彼始能办事顺利云。如承俯允,乞于开学后发表。""采院长制,将来学院成立后果授院长以院务之全权,则统驭有序,困难自灭。如更为免除枝节,则暂以部令设置院务委员,仅限三人,果当其选过渡。春藻(即胡庶华)、北海善尽折冲,最适环境,倘一时难觅他人而为期?短期书田亦可勉为暂充未议。假使院委增至五人则意见纷歧,流弊滋多,难收至效。"④

接着,李书田后院起火。筹备委员王文华、张贻惠、张清涟等致电教育部:"李筹备主任刚愎自用,领导无方,业于东电呈明。西北工学院将来如以李为院长则不但将引起重大纠纷,且与钧部树立西北良好工程教育之旨决难符合。谨建议依照各联合大学例采用常务委员制。"教育部回复:"查西北工学院已由本部决定采用院长制,组织大纲业经颁发。"⑤

李书田遭受弹劾,北洋人群起相助。12月14日,原北洋工学院教职员工刘锡瑛、周宗莲、魏寿昆、曾炯等40人联名致函教育部:"近闻蒙蔽钧部,要求易人主院,果如所传,则今后只见营私者敷衍因循,学风日下,课业日疏,观乎今日焦工、东工学生之成绩,不禁为西

---

① 王建领,等.国立西北联合大学档案史料选编:上册[M].西安:西北大学出版社,2018:147.
② 王建领,等.国立西北联合大学档案史料选编:上册[M].西安:西北大学出版社,2018:148.
③ 王建领,等.国立西北联合大学档案史料选编:上册[M].西安:西北大学出版社,2018:148.
④ 王建领,等.国立西北联合大学档案史料选编:上册[M].西安:西北大学出版社,2018:147.
⑤ 王建领,等.国立西北联合大学档案史料选编:上册[M].西安:西北大学出版社,2018:148.

北工院前途寒慄。"①

12月23日,焦作工学院院长张清涟忽电教育部长,请辞西北工学院筹备委员职。29日,陈立夫回电挽留:"西北工学院筹备工作形将完成,仍盼协力共济,幸勿谦辞。"②

矛盾归矛盾,工作还是照常推进。8月12日,李书田主持召开第一次筹备委员会会议,王文华、张贻惠、张清涟、周宗莲(代雷宝华)等人出席,会议决议:建议教育部移改设西北工学院于陕西省城固县古路坝天主堂内。8月13日召开第二次会议,通过了筹备委员会组织大纲草案。

8月18日,筹备委员会取得汉中地方支持,决定将学院设在城固古路坝天主教堂内。先借用教堂内东北部之女院和老汉院为校舍,教堂墙外空地为体育场,后将其两百余间房屋全部无偿借用(原西北联大高中部占用一个四合院楼房)。随即,东北大学工学院(1938年4月已迁至四川三台)及河南焦作工学院(1938年3月已迁至甘肃天水)教职工、学生及图书仪器陆续迁至古路坝。这两院的图书仪器构成了西北工学院的教学基础。

8月23日,学院成立建筑委员会,在教堂附近新建教职员住宅、学生宿舍和食堂。

本书作者考察古路坝西北工学院旧址

---

① 王建领,等.国立西北联合大学档案史料选编:上册[M].西安:西北大学出版社,2018:146.
② 王建领,等.国立西北联合大学档案史料选编:上册[M].西安:西北大学出版社,2018:148.

9月3日,东北大学工学院并入西北工学院的人员主要有:院长王文华,土木系主任、教授金宝桢,教授田鸿宾;机电系主任、教授王际强,教授徐庆春、黄昌林;体育部主任刘化坤等。东大师生员工共142人并入。①

9月6日,筹备委员会通过学院组织规程和计划大纲。9月7日,呈请教育部于本院设立工程学术推广部,目的为推广工业社会教育及工程学术事业,并协助西北各省区进行地方建设及生产事业。10月3日,西北工学院经教育部批准进行建院后首批招生,招收矿冶工程研究生和各系二、三年级转学生,招生广告刊于重庆、成都、西安和汉口诸媒体。

10月23日,学校接收古路坝西北联大工学院校产,接收东北大学工学院的所有设备及学生成绩有关文卷,并借用焦作工学院的设备用具。

总之,从8月到10月这三个月期间,筹备委员会先后决定如下主要事项:

(1)张贻惠教授兼任教务主任,张清涟教授兼任总务主任,王文华教授兼任训育主任,周宗莲教授兼任秘书主任。

(2)设八个工程学系:土木工程学系由原东工、北洋、焦工的土木系合组,聘金宝桢教授兼系主任;矿冶工程学系由原北洋、焦工的矿冶系合组,聘任殿元教授兼系主任;机械工程学系由原平工、北洋的机械系合组,聘潘承孝教授兼系主任;电机工程学系由原平工、东工和北洋的电机系合组,聘刘锡瑛教授兼系主任;化学工程学系为平工原有的学系,聘肖连波教授兼系主任;纺织工程学系(全国唯一)为平工原有的学系,聘张汉文教授兼系主任;水利工程学系由原北洋的土木系水利组分出组成,聘李书田教授兼系主任;航空工程学系由原北洋的机械系航空组分出组成,聘罗明燏教授兼系主任。

(3)聘李书田教授兼西北工学院工科研究所主任,聘魏寿昆教授兼工科研究所矿冶研究部主任,聘冶金工程教授胡庶华兼工程学术推广部主任,以负实地开发西北之责。

(4)呈报教育部关于东北大学工学院及私立河南焦作工学院分别由四川三台及甘肃天水至城固古路坝迁移费预算案。决定张清涟、王文华为西北联大工学院接收委员,赵玉振、王翰辰为东北大学工学院接收委员,任殿元、余立基为焦作工学院接收委员。

(5)讨论通过了《国立西北工学院组织大纲》。其中关于领导体制问题,对实行常务委员制或院长制问题,经筹委会投票表决,决定实行院长制,并呈报教育部。

(6)成立行政机构:文书组、会计室、出纳组、庶务组、课业组、仪器组、图书组、斋务组、

---

① 杨佩祯,等.东北大学八十年[M].沈阳:东北大学出版社,2003:136.

卫生组、体育组、军训组及南郑办事处，职员共37人。

（7）报经教育部批准，院址设在城固县古路坝意大利天主教堂内。①

11月，焦作工学院师生及眷属146人在张清涟院长率领下，从甘肃天水乘汽车整建制迁入城固古路坝，图书、仪器及办公用品等约160吨分别从西安、宝鸡、天水运往西北工学院。对此，焦作中福煤矿公司总经理、焦作工学院常务校董孙越崎说："由于焦作工学院是完整西迁的，图书和教学用具、实习工厂设备齐全，这为流亡到陕西的北洋、平大和东大工学院合并成立西北工学院创造了条件。"②原焦作工学院绝大部分教职员留任于各学系、研究所（部）及管理部门：张清涟教授任职于总务处和学术推广部，任殿元、马载之、李善棠、石心圃（集斋）等任教于矿冶工程学系，谢光华、余立基等任教于土木工程学系，马书润、唐绍宗等任教于化工工程学系，何绪赞、杜春山等任教于机械工程学系，张景淮等任教于航空工程学系，王允升为体育副教授，王魁元、李振亚、曾冀泉等任职于各管理部门。

在李书田主任的领导下，筹备委员会积极工作，历时四个月，前后共举行筹备委员会会议24次，至11月初，各项工作基本就绪。11月10日，筹备委员会迁古路坝院址办公。

古路坝天主教堂西北工学院旧址（张在军摄）

---

① 陶秉礼.西北工业大学校史[M].西安：西北工业大学出版社，1995：14-15.
② 孙越崎.抗战时期焦作工学院西迁.未刊稿[M]//王少安.河南理工大学史.北京：中华书局，2009：15-16.

11月12日是孙中山先生诞辰纪念日,校方选定这一天举行开学典礼。11月22日,学校收到教育部关于启用"西北工学院关防"令,之前的筹备期间仍用"北洋工学院关防"。

12月12日,西北工学院正式上课,四校学生加上插班生共有773人,其中原焦作工学院采矿、冶金、路工、水利四系学生共97人。① 后来李书田说:"至12月中旬以后,四院员生齐集城固古路坝,开学上课,完成一件不得已之举措。嗣虽发生波折,终由北洋员生之为国忍耐牺牲,得以奠立西北工程教育之基础。"②

新组建的西北工学院与临时大学、联合大学时期工学院不同,之前工学院虽名称统一,但各校仍同时挂原各校的校牌,戴原各校的校徽,无论形式上和内容上都保持着各自的独立性。西北工学院其实是由四校合组建成,集中了四校的优势,焦工、东工的图书设备,北洋、平工的师资和四校优良传统与办学经验。四校的融合不是形式上的联合,而是以新的办学实体出现在大西北,开创了西北高等工程教育的先河,成为国家培养高等工程技术人才的重要基地,也"成为全国规模最大系别最多之工程学府"③。

西北工学院——"时代的产儿,它要算抗战以来最完备④最少壮的一个工程学府,时代赋予它一个伟大的任务——开发西北和建设西北的使命,交给它西北工业建设的扛鼎工作,要使西北成为一个理想的园地,放出一枝惊人的奇葩"⑤。

第六节 三任院长的是是非非

1939年2月,教育部电西北工学院筹备委员会:"该院已经筹备完成,该委员会着即撤

---

① 王少安.河南理工大学史[M].北京:中华书局,2009:15-16.
② 李书田.北洋大学之过去[M]//陈明章.学府纪闻:国立北洋大学.台北:"南京出版公司",1985:72.
③ 见西北工学院近况[N].甘肃民国日报,1939-08-25.
④ 西北工学院组建之初有8个学系,到抗战后期达到9个学系,居战时高校工程系科数量之首。其次是中央大学工学院,有7个系科。至于西南联合大学工学院,有5系1科。
⑤ 灵万.抗战以来的国立西北工学院[M]//黄觉民.全国专科以上学校最近实况.北京:商务印书馆,1941:64.

销。已另聘秦瑜为院长,在秦瑜未到院以前,并已聘赖琏暂行代理院长职务。"①按,秦瑜系北洋大学采矿门毕业,为焦作工学院董事,当时在欧洲考察工矿。

照一般常理,院长一职应该由筹备委员会主任李书田出任,为何另有人选呢?

原来,筹备委员会主任李书田,事业心强,工作勤恳,主持院务工作半年多,使筹备工作进展迅速,很快开学上课,为西北工学院的建立作出了贡献。但是,他念念不忘恢复北洋大学(工学院)。西北工学院成立初期,他曾两次呈请教育部要求北洋工学院独立。第一次教育部以"碍难照办"批回;第二次教育部以"仍坚持成见,殊与本部合并改组之旨不合"的批语驳回,方得作罢。李书田为人处事过于自是,不尊重他方,不注意团结合作,不善于取长补短,常常流露出北洋工学院高人一等的情绪。在办学上,李书田不能从当时抗战时局出发,求同存异,妥善处理院务。如各院师生流离失所,好不容易汇集一起,学业有所荒疏,师生业务程度、教学水平有一定差异。他不顾这些实际情况,以己之标准,急于强求一致,对北洋工学院以外的教授进行考试,以结果评定职称。这样一来,原北洋工学院的教师级别未动,其他学校的教师却被"大降级",教授大多降为副教授,副教授降为讲师,讲师降为助教。这就犯了众怒,失去民心。他对学生也公布了严格的考试制度,要求立即执行,但是,对学生生活上的一些困难却无力解决,处理欠当,引起原各院许多学生不满。时任北平大学机械系主任的潘承孝教授回忆:"不幸开学后校内流传着一些不利于团结的话,例如传说焦作工学院的教师有抽大烟的,有加入青红帮的;东北工学院的教师年轻,没有教学经验;北洋工学院教师学术水平高,北洋学生程度高。又因李书田办事不与筹委会商量,多少有点独断专行,并且说话时不自觉地流露出看不起焦工、东工师生的神情。北洋学生也有自高自大的表现。这些都影响了团结,加之平大工学院师生也不理解李之所为,这样逐渐形成了三校师生与北洋对立的局面。我曾劝过李书田,但他不听,对立的情绪愈演愈烈。"②终于,导致发生了学生斗殴与"驱李事件"。

据《西北工业大学校史》记载:1938 年 12 月 30 日凌晨,三十多名学生手持木棍把李书田轰出校门。李书田跑到二十里外的左家湾暂避。事前原北洋学生一无所知,当得知情况后,又与其他院校学生发生冲突,重伤九人,轻伤数十人。双方情绪激愤,对立严重。四院教师共同出面,尽力做双方学生工作,以维护团结,结果无效,学校即行停课。③ 另据当

---

① 陶秉礼.西北工业大学校史[M].西安:西北工业大学出版社,1995:17.
② 潘承孝.回忆抗战时期的北洋工学院片断[M]//杨渝钦.莘莘学子母校情.天津:天津大学出版社,2005:20.
③ 陶秉礼.西北工业大学校史[M].西安:西北工业大学出版社,1995:16 - 17.

年学生鲁承宗回忆,闹学潮驱赶院长李书田,"以东北大学学生为主"①。

"驱李事件"发生的第二天,12月31日,筹备主任李书田致电教育部长陈立夫:"本院少数学生突生暴动,业于艳(即29日)电详陈。该日下午召开全体教职员会议,经商定先尽力劝导并布告。自30日起,仍照常上课,乃该少数暴动学生依然干扰。30日晚,中央军校刘副主任代表汉中警备司令来院恳商。今晨,该暴动分子,竟又发动大规模暴动,驱逐原北洋学生,棍伤头部,重者九人,轻者数十人,不得已均被迫出院,经刘副主任一再弹压,东大学生仍甚嚣张。下午春藻、北海偕来,赴院对暴动学生训话,仍未后悔。晚间,优良学生500余群集书田处,详陈不能与该暴徒等共学一堂之意,另除觅民房暂居校外,派员看护受伤学生,并与胡、张两委员及刘副主任详商解决办法外,谨特电陈,敬听鉴察。"②

1939年1月,李书田率领部分北洋学生随后离开学校,步行入川,"下榻四川公路局广元养路区,因主任适为十八年班同学耿焕明"③。李书田提出在广元复建北洋工学院的要求,教育部考虑到迁校、并校是当时全国统一规划,如许北洋工学院复校,势必影响全局,因此驳回。西北工学院派人到广元照料学生,并请原北洋工学院教授周宗莲、刘锡瑛、王董豪等数次去广元慰问学生,劝导他们返回学校。

随即,李书田去重庆教育部报告事件经过,未再返校。1月26日,教育部电令西北工学院筹备委员会,"为首滋事学生×××等7名着即由院开除,给×××等24名记大过二次、留校察看"(实未公布实施)。并要求"离院学生应迅令限期回院,在校学生应严守秩序,其不遵守令者,均作自动退学论,限电到10日内恢复正常状态。复课后即开交谊会,化除意见,如再有轨外行动,即开除学籍"。④ 2月26日,西北联大常委胡庶华等在重庆谒见教育部部长陈立夫,就滞留广元的学生归校问题进行磋商。此时,李书田辞去西北工学院筹委之职,经行政院批准,派往西康另建新校。随即由教育部聘秦瑜为西北工学院院长。在秦瑜未到任之前,由李书田推荐他在康奈尔大学的同学赖琏去调解西北工学院的矛盾,自然得到同意。因为赖琏是国民党CC系的骨干,1927年反共清党的干将,国民党第五届候补中央执行委员。

3月1日,在北洋校友总会代表曾养甫等人陪同下,赖琏由重庆至广元劝导北洋学生返回城固,维护西北工学院的完整。这时,由胡庶华率领的调解小组也赶到广元,代表北

---

① 鲁承宗.八旬忆往:一个知识分子讲述自己的故事[M].重庆:重庆出版社,2001:54.
② 王建领,等.国立西北联合大学档案史料选编:下册[M].西安:西大学出版社,2018:910-911.
③ 徐世炳.校友点滴[M]//陈明章.学府纪闻:国立北洋大学.台北:"南京出版公司",1985:229.
④ 陶秉礼.西北工业大学校史[M].西安:西北工业大学出版社,1995:17.

平大学工学院、东北大学工学院和焦作工学院三个学院的师生慰问北洋学生,劝说他们返院。赖琏苦费口舌从中调解,终于说服200多名原北洋学生,并率领他们返回城固。北洋学生虽同意返院,但提出不到古路坝上课。赖琏到达城固后,暂择龙头镇七星寺,安排原北洋学生住下来,请教授给他们上课。为便于授课,原北洋教授亦迁往附近的高家村暂住。另据潘承孝教授回忆:"在接受北洋学生回陕的两个条件后,学生随即回到城固。这两个条件是:第一,1938年北洋工学院毕业班学生不发西北工学院的文凭,仍发北洋工学院文凭;第二,回城固上课,但不去古路坝西工院部上课。因此北洋学生回到城固后,在七星寺上课,发的是北洋文凭。从1938年8月以后,原北洋工学院教师虽大部分留在西工任教,但西工已没有北洋的学生了。"①

赖琏到达古路坝院本部后,立即召集学生讲话,说明奉教育部令前来代理院长的经过,毫不迟疑地宣布次日恢复上课,并保证补发教职员欠薪,保证学生今后能安心求学,不受任何方面的威胁和干扰,号召消除分歧,团结办学。他对学生们讲:"各位同学来学校是读书的,我是奉命来办学的。我要帮助同学们充实学问,使你们毕业后成为一个有作为的工程师,为我们艰苦抗战的国家建设大后方,收复失土,建设中国。各位同学如果同意我的说法,就请回到教室安安静静地去读书,我会把造成学潮的问题设法解决。只要你们的要求合理,我会尽量采纳。我惟一的希望就是要培养大学生应有的学识与内涵,你们一定要有大学生的良好气质及优异的成绩。一个立志要为国家民族前途而奋斗的大学生应该怎样做,各位应该比我更清楚。诸位将来都是社会中坚、有为的工程师及企业家。请你们自己好好考虑一下,如果认为学校值得留下来,那就好好去读书……"②一席话使得在场的同学深受感动,大家纷纷回到教室去学习。次日赖琏督促各系各班正式上课。当时课堂的桌椅几乎全部在罢课期间损坏了。赖琏便要求学生站着听讲,只有女生和身体衰弱的学生坐在剩下来的破椅子上。赖琏当即限令总务部门在两周之内赶制千套桌椅,配备所有教室,同时还整顿了教职工和学生食堂。从此大家的情绪很快安定了下来。对原定要开除的学生,因时值抗日期间,为免流离失所,决定另行处理,有的继续留校学习,有的转其他大学继续完成学业,毕业时由西北工学院发给毕业文凭。一场风波到此结束。该事件的发生,使西北工学院停课三个多月,时间、精神、物质各方面都蒙受很大损失,是一次沉痛的教训。

---

① 潘承孝.回忆抗战时期的北洋工学院片断[M]//杨渝钦.莘莘学子母校情.天津:天津大学出版社,2005:20.

② 陶秉礼.西北工业大学校史[M].西安:西北工业大学出版社,1995:17.

3月16日，赖琎就任西北工学院代理院长。因秦瑜留欧未返，7月，教育部正式任命赖琎为院长。

赖琎主持西北工学院多年，尤其是前三年，对学校的发展倾注了心血，逐渐将其建设成抗战后方最完备的工科大学。他加强管理、严肃考试纪律、扩建校舍，还因陋就简建立了几间实验室；他注重学生书本学习和实践的结合，那时从西安到宝鸡的陇海铁路线上，有很多内迁的工厂，赖琎和他们联系，安排学生暑假到工厂实习；随着学生人数的增加，他又在城固县城郊的七星寺办起了分校。据《西北工业大学校史》记载，赖琎总结筹备委员会工作的经验教训，实施了系列重要举措：

西北工学院院长赖琎

（1）健全组织，使人尽其才，事无偏废。院长办公室设秘书一人，设立教务处、训导处、总务处、会计室等部门。为规划事务的进行，设置了各种委员会，如建筑委员会、图书仪器迁运委员会、学生贷金审查委员会、编译委员会、物价查报委员会、生产合作事业设计委员会，等等。委员会分永久和临时两种，永久性质的委员会委员任期一年，临时性质的委员会，事毕即行撤销。

1943年增设工业管理学系，至此学院共九个工程学系。机械工程学系改任辛一心教授为主任，水利工程学系先赖琎兼主任，后改任刘德润教授为主任，工业管理学系主任为彭荣阁教授，其余各系主任未有变动。另聘刘锡瑛教授为工科研究所主任，先后聘雷祚雯、任殿元教授为工科研究所及工科研究所矿冶研究部主任。聘王文华教授为工程学术推广部主任。

（2）建立会议制度。确立了院务会议、教务会议、训导会议、总务会议及系务会议的规则，规定了会议的任务、参加成员及会议程序等。如，院务会议的任务是"计划及审议一切进行事宜"，参加成员为"院长、教务主任、训导主任、总务主任、各系主任、会计主任、工科研究所主任、工科研究所矿冶研究部主任、教授代表，以院长为主席"，会议举行时间为"每学期开学初、终了前，各举行一次"，规定各种提案"必须构成议题，申述理由，以书面行之，并于开会前交院长办公室，编入议事程序"。

（3）加强教学管理，完善规章制度。加强教学管理，逐步完善各种规章制度，尤以考试制度最为严格，甚至一名学生的升留级或退学问题，也须在院务会议上进行讨论，最后由院长批示。1942至1943学年度，由于学生生活困难，经济窘迫，以致影响读书进益，学风不好。赖琏令教务、训导两处拟就《整饬学风具体方案》,由院务会议通过。其主要内容包括:改良点名方式,教师亲自严格监考,限制课外活动,集中评阅试卷并加严评分,严格考试假,加重小考,集中学生进行自修等。

(4)扩大基础建设,新办七星寺分院。在扩大校舍建设方面,院本部除借意大利天主教堂的东北部女院及老汉院外,并于1939年9月至1940年2月,扩建教职员宿舍36间、学生宿舍60间。1940年10月起,由于系和班次的增加,学生人数增多,学校设施更加紧张,便在七星寺设立了分院,安置一年级和先修班学生。老校友曾回忆道:"西北工学院除陕西汉中城固县古路坝天主教堂校址外,还在不远处的七星寺设立了分院。同学们怀着救亡抗日的心情学习,卧薪尝胆、分秒必争,苦读之风盛行","七星寺的同学也是人人自奋,潜心苦读,开夜车成风。每个教室,有开晚车者,有开早车者,你去我来,经年如此,百数只蜡烛,光焰闪耀彻夜不熄,被誉为'七星灯火'。"①正是这样的学问坚守与治学特色,使得西北联大精神在艰苦岁月中愈显灿烂。

1942年春,西北大学校长被迫离校,教育部电令赖琏同时兼掌西北大学。赖琏提出辞去西北工学院院长职务,未准。赖琏之所以被任命为西北大学校长,是因为西北大学那时学潮不断,加之学校领导之间存在派系斗争,前两任校长胡庶华和陈石珍无力应付局面,黯然离去,一时间西北大学校长的职务成为烫手山芋,谁也不肯接,在此情况下,教育部便派赖琏去整顿秩序。

赖琏兼任西北大学校长,古路坝西北工学院的具体工作由教务长潘承孝主持,但他并未放弃西北工学院的工作,仍然定时到西北工学院办公。赖琏在西北工学院是比较受师生拥护的,以至于他被任命为西北大学的校长,西北工学院的师生竟不愿意让他走,所以教育部采取了一个折中方案,让他同时兼任两所学校的校长。赖琏之所以能得到西北工学院师生的拥护,除过他做了一些有益于西北工学院发展的事情之外,还有其他几个原因:首先,他处理学校里的矛盾与意识形态斗争没有太大关系,主要是人事纠纷,比如前面说过的"驱李事件"中,他就采取了一系列适当的、安抚人心的措施,矛盾就化解了;其次,西北工学院的学生不如文科学生好动,政治热情不是特别高,大多数人还是想好好读书,不想折腾别的,没有给赖琏的管理带来什么麻烦,赖琏自然也就和学生之间没有什么太大的矛盾对立;第三,赖琏本身是从美国留学归来的工学硕士,还是有些学问的,这一点应该得到了西北工学院学生的认同。②

---

① 陈克恭.西北联大对当代大学治理的启示[N].中国教育报,2016-01-11.
② 高远.世事纷纭说赖琏[J].休闲读品·天下,2012(2).

1943年10月,赖琏到教育部述职。述职期间,委托潘承孝教务长代理院长职务。教育部最终同意赖琏辞去西北工学院院长职务,后来他被任命为教育部常务次长。

当教育部任命潘承孝为代理院长时,学者气质很浓的他极不情愿就任。"驱李事件"之后,潘承孝深知表面上平静下来,但学校内部矛盾依然存在,并且任院长后,免不了要和政界打交道,他不谙于也不齿于此道。再加上潘承孝低调谦逊,总是认为自己难当此重任,所以接到电文后便压下来,未向师生公布。但教育部这个电报还同时任命了刘季洪为西北大学校长,西北大学公布电报全文之后,近在咫尺的西北工学院师生马上得到了消息,便纷纷向潘承孝询问此事,并表示希望由西北工学院自己的人来领导,强烈要求他接任院长。因为潘承孝为人谦和敦厚、做事光明磊落,并且毫无门户之见,已在广大师生当中树立了很高的威望。无奈,1944年1月,潘承孝在全院师生一致拥护声中就任西北工学院院长。3月1日,教育部正式任命潘承孝为西北工学院院长,一时校内外反响强烈。同日的《西京日报》还报道说:"国立西北工学院院长潘承孝……从事教育有年,成绩卓著,早已蜚声国内,今后西北工学院之前途当可发扬光大。"[1]

潘承孝任院长后,学校组织机构、管理制度基本照旧,把训导处的军事管理组改设为课外活动组。对一些学系、部门负责人员作了调整,比如土木工程学系主任潘承孝教授(兼),机械工程学系代理主任朱良玺教授,纺织工程学系代理主任郭鸿文教授,水利工程学系主任彭荣阁教授,航空工程学系主任张国藩教授,工程学术推广部主任程干云教授。

当时正是抗战胜利前的最困难时期,办学经费紧缺,师生生活更加困苦。潘承孝殚精竭虑,主持院务,特别在教学和学校建设方面做了大量工作,带领学院艰苦迈进。

1944年11月,教育部电令学院号召知识青年从军。学院召开大会,潘承孝院长作青年从军动员报告,指出全面抗战已历7年,日本已是全球众矢之的,其势已呈强弩之末,争取全面抗战胜利到了最关键的时刻,也正是青年爱国志士投笔从戎的大好时机。由于教职员工和学生大多数来自沦陷区,对日军有深仇大恨,因而大会上师生群情激昂,签名从军者极为踊跃。据当年11月20日的《西北文化日报》报道:"国立西北工学院从军热潮已达极点,院长潘承孝氏首先报名,教授学生蜂拥而起,纷纷从军。截至目前止,已有教授42人,职员53人,学生613人,工友15人,达全体人数百分之八十以上,在从军声浪中实开全国各大学之创举。"[2]未报名的同学多是由于体弱有病或有别的困难,经大家劝阻才按捺下

---

[1] 陈德第,等.世纪学人——河北工业大学名誉校长潘承孝教授[M]//刘志明,林金铭.一代师表——著名教育家潘承孝百岁华诞专辑.天津:天津人民出版社,1996:32.

[2] 见国立西北工学院创造从军运动之新纪录[N].西北文化日报,1944-11-20.

了从军的愿望。以后上级来电慰问，但只分配了40个名额，于是又重新报名，最后共有130多名学生参加到抗战的队伍，这正是院训"公诚勇毅"的最好体现。从军学生离校时学院举行了隆重的欢送仪式。当日雪花纷飞，不少师生冒着严寒徒步送行到五公里外的板凳崖，有的同学一直送到汉中。"风萧萧兮易水寒，壮士一去兮不复还"，此情此景，就连那冰冷的汉水也为之动容。

潘承孝院长对学生爱国思想的教育是无时不在的，从他们入学一直到毕业。1944级学生毕业时，潘承孝在毕业同学册的序言中写道："吾国物产丰富，人力雄厚"，"合乎富强条件"。"所惜兵乱未已，工业不振……青年学生鉴于国际风云之不测，中原兵燹之难息，展望前途茫茫，不知所从。因而趋于消极者，大有人在。""诸君献身工程界，于此时步入社会，效忠国家，荣幸何似！深盼诸君发挥'公诚勇毅'之精神，克服当前之千万困难，为母校争光荣。"①简短的几句话，是潘承孝自己爱国之心的完整体现，更是对学生的极大教育与极大希望。正是有了这种报效祖国的精神，潘承孝的万千学生才能在社会各个行业呕心沥血，为国家之富强贡献着自己的一切，成为国家建设的栋梁。

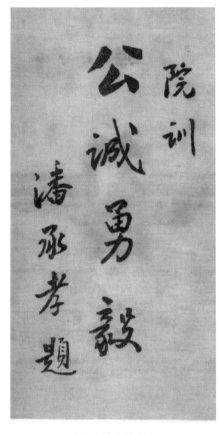

西北工学院院训

第七节 办学："严"字当头

西北工学院成立之初，即由四学院汇集组成较强的师资阵容，各系的系主任均系各学

---

① 陈德第，等.世纪学人——河北工业大学名誉校长潘承孝教授[M]//刘志明，林金铭.一代师表——著名教育家潘承孝百岁华诞专辑.天津：天津人民出版社，1996：36.

门中成绩蜚声中外的专家。教授占教师队伍的七成多(教师85人,其中教授62人,副教授4人),是授课的主力军。教授中以留美归国者居多,也有留英和其他国家的。他们讲课混合使用汉语和英语较为普遍,也有少数纯用英语讲授的。大多数教授都拥有硕士或博士学位,知识渊博,教授得法,受到学生欢迎。如潘承孝教授讲内燃机课,态度严肃,声音洪亮,语言清晰简练,层次分明,比喻生动,使人听来如见物体在运转、机件在滑动,有声有色,学生十分钦佩他。他要求严格,学生考试如有作弊,被发现后当场撕毁试卷。学生们钦佩他的学识与人品,称他为严师典范。物理教授黄苍林讲课启发有术,分析得法,特别是对一些深奥问题,循循诱导,能吸引学生注意力,效果好。他认真负责,经常当面指导学生做习题。大家普遍反映,黄苍林教授的教学方法有益于学生锻炼独立思考能力。航空工程学系张国藩教授讲授流体力学课,分析问题透彻,比喻形象生动,课堂效果好,深受学生的欢迎。严恺教授讲授物理学,口齿清晰,条理分明。他考试要求极严,有一次考试,一个班只有两名同学及格,进行了全班补考。黄敦慈教授讲微积分课,对讲授内容了如指掌,熟悉老练,要求严格,每课必留习题,而且必须按时做完交他批改,不允许拖到第二次课。讲授采矿工程的马载之教授,原系焦作工学院教授,学识渊博,经验丰富,是讲课名师。他本人和焦作工学院的图书,在四院合组西北工学院时极受重视。当焦作工学院到达古路坝时,人们首先要问:"马载之来了没有?焦作工学院图书运到没有?"土木结构力学教授金宝桢讲课纯用英语,内容新颖,语言简练,为全院所瞩目。数学教授齐汝潢不仅课堂讲授效果好,课后还经常到学生中巡视,解答问题,关心学生生活,深受学生爱戴。青年讲师李敏中、游来官、袁耀亭、张开敏学业基础深厚,教学内容熟谙,讲授得法,效果出众,被誉为西北工学院"四大金刚"。1944级的周政对诸多教授都有过回忆:

> 我入学的时候已不是李书田当院长,院长是赖琏,实际上是潘承孝主事。北洋大学的教授们也都留在西北工学院,所以当时学校师资水平很高,有很多年轻的教授,二十几岁就是教授,教课教得好极了。师生的精神状态是不错的。

> 我是航空系的,当然对航空系的教授印象比较深刻。那时候知名教授有罗明燏,他教飞机构造,后来他离开了学校,他在西北工学院结完婚,到广东去了。

> 航空系主任罗明燏走了以后,张国藩就任航空系主任。他是湖北人,新中国成立后当过天津大学校长。张国藩的老婆是华侨,她死在了古路坝,张国藩一个人带着孩子很伤心,就到七星寺西北工学院分院当主任。几年以后,才又搬回古路坝,当了航空系系主任,他教我们水力学、流体力学等课。他还准备开一个高等材料力学课程,但没有开成,日本就投降了。他到天津以后,就不是航空系主

任了,到理学院去了,航空系主任由李登科接任。张国藩经常开学术讲座,介绍相对论等新知识、新理论,在1947年的时候已经看得出他是民主进步教授,跟随时代步伐很快。

印象比较深刻的老师,还有在一年级的时候教语文的刘寿松。刘寿松跟张国藩一样,都是湖北人,两个人很要好,都是单亲爸爸。刘寿松对国民党政府很不满意,经常骂国民党,上课也骂,平常也骂。

……

在西北工学院,我们航空系的老师,有印象的还有教数学的马纯德。每到周末,他就把家中的留声机搬到教室,放唱片给我们听。水利系讲流体力学的田鹿鸣老师教课说的英文是中文式的,讲课水平很高,他是西北工学院唯一的讲座教授。抗日战争胜利,日本投降后,他到河北工学院当院长。我刚才说过,在西北工学院的时候,李书田不是经常考教授嘛。李书田考田鹿鸣,田鹿鸣就对他说,你给我出题,我也给你出题。李书田给他出题他都答出来了,因为都是学水利的。田鹿鸣出的题,李书田弄得满头大汗答不出来。最后田鹿鸣说,李院长您别答了,这是错题,我故意出错的。①

邀请校外专家讲座也是西北工学院的一个特色。土木工程学系1942级郝育森说:"西北工学院所在地虽然交通不便,学校却经常利用一切机会邀请名人讲演。有一些讲演内容虽和我学的专业无直接关系,但听了却觉得很有启发性,直到现在印象仍深。如耿鸿枢讲的《陕西省水利发展概况及展望》,张钰讲的《天文学的发展及展望》,英国人李约瑟讲的《中国古代科技的辉煌成就》,丹麦女科学家某人讲的《对青蛙的力学测试》等。院内教授有一个不定期的讲座,专门在教授群中讲前沿科学或边缘科学,我们也极喜欢在窗外旁听,如电机系徐庆春教授讲《遥控技术》,以无人驾驶飞机为例阐释遥控原理,曾引起我们极大的兴趣。"②

为了保证教学的高质量,学校对教师管理特别严格,在《西北工学院组织大纲》第三章中明确规定了教师的职责和限定:学院教员分教授、副教授、讲师、助教四种,均由院长聘任,教授、副教授、讲师、助教及职员,均为专任,非经院长许可不得在院外兼任其他职务;教授、副教授、讲师均有担任导师及院内其他职务之责。教授、副教授、讲师授课时间,每

---

① 周政.心生翼 笔做枪[M]//李秀民,王葳.我们从北洋走来.天津:天津大学出版社,2015:156 - 157.
② 郝育森.在西北工学院求学[J].河南文史资料,1995,55(3).

周以9小时至12小时为准,不满9小时者照兼任待遇,但担任行政事务或实际上须以充分时间从事实验或研究,经学校允许,得酌量减少授课时间。专任教员不得在校外兼课或兼职,但有特别情形,经兼课学校先商得学校同意者,每周至多得兼课4小时,兼课以原校所授课目性质相同者为限。教授连续在校服务7年后,成绩卓著者,得离校考察或研究半年或1年。①

到1943年下半年,全院共有教授、副教授和讲师73人,助教48人,这是全面抗战期间西北工学院最兴盛时期。1946年6月复员前,古路坝教师总数是132人,其中教授46人,副教授16人。就教师与学生的比例而言,1938年为1:8.85,1946年为1:9.51。

教育部依照国民政府的《抗战建国纲领》提出:"大学教育应为研究高深学术,培养能治学、治事、治人之通才与专才之教育。"据此,西北工学院确定以研究高深学术、培养专门人才及发展西北工业为宗旨。

西北工学院在办学要求上始终是"严"字当头,以严治学、严格要求。李书田在西北工学院筹备期间就着手制定了教学管理制度,1938年8月16日在他主持召开的筹备委员会第三次会议上研究了"结束联大工学院、东大工学院、焦作工学院37年度学生成绩办法:一门不及格者准予补考,补考不及格者留级,补考后不及30分者退学;两门不及格者准予补考,补考不及格者留级,补考后不及40分者退学;三门不及格者留级;四门不及格者退学;三门不及50分者退学;二门不及40分者退学"②。后又公布了考试制度,规定学年末两门功课不及格补考,补考不及格留级,三门不及格退学。这些规定在当时动荡的局势和刚刚建院的情况下,可以说是相当严格的。赖琏任院长后,进一步加强了学院管理。《西北工学院组织大纲》等二十几种规章制度,都是在他长校期间制定或完善的,特别是考试制度之严,比李书田有过之而无不及。学生成绩的计算方法,甚至一名学生的升留级或退学问题,也须在院务会上讨论,最后由院长批示。潘承孝掌校期间继承和发扬了这一优良作风,执行教学制度也是十分严格的。

西北工学院的严格是从招生开始,贯穿始终的。新生入学考试,低于规定分数线者,一律不予录取。1938年至1948年,西北工学院的招生方式经历了多次变化:1938年到1942年,按教育部全国高等院校统一招考办法招生。1943年,"统一招生暂行停办,亟应自行招生……惟现在交通梗阻,纵多设招生分处,亦难减少应试学生之大部困难!为兼顾

---

① 陶秉礼.西北工业大学校史[M].西安:西北工业大学出版社,1995:48-49.
② 张凤来.北洋大学—天津大学校史(一)[M].天津:天津大学出版社,1991:270.

法令与事实计,并为适应远地投考者之迫切要求起见,特采取高中保送及甄别考试办法"①,即各高级中学保送的经审查合格的学生,到院后仍须参加甄别考试,其成绩优秀者入一年级就读,余准入先修班。1944年至1945年参加全国国立高等院校联合招生。1946年至1948年举行单独招生。单独招生后,报考人数剧增,往往是计划招生人数的十多倍。

1943年通过联合招生,考入化学工程学系的侯志桓回忆当年的学习生活,说:"一年级课程均为共同科目:其中以物理分量最重,微积分次之,化学又次之,再有就是工程画和投影几何的习题都是很费时间的作业,不是夜里赶工,就是把星期天磨掉。而尤有趣者就是张朵山教授英文,常是把句子抓起来讲,亦即全句之意思为何,而不逐字解释也。大家都在兢兢业业的研读,深恐遭到校方的淘汰,有的起早,有的贪黑,更有既起早又贪黑的两头不见面的拼搏者,这就是我们大一时生活的写照""经过一年苦读,幸得过关,升入二年级……自二年级起已分系上课,我们化工系班上共有十几个人,但却来自四面八方,有甘肃的、陕西的、山西的、河南的、河北的、江苏的、江西的、辽宁的。课程方面以有机化学、应用力学、材料力学、微分方程较重,热力学、机动学、定性分析、经济学等次之。二年级是兴奋的一年,因为费尽了心力,闯过艰苦的一年级,初登本院,有进入门墙的喜悦。这里有几个教室在晚上挂了一盏煤气灯,作为给学生晚自习用的,饭后拿着书本去占座位,去的早些可以占到靠近灯的位置,看书时,光线亮些,去晚了,只好占到离灯较远的位置,光线就差多了,要不然只有自己点上蜡烛去看书了。"②傅正阳回忆:"那时在同学中传着这样几句话,'一年买洋蜡,两年买眼镜,三年买药罐,四年买棺材'。据说,新生进到西工学习,总要有三分之一的学生因成绩不及格而降班。"③战时生活条件差,营养不足,加以课忙夜读,烟尘充室,身心因而受损,不终期因病而休学者大有人在。而能度此难关,升级上山(二年级以上在山上古路坝院本部),乃大幸事也。

师昌绪院士回忆说:"我们专注读书的情况,可用曾任清华大学校长的高景德和我在当时的交往为例,高景德与我是同班同宿舍,可是我们很少在宿舍见面,因为他经常在半夜才从教室归来,而我在那时正在酣睡;我则两三点起床,一直在教室学习到吃早饭,因此,我们尽管同吃、同住、同在一个教室上课,在一起聊天的时间不多。只有到了二年级,他入的是电机系电力组,我选的是矿冶系冶金组,但有些共同课程一起上课时(如机械学、

---

① 陶秉礼.西北工业大学校史[M].西安:西北工业大学出版社,1995:39.
② 侯志桓.弦歌四年在西工[Z].北京大学北平大学工学院百年院庆专刊.2003:241.
③ 傅正阳.西工记忆[Z]//风雨历程:西北工业大学离退休老同志短篇回忆录汇编.西北工业大学离退休工作处,2005:131.

材料力学、应用力学),才有更多的接触机会。由于我们两人在所在班系在学习上名列前茅,1945年毕业的那年,我俩是全校五个'林森奖学金'获得者之一。"①

学生修满规定课目及格,呈教育部复核无异者,准予毕业。学生毕业后,除发给毕业证书外,并依学位授予法的规定,授予学士学位。毕业生根据需要分配到铁路沿线的工厂、铁路局以及油矿、煤矿、水利等部门服务。当时的毕业生主要是根据教育部和学院的推荐进行分配。因西北工学院从严治校,教学质量高,毕业生出院工作一般没有问题。分配办法是:在学生毕业前数月,由学院致函有关用人部门,提供毕业生人数、姓名、系别和考试成绩,征询用人部门录用意见。如经同意录用,学院即根据用人部门所需毕业生人数、职务及待遇等,办理正式介绍函件,由毕业生持往用人部门报到。资源委员会、航空委员会以及铁道、公路交通运输等部门,一向直接向学院预约毕业生前去服务。如1939年,川滇东路公务局给西北工学院致函称:"贵院载驰盛誉,本局为广集人才,提高效能,如有成绩优良之本届土木工程系毕业生,拟请惠予介绍6名来局试用,月薪80元至120元,其外附支各费照章支给,学生来局乘车旅费由局支付。"②当年有媒体以《开发西北之干基,西北工学院人才济济》为题报道:"日前该院举行第一届毕业典礼,仪式甚为隆重,由赖院长亲授文凭及工程学士学位……共143人,已被各处军政机关公路铁路工厂全部延聘,机械矿冶航空纺织等系,一人有四五职位可资选择,几有供不应求之势,诚为抗战建国时期之良好现象。"③特别是矿冶与纺织两个学系,抗战时期为全国所少有,毕业生往往不敷分配。孙越崎先生曾经说过:"抗战期间,西北工学院培养了大批工程技术人员,为抗战后方新兴的工矿企业和交通发展提供技术力量。很多毕业生被聘到甘肃玉门油矿和四川天府、嘉阳及威远等煤矿工作,其中不少人至今尚在国家重要企业中负责煤矿技术工作。"④

面对西北工学院的成绩,赖琏晚年在回忆中不无自豪地说:"西北工学院因系四个有名的工学院组成,所以学系繁多,内容充实,教师阵容特别完整。设备虽离理想甚远,但焦作工学院的图书全都运来,东北大学的仪器和机械也还可以相当的应用。在我当院长的六年多⑤,又陆续添购了不少工程书籍和教学工具,加建了若干学生宿舍、教职员寝室及几

---

① 师昌绪.回忆在西北工学院时的几件事[Z]//陈小筑,汪劲松.古路坝:抗战烽火中的教育"圣地".西北工业大学,2015:219.
② 陶秉礼.西北工业大学校史[M].西安:西北工业大学出版社,1995:41.
③ 开发西北之干基,西北工学院人才济济[N].扫荡报,1939-08-29.
④ 王少安.河南理工大学史[M].北京:中华书局,2009:17.
⑤ 按,赖琏于1939年3月到城固上任,1943年10月回重庆述职后再未返校,但直至1944年7月,行政院才行文免其院长之职。从1939年到1944年,是六个年头。

个因陋就简的实验室。那时从西安到宝鸡的陇海铁路线上,有很多内迁的工厂;我都商得他们的同意和帮忙,让我的学生利用暑假时间分往各厂实习。在那浴血抗战的艰苦阶段,大后方有这样完备的一个工科大学,总算不是一件容易的事。"①诚哉此言。

第八节 短命的北洋西京分院

抗战胜利前夕,教育部长朱家骅②电令北洋工学院西京分院归并西北工学院,遭到北洋工学院师生及校友的强烈抵制而未得逞。

这个北洋西京分院到底是怎么回事呢？尽管它的历史很短,但是说来话长。

1939年初,滞留广元恢复北洋工学院愿望落空的李书田,参加蒋介石建议组织的川康滇三省考察团后,对西康教育发展提出了积极建议。为发展西康省,就必须培养专门的技术人才。经国民政府批准,于当年8月1日在西昌创建了国立西康技艺专科学校(即今西昌学院前身)。9月13日,教育部长陈立夫聘请李书田为西康技艺专科学校筹备主任。李书田就带着追随他的周宗莲、曾炯、魏寿昆、朱宝镛、刘之祥等20余名北洋工学院教师南下,辗转到了四川西部的西昌。那时西康建省不久,西昌百废待兴,现代教育是一片空白。突然间来了一批北洋工学院水平的大学教师办大学,使处于奴隶制中的凉山大地上出现了第一所高等院校。

1941年9月,教育部聘李书田任国立贵州农工学院院长,10月到任。其实,李书田去贵阳乃不得已而为之。自从在四川恢复北洋工学院失败后,继而南下创办西康技艺专科学校,但他"身在曹营心在汉",对复校之事不肯放弃。所以,他一面筹备建立贵州农工学

---

① 赖琏.西北工学院与西北大学——抗战时期兼长西北两大学的回忆[M]//赖景瑚.烟云思往录.台北:传记文学出版社,1980:200-201.

② 1944年5月20日,朱家骅在重庆出席国民党五届中央执行委员会十二次全会,翌日会商党务,提出"恢复下级党部选举制度",纠正陈果夫、陈立夫行动。蒋介石叫朱家骅将中央组织部长让给陈果夫,不久陈果夫因病重不能任职,改由教育部长陈立夫担任。11月20日,中央临时常委会及国防最高委员会常务会议决议,朱家骅替回陈立夫重掌教育部,乃在教育界继续清洗CC分子,并致力于战时教育文化复员及重建工作。

院,一面盘算着寻找机会使北洋工学院复名。当年10月下旬,中国工程师学会及各专门工程学会在贵阳举行年会,各地北洋校友到会者极众,李书田灵机一动,便立即召开北洋校友临时大会。会上他一声呐喊,获得满堂响应,校友们一致主张复校。然而,教育部仍觉时机未到,拨款困难。

李书田提议先私立复校,筹款办学。推定筹委曾养甫、孙越崎分任正、副主委,李书田为筹委兼总干事,并议定由李书田与茅以升分任私立北洋工学院正、副院长。1942年夏天,李书田辞去贵州农工学院院长职务,专事私立北洋工学院之筹备,茅以升同样极力协助。至临近招生时,又提议请设为国立。为此,李书田专门向国民政府行政院及教育部接洽。

1942年12月,行政院第606次会议决定,将浙江南部泰顺县的省立英士大学[①]升格为国立,其工学院独立划出,名曰北洋工学院,并以北洋校友捐款补助该院。设置土木工程、电机工程、应用化学三系,陈荩民代理院长。1943年夏天开始招生,招考地点为浙江永嘉、临海、云和和安徽屯溪四地,录取名额总共不过120人。

1943年2月,李书田被任命为黄河水利委员会副委员长,5月初抵达西安。李书田公余之暇,"复忆及廿五年承陕省府邵主席力子准予拨赠北洋之西京分院院址百三十亩。因念承赠之时,北洋曾予筹办分院,蒋鼎文主陕时,复承力予保护校产。更以秦岭以北,陕、甘、宁、青、新、绥六省,广大地区,尚无其他工学院。建设西北,首重交通,次推水利,陇海宝天两路、西北公路,及黄委会与陕水利局,皆近在咫尺,实习观摩,俱各称便。西安为西北首府,迄无任何国立高教机关,省府有意开办之水专,前以预算困难未果。北洋即承赠拨校址,义当及早办学"[②]。因北洋工学院已在泰顺复校,所以西安的新校称为"北洋工学院西京分院"。

1944年春,经教育部批准,并拨款在西安筹建分院,下设土木工程、水利工程两个系,由李书田任院长。同年9月,在西安和古路坝举行招生考试。西安一地报考者就达千余人,10月发榜只录取新生108名,仍然本着北洋工学院过去重质不重量,"实事求是"之精神,选拔优秀培植真才。经日夜筹备,12月中旬在西安梁府街租房上课。

---

① 1938年,经浙江省政府决议,省立战时大学开始筹备,1939年2月正式办公。为纪念革命先烈陈其美(字英士),1939年5月定名为浙江省立英士大学,分设工、农、医三院于松阳、丽水。1942年5月英士大学内迁云和、泰顺,1945年11月迁至永嘉,1946年3月奉令移址金华。1949年8月为金华市军管会接管,并解散了英士大学,其院系并入浙江大学、复旦大学。

② 李书田.北洋大学之过去五十三年[Z].国立北洋大学卅七年班毕业纪念刊.

西京分院的教授们"皆为硕学鸿儒",主要有:(工程图画)李书田,(国文)马凌甫、王捷三,(英文)王含英、何继高、钟静萱,(物理)严恺、沈晋,(德文)杨蕾贤,(数学)黄敦慈、关文启、揭曾祐、阎树楠,(测量)刘呈祥、李宝太,(应用力学)沈晋等。这些教师多为兼职,家住较远,步行到校上课,不但辛苦且很守时。几十年后,学生杨尚端对部分老师的音容笑貌还有印象:

> 关文启教师讲解析几何,动作敏捷徒手在黑板上一抡,不用修改,一个非常标准的椭圆就画成了,同学们无不惊奇钦佩。严恺教师身穿蓝布大褂,用熟练的英语有节奏的讲授达夫物理力学,教室鸦雀无声,同学静心聆听。黄敦慈教授戴着黑色粗框深度近视镜,穿蓝色土布大褂,以响亮的河南口音用英语驾轻就熟地讲授微积分定理,在课堂测试中经常批评同学们:"平时不努力,考试就出汗了。"他家住教室隔壁,虽生活困难,然而课外时间,仍亲切帮助同学们解习题。揭曾祐教授在课堂上声音洪亮,铿锵有力,丝毫不苟,严格要求。杨铭功老师,穿中山装,在第三学期反撤校中,严格审批同学作业,负责精神令人钦佩。沈晋教师慢声细语,尽力讲清问题。李书田院长代授工程图画,出了课题,他也在讲桌上画,把同学们交上的画卷摞在他的画稿上检查,若不合格就扔掉要求另画,真令人发怵。①

1945年4月12日,第二学期开学。北洋西京分院走向正轨,"各项经费,及招生系别班次亦先后于同年五月底及六月初悉经教育部核定"②,不料6月中旬传来一个晴天霹雳——教育部电令北洋西京分院归并西北工学院,同时泰顺北洋工学院亦奉令归并英士大学。电报是6月14日下午收到的,教育部的理由是:"院长未定,校址未定,经济困难。"

6月16日午后,李书田院长召集全体同学讲话,他说:"复校以来,经历了极大的困难,现校务已顺利展开,前不久教育部批准我们招考土木、水利二系的学生,连招生办法亦经批准,已在分头进行筹备招生之际,突然在六六工程师学会开会的那天,教育部给我们一个电报说:该校创校伊始,经济极端困难,恐难继续维持,着于7月中旬结束,就近与西工合并。院方已列举十项理由呈请教育部收回成命,并请各地校友支援,我因腿疾不能去重庆。学校的态度是请同学们安心读书,万一失败,决定成立'私立北洋工学院',过去为筹办私立北洋中学募款已有一百一十两黄金,北洋工学院所借42万元尚在外,所以预期在

---

① 杨尚端.遥忆在北洋工学院西京分院的读书生活[Z]//程秉元.从北洋工学院西京分院到北洋大学.1997:44.

② 李书田.北洋大学之过去五十三年[Z].国立北洋大学卅七年班毕业纪念刊.

下半年共有捐款1800万元,每月可得利息150万元。你们考进来是公费,尽量设法维持,并继续招生建校舍。但你们如暑期想转西工或别的学校,决不禁止。"①

散会后,学生自治会各集全体同学开会,群情激愤,一致通过与学校同甘共苦,奋斗到底。同时,陕、浙、渝三地校友师生,激愤开展护校活动。

6月18日,西安《益世报》刊登由学生屈拓荒撰写的文章,题为《暴风雨猛袭北洋》,副题为"部令与西工合并,师生决奋斗到底"。此文详述了复校以来的情况,介绍该校继承北洋大学校风,深得各界赞许。工程师学会特以水利奖金设于该校,甘肃林牧水利公司、湄惠渠、汉惠渠、涝惠渠等亦纷纷赠设奖学金,教育部不久前曾发来核准经费公文,6月2日尚发来招生电报,而6月6日之电报则令合并。收此电文时,同时收到关于招生之公文,可见教育部事先无此打算。《益世报》专论:"保持北洋工学院及恢复北洋大学。"

7月2日,西京分院全体学生致西北工学院的"快邮代电"云:

查国立北洋工学院复校前后共有五十年悠久而辉煌之历史,声誉昭著,中外咸知。惟自抗战军兴,劫灰满地。而我国立北洋工学院,一再播迁并组,竟曾中断。前年经全国校友努力,暂权复校泰顺。客岁筹办西京分院,院长李耕砚先生,寔主其事。本分院自去冬开学,课程标准一如往昔,训导方针"实事求是"。此则规模新具,依然保持旧风。皓日当空,万流共仰。院长李公向以教育为职志,筹办本分校,惨淡经营,建校延师,擘画周至。同学等十九人来自战区,响往情殷,考入斯校,深幸得赏宿愿。现正本景慕北洋之素志及师生合作之精神,与承社会贤达之协助,一致努力向学,以期无负国家储备专门人才之旨,半载以还,夙夜匪懈,顷教育部电令本分院归并于贵院。同学等聆讯之余,万分惶惑。佥以教育部此项措施,原非爱护本分院之初心,徒以真理未明,致有此断然之处置,同学等攻读本分院全体踌躇满志,决本平日之赤诚,一致誓死护校,赴汤蹈火在所不辞,尚有妄存乘机并吞本分院之野心者,同学等不得已当视为不共戴天之仇敌,除电请教育部收回成命外,特电达查照!如承援助,至所感荷!②

7月初,院方布告:有同学认为西北工学院优于本院者,怀疑将来公费者,不愿与本院甘共苦者,限期登记以便呈部分发。后来,自愿转西北工学院等原因离校者约20人。

7月17日,李书田赴重庆。学校自6月中旬并校消息传来以后照常上课,7月23日期

---

① 屈拓荒.北洋工学院西京分院记事[Z]//程秉元.从北洋工学院西京分院到北洋大学.1997:14—15.

② 张凤来.北洋大学—天津大学校史(一)[M].天津:天津大学出版社,1991:368.

考,25日结束宣布放假,此时约有学生60名。

7月底,学校搬家。校方在北大街崇廉路盖了新校舍,但仍然十分简陋,"一百人在一个教室里上课、学习,住的是上下铺"①。

10月16日,第三学期开课。校方出一布告:李院长由渝寄回《世界日报》一则消息说,北洋大学筹委会开会与教育部接洽,让浙江泰顺北洋工学院归并天津本校,西京分院暂在原地上课并应招生,亦可于复校后迁津。

10月20日,李书田回到西安召开座谈会,说教育部长朱家骅坚持到底,非搞垮北洋工学院西京分院不可。又说吴稚晖、于右任、李石曾、王宠惠、陈立夫等要人都竭力为北洋工学院努力。

两天之后,李书田院长在总理纪念周上作报告,主要内容为:第一,校友会、北洋大学复校筹委会都反对在抗战胜利后,逼迫西京分院学生倒退千里去西北工学院;第二,目前经济尚不十分困难,为培养人才,盼能在此继续上课,待交通恢复迁回天津;第三,要求同学给院方一个一致意见,要结束,很容易。

由于李书田在重庆活动三个月无功而返,学校形势急转直下。会后大部分教员要求离校。学生自治会为争取这些人留下来分头进行游说,但无结果。10月24日职员罢工,要求限期发给每人16万元遣散费。10月29日职员领了遣散费,最后只剩下两位先生。

10月26日,北洋大学校友总会理事长、北洋大学筹备委员会主任委员王宠惠致函国民政府教育部,希望早日恢复北洋大学并对泰顺、西京两院暂照旧维持。其理由如下:

> 窃查北洋大学创始于甲午战后之翌年,五十年来教学谨严人才辈出。民九专办工科,因其历史悠久、成绩优异……本年夏教部西北高等教育视察结果评语优良,经费及招生办法均经核定。不意又奉电令该两院分别并入英士大学及西北工学院等语。按之过去成绩及目前需要似欠允当,兹将理由分陈于次:(一)泰顺北洋工学院战后并入天津北洋大学早有定案;(二)北洋西京分校系就二十五年陕省府拨赠之北洋分院院址筹建以应地方急需,陕甘宁青新绥六省北岭以北广大地区迄尚无其他工学院,陕省临参会及陕籍参政员并已电争;(三)北洋西京分院筹设以来,除国库省方所耗经费、地址而外,社会人士捐助甚多,一旦销灭既无以对国家,亦无以对社会,迁移遣散各费尤感虚耗;(四)两院教职员多系抗战后间关内来,八载辛劳一理遣散亦似非国家维系人才之道。现在,天津业已收

---

① 程秉元.在北洋西京分院的苦与乐[Z]//程秉元.从北洋工学院西京分院到北洋大学.1997:50.

复,恢复北洋大学为期已近,拟乞准予早日恢复北洋大学。其泰顺及西京两院准暂照旧维持,以待还校津沽或将西京分院改办国立西京工学院,专应西北各省之需,似亦两得。是否有当,但合呈请。①

11月,教育部长朱家骅回复说:"查本年中央实行紧缩政策,本部迭奉行政院令饬将学校切实调整,使人力、物力集中办理,经所属机构加以调整。其中泰顺北洋工学院原为英士大学之一部,勉强分开独立,无裨实际,校舍既不敷用,设备亦未充实,且英大与浙省省府前曾请将该院的划还英大,故令仍并入原校。至于西京分院,虽有基地,但无相当之校舍与设备,学校必需之各种条件,皆未具备,经费支绌,无法充实,与其徒具形式不如合并于西北工学院,俾教学、实习均有较优良之训练。且该院原由北洋工学院等合组而成,以分院归并办理,亦与其他院校之归并不同。凡此措施,均系基于客观上之需要,其应行调整各院校归并事宜。并早经分会遵照办理,似未便再有变更。惟北洋大学历史悠久,素负盛誉,战后仍独立设置,使其发扬光大,本部早有提议。前于编造复员计划之时,即已将该校列入,将来设置理工及管理等学院务期规模宏大,足与世界上有名大学并驾齐驱。现复员工作甫经开始,一俟收复区情况安定,复员经费经院会批准,即当尽早将该校恢复。至于该校校友总会请将西京分院改办国立西京工学院一节,以陕西已有西北工学院,似无庸再事增设,以免分散人力财力。"②

到了1946年1月,教育部下令北洋大学复校。此后,泰顺北洋工学院、北洋工学院西京分院、西北工学院(少部分)、北洋大学北平部在天津西沽合并复校,复名为北洋大学。

4月初,北洋工学院西京分院仅剩的35名学生和2位职员,在李书田院长率领下,历时14天的艰苦跋涉,顺利到达天津。③ 在西北工学院任教的张国藩、刘锡瑛、萧连波等十几名教授和几十名借读生,也陆续来津。

---

① 张凤来.北洋大学—天津大学校史(一)[M].天津:天津大学出版社,1991:369-370.
② 张凤来.北洋大学—天津大学校史(一)[M].天津:天津大学出版社,1991:371-372.
③ 王九龄.千里跋涉[M]//李秀民,王葳.我们从北洋走来.天津:天津大学出版社,2015:480.

第四章　西北联合大学改名西北大学

第一节　"西北大学"为何复名?

1939年8月8日,国民政府行政院召开第426次会议,决定改国立西北联合大学为国立西北大学,并将原西北联合大学师范学院、医学院各自独立设置,分别改称为国立西北师范学院、国立西北医学院。从此,西北联合大学进入五校分立、合作办学时期。同时,也恢复了中断十余年的"西北大学"之名。

说起"西北大学",其"陕源"①肇始于陕西大学堂。清光绪二十七年(1901),陕西省拨库银二万两兴建陕西大学堂,首批录取的40名学生于光绪二十八年三月二十五日(1902年5月2日)开学上课。辛亥革命后,1912年3月成立了以大都督张凤翙为会长的"西北大学创设会",并推原陕西法政学堂校长钱鸿钧为校长,积极筹建西北大学。最初定名为"关中大学",当年10月改名西北大学。"西北大学"四个字,第一次出现在中国历史的舞台上。

张凤翙之所以要创建西北大学,一是"关系于现时建设",二是"关系将来之建设",三是"关系于外部之防御"。② 他创设西北大学的基础是陕西高等学校(原陕西高等学堂、陕西大学堂)、关中法政大学(原陕西法政学堂)、陕西农业学堂、陕西实业学堂和陕西客籍学

---

① 李永森、姚远主编《西北大学史稿·上卷》(修订本)认为,西北大学校史有两个源头:一个是"陕源",另一个是"京源"。其中,"京源"的主体传承于西北联大,特别是永留西北的北平大学。

② 李永森.民国年间西北大学三次建校的经过[M]//政协陕西省文史委.陕西文史资料精编:第四卷.西安:陕西人民出版社2010:72.

堂,其中,陕西大学堂是为源头,奠定了西北大学校政的师资骨干;陕西法政学堂奠定了西北大学政、法、商学科的根基;陕西农业学堂奠定了西北大学的永久校址。

1912年春节即开始招生,2月正式开学。学制定为三年,预科一年。各科开办顺序为法律科、政治科、经济科、商科、边务科、蚕桑科、法律别科、政治别科、预科(另设附属中学)。到翌年7月,在校学生总数1804人,其中专门部和预科为1484人,附中320人。①

正当西北大学初具规模、诸事渐入正轨之时,陕西政局急剧变化。1914年6月,袁世凯以扬威将军衔调张凤翙进京,遣其亲信陆建章率兵入陕,夺取了张凤翙的职位。当年冬,陆建章派兵将西北大学校长钱鸿钧逮捕入狱,派关中道尹宋焕彩接任校长。西北大学随之日渐衰落,到1915年春季开学时仅有学生百余人,开学不久被撤销,改为公立陕西法政专门学校。之所以改为以法政为主的学校,其关键是法政为西北大学的学科主干,实际上是保留了西北大学的根基和血脉。

1923年8月,陕西省省长刘镇华顺应时势,开始重建西北大学。他分电甘肃、新疆两省征询意见,并派省议会会长吴晓川赴兰州商谈合组西北大学事宜。与此同时,他又成立了"西北大学筹备处",由"自诩为罗素弟子"的河南人傅铜担任处长。但是,正当傅铜等人积极在西安筹组西北大学的时候,甘肃教职员联合会却对西北大学设址西安提出了异议。他们认为,甘肃地处陕、新两省之间,三省筹办西北大学,校址尤以甘肃为适中。对此,北京师范大学历史地理部主任白眉初在《京报》撰文,提出"大学所在宜居交通中枢""大学宜设于历史最丰之地""以为建设西北大学,终推长安为宜"②。而对西北大学校址的争议,更加促使刘镇华加速了建校的筹备工作,为争取把西北大学设在西安大造舆论,还请当时在西安讲学的康有为为西北大学正式书写了校牌;并拨款在北京设办事处,为西北大学购买图书仪器和聘请教师,等等。曹锟当选总统之后,1924年1月,北洋政府便正式批准西北大学立案,并任命原西北大学筹备处处长傅铜为校长。

西北大学获准立案后,陕西省政府又将原陕西法政专门学校、水利工程专门学校、渭北水利局附设水利道路工程专门学校及甲种商业学校等并入。接着,1924年2月开始招生。3月,西北大学正式开学。全校设四院:文学院(中国文学系、外国文学系),社会科学院(史学系、哲学系、教育学系、法学系),自然科学院(数理化学系、生物学系),应用科学院(农学系、林学系、工学系)。以后,按师资、生源情况又设法科专门部、工科专门部、国学专

---

① 李永森,姚远.西北大学史稿:上卷[M].修订本.西安:西北大学出版社,2002:80.
② 白眉初.对于西北大学争议地点之感言[N].京报,1923-10-28.

修科和蒙藏文专修科。当时《京报》称西北大学有两大特色"蒙藏专科与奖学金"①。校方还延聘很多著名专家学者为教授,如语言学家罗常培、水利学家李仪祉、蜚声诗坛的吴芳吉、文字学家胡小石等。最为轰动的是,1924年暑假邀请鲁迅等名流前来西北大学讲学。应邀前来的还有爱因斯坦的中国学生、北京大学原理科学长夏元瑮,南开大学教授蒋廷黻、陈定谟、李济之,东南大学教授陈钟凡、刘文海及北京晨报记者孙伏园等。这无疑为闭塞的西北,投下了一束文化之光。

1925年3月,刘镇华被国民军胡景翼部赶出了陕西,傅铜也于5月离去。经西北大学评议会推举,复由陕西省政府聘请著名水利学家李仪祉兼任校长。此时全校学生减少到174人,教授及讲师27人,学校经费日趋困难,教职工的工资已无钱发放。

1926年4月15日,吴佩孚遣刘镇华卷土重来,以十师兵力围城。7个月之后,11月27日,西北国民革命军冯玉祥部第一军总指挥孙良诚率回族骑兵万人入陕,击败刘镇华部队。此时,学校教职员工都已回家,"房廊相对空",仅余康有为所书校牌高悬门首。

西安城解围以后,当时全国正处在国共合作的大革命时期,在中共陕甘区委的领导下,陕西革命群众运动迅猛发展。1927年1月中旬,战时临时地方军事政府、国共合作统一战线政权——国民军联军驻陕总司令部成立。为适应革命形势发展对干部的需要,同时,鉴于西北大学在围城中元气大伤,学生过少,经费拮据,中共陕甘区委决定与国民党合作,改西北大学为西安中山学院。不久,国民军联军驻陕总司令部公布了关于收束西北大学、筹建西安中山学院的命令。1927年1月18日的《陕西国民日报》称:"国立西北大学开办于兹三年有余,因规模过大,学生过少,经费人才两感困难,兼之城围八月挹注无望,早已演成僵局状况。倾闻总部对此现[状]决定具体办法,将本校收束。即以该校所有一切校产经费改办中山学院。"中山学院筹建时对西北大学低年级学生的去留容纳、高年级学生的函送府考录用或插班,以及旧欠西北大学教职员工工资和外债等均做了妥善处理,方于1927年3月10日正式成立,表明了新的延续性。不少学生仍在该校学习,也有一些进步教师继续留任。

1928年2月17日,陕西省政府第16号令改西安中山学院为西安中山大学。

1930年底,因陕西旱灾严重,中山大学学生很少,经费也捉襟见肘,陕西教育行政部门认为大学之设须名实相符,故拟另设立陕西大学,同时拟实行新学制,把初中、高中分设,遂于1931年1月把西安中山大学改为陕西省立高级中学。当时有文章阐述这次改组

---

① 见国立西北大学之两大特色[N].京报,1924-07-26.

原因：

> 盖该校(按,指西安中山大学)虽以大学为名,而所设不过政经专门二班,高中五班,衡之学制,殊不相符,此其应改组者一;该校教员六七人,各种学科常有辍讲之事,师资缺乏,此其应改组者二……该校经费,系以卷烟及吸户捐为来源,由校设局征收,每月不过万余元,经费殊感不足,此其应改组者五……将来交通发达,财力稍舒,高中普遍,学生增多,对于大学有绝对之需要时,政府社会自必因势利导,筹备成立,所谓水到渠成,实至名归,自然之势也。①

西北地区最先创立的西北大学再次中断,西北地区民众和全国有识之士对于国民政府当局不重视发展西北高等教育,表示了强烈的不满,并提出了严重的质问。譬如,1932年《新西北》创刊号所载康天国《西北应设立一国立大学》一文就说：

> ……兹者东南各省以自然关系,地方富庶,文化较高,而一般热心教育者又多出资创办大学,以资培养人才,此则在学者方面言之,固属极大之幸运,而在国家言之,何徒无补? 吾人试观江苏一省除八院齐全之中央大学所在外,其上海一地即有国立大学六所,而西北六七省地方除前已所云兰州公立之甘肃大学外,国家并未丝毫顾及西北之教育,此则固西北人之不幸与失望,同时亦国家当局之失职与损失![此则]事理昭昭,毋庸多赘,故吾人以为今后我国当局欲谋整个中国文化程度与夫人民知识程度之提高,须由中央经费创办一法学、理学、教育、文学、工学、农学、医学、体育八院完备之一国立西北大学于西北不可也。②

这篇文章,反映了1924年建立的西北大学中断以后,有识之士要求中央恢复国立西北大学的强烈愿望。可是,这些明智而富远见的建议,当时并没有引起当局的重视。

随着"九一八"事变之后东北沦陷、华北危机,国民党内关于开发西北的呼声又起。最早计划在西北兴办大学的是戴季陶,他在1932年赴陕考察时就提出："西北文化经济之发展,关系于国家存亡,不俟论列……今后西北新兴之大学,应以理科为中心,而农、林、矿、工、医各实科为之血脉四肢。"③

在戴季陶建议后不久,1934年西北农林专科学校成立。同年10月蒋介石视察西北之后,时论指出在西北设立一所大学的必要性：

> 一、设立西北大学或边政学院。西北各省,年来因灾乱过重,民穷财尽,许多

---

① 见西安中山大学改为省立高级中学,陕省府通知改组经过[N].华北日报,1931-03-03.
② 见王民权.民国"刘记西北大学"的名分[J].西安档案,2002(1).
③ 见戴季陶.建设西北专门教育之初期计划[J].中央周刊,1932(229):18-19.

优秀青年,无法出省升学。幸有甘肃学院一所,堪资一部分有志之青年之深造,唯以经费困难,设备单简,一切未能完善。目前开发西北干部人才,急为需要,应由中央筹拨巨款,在兰州设一西北大学或将原有甘肃学院,扩充改进使成造就边务人才之中心,增加农林,水利,工程,矿冶,畜牧,兽医,制革,纺织等系,广收西北当地之青年,以宏造就,俾得协助中央,从事西北之建设与开发。①

1935年11月21日国民党五全大会第五次会议上,杨一峰等32人提的《请设立国立西北大学以宏造就而免偏枯案》,案称:

> 查我国兴学数十年,于国立大学之设置,对地域分布向未重视。据教育部最近统计,全国国立大学及独立学院十八校,而北平一城即占其五,上海一市即占其六,院系重叠,效率低减,畸形发展,识者病之。顷自国立武汉及中山两大学新校舍先后落成,内容大加充实;国立四川大学之进展,复指日可期,此种弊端渐就铲除。唯西北数省,广袤万里,迄今无一国立大学,以素称文化落后之区域,又无高等学府之设置,衡以教育平等之义,讵得为平。矧国难以还,开发西北万不容缓,百发待举,动需专才,而西北连年困于兵荒,固有教育尚难维持,创办大学更属无望。将欲借才异地,则他处人士或不习风土,裹足而不前;或不耐苦寒,浅尝而辄止。以故开发西北之呼声尽高唱入云,而实际工作仍未曾着手。溯厥往事,深用慨叹,故宜从速设置国立西北大学,培植服务西北之人才,树立复兴民族之基础,不仅使全国高等教育获平均发展已也。
>
> 办法:就河南、陕西、甘肃等省专科以上学校改为国立西北大学,校址设西安,而于开封、兰州等处各设分校或学院,如教育经费急切难筹,无妨暂由各校原有经费垫支一部,渐次减少,由国库分年弥补,渐次增加,至完全担负为止,如是则国库无骤增大量担负之虑,而西北大学得以逐渐充实。事轻易举,莫善于此。是否可行,谨请公决。
>
> 决议:原则通过,交国民政府核办。②

12月底,陕西省政府主席邵力子函请行政院将北平四所大学迁移一所入陕,以满足西北对高等教育之需求。函曰:"前者五中全会有筹设西北大学之建议,西北人士同声欣喜,盼其实现,企望之殷,可以想见……查北平一隅,国立大学居四所之多,实嫌供过于求,似

---

① 王杰,张磊.西北联大的兴学强国精神[J].博览群书,2016(3).
② 杨一峰,等.请设立国立西北大学以宏造就而免偏枯案[M]//秦孝仪.革命文献:第89辑.台北:"中央文物供应社",1981:74-75.

可酌迁一所入陕,易名西北大学。"①

1936年3月2日,南京的一家报纸率先发表消息:"关于设立西北大学一案,前经行政院令交教部已拟与国立西北农林专科学校筹备委员会、东北大学及其他方面,商酌集资在西安筹设,刻正在进行中。"②不久,又有媒体报道:"教部以西北各省尚无大学,为提高文化及便利西北学生就学计,决筹设国立西北大学,地址拟在西安,所有各院系之设置,均照其他国立大学办理,开办费预算正草拟中,不久可送呈行政院核示。"③消息传出,甘肃省党部"以教部将在西安筹设西北大学,顷电中央国府政院教部,列举三大理由,历陈西北实际需要,请将该大学改设兰州,以资提高西北文化,化除[民]族畛域,消弭万世隐忧"④。紧接着,青海省政府主席马麟特电中央,"请于西宁设立大学院一处,以造福边境"⑤。

同年8月20日,在开发西北协会第三届年会上,安汉委员提出的《请中央筹设国立西北大学案》正式通过,并"拟改为《请中央从速筹设国立西北大学案》"⑥。其案称:

> 理由:开发西北,应以经济与文化相辅而行,庶免畸形病态不均之现象发生。查西北地域,幅员辽阔,以与全国所有教育发达之各地作面积之比例、人口之比例,则学校数质二量,皆有霄壤之别,而高等教育之设置,亦尚付阙如,以事实与需要而论,固应有积极设立大学之必要。"民国十一年"西安虽曾有陕西省立西北大学之设,终因地方财力有限,设备未周,不久即行停办……近来中学毕业学生,有志上进升学深造者,日渐增多,为免远途跋涉,靡费金钱起见,自应因地制宜,创办一西北大学,以图补救。
>
> 办法:此项事业需款甚巨,倘任委诸西北各省筹办,则地方财力有限,势必重蹈过去陕西省立西北大学之覆辙,兹拟呈请中央,于二十五年度教育经费预算项下,拨款派员,即行筹办,并于西北适中地点,选定校址进行,以应事实之需要。⑦

1937年5月,多家媒体刊发消息称:"开封东北大学,定五月一日起迁西安,与西北农

---

① 行政院关于邵力子请将北平四所大学迁移一所进陕致教育部笺函(1936年1月)[M]//马振犊.抗战时期西北开发档案史料选编.北京:中国社会科学出版社,2009:26-27.
② 见教部筹设西北大学[N].南京日报,1936-03-02.
③ 见教部筹设西北大学,校址拟设西安[N].青岛时报,1936-05-12.
④ 见西北大学甘请移设兰州[N].太原日报,1936-05-15.
⑤ 见西北大学决定设兰州[N].华北日报,1936-06-30.
⑥ 见开发西北协会.开发西北协会第三届年会会议录[Z].1936:4.
⑦ 见开发西北协会.开发西北协会第三届年会会议录[Z].1936:11.

林专科学校合并,改称西北大学,已商得教部同意,经费由二万五千元增至三万元。"①不过到了6月份,有报道说"辛树帜等筹设西北大学,农专并入与否尚未决定",还说"中央拟于西安筹设西北大学,已派定本省教育厅长周伯敏、农林专校校长辛树帜,及农专涂教授等三人,负责筹划。涂现已去南京向当局请示方针,预于暑假间返省后,即正式筹备设计"。②

7月28日,教育部正式发布"筹设国立西北大学"的训令。③ 接着8月12日,辛树帜将《筹设国立西北大学理学院化学馆计划书》呈报王世杰。其计划书云:

> 二十六年度教育部筹拨专款国币14万元,备为筹设国立西北大学建筑之用。该款自奉令后,即拟建筑理学院化学馆及生物两馆。惟经估价之后,仅化学馆之建筑,至少亦需十万余元,再加以基本设备,不符甚巨。且目前国难严重,平津破碎,本校理学院所负使命,将益为重大。故乃久远计,拟将本年度之14万元,先建筑化学馆,至生物学馆及数理学馆则分期增筑,期于三年内完成。计理学院之筹备,拟分下列三期。
>
> 第一期 本年度拟先建立化学馆……在理学院成立之第一年内,化学馆可供化学、数理及生物各系合用。第二、第三年内可供化学及物理二系合用。故首先建立化学馆,不仅供化学一系之用,且可补助其他各系次第的发展也。
>
> 第二期 化学馆成立后一二年内,拟建筑生物学馆……此馆成立后第一、第二年并可供地质、土壤学系之用。
>
> 第三期 化学馆成立三年后,当筹建数理馆。该馆成立后,化学馆即可归化学系专用……化学馆可仍由化学及数理二系合用,以待将来之发展。故理学院各系之建设,在第二期生物学馆成立后,即可不受建筑问题之拘束矣。
>
> 上列建筑,拟在本年度十二月以前完成。④

9月17日,辛树帜再次呈文王世杰,提出"筹设国立西北大学理学院临时费用预算分配表"。九十月间,辛树帜婉拒西安临时大学筹委会拟将农学院及文理学院生物系共计八个系设于武功的要求,理由是"本校前奉教育部令筹设西北大学理学院化学馆……设备不

---

① 华北日报,1937-05-04. 又,汴东北大学昨开始迁移西安,与西北农林专科学校合并改名为西北大学[N]. 益世报,1937-05-01.
② 西京日报,1937-06-25.
③ 王建领,等. 国立西北联合大学档案史料选编:上册[M]. 西安:西北大学出版社,2018:7.
④ 王建领,等. 国立西北联合大学档案史料选编:上册[M]. 西安:西北大学出版社,2018:8-9.

周"①。

由上可知,在西安临时大学成立之前,国立西北大学理学院开始筹设。西安临时大学成立之后,此计划仍在同步进行当中。可见国民政府当局已经在筹划一所西北地区的综合性大学——西北大学,或者说正在实施经国民党中央政治会议批准的戴季陶《建设西北专门教育之初期计划》,该计划提出首先办国立西北农林专科学校,三年后再开办国立西北理学院,两三年后再开办工学院,最后建成——"理科中心之西北大学"。②

1937年底,教育部"遵国防最高会议常务委员会第十八次会议决议案,先就平津沪战区专科以上学校作初步整理,拟具方案",并于1938年2月15日,经国民政府行政院第350次会议通过。该方案明确提出,西安临时大学仅是一所临时性的学校,"为发展西北高等教育,提高边省文化起见,拟令该校各院逐渐向西北陕甘一带移布"。这就是国立西北联大改名国立西北大学,及工、农、医、师四个学院逐渐分流、独立设置的主要原因和依据。

1940年6月,教育部长陈立夫到西北大学视察,并为该校同学会题词:"学成致用,各尽所长,经营西北,固我边疆。"明确表达了国民政府的西北战略意图及其重视程度。

第二节 走马灯似的换校长

自1939年1月国民党五届五中全会决定反共方针以后,不断在全国一次又一次地掀起反共高潮。西北大学遂被教育部长陈立夫派来的亲信所把持,西北联大时期全校仅有的一点政治民主、学术自由之风已经一扫而空,但是,国民党三青团内部也经常发生争权夺利的倾轧和斗争,十分严重。所以,这所学校的管理难度可想而知了。正如赖琏在回忆他接任西北大学校长时的感叹:"西北大学也是一个多灾多难的学校。它成立后的三四年当中,大小学潮不知闹了若干次,学校当局也不知更换了好几任。教育部部长、次长和陕西省军政当局,都先后亲到城固视察、安抚,表示政府重视西北高等教育的至意。可是,西

---

① 关联芳.西北农业大学校史1934—1984[M].西安:陕西人民出版社,1986:12.
② 戴季陶.建设西北专门教育之初期计划[J].中央周刊,1932(229):19.

北大学始终安定不下来。有一个时期,简直没有人想去做那个学校的校长。"①赖琏所言,实属真心话。

学校居城固时期,西北大学校长一职走马灯似的换来换去,先后由胡庶华、皮宗石(未到任由王治泰代)、陈石珍(代)、赖琏、杨宙康(代)、刘季洪等人执掌或代理。

1939年8月8日,国民政府行政院第426次会议,通过"教部呈请任命胡庶华为国立西北大学校长案"②。任西北联大常委差不多一年的胡庶华,从1939年8月至1940年8月,又在西北大学任校长整整一年时间。胡庶华早期就加入中国国民党,从事上层政治活动,抗战初期靠近CC派,从重庆转到汉中。在西北大学任校长伊始,他基本上秉承陈立夫的旨意,强化国民党和三青团对学校的领导。在西北联大阶段,他就兼任全校军训队队长,每日清晨差不多都要和军训主任教官参加学生早操和升旗典礼,并亲自领读由教育部颁发的《青年守则》,朗诵"忠勇为爱国之本,孝顺为齐家之本……",冬夏如一,从不间断。

1940年6月,教育部长陈立夫为了进一步督查西北大学、西北工学院等几校"分而治之"的情况,亲自到西北大学视察,并在法商学院二楼凉台上对全校学生发表讲话,宣传国民党的主义和政策。这时,由于胡庶华已成为三青团的要员,与陈立夫有了矛盾,因此,陈立夫在视察时对西北大学学生的讲话中,含沙射影地讽刺胡庶华的办学。加上胡庶华和张北海都是教育部派来的,张北海的活动充分证明了教育部加强对西北联大的控制和打击进步势力的企图,因此有人认为胡庶华也肩负这样的使命,便不配合他的工作。事实上,胡庶华和张北海有着本质区别,张北海是一名行政官员,而胡庶华本质上是教育家、冶金学家。③ 又据周传儒回忆:"陈立夫到西北视察教育,到了城固,两派(指三青团和CC派——引者注)的人,都向他告密状。陈向教授们在一个宴会上问:你们说胡庶华不对,曾经向他进言规劝阻止吗?曾经帮助过他设法改进吗?当时发言的人很多,大概都是指摘胡庶华的。陈立夫回到青木关以后就决定撤换胡庶华。"④

1940年8月,教育部将胡庶华与湖南大学校长皮宗石对调。胡庶华离开了整整工作两年的西北大地,第二次出任湖南大学校长。

---

① 赖琏.西北工学院与西北大学——抗战时期兼长西北两大学的回忆[M]//赖景瑚.烟云思往录.台北:传记文学出版社,1980:198.
② 见国立西北联大改为西北大学,胡庶华为该校校长[N].西京日报,1939-08-09.
③ 商昭.生命的金属质感——胡庶华[J].休闲·读品天下,2012(3).
④ 周传儒.西北联大始末记[M]//政协陕西省文史委.陕西文史资料精编:第四卷.西安:陕西人民出版社.2010:97.

皮宗石却没有到陕就职,校务由法律系教授王治焘代行。其中的原因,坊间各种相关书籍均未提及,就连《西北大学史稿》也只有"皮不到职"四个字。笔者带着这一疑问,采访皮氏之子皮公亮,皮公亮先生很快书面回复:"我父亲在任湖南大学校长时,他在北大任教时的学生李寿雍任文学院长,陈立夫接替王世杰任教育部长后,大学体制增加了训导长和总务长且必须是教授兼任,我父亲又让李寿雍兼训导长,李是CC系的。陈立夫接任部长后曾来长沙,曾要我父亲加入CC,我父亲拒绝了,陈不满。后来重庆教育部多次密电湖南大学注意某些'共匪'学生或嫌疑学生,李要执行,我父亲按蔡元培办学方针,对这些学生予以保护,并通知两个当时问题较大的学生转学离开辰溪(按,湖南大学时在辰溪),引起李及陈立夫不满。学校发起了一次'驱皮运动',但大多数学生支持皮校长,这个运动失败了,李寿雍只好离开湖南大学。这以后在我父亲不知情的情况下看了报纸才知道行政院会议决定我父亲与西北联大(按,应为西北大学)校长对调,很显然是陈立夫排挤我父亲,当即提出辞职,陈立夫一再做工作,我父亲后来去重庆参加国民参政会,陈立夫来我父亲住地劝说,我父亲坚决不去,所以西北联大(按,应为西北大学)校长名义上保留了一段时间。"①事实上,直到1942年3月12日,行政院第554次会议决议,才正式免去皮宗石西北大学校长职务。②

1940年10月,教育部始派部参事陈石珍代理校长职务。陈石珍(1892—1981),江苏江阴人。1918年毕业于南京高等师范学校文科,任东南大学附中教务主任,曾根据杜威和孟禄的教育思潮进行教改试验,有所创新。1921年考取江苏公费留学,入美国哥伦比亚大学攻读教育专业六年。归国后任浙江大学教授。1927年北伐胜利,先后在蔡元培长大学院时任秘书,蒋梦麟长教育部时任主任秘书、高等教育局长,嗣调参事室主任。迨王世杰、陈立夫长教育部时,均任参事。作为一名政府公务员,他每天过着朝九晚五的平静生活。

陈石珍是一位无党派人士,和国民党内各派势力无利益瓜葛,也与中国共产党没有关系,故,当局想利用他的这种身份来缓和西北大学CC派与三青团的矛盾纷争。

陈石珍虽以教育部官员的身份去西北大学担任校长,但却不是"官员办学"。他是蔡元培办学理念的推崇者,主张教育救国,在西北大学实行"思想自由,兼容并包"的办学方针,把注意力放在整顿西北大学、安定教学秩序方面。"关于人事方面,则力求为事择人,凡原有优良教师及干练职员,概仍其旧,即不得已而变更,新所聘用,亦经慎重物色而来,决

---

① 张在军邮件采访皮公亮(1925—2020),2015-08-15.
② 赵弘毅,程玲华.西北大学大事记[M].修订本.西安:西北大学出版社,2002:190.

不有私于任何一人。行政方面,则力求增进效能。"①1942年3月16日,西北大学全体师生举行本学期第三次纪念周活动,陈石珍就其来校任职期间的工作做总结报告,指出:"本人以为充实学校内容,使全校有浓厚研究学术之兴趣,为最要任务。故于去年由各方聘到新教授讲师二十余人,并先完成图书馆及大礼堂之修建。"又无限感叹地说:"回想本人来此之日,正学校多事之秋,有如工程师步入一机械已生故障之工厂,整理刷新,原非一日之功,幸赖本校师生之共同努力,初步工作已粗完成。"②

对中共地下党领导下的读书会,陈石珍认为是学生想读点进步书刊,关心抗日民主,并无"越轨"行动,因此,在他任代校长的一年半左右时间里,全校爱国进步势力有所发展。当时,正值国民党在全国大搞反共逆流的时期,中共西北大学党支部执行"隐蔽精干"的政策,将1941年毕业的一批革命青年和地下党员,顺利地转移到了陕北。消息传来,西北大学国民党团和汉中警备司令部非常震惊,他们把过错统统推到陈石珍身上。加之,陈石珍来西北大学后,住所虽距学校不远,但上下班总是要乘坐专用人力车(黄包车),而学生的伙食也越来越不好,这在部分师生中引起了不满。CC派和三青团为了达到倒陈的目的,利用东北流亡学生李满江因贷金无着而自杀一事(实际上发放贷金的权力由三青团要员杨立奎所掌握),嫁祸于陈,煽起学潮,引起部分师生罢教罢课,捣毁了校长办公室,放火烧掉了校长专用黄包车。但陈石珍也不示弱,为了维护他的威信,大胆反击,开除了四名闹事的首要分子,其中有两名学生是CC派的骨干分子和西北大学国民党区党部委员。对方当然不肯善罢甘休,派人专程溜到重庆告状。迨学年终了时,汉中警备司令祝绍周送来毕业班学生黑名单25人(一说40人),要求开除学籍,陈石珍坚持校政应由学校处理。经商定,对指控学生由双方派员会同审查,均无犯法实证,仍由学校报请教育部验发毕业证书,杜绝军方干预校政。③

1942年2月,西北大学第二学期正式开始上课,陈石珍以身体原因向教育部请辞代理校长职务,并取得陈立夫允许。3月20日,法商学院为陈石珍举行欢送会。3月21日,西北大学及西北师范学院江苏籍师生联合举行茶话会,欢送陈石珍及本届两校毕业同乡。3月23日,西北大学各院教授代表于陈石珍寓所召开欢送茶话会。教务长杜光埙致辞,"回思校长前年奉命来此,办理校务,苦心擘画。学校始得日臻发展。同仁于校长劳绩,深表感念之极"。许兴凯教授"略谓陈校长为人及其治校功绩,举其荦荦大端,约有一说:一、任

---

① 见国立西北大学校刊,1942(7、8).
② 见国立西北大学校刊,1942(7、8).
③ 陈石珍先生事略[Z].赵铁玫,提供.杨谨修,整理.江阴文史资料,1984(5).

劳任怨,守正不阿;二、关整学校开支,俾能不溢出预算;三、崇尚法治精神,如诸葛武侯之治蜀,宽严相济,用能整饬校纪,有今日之成就"。孙宗钰、谭戒甫、黄文弼等教授相继致辞,"均以陈校长在校于经济方面,能量入为出,于校纪方面能始终持以严正态度,现在校事整理就绪,而陈校长功成不居,即时引退,深为钦佩,其精神当永留学校云云"。①

3月12日教育部发[汉教字第19604号]电,正式任命西北工学院院长赖琏为西北大学代理校长,电文称:"已奉院令饬赖琏先行代理校长职务。"并令赖琏兼管西北大学及西北工学院两校校务。但是,赖琏对这个"烫手的山芋"毫无兴趣,坚辞不就,甚至一度躲避起来。当时的情形,在他的回忆中有详细的叙述:

> 那是我连做梦也不会想到的。民国三十一年(1942)春天,邻近的西北大学,又经过几次不愉快的学潮,学校陷入无政府状况。行政院突然通过决议,任命我为西北大学校长。我事前一点也不知道。我在古路坝看见了汉中报纸所载的那个新闻,简直不敢相信我的眼睛。不到两天,我果然收到教育部转来的院令,把那消息完全证实了。我不加思索,立即电请收回成命。我的理由很简单,就是西北工学院已稳定了三年,但是一切发展的计划,有的正在进行,有的还未开始,我不愿半途而废,更不愿西工同仁误会我见异思迁。
>
> 不出我的意料,宁静多时的西北工学院,听了这个消息,登时骚动起来。全体师生除电教育部对我一致挽留外,都不相信政府未征我的同意而发表那个新任命。有人责备我不应该在这阶段遗弃他们。有人善意地警告我说:"你到这儿已三年多了,难道还不知道西大的错综复杂吗?你在西工已赚得了很好的令誉,何必跑到西大去做牺牲品?何必跟着过去的一个一个西大校长倒下去?"
>
> 教育部考虑了几天,居然接受了西工师生的请求,但拒绝了我的辞职。它干脆地命令我以西工院长兼任西大校长。这个我更不能同意。我生平反对一个人兼两个事。大学校长是何等重要的职务,一个人用全副力量去对付,还不容易做得好。我怎么可以一身兼任两个大学的首长?这真是有点近乎"不可思议"。而且西工虽已走上轨道,但谁也不能保证它不再出问题。西大更是一个前途不可测度的未知数。万一将来同归失败,我怎么对得起两校师生和政府当局?
>
> 那时西北大学的员生对于这个新变动,究竟持甚么态度,政府想要知道,社会人士也想要知道。如果他们和过去一样,对新校长都不表示欢迎,那么,这问

---

① 见国立西北大学校刊,1942(7、8).

题便简单化了。我就可以当作没有那么一回事，还是继续埋首做我的西工院长。可是，出乎我的意外[料]的，也是出乎一般人的意外[料]的；命令发表不过两三天，西大学生突然推举代表到古路坝来见我，一再强调全体学生欢迎我去就职的热忱。

以前，西大闹学潮，不但学生很容易冲动，就是教授们也有许多不同的意见。左翼分子更时时利用矛盾，推波助浪，每次都闹到不可收拾的地步。校内的国民党党部及三民主义青年团，虽然同信一个主义，同拥一个领袖；但是，鸿沟划分得很清楚，明争暗斗，各不相让。两方似乎都不注意后面尚有唯恐天下不乱的阴谋分子。

这一次，很值得惊异的，便是西大党团双方的负责人都分别推人到古路坝来欢迎我。在那几天当中，我前后接见了好多位专程下乡来找我的西大教授，还收到了全体教授联名促我早日就职的一封措词诚恳的信。我忽然得到如此的信任和支持，自然有"受宠若惊"的感觉。

可是，我心里一点也不快乐；虽然他们都说我只要运用我三年来在西工的办法和经验，去接办西大，去整顿校风，去调和各方面的意见，当前许多面对着的困难，一定可以迎刃而解。讲句老实话，我却没有那样的自信。尽管我年富力强，也有不怕困难的个性，然而我的精力不是取之不竭用之不尽的。我若一口气把两个大学同时接办下来，那真可以称为"不度德，不量力"。我不是爱惜羽毛的人；我绝对不怕我在西工赢得的虚声，因在西大失败而消失。我真不愿意接受那个双重的使命。"惶惑"和"窘迫"这两个名词，最能形容我那几个星期的心境。

我很有自知之明。一个人同时要兼办两个大学，我始终认为这是超过我的能力的。我于是一面电教育部，请准我将两校职务一并辞掉；一面向西工请假，并托教务长潘承孝代理院务。我偕内子立刻离开城固，径赴关中游览。西安城厢内外，以及潼关、华清池、宝鸡、庙台子等处，凡有名胜古迹的地方，都有我们的游踪。我平日是最负责任的人；这一次，在无可奈何之中，也不顾人家是否骂我逃避现实了。

教育部长陈立夫知道我到西安，但不知我的确实住址；所以一再电请陕西主席熊斌和驻军首长胡宗南去寻找我，并托他们劝我速回城固复职。他以救国的大义相责。他又说要我兼长西大，不是他意，而是秉承最高当局的意旨。

同时，西大因为几个月无人负责，群情慌恐，随时可能发生新的事变。西工也因为我已声明辞职,教务长电称不肯继续负责。我在倦游之余,仔细衡量那个局面,知道这样僵持下去,西大和西工都有瓦解的危险,甚至还会发生不可想象的后果。公谊、私交,社会的舆论,自己的责任感,以及两校师生殷切的期望,一齐会合起来,把我逼上"跳火坑"的道路。我于是在部令发表后七星期,咬紧牙根下决心,电部同意兼长两校的任命。①

1942年5月5日,赖琏正式到西北大学就职。就职那天,没坐汽车,也没坐滑竿,而是骑马,赖琏自己将其称之为真正的"走马上任"。次日,他召集全体学生讲话。事前,一位姓贺的军训教官,婉言劝其慎重考虑,说:"过去,学校当局从来没有人召集全体学生开会。我们对于秩序的维持,毫无把握。这里的学生很容易动感情、生事端。校长新到任,或者还不知道。"②赖琏还是按时参加了会议。学生挤满了大礼堂,秩序非常良好。三刻钟的讲话,除因人数太多而觉空气闷热外,听不到一点杂乱的声音。

那天赖琏开宗明义,就以"安定第一,纪律至上"为号召,很直率地批评以前一切不合理的现象,很坚定地说明他要整顿西北大学的决心和方针。他要求大家树立严整的校风,注重人格的训练,倡导学术精神,加强读书空气,要使西北大学成为名副其实的西北最高学府。赖琏说:"什么拥护与打倒,什么欢迎与拒绝,什么请愿与示威,不是别有用心,就是思想落伍。"又说:"我在任何环境之下,必不受人要挟或威胁,更不容许任何人干涉学校行政。我尊重学生人格,决不利用学生,但亦不让我的学生,受人利用,做人工具,供人牺牲。"③

就职后的第二天下午,赖琏以茶会招待全体教职员,申述"我首先要谋得学校的安定,同时单有安定还不够,一定要在安定中,争取继续不断的进步和发扬"。他要全体员生把眼光放远,把目标提高,说:"西北大学处于巴山秦岭之间,复为博望侯张骞的故里。此时此地,我们远观周秦汉唐之兴盛,环视大西北区域之雄伟,人人应以恢复旧的光荣,建设新的文化为己任,为最高理想。"最后又强调:"我愿以学而不厌自勉。我来西大,非教人,乃

---

① 赖琏.西北工学院与西北大学——抗战时期兼长西北两大学的回忆[M]//赖景瑚.烟云思往录.台北:传记文学出版社,1980:203-206.
② 赖琏.西北工学院与西北大学——抗战时期兼长西北两大学的回忆[M]//赖景瑚.烟云思往录.台北:传记文学出版社,1980:206.
③ 赖琏.西北工学院与西北大学——抗战时期兼长西北两大学的回忆[M]//赖景瑚.烟云思往录.台北:传记文学出版社,1980:206.

来领教,非役人,乃役于人。"①

国立西北大学正门(城固县考院)

这两篇简明、率直,但又充满信心和诚意的讲演发表以后,各方面的反应都很满意。大家怀抱着乐观的希望,对赖琏表示一种友好而亲切的态度。全校顿时弥漫出一片祥和的气氛。当然,也有不少人对赖琏持怀疑态度,以为他只以雄辩见长;他说的话,将来有多少能见诸事实,还要待时间来证明。

赖琏上任后没有辜负师生们的期望,头等大事是解决了西北大学办学经费问题。事实上,这是他来西北大学之前就和教育部谈好的一个条件。上任后他积极清理旧债,整顿学生贷金,保证师生不至于饿着肚子教学和学习,后来每年青黄不接的时候,他都要找银行借款,保证学校办学经费不间断。他又将全体校舍粉刷一新,给师生们创造一个舒心的工作和学习环境。其次,和左翼学生"约法三章",要求他们不再干涉学校行政,或再举行示威或罢课的行为,只要不闹事,就能保证他们的安全和读书的自由。这一招颇为见效,有几个比较有名的左翼学生离去,大部分人从此安静了下来。对于后来还是"不听话"的学生,赖琏采取了更厉害的一招,即用扣发毕业证的办法,清查学生中的共产党员和进步青年,又配合汉中当局,逮捕了几名有"共党嫌疑"的学生,将"学潮"扼杀于萌芽状态。

---

① 赖琏.西北工学院与西北大学——抗战时期兼长西北两大学的回忆[M]//赖景瑚.烟云思往录.台北:传记文学出版社,1980:207.

对于教授们,赖琏的主要措施是安抚,他很清楚文科院校的知识分子自尊心尤其强烈,稍有不慎即会被触怒,因此,他总的表现是说话行事皆小心翼翼。教授们的太太之间发生矛盾,闹得厉害的时候,他也亲自前去调解。赖琏这时不像是一个校长,更像是一个"居委会大妈",为调解邻居街坊间的口角摩擦苦口婆心。但对于有"左倾"进步思想的教授,他也多次发出警告,说批判马克思的经济学可以,但不允许利用讲台介绍马列主义和宣传共产主义。

赖琏接任后两个月,整个学校走向正常轨道。学生对他说,"这是若干年来第一次,他们能够按照时间表,上课、自修、运动、考试,心理上得到安宁,精神上不受外来势力的威胁。"[1]在国民政府看来,赖琏确是一名尽职尽责的好官员,忠实地执行了各种命令。他政治立场鲜明,有出色的政治手腕和行政能力,是那种善于处理复杂情况的人才,能够化解各派之间的矛盾,维持正常的教学秩序。同时,他很好地贯彻了国民政府在西北发展教育的国家战略,为各行各业输送了大批人才。对此,赖琏自己最为满意。

作为"官员办学"的典型,赖琏似乎没有李书田、李蒸、梅贻琦、张伯苓等人那样独立的教育思想,也不像他们把个人的印记加入办学实践当中,他所做的只是执行政府的办学意图,协调各种矛盾。这种人的好处是,当不同理念的各类人物聚在一起矛盾重重、一事无成的时候,他却能把事情办成,维持一个稳定局面。这对当时的西北大学来说殊为不易。

从1939年到1944年,赖琏在陕南办了五年多的教育,连续兼任两个大学校长,"经过了无数次的大小风波和许多非笔墨所能形容的险阻艰难"[2],付出了"殚精竭虑"的代价,健康也衰退了,于是毅然提出辞职的呈文。政府对赖琏辞职,经过相当长时期的考虑,最后准他回渝休假。1944年2月,教育部令西北大学教务长杨宙康为代理校长。7月27日,行政院发训令称"赖琏另有任用,应予免职,遗缺任命刘季洪接任"。事实上,早在1941年,当时的校长胡庶华辞职之时,教育部就曾想让刘季洪去接任,但被他推辞。

刘季洪,江苏丰县人。毕业于北京师范大学化学系,后赴美留学先后获教育硕士、化学博士学位。归国后,历任湖南大学校长、河南大学校长、教育部秘书等职。周传儒教授说:"在陈立夫做部长时期,刘季洪做社会教育司长,很得陈立夫信任,是一个地地道道的CC干部。刘季洪的出马,不是他自己的本心。当司长不比大学校长低,做中央的官,比做

---

[1] 赖琏.西北工学院与西北大学——抗战时期兼长西北两大学的回忆[M]//赖景瑚.烟云思往录.台北:传记文学出版社,1980:209.

[2] 赖琏.西北工学院与西北大学——抗战时期兼长西北两大学的回忆[M]//赖景瑚.烟云思往录.台北:传记文学出版社,1980:213.

地方官容易。然而他还是出马了,一方面因为他是师大毕业的,又是理化系的,与城固文理方面的教师能联系;另一方面西北联大法商学院李宜琛之流,是 CC 心腹,他去可以号得住。"①而刘季洪本人是这样说的:"当时教育部高等教育司吴司长俊升奉命征询我的意见,可否前往接任。我因过去曾主持河南大学校务数年,深知校长责任重大,且此时战事紧急,西大处境艰困,维持更为不易,未敢应允……三十三年二月赖校长请辞回渝,校务由教务长杨宙康暂代。部中多方物色难得继任人选,遂一再促我前往。部令发表时,我正在患病未愈,但因杨代校长又已离校,学校负责无人,校中师生连电请早莅临,不得已未俟痊愈,就在七月盛暑中,搭木炭汽车起程,历六日始抵城固。"②

西北大学校长刘季洪

对于在西北大学的经历,赖琏称之为"最愉快的回忆",刘季洪则谓"最辛苦"。刘季洪新官上任之后,"烧了三把火":"一为在物资困难中,先谋生活之维持;二为在战局沉闷中,尽力鼓励精神之振奋;三为在设备缺乏中,仍求教学研究工作之推进。"③1944 年 8 月 26 日,刘季洪到西北大学视事,首先,解决师生的生活困难问题。当时西北大学设在城固,粮食、柴火以及照明用的汽油等物资筹措都比较困难,尤其是柴火,必须从几十公里外的洋县山区购买,运输很不方便。西北大学校长有一辆专用的黄包车,供其代步所用,但刘季洪认为自己用不着,特命将其改为运柴的架子车,供学生食堂使用。其次,在振奋师生的精神生活方面,他规定学生每天必须早起,参加升旗仪式,他自己每天都是 5 点起床,和学生一起参加升旗仪式。他还鼓励学生多组织课外活动,比如成立平剧社等,为此,他竟然低价从汉中军方库存里购买了一些戏服,使西北大学的平剧演出更为精彩。第三,在教学和科研上,刘季洪也费了一些心思。平津两地高校的教师到西北后,教学科研方向发生了重大转向,对西北地区历史、地理、气象等的研究显著增多,对此,刘季洪继续支持鼓励。1944 年,他将王子云领衔的西北艺术文物考察团吸纳进来,成立了西北文物研究室。

---

① 周传儒.西北联大始末记[M]//政协陕西省文史委.陕西文史资料精编:第四卷.西安:陕西人民出版社 2010:97 – 98.
② 刘季洪.教育生涯漫谈[M].台北:"商务印书馆",1986:166.
③ 刘季洪.为西北建立高等教育基础[M]//杨德生.西北大学教育理念文选.西安:西北大学出版社,2004:56.

1944年秋,国民政府发起了知识青年从军运动,号召在校中学生和大学生参加抗日青年远征军,刘季洪积极响应,组织西北大学学生参加青年远征军。陕南各校有数百名学生入伍参军,西北大学地质地理系郁士元教授甚至也报名参军,为抗战以来教授从军第一人。

刘季洪毕竟也是一个忠实执行政府命令的官员。他秉承当局旨意,加强校内国民党务、三青团务和训导会议,严密控制进步师生的言论、行动,不准成立教授会、职工会、学生自治会,审查壁报,控制结社;在学生中培植亲信,成立"铁血团""手枪队",随身携带武器;也曾组织反苏游行签名活动,结果酿成1946年学生争民主的"四一五事件",在全校乃至全国引起轩然大波。抗战胜利后,刘季洪作为西北大学迁建委员会主任,主持将学校由城固迁回西安,并争取到国库拨款10余亿元和教育部拨款2亿元用于复员迁校费用,又收回"陕源"西北大学旧址;还与于右任促成医学院校址的扩充,从而奠定了西北大学的永久基础。

第三节 三院十四系的先生们

国民政府教育部令西北联大改为西北大学时,根据大学旧制必须有三个以上的学院方可成为大学的规定,西北大学遂将原文理学院分拆为文、理两院,连同法商学院共三院十二系。另有与西北工学院、西北农学院合办的一个先修班。1944年9月奉教育部令,文学院添设边政学系,1945年又奉令增设教育学系。至此,全校共三院十四系。

一、文学院

城固时期文学院,包括中国文学系、外国语文学系、历史学系、边政学系和教育学系,共五个系。文学院院长先后是刘拓(兼)、马师儒、于赓虞、萧一山。马师儒长期从事教育学、教育哲学的教学和研究工作,著有《教育概论讲义》《现代教育思潮讲义》《教育史讲义》《教育哲学讲义》等多种教材与专著。于赓虞"虽是新月社的发起人,但他的诗不同于

'新月派',人称魔鬼诗人"①,任院长(1943—1944)兼外国语文学系教授,任教之余,着力完成翻译西方诗歌经典的夙愿。1944年3月22日,在《文艺先锋》第4卷第3期上,以《春之歌》为总题,发表译诗《静默的爱人》《商籁体两章》《爱情与康柏丝》《爱的诀别》《商籁体四章》《生命》和《人生》。是年5月15日开始至12月15日,在《时与潮文艺》上,连载译作但丁《神曲》第一部《地狱曲》。② 刘季洪出任西北大学校长后,文学院院长是萧一山。此前,刘季洪任河南大学校长期间(1935—1938),萧一山任河南大学文学院院长三年。萧一山是清史大家,凭一己之力撰写而成中国第一部体系完整的新式清代通史,文笔流畅,史料详备。人们将他与孟森并称为中国清史研究的两大奠基者。

中国文学系:系主任先后有黎锦熙、谭戒甫、刘朴、高仲华、高亨,教授有罗根泽、杨慧修(杨晦)、易忠箓、张纯一、张西堂、高明、徐朗秋、卢怀琦、朱人瑞等。马遵德回忆说:"我是1939—1944年先后在西北师范学院和西北大学法商学院学习中国文学和商业经济,在这期间,我曾听过杨老师(当时他用原名杨慧修)讲授新文学评论。杨老师那内容丰富而又哲理深邃的讲课内容,深深激励着青年的爱国热情;他那铿锵有力的语言似乎又在我的耳边回荡。杨老师一来到陕南城固,听过他讲课的同学,为有了这样的一位良师而奔走相告。于是,他讲课的教室就不断地由小变大,而来听课的学生由国文系而文理以致法商学院络绎不绝。教室不仅室内座无虚席,就连窗外也挤满了人。""杨老师治学严谨,备课认真,听他一堂课,胜读千册书,他毫不疲倦地给青年们介绍国内外新的文学作品并加以比较和评论,他谈美学、讲艺术、评作品,无不引经据典,教育青年认清自己所处的时代,面临的困境,所肩负的责任,所企盼的光明和希望,随时随地警觉振奋精神,努力学习,增长才智,争取为祖国为人民作出新的贡献。"③

外国语文学系:分为英文、俄文两组,英文教授人数较多,俄文次之。系主任先后是叶意贤、李贯英。全系学生百人左右,为文学院人数最多的系。当年就读俄文组的郗藩封回忆:"(1940年)考入西北大学文学院,知道外文系设有俄文组……但在一年级并不分组,还是全都学英语,另外学一些公共必修课。到二年级才分成英文组与俄文组。记得当时报俄文组的学生也不少,可是学俄语并不像学英语那样轻车熟路,而是要从字母学起,

---

① 李铁城,苏湲.苏金伞诗文集[M].郑州:河南文艺出版社,1998:648.
② 王文金.于赓虞年谱简编[M]//于赓虞诗文辑存:下.解志熙,王文军,编校.郑州:河南大学出版社,2004:885-886.
③ 马遵德.青年的导师,教师的榜样[Z]//北京大学中文系文艺理论教研室.中国新文论的拓荒与探索——杨晦先生纪念集.北京:北京大学出版社,2001:277-278.

况且俄语词法和语法都比较复杂,学起来比较困难,所以学过一段时间以后,转入英文组或其他系的同学不少,最后俄文组只剩下6个学生了。"①1943年考入西北大学外国语文学系的翻译家、南开大学臧传真教授说:"余振(李毓珍笔名)先生教书,备课十分认真。他的钻研精神确实惊人。比如,为了给同学们讲好'俄罗斯诗歌'这门课,他不惜耗费大量精力把诗歌的原文,精雕细刻地抄录一遍,其中包括《叶甫盖尼·奥涅金》。他的俄文字体绰约匀整,婉秀可爱。他讲课时,从不抬头看学生,但他讲课的声音,抑扬顿挫,琅琅悦耳,把同学们的注意力一下子凝聚起来。课文讲解完毕后,他又口头把原文翻译一遍,他出口成章,即兴成诗。词句雅致清丽,情韵激越。他教书,一向是与自己的科研和读书结合在一起的。因此,他的课是很有深度和广度的。他讲的文学课,总是把自己的感情和作品中人物的感情交融在一起,那脉脉的思路,那淡淡的哀愁,令人终生难忘。余振先生还教语法课和阅读课,这些课均以明白易懂著称。他的学生都记得,跟他学习俄语,一年之后,就能看一般书刊。两年之后,就能自如地阅读文学作品。尤其是文学作品,大家都有深刻的理解。不仅对语言结构,并且对作品的风格,均能体会深透。这也是余振先生引为自得的地方。"②

著名九叶派诗人唐祈,虽是历史学系学生却受惠于外国语文学系教师。据其回忆:"外文系开的课程很多,外国文学研究的风气也好。我在1942年离开学校以前,除了受惠于很多教外国文学先生的课程而外,主要得益于两位先生,一位是教文学理论和作家论的杨晦先生(按,杨晦实为中文系教授),一位是那时刚从法国留学回来的盛澄华先生,他教法国诗和英国诗。盛先生在法国是研究纪德的,在巴黎住了7年。纪德住在公寓7楼,他为了便于研究,就住在5楼。他在联大时还在孜孜不倦地继续翻译纪德的书,我就读到过他译的《田园交响乐》《伪币制者》等译文手稿。他头两年开的是诗歌课,法国诗从波特莱尔、玛拉

城固时期的西北大学二校门

---

① 郗藩封.我与西北大学[M]//王周昆.西北大学英才谱:第三辑.西安:西北大学出版社,1997:221-222.

② 魏荒弩.余振二三事[M]//隔海的思忆.广州:花城出版社,1993:29-30.

美、魏尔仑、梵若希(今译瓦雷里)……一直讲到正在法国搞抵抗运动的阿拉贡、艾吕雅……另外还有叶意贤、霍芝亭教授讲莎士比亚……我也从几位俄国文学教授那里听讲普希金、布洛克、叶赛宁、马雅可夫斯基的诗歌。我当时不是外文系学生,我的外文也因我的疏懒,功底不强,又好钻个故纸堆读古诗,直到后来才选定了新诗的道路。但这几年外国文学的熏陶,极大地帮助我解答了对于新诗的一些困惑问题……随着自己的创作,一直留在我日后新诗探索的路途中。"①

历史学系:系主任先后有陆懋德、丁山、黄文弼、陶文珍等。历史系教授都有不少著述,如陆懋德《中国上古史》,获得教育部1941年度著作发明三等奖。王子云②所著《中国历代应用艺术图纲》上下两册,于1945年完成。次年又完成了《汉代陵墓图考》等专集。该系对西北地区的历史文物的搜集整理极为注意。在城固时期即成立考古室,大量搜集陕南文物,几年来在甘青新等省所获的考古文物资料,曾公开展览数次。

边政学系:1944年秋成立,为文学院最小的系。设维文组和藏文组。系主任由王文萱教授担任。教授有王子云,副教授有杨兆钧、郑安伦等。该系在教学中对于边疆调查非常重视。建系初期,副教授杨兆钧即率边疆考察团去青海调查,并选定循化县附近之萨拉冈提回教文化及维吾尔族文化为语言调查区,以夏尔县拉卜楞寺之番藏人民为佛教文化、语言习俗调查区,历时两个月,取得了可喜的收获。在学术研究方面,该系成立了边政学会,并于1945年4月举办《边疆问题十讲》,由校内外对边疆民族、历史、风俗、社会、政治经济制度等问题有研究的学者讲演。其讲题有《新疆十四民族》《新疆中苏国界问题》《边疆之婚姻》《拉卜楞——西北的一个宗教中心》等。王文萱教授还负责主编副刊壁报《边疆文化》等,促进了对边疆问题的研究。该系在城固招生两届,一、二年级共有学生30多人。1947年经教育部批准,边政学系改属法商学院。

教育学系:为适应西北之需要,根据教育部特令增设的。1944年开始筹备建立,1945年秋季正式招生。当时的系主任由高文源教授担任。据1945届的常肖苏回忆:"教育系主任是高文源,他的夫人包自立是外语系教授,给我们上外语课(一年级上公共课有外语,学分制),体育课是大学四年的'必修课'。王耀东、刘月林、张之、罗爱华(女)为我们上体育课,魏庚人教教育统计,必攻课有教育概论、中国教育史、西洋教育史、普通心理学、教育心理学、统计应用数学、教育统计学、心理及教育测验、发展心理学、中等教育、比

---

① 唐祈.诗的回忆与断想——我与外国文学散记[M]//郭国昌.陇上学人文存·唐祈卷.兰州:甘肃人民出版社,2017:215-216.

② 按,王子云为历史学系教授,亦兼边政学系教授。

较教育、教育哲学、普通教学法、教育研究法、教育行政、初等教育、社会教育、学科心理。选修课有教育学论、近代教育思潮学,最后是毕业实习、毕业论文。当时为适应西北教育之需要,教育部1945年特令增设教育系,我们是第一届。在城固时期,只有我们这一班学生共29人,女同学有郑远莲、刘光晔、龚全珍、宁亦郎、郭兰馥,我们六人。男同学有毕德海、侯应云、王大方、负俊耀(炱田)、侯金明、任建业、伍振海、范纯安等。"①

教育学系的学制为四年,侧重中小学教育研究。课程是参照师范学院教育系科目制定的,分必修科目和选修科目。为了使学生毕业后有较多的就业机会,该系还设有中国语文和数学两个附修专业,由学生自由选修,从三年级到四年级共学两年。学校要求该系毕业的学生具备一专多能,到中学后既能当好专业教师,也能做行政领导。②

二、理学院

西北大学理学院包括数学系、物理学系、化学系、生物学系、地质地理学系共五个系。院长先由刘拓教授兼任,1944年后由赵进义教授继任。全院学生一般在250至300人。

在科学研究方面,由于图书仪器设备条件的限制,理学院的科学研究工作开展得非常困难,由于实验室简陋、仪器药品不全,实验方面的科学研究几乎无法进行。不依赖实验或较少受仪器设备限制的理论科学研究有一些论著,如数学系傅种孙教授的《初等数学研究》《罗素算理哲学》《黑柏提几何原理》,刘亦珩教授的《微分几何学》,赵进义教授的《复变数函数论》《椭圆函数论》等,均属这一类型。地质地理方面,也取得了一些研究成果。如殷祖英教授的《西北地理及政治地理》,郁士元教授的《城固地形图》,张伯声教授的《陕西城固地质略志》《陕西城固古路坝之砂砾层》等。

数学系:系主任先后由教授赵进义和刘亦珩兼任。赵进义教授不仅是我国近代数学发展的奠基人之一,还是天体力学家。早年留学于法国里昂大学,专攻数学,并攻读天文学与力学,1928年获该校理学博士学位。他对函数代数体函数分支有着很高的造诣,曾在法国留学期间发表了两篇重要论文,引起国内外学者的特别重视和广泛引用。他还对反函数论作了系统研究,并率先提出两支代数体整函数的反函数论。他还进一步深入研究了代数函数、椭圆函数、模函数、比伽尔定理、正规函数族与反函数等问题,并在其《复变数

---

① 常肖苏.似水流年——七十余年人生路[M]//张毅.蕙质兰章:常肖苏文集.香港:国际炎黄文化出版社,2006:183.

② 丁淑元.陕西师范大学校史[M].西安:陕西师范大学出版社,1994:4-5.

函数论》专著中作了精辟论述。数学系杨永芳、刘亦珩、张德馨等教授在集合论、拓扑学、几何学、现代微分几何等现代数学的各个分支以及基础数学方面都有很高的造诣,形成了自己的研究特色,对于后来集合论、拓扑学以及现代中国微分几何学的发展有着非常重要的作用。①

物理学系:系主任先后由张贻惠、岳劼恒教授兼任。物理学家张贻惠教授曾任北平大学工学院院长,西北联大时期讲授普通物理、力学、光学等课程,并讲授数学。岳劼恒教授,巴黎大学理学博士,络合物光学研究新领域的创始人之一。他为师生自编"光学""热学""理论力学""近代物理"等多门课程讲义,并且讲授多门他人无法承担的课程。龙际云教授,原为北平大学教授,在西北大学物理系任教期间,许多实验设备皆由他领导装配,筹建了物理学的大部分实验室,主要从事电工原理、声学以及光学实验等课程的教学与研究,并撰写了《近代物理实验》《光学实验》等著作。谭文炳教授深感"理科讲学靠粉笔,纸上谈兵心不宁",只身赴汉口采购器材,并自制教学仪器,构建物理实验室,开设实验课程,同龙际云教授一样为西北大学的物理教育作出了突出贡献。②

化学系:系主任先后由刘拓和张贻侗兼任。张贻侗教授是张贻惠教授胞弟,中国近代著名的化学教育家,曾赴英国伦敦大学留学,师从诺贝尔化学奖获得者、英国著名的化学家拉姆赛。他在西北大学期间,尽心竭力培育化学人才,延揽师资,添购扩充图书设备。他对物理化学颇有研究,是当时著名讲座教授,曾讲授高等理论化学、理论化学、电化学、化学热力学、高等无机化学、定量分析化学等多门课程。他特别重视社会需要与学生实践,适时增开化工原理、造纸、制革以及石油化学等选修课程。教学之余积极开展科学研究,发表了《原子弹问题》《偶极矩与分子结构》等多篇论文及论著。

生物学系:系主任先后有获巴黎大学动物学博士学位的细胞生物学家雍克昌教授、获美国威斯康星大学植物学和植物病理学博士学位的刘汝强教授。生物学系的教授们在生物学各个领域都很有造诣,特别像汪堃仁教授,是我国近代著名的生理学家、细胞生物学家,中国组织化学的开拓者,在西北大学先后担任生物学系的生理学、解剖学和组织学课程,也给文科学生讲授过普通生物学。起初生物学系没有助教,无论是课堂讲授、演示,实验教学准备,还是上实验课或批改作业,均由他一人承担。在城固艰苦的条件下,他开设了协和医学院开设过的全部现代生理学及实验课程,实属不易。解剖学实验虽然没有

---

① 李晓霞.近代中国西北科学教育史[M].北京:中国社会科学出版社,2017:52-53.
② 李晓霞.近代中国西北科学教育史[M].北京:中国社会科学出版社,2017:63.

尸体,但他用猫、狗替代做实验;没有骨骼标本,就与师生拾取无主尸体,加工成骨架。在学术研究上,他主要从事生理学、组织化学和细胞生物学研究,在环核苷酸对癌细胞分裂分化调节作用、细胞骨架和癌化等方面取得突出的成就。

地质地理学系:分地质组和地理组,历年地理组学生比地质组稍少。地质地理学系在教学中因地制宜,非常注重实地考察。如地质组师生为了调查汉中盆地的地质情况,他们由盆地东口黄金峡至西缘定军山,再由秦岭南麓至巴山北坡一带,踏遍了汉中盆地的沟沟坎坎,获得了研究盆地地质的珍贵资料,最后写成了资料翔实、很有价值的论文《汉中盆地地质》一文。地理组师生也在同一时期,对汉中盆地的人文自然状况进行了调查。

系主任先后由黄国璋和殷祖英教授兼任。教授有谌亚达、郁士元、董绍良、张伯声、李善棠等。这些教授均毕业于中国知名大学,多数留学于美国、德国、英国、日本、奥地利等国著名学府专攻地理学、地质学,在地形学、经济地理学、世界地理、中国区域地理以及地理、地质学领域很有研究。系主任黄国璋教授在地理学多个研究领域取得了非常重要的成果,是中国现代地理科学开创者之一,是最早将西方先进的地理科学理论传入中国、引导地理学发展方向的重要学者之一。其代表性著作有《社会的地理基础》《中国地形区域》《我国国防地理》《爪哇低纬农业的研究》等,他还非常重视地理学在基础教育中的作用以及地理科学普及,出版了《河北地形图》《亚洲地形图》和其他教学用图。殷祖英教授在西北大学担任地质地理学系主任为时最久。其间,他参加了西北科学考察团,深入甘、宁、青、新,进行实地考察,测绘地图。返校后即作学术讲演,并呼吁同学:"陕南不是我们活动的区域,我们的眼光要放在大西北。"[①]在科学研究方面取得了许多成果,中学教科书有《世界地理》《欧洲地理》《初级中学教本世界史》《世界历史》等,地理学著作有《新疆及额济纳地理考察报告》《台湾的自然条件与资源》《我国的资源地理》等。郁士元教授,北京大学地质系毕业,师从地质大家李四光、翁文灏等。在教学中,他一人先后主讲过多门课程,如普通地质、工程地质、水文地质、地质测绘以及中国地质与有用矿产等课程。他还非常重视野外地质调查实践,常去陕南秦岭、汉中梁山、关中骊山等地进行实地勘测考察,发表了《西安附近的地质简述》《汉中梁山地质》《城固地形图》《沔县煤矿区之地质》等多篇论文,为西北地区地质学科的发展、中国地质事业作出了重要贡献。地质学张伯声教授,先后任焦作工学院、交通大学唐山工学院、河南大学、北洋工学院教授。全面抗战爆发后,历任西北联大、西北工学院、西北大学教授,他不仅为西北、为国家培育了大批的地质英才,而且

---

① 姚远.国立西北联合大学的分合及其历史意义[M]//西北联大史料汇编.西安:西北大学出版社,2012:22.

专心于地质科学与实践研究,重新厘定了"汉南花岗岩"年代为前震旦纪,为"汉南地块"概念的树立奠定了基础。他创建的"地壳波浪状镶嵌构造学说",成为中国地质学界五大构造学派之一。

三、法商学院

法商学院包括法律学系、政治学系、经济学系、商学系共四系。法商学院之前身为北平大学法商学院,办学历史悠久,师资队伍雄厚。院长先后由刘鸿渐、杨兆龙、卢峻、赖琏(兼)、曹国卿等人兼任。据1940至1944年就读商学系的穆嘉琨回忆:"法商学院经济学系与商学系在一起,多门课相通、相近,因此两系上的一些主课都有教授教课,那时大学教授都喝过'洋[墨]水',拿过学位,教学经验丰富,如法学课由法商学院院长杨兆龙担任,他是留德博士,著名国际法专家,在校时西装革履,文质彬彬,极具学者派头……教我们经济学的是罗仲言教授,多年后我们才知他就是我国早期的共产党人罗章龙,在经济史研究方面颇有权威。教货币银行学的季陶达教授,他上课的内容是马克思的剩余价值论,上课不带粉笔或纸片,娓娓而谈,出口成章,且引人入胜。财政学由曹国卿院长上,他是留德博士。统计学由系主任孙宗钰上,他是美国哥伦比亚大学商学硕士,他有统计学专著,并是英汉词典的编纂人。社会学由王守礼教授担任。会计学由一位留美的青年教授刘溥仁讲授。英语课则由刘北茂教课,刘出身燕京大学,与刘半农、刘天华并称'江阴三刘',是著名的二胡作曲家、演奏家,在校时我们常听他的二胡演奏,那真是一种高级艺术欣赏,出校后就很少听到这种高水平的演奏了。""其他法律政治二系的教师阵容也较强。法律学系有王治焘、施宏勋、刘鸿渐等教授,在教学活动中常开法庭辩论课,进行直观讲解示范,外系同学也常去旁听。政治学系有许兴凯教授,他是个日本问题专家,经常作中日战争、世界大战的战局报告,对战局了如指掌,指点江山,评判战役,强调我们必胜,鼓舞听众信心,受到同学们欢迎。政治学系还有卿汝楫教授,曾任过国民党某一部会的发言人。还有一位专门研究边政、少数民族问题的教授,是埃及大学毕业的回民教授杨兆钧,他给同学们演讲,一上来就用了一句阿拉伯语言向全体同学问好,声音洪亮,振动大厅,讲得头头是道。"①

法商学院学生一般有五六百人。由于这一时期民族资本主义的发展,政府需要雇用

---

① 穆嘉琨.回忆城固时期的西北大学[Z].河西文存(内部资料),2014:56-57.

一批经济业务人才,经济学系和商学系学生容易就业,因此,该院学生人数居全校三学院之首,约占全校半数。穆嘉琨说:"经济学系是个大系,四个年级200人左右,我们1940年入学那年,经济学系人数特多,近100人,而商学系新生却只20余人,校方决定经济学系学生调一部分到商学系,办法是发表给每个学生,填三个志愿,大家内心都不愿调系,结果有的同学三个志愿都填了经济学系,而有的同学比较老实,除第一、第二志愿仍填经济学系外,第三志愿填了商学系,结果就是这些同学转到了商学系,使这个系达到了40人,经济学系减员到80人。"①

1944年西北大学经济学系毕业生合影(西北大学档案馆提供)

法商学院设于县城小西关外,距校本部较远,故设有各处组室分办公处,采取联合办公方式,又设有图书馆及阅览室。在学术研究方面,该院也有一些成绩。经济学系罗章龙教授"足迹不出县城,日夕讲学,闭户著书,交游极少。在此期间完成一些讲稿的写作,平生精力大部分尽于此",其"所著《中国国民经济史》上、下册,1935至1945年写成,1946年由重庆商务印书馆《大学丛书》印行,风行士林,不胫而走!全书五十万字,自原始经济至近代经济,凡三十五章。历取各时期的经济进程及其特质,博览约取,深入浅出,被各大学采用作教本。发表之论文重要者有:一《全元经济论》,二《经济史型论》,三《经济史期论》等,五十余万字,在大学领域影响颇为深远"。② 由于他在学术界威信大增,全国大学约聘讲学函电纷纷而来,但因战时交通不便,遂一一谢绝。政治学系教授许兴凯同时兼历史学

---

① 穆嘉琨.回忆城固时期的西北大学[Z].河西文存(内部资料),2014:55.
② 罗章龙.罗章龙回忆录:下[M].达拉斯:溪流出版社,2005:783.

系教授,对于日本政治史、历代市政官吏、历代村政、县政、省政等方面的研究,取得了很大的成绩,完成著作六种。曹国卿、王治焘、季陶达、王守礼等教授,在各自学科领域都发表了一些有分量的著作和论文。法商学院在教学和学术活动中,服务于政治的倾向则比文理学院突出。

西北大学法商学院旧址(张在军摄)

商学系:实为俄文系,这是沿袭原北平大学法商学院的传统而来的。据1938年8月21日的一则新闻报道:"国立西北联合大学法商学院商学系,为国内唯一造就俄文人材学系,该系前身,原为俄文法政专门学校,今虽改名为商学系,但仍以培养国内俄文人材为宗旨,当此民族解放战争进行之际,中苏关系日趋密切,俄文人材当然需要,有志研究俄文者即可投考该系。唯因国内中学校,多无俄文课程,该系特设有先修班,以培养学生俄文初步,在先修班修业一年后,即可升入本科云。"①1940年暑假以后,教育部令商学系取消俄文课程,以英文为第一外国语,商学系的一批著名俄语教师,如徐褐夫教授等均被调整到外国语文学系俄文组任教,商学系原有的特色消失,而变为名副其实的商学系。系主任先后由沈筱宋(代)、李安、孙宗钰教授兼任。当年商学系学生陈世庄(梅枫)回忆说:"最受学生欢迎的教授,当首推孙宗钰和季陶达二教授。孙宗钰是商学系系主任,原齐鲁大学教授,商学系的专业主课如会计学、统计学、投资数学、高级会计几乎都是他一人讲授。他对学生极为爱护,从未因学生思想进步而施以排挤迫害。季陶达讲授货币银行学,经济思想史的内容是从马克思的《资本论》中吸取来的,讲课内容严谨、思维逻辑很强,对经、商二系

---

① 见西北联大添设俄文学科[N].工商日报,1938-08-21.

学生影响甚大。在徐褐夫教授那里不仅从他的教学中受到教益,在离开学校后的人生旅途中也得到他的指点。"①

法律学系:城固时期,法律学系分司法、法理两组。后由刘鸿渐、卢峻、施宏勋、郭至德、王治焘等教授兼任系主任。在教学中,为求得学理与实用兼备,法律学系设有法律资料室与实习法庭各一所。

政治学系:系主任先后由杨伯森、张育元、王治焘、杜元载教授兼任。

经济学系:先后由尹文敬、曹国卿教授兼任系主任。学生多的时候达200人左右,居全院学生人数之首。

西北大学各个院系的教学,基本沿袭西北联大文理法商各学院的传统,在教学方针、教学制度与课程设置等方面,原则上遵循教育部制订的统一方针与规章行事。在培养目标上,教育部根据《抗战建国纲领》提出:"大学教育应为研究高深学术,培养能治学治事治人创业之通才与专才之教育。"然而,虽然口头上主张"通专并重",实则为了适应军事和经济的需要,这一时期,政府大力提倡"实用科学",学生乐于报考工学院和经济学系、商学系,对于文理科不够重视。据统计,城固时期(1939—1946)西北大学共毕业七届学生,文学院毕业生359人,理学院毕业生384人,法商学院毕业生889人,总计全校毕业生1632人(其中男1429人,女203人)。②从这些毕业生的出路来看,多在经济、教育和行政部门工作。

第四节 恢复北平时代的研究风气

西北大学校本部及文、理学院设在城固县城内原考院所在地,除图书馆几次扩建外,因经费紧张其他房舍很少改建。法商学院设在城固小西门外,利用一所旧简易师范的校址办学,并没大兴土木搞建设而是在原有旧房基础上改造而成,一切皆为临时应急,没有

---

① 梅枫.回忆城固时期的西北大学[M]//王周昆.西北大学英才谱:第二辑.西安:西北大学出版社,1995:158.

② 见国立西北大学校刊,1947(复刊,31).

长远的规划。"一进校门,就是一座东西略窄,南北略宽,长方形、砖木结构的二层楼房,上层有走廊可通四边,二楼全部是教室,大小不等。还有院系办公室,一小图书室可供学生阅览。此外还有一间专为学会计的同学用的打字机室。由于都是文科,没有实验仪器室,教室勉可应用,但大的集会都要到城内举行。……院墙外的西边,有一足球场和几个篮球场、排球场,下午课后球场上的人很多,当时只有法商学院有这样的操场,文理学院没有,连西北师大体育系的操场都比不上法商学院的。"①

本书作者在西北大学城固办学旧址

与教学直接相关的是图书和教学设备方面的问题。刘季洪校长在一篇介绍西北大学的文章中说:"构成西北联大之北平大学、北平师范大学及北洋工学院,当时皆仓卒迁移,原有图书设备未及携出,抗战期间虽尽力设法添置,终因经济及交通等困难,未能大量充实。迨胜利后,始由学校商请教育部拨发经费及外汇,在京沪及国外购集图书及仪器,并由美援中分得大量理科仪器及医学院诊疗器具与病床等。校内教学及研究设备,至此方略具规模。"②

西北大学成立伊始,为应对教学的基本需要,就近陆续购置了一些图书。为了解决教学的急需,1941年1月,学校与陕西省立西京图书馆城固分馆订立了借阅图书的协议,该馆藏有国学书籍300余册,合同商定,员生赴馆阅览,以校徽和学生证为凭,这种变通的办

---

① 穆嘉琨. 回忆城固时期的西北大学[Z]. 河西文存(内部资料),2014:57-58.
② 刘季洪. 国立西北大学[M]//张其昀,等. 中华民国大学志. 台北:中华文化出版事业委员会,1954:304.

法,暂时解决了教学中图书资料缺乏的困难。1942年12月,学校正式建立图书馆。开始时全馆仅有图书4000册,至1944年11月,全馆藏书有中文书籍共计1.2万多册,西文书籍1700多册,西文期刊57种,中文期刊316种,中文报纸8种,西文报纸3种。1945年9月,英国著名科学家李约瑟博士来校访问时,曾向图书馆赠送英文书刊数百册。在刘季洪任校长以后,学校成立图书委员会,拨款60万元(法币)增购图书,又于1945年7月将县文庙之大成殿、尊经阁两处加以修葺,辟为图书馆新址,设大小阅览室各一个,可容150余人;期刊阅览室设在校本部东院原图书馆旧址。同时,在法商学院设立分馆和阅览室。

图书馆阅览室由于场地有限,那些好学深思的年轻人常常以找到一个座位视为最大的满足。正如一篇报道西北大学的文章所描述的:

> 在城固,没有足够的房间。学校里的阅览室,狭小得可怜,永远是挤满了人,如果你立志要在阅览室读书,你就必须挟上一本书,站在那儿,不放松任何一个机会,占定位子,应该立刻将你的书放在案头,表示你已占领这个地方,这样,即使偶尔离开,也就不至再失掉了。晚间,学校里只预备了几盏油灯,分燃在几个教室里,每天过午下课之后,学生们赛跑的奔向教室,来占位子。稍迟一些,就会座满,而只能望桌兴叹了。但学生们却不能因此而废读。最后,他们终于找到了一个最大的阅览室——郊野。①

在教学仪器方面,城固时期为应对理学院教学之必需,于1942年底由成都购回理化仪器4箱,以后逐年陆续购置少量教学中必不可少的仪器设备,但由于陕南交通闭塞,学校经费严重不足,教学设备非常缺乏。

图书资料的短缺和报刊信息不灵,常是文学院、法商学院等院教学中的主要困难。为此,文学院和法商学院在教学中,为了弥补课堂教学的不足,不得不增加社会调查和实习;而理学院则不然,由于设备简陋、药品缺乏,以致不少基本的实验项目不能进行,有的实验用代用品;有的实验课不得不停开。有的时候,由于仪器设备落后,只能在理论上讲清实验的方法、步骤,结果却无法兑现。有个别课程仅有一两台仪器,只好大家排队轮流操作或观看。

城固时期各院系科学研究方面,由于图书资料的匮乏、经费的困难,文科研究方面较少受设备条件的限制,学术空气较理科浓厚。理科方面的研究则限于基本理论方面阐述,但总的说来,成绩颇丰。如1941年9月1日《西北学报》创刊号中就全面介绍了西北大学

---

① 见卢苇.自城固迁西安的国立西北大学[N].青年日报,1946-06-30.

教授的学术成果，编者称："自平津各院校迁移汉中城固后，陕南顿成文化中心。……尤以教授方面……成就甚宏。"这一时期教授新著：刘鸿渐教授的《中华民国民法论》（分为4部，共100余万字）；李宜琛教授的《民法总则》（24万字）、《民法概要》（20万字）、《亲属法与继承法大意》（出版中）；刘毓文教授的《民事诉讼法》（10余万字），著作中的有《土地法》《破产法》《强制执行法》《法院组织法》；曹国卿教授的《中国财政问题与立法》（10余万字）；于鸣冬教授的《日文文法》（20余万字），翻译中的有佐藤宽次所著的《信用合作社》（100万字）；徐褐夫教授的《东方的战祸》（10余万字）、《航空字典》（4万字）；孙宗钰教授的《统计学》（分2部，80余万字），许兴凯教授的《中国地方政府》（80余万字）和《中国政府》（30余万字）；贾晰光教授的《三民主义教程》（分为5编，20余万字），还有著作中的《中国外交史》等。创刊号还发表有殷祖英教授的《由地理上认识西北》、许兴凯教授的《陕西建省沿革史》、黄文弼教授的《吐鲁番古代之文化与宗教》、王季平的《建设西北应理解之两问题》等论文。

1943年前后，全校发表在《西北学报》复刊上的重要学术论文还有殷祖英教授的《论战后国都问题》《回疆典型之吐鲁番盆地》，何士骥教授的《研究中国之古外国语文与研究西北》，张伯声教授的《陕南砂金》，杨向奎教授的《夏商两代与西北》，王均衡教授的《甘肃境内黄河航运的地理根据》，李武金讲师所译的《中亚草原沙漠》等。

值得指出的是，尽管教学设备简陋，校长更换频繁，但这些并没有阻碍学术研究的开展。在赖琏掌校期间，西北大学就云集了当时一大批名教授，在历史、地理、地质、经济学等方面都卓有成就。1943年11月，赖琏支持创办了《西北学术》刊物，他在发刊题词中称："恢复历史的光荣，创建新兴的文化，实为西北大学应负之使命，本刊即应此神圣使命而产生。专以研究学术，融合东西方文化，发扬民族精神为主旨。"商学系教授郭文鹤在发刊词中也说："西北大学为西北最高学府，过去数年，整理行政，对于学术颇少贡献，今者学校当局痛感文化使命之重，雄输大路，先办本刊。"此刊从1943年11月创办，到次年2月止，共发行4期，全国各大书局经售。另据1942年出版的《全国专科以上学校要览》一书介绍："（西北大学）出版刊物，计分丛书、季刊、校刊三种，惜以纸张印刷价值太昂，稿件虽已编齐，而斯项经费难筹，尚未付印，故各学系皆以壁报方式，各出学报一种，以供学生阅读。至学生编辑之刊物种类颇多，亦以无款不能付印。现在编印之壁报，计有剪编、精诚、西北青年、西北漫画、英文西北青年、街头壁报、新生、前矛、齐鲁、展望、学习、自励等十余种。"①

---

① 教育部.全国专科以上学校要览：上[M].南京：正中书局，1942：38-39.

1943年至1944年,西北大学和西北工学院联合到新疆进行学术考察,更是在赖琏的努力之下才得以成行的。1943年,身为国民党中央委员的赖琏到重庆参加国民党中央全会,那时抗战形势不错,蒋介石的情绪也很好,在一次会议上鼓励大家畅所欲言。这时赖琏站了出来,谈了他在西北和来重庆一路之上所看到的民生疾苦,并谈到了现在政治不清明,需要改革弊政。蒋介石听后颇为不悦。散会后,很多人以为赖琏说话肆无忌惮,必将受到制裁。第二天,蒋介石果然单独召见了赖琏,出乎意料的是,他压根儿没有提昨天的事情,而是说赖琏在西北办学成绩不错,将来他到西北视察,一定会到赖琏主持的大学去看看。又问赖琏有无困难,如有困难,他一定帮忙,具体事情请找陈布雷。随后陈布雷找到赖琏,赖琏趁机提出了他想组织考察团去新疆进行学术考察的计划,陈布雷完全赞同,并许诺提供经费支持。当晚,赖琏就将考察计划书交给了陈布雷,几天后得到了蒋介石的批准。回到城固后,赖琏组成了两个考察团,一个是新疆科学考察团,由西北工学院教授潘承孝和余谦带领,一个是新疆历史地理考察团,由西北大学名教授黄文弼和殷伯西带领,于1943年夏天赶赴新疆,做了三个多月的考察和研究,回来后提交了很有学术价值的报告书。① 赖琏在《校友通讯》(1943年一二期合刊)"发刊词"中又说"(西北大学)尤应建设西北文化,开发西北宝藏,为全校员生之天职",他甚至将学术研究提高到至高无上的地位,"发扬我民族之精神,必须研究学术;融合现世界之思想,必须研究学术;建设西北,必须研究学术"②。赖琏还强调:"西北大学的神圣使命,应该使它成为西北文化的基石。"③

刘季洪接替赖琏出掌西北大学后,也很重视学术研究工作。1944年9月,他在开学典礼上指出,西北大学的特殊使命,"就是提高西北文化的水准,领导西北学术的研究。我们每系都要尽到这个责任,要侧重西北问题的研究"④。他在《为西北建立高等教育基础》一文中说:"在教学研究方面,西大前身为国立北平大学及师范大学,历史悠久,优良师资萃集其间,惟因迁移仓促,图书仪器未及运出。加以战事时紧,情绪不安,故学校更需对于教学研究工作尽力策划鼓励,以谋学术空气之保持。当时经常与各院系商讨,除加强课业讲

---

① 早在1927年至1930年期间,黄文弼教授曾两次以学者身份参加瑞典著名地理学家斯文·赫定发起的中瑞合组西北科学考察团(他因此成为我国国际合作进行科学研究最早的学者之一),1943年是他第三次去新疆进行考察,重点为教育文化及古迹文物。黄文弼教授的三次新疆考察,对新疆地区历史尤其是高昌史和中亚文明史,以及古代中亚文化交流的研究作出了重要贡献。

② 冯岁平. "大西北开发"与汉中[Z]. 汉台区文史资料,2002(18).

③ 赖琏. 教学与卫道[J]. 国立西北大学校刊,1942(2).

④ 姚远. 西北联大史料汇编[M]. 西安:西北大学出版社,2012:725.

授及考核外,并在可能范围内,因地制宜,注重西北地区资料,进行研究工作。"①他后来又在另一篇介绍西北大学的文章中,重点回忆学术研究工作的"因地制宜":

> 至于研究工作,因本校设于西北,各院系除一般学术研究外,大都因地制宜,针对西北之需要。如中国文学系之搜集西北民歌,考核西北方言;外文系之特重俄文;历史系之注意西北史料,皆是。历史系于迁城固后,且大量搜集陕南文物,成立"考古室",曾连同甘、青、新等省所获史料,公开展览数次。三十四年(1945)春教部复将西北艺术文物考察团累年所得丰富之资料,拨归西大整理研究,因复将原有之"考古室"扩大,改为"西北文物研究室"。除分期举行专题展览外,并拟成立永久性之"西北文物馆",以原有文物作基础,逐渐扩充,期将雕刻、壁画、铜器、陶器、砖瓦、货币、金石文字及雕版艺术等,均依其时代,为有系统之整理,藉觇其演变进化之迹。该室就西北特有之文物资料,如古代图案、汉唐艺术、佛教艺术、陵墓石刻、敦煌壁画、西北金石、西北史迹等,分类纂辑,印行西北文物丛刊,其已完稿者有中国装饰图案、汉唐陵墓艺术、敦煌艺术、西北史迹文物踏查纪实四种,其他专集尚在陆续整理中。至于古代雕刻之模铸,拟就西北著名之汉唐巨制,如霍去病墓前巨兽,唐太宗昭陵六骏及各佛窟造像等不能移动他处者,利用石膏模铸法复铸,可自由运往他省陈列,或与欧美各博物馆中之名刻复铸品交换,以增强国际文化之沟通。其他科系亦备有研究计划:边政系作特种边疆文字研究及语言风俗之调查;教育系与陕西[教]育厅合作,就陕西各中等学校学生投考试卷,作改进国、英、数三科教材与教法之研究,生物系特重秦岭植物之调查;地质系特重西北地质之研究,地理系特重汉中盆地地理之调查,法律系作西北司法调查;政治系特重中国历代地方政府之研究,并作西北地方政治调查,经济系编制西北输出入货物指数、物价指数及工人生活指数,并作西北经济调查;商学系即作西北商业调查,并拟筹集巨资,分期印出所调查之西北资料及研究报告。医学院特重区域性疾病之调查及病理研究。均期对西北地方,能有所贡献。②

抗战以来,大学受到物质环境、生活条件的种种限制,学生又多以求学为升官发财之途径,导致投考大学的学生,"常有不依自己的天才和兴趣来选择院系者,而惟视各院系之

---

① 刘季洪.为西北建立高等教育基础[M]//杨德生.西北大学教育理念文选.西安:西北大学出版社,2004:56.
② 刘季洪.国立西北大学[M]//张其昀,等.中华民国大学志.台北:中华文化出版事业委员会,1954:304-305.

出路如何以为归,譬如近年来学生以投考经济系为最多,而各校经济系复有设会计统计组者,实则在外国任何大学都是没有的"。针对这种现象,文学院院长萧一山在1944年10月23日总理纪念周大会上作了一篇讲演,大力提倡学术研究的风气:

> 如何恢复学术研究风气呢?只要我们先认识大学教育的根本意义是以研究学术为目的,而不以为手段,升官发财的利禄思想是错误的,端正趋向,悉力以赴,则自然而然的就可以养成新的风气了。
>
> 我国的旧教育,以大学小学来分科,所谓大学八条目,从格物致知,正心诚意,修身,以至于齐家,治国,平天下,这是何等的详明!又说大学之道,在明明德,在亲民,在止于至善,何以不说:大学之道,在升官发财?解决生活?清初刘献廷先生尝曰:"人苟不能斡旋气运,利济天下;徒以其知能为一身家之谋,则不能谓之人。"我们可以套用他的话来说,学者苟不能研究学术,推进文化,徒以其知能为升官发财之具,则不得谓之学者。假如我们能认清这种目的,勇往迈进,提倡研究风气,造成学术环境,才不愧为一个大学,才不愧为领导文化的学府。
>
> 北平大学是本校的前身,我们第一步要恢复北平时代的研究风气,然后再求进步。师生之向,应彼此以学术为目的,多作学术讲演或研究工作,谈论的时候,不要摆"龙门阵",要研究人生的各种问题,久之就可以养成风习,必然会感觉一种特殊的乐境,风气养成以后,则学术独立的性质,自可表现出来,所谓贫贱不能移,威武不能屈,无论在个人在学校,都应有此勇气和力量,愿我师生共勉之。①

为营造浓郁的学术研究风气,西北大学每逢周末多举办学术讲演活动。法商系学生陈世庄的日记记载:"1944年2月26日,许兴凯讲《国际问题》。3月4日季陶达、曹佩言讲《宪政问题》。3月10日殷伯西讲《由边疆问题说起》,同月12日曹国卿、王治焘讲《宪政问题》。2月5日董绍良讲《太平洋战场》。4月27日黄文弼讲《民国以来之新疆政治变迁》,同月29日曹国卿、殷伯西做时事讲演。10月21日陆懋德讲《我所谓之唯一的救国政策》。12月2日刘季洪讲《现行我国教育制度之检讨》,同月30日高明讲《创作之路》,同月31日殷伯西讲《西太平洋之战略地理》。1945年1月14日殷伯西讲《中苏国界问题》。在记忆中有一次文学院院长萧一山讲演,听众人数空前之多……上述讲演的内容,或是课堂上不能涉及的,或是某学科与实际的结合和延伸,颇受学生们的欢迎,开阔了眼界,增加

---

① 萧一山.大学须养成学术研究风气[M]//杨德生.西北大学教育理念文选.西安:西北大学出版社,2004:59-60.原载:国立西北大学校刊,1944(复刊,3).

了见闻,进一步了解了国情。"①外文系郗藩封回忆中也说:"周末经常举办各种讲座,例如,中文系杨慧修(杨晦)教授主讲了关于鲁迅、巴金、曹禺等著名作家研究,季陶达教授讲有关宪政问题,许兴凯教授讲国际时事,讲演的题目很有针对性,内容新颖,很有吸引力。听众不仅有西大各系学生,还有西北师院、师院附中的学生赶来听讲。"②

地质地理学系为启发学生研究学术的兴趣,设立每周一次的专题研究班,师生共同参加。讲的专题有"新疆人文地理的分析""国防经济地理与地理经济学""东北边疆问题""金沙江河流争夺问题""生物地理在自然地理中之地位问题""中国雨量之研究""气候分类问题""影响大气变化之因素问题"等,先由教师就某一问题作一小时的学术讲演,再由师生共同讨论一小时。这一教学研究的方法,在当时各校地质地理系中尚属首创。

1944年10月,校方为提倡学术,便利教员著作的印刷出版,西北大学成立出版委员会,聘请本校著名教授萧一山、张贻侗、罗章龙等15人为委员,计划编辑《西北大学丛书》和《西北问题丛书》,但后来由于财力所限未能实现。特别值得一提的是,在城固后期,罗章龙教授的《中国国民经济史》(上、下册)全部完成,上册于1945年1月由商务印书馆出版,并被教育部列入大学丛书,获得当年教育部学术审议会奖金。当时,北平图书馆主办之图书季刊认为"全书记述条理明畅,要言不繁,取材亦赡富,允为近年出版中国经济史中之佳著"。《北平经济评论半月刊》评说:"本书目的在于建立一个独立的中国经济史研究体系,尤其是说明中西经济史发展的关系。这层关系是一般研究中国经济史的人所忽略的。"

第五节 乐城的苦乐生活

"城固虽陕南小邑,然以山环水带、物阜民康故,素有乐城之名。自西大迁寓于此,一

---

① 梅枫.回忆城固时期的西北大学[M]//王周昆.西北大学英才谱:第二辑.西安:西北大学出版社,1995:158.

② 郗藩封.我与西北大学[M]//王周昆.西北大学英才谱:第三辑.西安:西北大学出版社,1997:158.

时人才荟萃,更增汉滨光华。城固八年,寓教数处,兴作艰辛之状,自非后人所易通知。然……溪涧弦歌不绝。其情其景,父老共鉴,汉水永铭。"(《昭学励志碑》)

一、经济生活

西北大学学生中除极少数官僚富商子弟外,大多数都是出身于中产阶级,也有极少数家境清寒的学生。由于战事的影响,家在战区和沦陷区的学生,家庭经济来源断绝,因此,大多数学生经济极为困难。根据教育部的规定,在1943年以前实行贷金制,1943年起改为公费制。贷金办法,教育部几经变更,根据最后修订的《国立中等以上学校学生贷金暂行规则》,以每人每月食米二市斗一升,照学校所在地中等米市价,另加副食(即油盐菜蔬燃料等)为计算标准。战区贷金分甲、乙两种:甲种贷给全额膳费,乙种除自交18元外,贷给超额部分。自费生补助膳食贷金也分甲、乙两种:甲种与战区贷金同,乙种除自交18元外,贷给超额的半数。1941年西北大学学生千余人,享受战区贷金者812人,自费生甲种膳食补助163人,乙种者32人。但由于物价上涨,贷金不能及时发放,学生对此非常不满。如当时学生壁报上署名"松花江难民旧作"的一首《贷金》诗写道:"贷金、贷金,越贷越紧,迟发一周,米价涨五千;迟发一月,米价涨一万……"加之,还有层层贪污、克扣学生贷金的情况,使得学生生活水平不断下降。关于学生艰苦生活,正如1940年6月紫纹在《抗战期中的西北大学》中所写:"像其他大都市一样的,这儿的物价飞涨得让人难以想象了。去年暑假,一场干旱,也使米粮的价格涨上去再也不见落下来。现在伙食吃到十二元,每天都在白水青菜豆腐之间翻滚,肉已经成为奢侈品,而且因为缺乏脂肪,米的消耗特别大,肠胃得到不必要的涨塞,肠胃病普遍地流行。晚间,在跳蚤、蚊虫、臭虫的三重夹攻中,常常睁着眼看到破晓的晨光。我们是在苦痛中煎迫,但我们并没有怨言呵!"[①]

1943年起,学校实施教育部《非常时期国立中等以上学校及省私立专科以上学校规定公费生办法》,"理学院科系学生以百分之八十享受乙种公费生待遇,即免膳食费;文、法、商及其他各院科系学生,以百分之四十享受乙种公费生待遇"[②]。由于抗战后期物价如脱缰之马,学生生活非常艰难,吃不饱、穿不暖、衣服打补丁是普遍的现象,校内学生变卖旧书、旧物的启事比比皆是,虽然学校明令学生一律不准在外兼事兼课,但高年级学生在外兼事或到中小学兼课的现象乃不少见。有的学生为了补助生活费用,竟到城固附近的县

---

① 紫纹.抗战期中的西北大学[M]//王觉源.战时全国各大学鸟瞰.重庆:独立出版社,1941:22.
② 教育部教育年鉴编纂委员会.第二次中国教育年鉴[M].上海:商务印书馆,1948:53.

里兼课。法商学院1944届的周玉海即一边上课,一边在20里外的桔林高小代课。

"民以食为天。"西北大学伙食是由学生自办,分米饭与馒头两食堂,每期15天,轮流负责,一桌八人,一菜一汤。仅仅在每期终了,打一次"牙祭"时才吃得上肉。哪一届伙食吃肉多一点,便会获得同学们的齐声赞扬。有一段时间里,早餐"锅巴稀饭"经常形成哄抢风气,有的学生因抢饭时拥挤,常常把头上戴的礼帽掉在饭锅里,但为了一碗稀饭只好置礼帽于不顾了。穆嘉琨说:"至于伙食,因为大家都是吃贷金,贷金不交给本人,统由校方会计部门按名册和伙食标准交办伙食的学生组织,办伙食校方并不参与,由学生推举合适人选'民主办伙'。主要靠两个人物,一是总务,一是会计,其他采购、值厨等人员由他们聘用,每半月一期。每天伙食早稀饭,中晚米饭馒头,菜肴简单。每期伙食主办人前十来天尽量把钱省下来,以便最后二三天加菜吃荤,提高伙食水平。虽然主办人不连任,但办得好的以后还会被选出,办得不好的就没机会了。在伙食问题上,很少发生贪污现象。回族学生有专门的饭桌,我吃了四年为回族学生做的菜,从来没遇到吃不饱、吃得太苦的情况。"①

再说穿着。商学系的陈世庄回忆:"鞋可以穿便宜的草鞋,裤袜则多'空前绝后',即裤子的膝部、臀部,袜子的脚趾及脚跟处都破烂了。"②后来成为著名诗人的牛汉(史成汉)1943年至1944年就读于西北大学时,坦然、怡然于破衣敝屦的风貌是一个颇具代表性的个案。牛汉是全校个头最高的学生,光着头,大冬天身穿一件从城固基督教青年会领来的灰布棉大衣,赤脚穿着草鞋,昂首阔步地走在校园。同学们当时给他的绰号"大汉",包含了不少油然而生的敬意。1946年6月30日《青年日报》的一篇报道,主要写了西北大学学生的穿着:

> 西大学生,大半来自战区,他们没有家,没有经济来源,此不得不将日常生活放低到水准以下,多数人真正是一贫如洗,完全改变了战前大学生的西装笔挺的姿态,而代之以破衣烂裤,在城固,人们多半以衣服破旧的程度来判断大学生的年级,因为衣服愈破,就表示他年级愈高,小姐们也无复发旧日的高跟烫发的生活了,一件布大褂,必须维持到最后一秒钟,牺牲不到最后关头,是绝不轻言牺牲的,穿来穿去,真正确确实实的作到了"以不变应万变"的原则,而袜子是只有冬天才穿,夏季完全是草鞋,刚来的人,似乎不惯,久而久之也就完全泰然了。冬

---

① 穆嘉琨.回忆城固时期的西北大学[Z].河西文存(内部资料),2014:58.
② 梅枫.回忆城固时期的西北大学[M]//王周昆.西北大学英才谱:第二辑.西安:西北大学出版社,1995:157.

天,大家却是一件大衣或棉袍,小姐们往往冻肿得像刺猬,然而,这并没有丝毫影响他们的朝气,看见他们的破破烂烂,而又蓬蓬勃勃的气象,便会感觉到,这是真正代表中国民族的年轻一代。①

至于住宿,文学院和理学院女生宿舍均设在县城旧考院内,男生宿舍是利用旧文庙大殿两廊及配殿等处改建而成,法商学院学生宿舍是新添建的草顶土坯墙房屋,但由于数量太少,不少男生宿舍均是一二十人的通铺住宿,非常拥挤,以至有部分学生只好到附近农民茅舍里临时居住。商学系1940级的穆嘉琨回忆:"我住的宿舍很特殊。这间是嵌在大宿舍与院墙之间的草顶房,40平方米大小,西面是八张上下铺床打通成的大通铺,东面是两个双人上下铺,共可住20人,中间一个通道摆了几张书桌,几条板凳可坐数人,但无法看书做作业,晚上需要到大教室在汽灯下做功课。宿舍实际上住了16人,有几个铺用来放箱子包裹等杂物。战时上大学,对于这些简陋的条件大家都不十分在意。"②商学系1946年毕业的陈世庄则说:"宿舍,是低年级学生住双人叠床。二年级时我住在法律系的宿舍内,躺在高床上,在冬天能尝到屋顶上下雨不漏下雪漏的情景。因为屋顶只铺了一层瓦片,下雪时的雪花从瓦的缝隙中飘进来了。经济状况好的同学,则租赁城固县城内外居民的空闲屋舍居住。宿舍内有成批老鼠活动,臭虫、跳蚤肆意吸血,但无法消除。"③

二、学习生活

组成西北大学的三个学院因为专业性质的不同与学生就业的难易程度不同,功课及管理的"严""松"也有较大差异。比如,法商学院因为管理松、学生就业容易,很多学生就到校外去住宿,逃课的也不少,学生的社交活动能力比其他两院学生强一些。文学院学生的主要出路是当教员,因此学生在外边兼课的较多。理学院课程多,又有实验,管理也严,所以学生普遍感到"功课繁重",但学生对功课相当认真。学习中除少数油印、石印讲义外,大部分学生买不到、也买不起教科书,多靠课堂记笔记。纸张的缺乏更是突出,多数都是用陕南自产的"巴山毛边纸"自订笔记本和作业本,用蓝颜色自制墨水。

阅读是学生最主要的业余生活。抗战期间,陕南虽堪称后方重镇,但因交通落后,书

---

① 见卢苇.自城固迁西安的国立西北大学[N].青年日报,1946-06-30.
② 穆嘉琨.回忆城固时期的西北大学[Z].河西文存(内部资料),2014:58.
③ 梅枫.回忆城固时期的西北大学[M]//王周昆.西北大学英才谱:第二辑.西安:西北大学出版社,1995:157.

刊并不丰富,学生的阅读范围受到很大限制。在有限的阅读范围内,不满现状的学生大都看一些"进步"的杂志,大多数学生则看重庆出版的一般刊物。西安出版的《抗战与文化》在西北大学最为常见,常常有学生拿它去图书馆或教室占座位。不过由于西北大学校舍紧张、图书馆座位有限,广阔的郊外以及乡间茶馆就成了学子们用功的主要场所了。尤其对于普遍好学的女生来说,一切安静的、可以看书的地方都是她们的学习之地。因为有大量的学生客源,城固各地尤其是校区附近都有几家茶馆。茶馆有桌椅、有灯光、有茶水,花上一两毛钱可以坐大半天,或看书,或写作业,或讨论问题,自由自在,很受学生青睐。不过,结伴而去茶馆的,真正的学习就谈不上了,闲聊的成分居多。正如多年后有学生回忆起在陕南的茶馆生活时所说:"一个人在那里可以看小说、读书报,三四个人在那里可以海阔天空,天南地北,古今中外,闲聊天,大摆'龙门阵'。"①

最著名的"望江楼"茶馆,在城固县城大东门外,因风景独好而吸引了大量学子的光顾,这里木楼朝南的一面敞开,"可以远眺汉江,有时几只帆船,悠悠驶过,会将你的心引得很远";学子们"进来后,便埋头在书本中。有的在读,有的在写,有的在雕刻,茶博士默默地送过来一壶茶。这里的茶,浓而苦,其味厚极,人们慢慢地呷着苦茶,一页一页地翻着书"。② 店主姓徐,是一个性格通达的老头,在他这里不仅可以喝茶,而且还有一些花生米之类的小吃,茶客在此可以长时间占座,比如,你要一碗茶,喝几口,坐一会儿,如果要离去就把碗盖朝上,表示"我还要回来再喝",老徐也没什么意见,一直给你留着座。"望江楼"最著名的茶客是西北大学数学系主任杨永芳教授和中国著名的鸟类专家常麟定教授,他们和学生在一起,几乎把"望江楼"办成了另外一个课堂,有一些学生的毕业论文就是在这里写成的。③

春、夏、秋三季,学生也常常把汉江边作为读书学习的乐园。他们三三两两,在汉江边的草地上、沙石上、林荫下、芦苇旁,或站或坐,或默默地享受阅读的乐趣,或在相互讨论中提高认识。经济系罗章龙教授回忆说:"文虎(按,罗章龙自号)居城固时,西大学生往来于李家宅(按,罗章龙所租房子)者有罗珊姐、罗云峰(两人为姊弟,满洲人,珊姐为格格公主)、蔡秀贞(南阳)、段成章(河南)、王敬栋(山东)、段开秀(青岛)、王雷鸣(山西)、刘淑端(阜阳)、范玉宝(西安)等,他们课余和星期日先后来到李家宅看望老师,或座谈学术、探讨问题、析疑剖难;或会文作诗,推敲韵律;或携粮到近郊旅行,游泳汉江,垂钓柳林。桃

---

① 赵仪君.抗战时期山村见闻[M]//左森.回忆北洋大学.天津:天津大学出版社,1989:83.
② 见卢苇.自城固迁西安的国立西北大学[N].青年日报,1946-07-04.
③ 高远.西北联大遗踪访问记[J].休闲读品·天下,2012(2).

林、褒城、沔县、古路坝、张骞墓为经常郊游之处。"①

学生课余还组织了一些学习社团。如1944年底到次年初,经审查批准的大型团体:(1)西大科学月报社,负责人舒贤治,主要成员是理学院学生,活动的主要内容是每月举行学术晚会一次,并刊行《科学月报》。(2)西大法律研究会,负责人李传玺,主要成员是法律学系的学生,活动的内容是按期举行研究会,并刊行《法学月报》。除此之外,尚有系际学术团体,如中国文学系的《中国文学学会》(壁报《文畹》)、外国语文学系外国语文学会(壁报《West Wind》)、历史学系的历史学会(壁报《春秋》)都很有影响,壁报也具有特色。其他各系也都有学会,并编有学报或壁报。

三、文体生活

西北大学学生物质生活艰苦,业余生活的方式与内容受条件所限,显得有些单调,但学生们凭着年轻人的蓬勃朝气,因陋就简地安排业余活动,给艰苦的物质生活增添了许多情趣。

西北大学尤其是法商学院继承北平大学法商学院的老传统,各种社团组织林立。学会、系会、同乡会、中学同学会、基督教团契、回族同学会、读书会,全校性的文艺团体如话剧、京剧、秦腔、歌咏等团体,都有很多积极分子参加。但是,学生团体成立或改造均须报请课外活动组依法审查批准,方为合法。如1944年底到次年初,经审查批准的大型文艺团体:(1)西大秦剧团。主要由高其伟、王扬、苏少兰、崔彤兰等人组成,历次演出全本《百寿图》《成都恨》《奇双会》等剧,受到广大师生尤其是西北籍学生的热烈欢迎。毕业于西北大学中文系并留校任教的语言学家杨春霖回忆:"学校组织了业余秦剧团,许多陕甘籍同学热心此道,我也参与其中。我演过的戏,记得有《二进宫》的李艳妃、《背舌》的龙母、《调寇》的八贤王……民间戏班子的领导人叫'班头'或'班长'。我们的'班长'是数学系学生弓金宝,这个人虽然自身嗓音条件不行,却很懂戏,演戏台架好。他搞戏很投入,肯下功夫。他平时看戏常占楼座,自上而下,注视着台上演员一举手、一投足,皆默记于心,就靠着长期的学习、观摩、钻研,成为戏剧表演方面的行家里手。那时他在学校主持排演了全本的《白玉楼》,从唱腔、对白到各个角色的基本动作,他全都胸有成竹,一一道来,大家都很服他,都听他指挥。这出戏演出很成功,受到校内外观众的热烈欢迎,几个外国教师也

---

① 罗章龙.罗章龙回忆录:下[M].达拉斯:溪流出版社,2005:782.

兴致勃勃前去观看。"①(2)西大国剧社。负责人袁汝临等,由京剧爱好者组成。商学系穆嘉琨回忆说:"宿舍中常有人唱京剧,会拉胡琴的人很多。京剧主要的旦角是王佩琨与小生黄定,他们合演的《生死恨》《奇双会》等剧珠联璧合,名噪一时,不亚于职业演员。话剧则有李英才、李战、张伶、赵蕴石等,演过《日出》《原野》《家》《长夜行》等名剧,曾组成'新生剧团'到西安上演得到广泛赞誉。"②杨春霖说:"演秦腔的多为陕甘籍穷学生,而京剧团的骨干大部分是外地官宦子弟、富绅子弟,有钱,互相关系密切,在校形成一种不小的势力。他们也不大上课,几乎是专门搞戏,有个'打鼓佬'乐此不疲,唯恐毕业离校后'失业',故意留一级再留一级,以便能从事他心爱的玩艺儿。其父等得不耐烦了,写信发问:'不知吾儿何时方能毕业?'京剧团几个演员水平确实不错,接近专业演员,到省城西安演出时,省长也来观看。"③为驻昆从军同学募捐,国剧社 1945 年 12 月 29 日至 31 日公演国剧三天,每天五个剧目,如《黄金台》《拾玉镯》《女起解》《群英会》《打龙袍》《空城计》《宝莲灯》《穆柯寨》等。(3)西大剧团。负责人赵毅,由话剧爱好者组成,历次演出《记重庆二十四小时》《赛金花》《万世师表》等剧目。

有意思的是,这些社团不仅丰富了学生的生活,还因为一些面向社会的活动而丰富了当地群众的生活。比如,学生剧团面向社会的频繁演出,很受群众喜欢,大大提高了当地群众的戏剧水准,"随便一个老头、一个孩子,都具备一些为普通人所不及的戏剧常识"④。1946 年初,校方又批准笃行学社、生社、协进学社、西大青年剧社、西大歌咏团等团体的建立。这些学生社团组织就其主流来说,大多数是属于课余研讨和文娱性的团体,目的是促进共同爱好和志趣的发展,但也有少数团体具有明确的政治倾向。

体育运动也是西北大学学子们最普遍的业余生活之一。篮球、垒球最为常见。迁到城固之初,西北联大体育系的师生在古路坝修建了一处垒球场。为了在师生中普及垒球运动,体育教授董守义亲自找到当地鞋匠张文林,请他照样品缝制了一些垒球;师生们因地制宜地用当地青冈木削制成垒球棒,用玉米秆编制成垒垫;没有手套,师生们就赤手空拳进行传接球训练。垒球运动在城固很快流行开来,城固各高校及其附近一些中学和小学,都把垒球列为必修课。尤其在城固各大学的操场上,垒球比赛成了一道独特的风景线:每次举行校际垒球比赛时,总能吸引附近的老乡前往观战助威,体育场内外的热闹程

---

① 千里青.杨教授的粉墨生涯[M]//紫藤园夜话.西安:西北大学出版社,1997:118 - 119.
② 穆嘉琨.回忆城固时期的西北大学[Z].河西文存(内部资料),2014:59.
③ 千里青.杨教授的粉墨生涯[M]//紫藤园夜话.西安:西北大学出版社,1997:119.
④ 见卢苇.自城固迁西安的国立西北大学[N].青年日报,1946 - 06 - 30.

度堪比庙会。穆嘉琨回忆:"西大的体育活动也十分出色。当时西大、西师拥有国内一批体育名师,如袁敦礼、董守义、王耀东、徐英超等,体育系学生有国手牟作云等,篮、排、足、垒球类运动水平很高。校与校之间、院系和院系之间经常举行比赛。法商学院、西大的篮球队打不过西师,而足、排、垒球方面皆有与西师抗衡的实力。至今存在我记忆中的是法商学院足球队与西师的'小联军'足球队(体育系学生为中坚,还有体育教师参加)经常举行对抗赛或友谊赛,是城固一项重要赛事,每次比赛都吸引两校及当地中学生到场观看助威,踢得十分精彩。法商学院足球队有好几年都以商学系同学为主力,如戴保平(中锋)、郭冰(后卫)、哈美新(左锋)、谢蕴直(前锋)、马洪庆(守门员或中场)都是体力充沛,脚腿利落,奔跑迅速的队员,特别是戴保平勇冠三军,球技高超,是场上关键人物;而新疆维族同学哈美新脚下功夫极好,他的沉底传中给对方以很大威胁,罚角球、点球是拿手好戏,常常立功。法商学院垒球队也很强,戴保平的击球、跑垒都高超,投手李恩普是全队灵魂,技术全面,当时无人可以替代。"①

炎热的夏天,汉江不仅是学生们上游泳课的场所,更是学生们课余消暑的胜地。师生们常在汉江里游泳,给当地老百姓带来了在汉江里洗澡的习惯。原来城固的老百姓是不去汉江里游泳的,当学生们,尤其是女学生去游泳时,他们一开始很反对,认为亵渎了龙王,后来慢慢就接受了。当然这里面有一个很实际的原因,汉中这个地方过去流行疥疮这种皮肤病,西北联大的师生刚到这里时,也有很多人得了疥疮,后来洗澡一多疥疮就没有了,老百姓一看这样,也去汉江里洗澡治病了。②

和汉江一样,陕南的多处人文、自然景观都是学生们"进而经纶天下,退而保养性真"的好去处。穆嘉琨回忆说:"此地风景绝佳,同学们当时没有条件,也没有空闲去旅游,但在城固四年中我们往往是春游桃园,夏泳汉水,秋逛橘林,冬赏腊梅。在假期中,有时也到汉中、洋县、西乡等地观光游览,名胜古迹很吸引人……法商学院西面一二里处有汉博望侯张骞墓,我们及外地游人常去拜谒与祭扫,其他如霸王寨、汉王城、樊哙墓,同学们也都去过。"③正如当时的中文系主任高明教授在《国立西北大学侨寓城固记》中所说:"城固者,北凭秦岭,南倚巴山,中通汉水,号为乐城。垒垣险塞,敌骑望之而不前;平畴沃野,民食资之而不匮。正业居学,藏焉、修焉、息焉、游焉于其间,此诚所谓乱世之桃源也。益以吊张骞之故里,可以发凿空之遐思,展李固之荒茔,可以砺忠贞之亮节;望湑水之奔流,知

---

① 穆嘉琨.回忆城固时期的西北大学[Z].河西文存(内部资料),2014:59-60.
② 高远.西北联大遗踪访问记[J].休闲读品·天下,2012(2).
③ 穆嘉琨.回忆城固时期的西北大学[Z].河西文存(内部资料),2014:49,60.

贤者之泽远;颂橘林之荣茂,想骚人之行洁;登樊哙之台,思鸿门之宴,对子房之山,慕赤松之游。"①

第六节 政治力量与学生社团

1927年到1937年间,蒋介石凭借政治、经济和军事上的雄厚实力,逐个战胜对手,奠定了自己在国民党政权中的正统地位,取得了代表中央政府的资格。但在国民党政权内部,派系斗争依然存在,甚至在蒋系集团内部,有陈果夫、陈立夫成立的"青白团"(俗称CC派),贺衷寒等组织的"三民主义力行社"(简称"力行社")和"中华民族复兴社"(简称"复兴社")。这些小组织的存在,进一步巩固了各个派系的阵营,强化和加剧了各派之间的对立和冲突,使国民党的组织更加四分五裂。

全面抗战爆发后,国民党中常会决议,授权军委会委员长蒋介石行使最高统帅权,统一指挥党、政、军。在全国团结抗战气氛日益浓厚的条件下,国民党内各种派别组织的继续存在,已为形势所不容。1938年4月3日,蒋介石召见陈立夫、陈诚、贺衷寒、康泽等人,指示"青白团"(CC派)和"复兴社"两组织取消,今后一切公开。

在西北联大开学不久,1938年5月15日,"复兴社"在武昌召开全国代表大会,宣告团体正式结束。6月初,复兴社与青白团同时宣布解散,共同成立三青团。三青团的成立,标志着国民党历史上秘密组织时代的结束和党内各派力量的重新组合。

三青团把推行学校(尤其是高校)团务视作"巩固团的基础之重要关键",一直很重视开展学校团务。1938年10月3日,在三青团中央临时常务干事会第11次会议上通过了《专科以上学校团务推行办法》,其中规定:"对于专科以上学校,设直属区团部或分团部,先由教职员自由参加组织,并得就校长或教职员中,选聘指导员。青年团在校征求团员,采公开方式,其各种活动及会议,应由团部随时酌量招请非团员之学生参加。"②

1939年1月中旬,中央团部迁徙到陪都重庆后,对学校团务重新进行了规划。在原则

---

① 李永森,姚远.西北大学史稿:上卷[M].修订本.西安:西北大学出版社,2002:367.
② 三民主义青年团法规辑要:第1辑[Z].三青团中央团部,1938:23.

上规定:专科以上学校和国立中学,成立直属分团,隶属中央团部,受中央团部的直接领导。并于同年1月,在中央大学率先建立了直属分团。它是三青团成立的第一个大学分团,也宣告了学校团务的开始。此后,三青团在大后方的几个主要教育区的高等院校中,如重庆沙磁区、重庆北碚区、成都区、昆明区、西北(城固)区、桂林区等,先后建立了团部组织。

同年9月,中央直属第十分团筹备处在西南联大成立,主任姚从吾(后由陈雪屏接任),书记裴笑衡(后由李其泰接任)。鉴于西南联大学生人数众多,在全国具有重要影响,中央团部认为,昆明是所有教育区中最重要的一个区域,对西南联大的团务极为关注。

两个月之后,11月,三青团中央直属第十二分团筹备处在西北大学成立,主任杨立奎(原北平师范大学教授),书记李在冰(军事教官)。据称,"青年团的号召力量之大,在这里是很惊人的。如西北大学一千多同学,已有七百多人申请入团。西北大学三分之二学生是团员。工作范围非常广泛"[1]。

从组织关系上讲,西北大学分团脱胎于陕西支团所属陕南区团,"在本分团部未诞生以前,先有陕南区团部的成立。二十八年(1939)七月奉陕西支团部命令成立陕南区团部筹备处,委胡庶华先生为主任,杨立奎先生为书记及干事数人,同时在西北大学及西北师范学院(当时为西北联大)组织直属团队:参加的团员大部分为国民党同志,不久西北大学奉中央团部命令成立直属第十二分团部筹备处,委杨立奎先生为主任,李在冰教官为书记,11月25日分团部筹备处(当时为十二分团筹备处)从此就诞生了"[2]。西北大学团部成立后,陕南区所属西北大学团员全数移转该分团部。

据三青团中央组织处代处长康泽回忆,当时三青团各大学直属分团的人事配备原则大体上是:"(1)主任由教授担任。(2)书记由学生担任。如果各学校教授中有适当的复兴社分子,则主任尽可能以复兴社分子担任,中央大学、重庆大学、复旦大学等皆是;如果教授中没有适当的复兴社分子,则尽可能物色对国民党没有敌对态度,而又能有利于三青团发展的教授担任。当时曾注意防止的是左倾教授或CC分子来担任这个职务。"[3]至于西北联大(西北大学),最初的团务干部大都是抗战前"北平新学联"的骨干,其中许多都是

---

[1] 在奋斗中的西北青年[M]//贾维.三民主义青年团史稿:上卷.北京:社会科学文献出版社,2012:126.

[2] 吴寒欤.本分团部一年来简史[M]//贾维.三民主义青年团史稿:上卷.北京:社会科学文献出版社,2012:126.

[3] 潘嘉钊,等.康泽与蒋介石父子[M].北京:群众出版社,1994:115.

复兴社成员。据团刊报道："三民主义青年团中央直属第十二分团部筹备处,也就在西北大学成长起来。第一批团员是从陕西支团南郑区团部转移来的,他(她)们大多是在北平新旧学联对垒阵线中锻炼得有历史光荣的老同志,他们坚决地担任了大西北的三民主义的前卫队,制止陕北'危险思想'的侵入。常常以斗争和苦干的方式,主动的领导了许多抗战建国的工作。以秘密神速的方式,发展并建立了陕南各县及各大中学校的团务。"西北大学三青团干部常以发展西北团务为己任,甚至提出了"本校团部是西北团务的急先锋,要负责造出领导整个西北青年的优秀干部"的口号,企图将城固建设为"青年团的堡垒",以此去推动陕西乃至整个西北地区团务的发展。①

1940年7月,三青团举行成立两周年纪念活动时,中央团部称:"我们也绝不忽视青年学生在革命过程中的领导和模范作用。所以本团成立后,便决定了学校组织的发展,我们预备在每一个大学和高中都有我们的团部。"中央团部在1940年度工作报告中指出:"(专科以上学校及国立中学直属分团部)现已建立五十一个单位,占此类学校总数三分之一强。以国立中央大学、西北联大[西北大学]、西南联大……等分团成绩较优。"②

为了推动学校团务,使学生能"信从本团的主张,乐于参加本团",校团部注意加强宣传和服务工作。在宣传方面,利用时机举办联欢会联络感情,举行时事座谈会交换意见,出版壁报互相切磋,成立青年剧社、青年歌咏队调剂学生生活,遇到纪念日或其他集会,则特别出版大型专号壁报、散发传单、张贴标语,以扩大三青团的影响。西北大学分团部称:"在文化战线上,我们有经常出版的西北青年壁报、英文西北青年、西北青年漫画、西北剪辑、民众之友、街道壁画。铅印的有本分团部周年纪念特刊,及最近创办的城固青年月刊,是陕南团刊的先声。同时更成立了西北青年写作协会与西北文艺学会,统一并发展了西北文化思潮,和建立了一道坚固的文化战线。还有两个提倡青年正当娱乐和游艺的组织——西北青年音乐会,及西北青年剧社。"③

西北大学进步社团的发展,是与中共地下党和进步势力的发展分不开的。学校成立之初,由于领导层内部和三青团两派势力为争夺全校行政领导权展开了激烈的斗争,因此,西北大学中共地下党组织在民先队基本停止活动的情况下,集中精力在西北大学进步社团的基础上,继续组织各种读书会。利用读书的合法理由和研讨学术的合法形式,把原民先队员和进步青年团结在支部的周围,宣传中共抗日民主方针政策,取得了显著的

---

① 伍德济.国立西北大学的团务报导[J].青年通讯,1941,1(16):28-29.
② 贾维.三民主义青年团史稿:上卷[M].北京:社会科学文献出版社,2012:129.
③ 伍德济.国立西北大学的团务报导[J].青年通讯,1941,1(16):28-29.

成绩。

自全面抗战以来,中共西北联大地下党组织,曾以党员为核心,先后组织了社会科学研究会、展望社、自励社、文艺学习社等几个有较大影响的社团组织,随后,以阅读进步书刊为主要内容的读书活动在全校进一步发展起来。以商学系学生为主的"译丛社"、以法律系学生为主的"自学社"、以经济系低年级学生为主的"自修社"都相继建立起来。1941年春天,全校即将毕业的学生为联络感情和介绍职业,又组成"毕业之友社",由中共西北大学党组织通过党员伍诗绥等人发起组成,不少毕业班学生都参加了这一组织。

西北联合大学振中国剧社社员合影

同时,这一阶段,中共西北大学支部还领导着进步的群众团体"北平大学在校同学会"。这一社团是由原北平大学在校学生组成的。会员有二三百人,占全校学生的四分之一,他们大都是上述进步读书会的成员,也有少数国民党员、三青团员。组成同学会的目的,在于反对肢解北平大学,继承北平大学光荣传统,开展抗日民主活动,探讨学术并联络感情。历届负责人多数是中共地下党员(如陈志立、李诚、桂奕仙等)。这一学会因人数众多,允许在校备案,成为西北大学大型的合法团体。因此党组织利用这个广泛群众性的组织形式,出版《平大学报》,介绍进步哲学、社会科学理论,并随时举办时政座谈会,宣传抗日民主主张。

皖南事变以后,由于反共逆流的发展,以赖琏为代表的CC派势力,最终掌握了全校的大权,他们与国民党汉中军、警、宪、特相配合,围剿西北大学进步势力。一些读书会多因骨干离校和会员毕业而相继解散。在新的形势下,中共地下党积极贯彻"隐蔽精干"的政策,改变党和党领导下的读书会的活动方式,读书会的活动次数由多变少了;规模由大变小了;形式由半公开逐步转入秘密状态。学习的方式多以个人自学传阅资料为主,不但壁报不出刊了,集体活动也减少了,并且要经常提防国民党、三青团分子打入读书会。正如当年读书会的几位负责人在回忆中写道:"过去,读书会会员在假期三五成群地在汉江茶社,在桃林,在张骞、樊哙、萧何墓地,在城固近郊的田埂上、树林里,交谈学习心得,倾吐对革命理论热烈追求的情景,已不再见到了。校园里呈现的则是职业特务和反动党团特务学生横行无忌,四处盯梢。"①但是,不少中共地下党员利用同乡同学关系,仍在继续坚持开展活动。

1944 年夏天,原中共西北大学地下党支部的最后两名党员王升堂、周玉海毕业离校,此后全校党组织系统已完全断线;虽有个别新入学或转学来校的党员,因无组织关系,只能各自参加进步社团去独立作战,因此,中共对进步社团的组织领导实际上已不存在了。

(一)剪编社

剪编社成立于西北联大时期的 1938 年春。从大城市迁到信息闭塞的小城,又无书刊可读,大学生的生活是烦闷的。于是,由化学系严德浩和国文系于靖嘉等人创办了一个"剪编社",专门摘编报刊上的文章和消息,出版《剪编》壁报。《剪编》是在重庆登记的合法刊物,得到多方面的支持,许多报纸刊物按期赠阅。刊物稿件来源广,出刊及时,很受欢迎。

持续到 1940 年暑假,创办的几个同学都毕业了。已经改名西北大学的校门口百花齐放、色彩缤纷的壁报都不能出刊了,真是万花纷谢一时稀。《剪编》因为登记过,仍可照出。于是,于满川、余世礼、胡治珩、江达榜等人接办。《剪编》曾经出版过一期《百期大庆专刊》,意思是向校方的压制表示示威。专刊开头,有编者写的一篇《百期大庆》,叙述了刊物的历史和曾起过的作用,对出刊的不自由表示了异议,几百字的文章,是用铅字剪辑出来的,很别致。专刊还特辟了"剪编仓库"一栏,把几年来所收到的报刊的刊头,全部剪集在一起,共有百种以上,最使读者惊异的,内有《新华日报》华北出版的报头。国民党区党部检查时,很为注意,问:"刊物哪来的?""经费谁出的?"不久,由于政治局势的变化和刊物来源的减少,加之创办人也将毕业,这个长达百期以上的刊物也就停止出版了。②

---

① 祁鹿鸣,等.中共西北大学地下党支部的战斗经历(1940—1943)[Z].西北大学校史资料汇编:第一辑.1987:22-23.

② 于满川.关于学习社和剪编社的回忆[Z].西北大学校史资料汇编:第一辑.1987:144.

(二)《资本论》学习研究小组

不少学生在学习过程中,感到读一般的政治经济学教科书已不满足,听说郭大力、王亚南翻译的《资本论》出版,十分高兴,纷纷购买。于是跨越几个读书会的"《资本论》学习研究小组"成立了,时间大约是在1939年。参加学习的有黄流、马介云、余士铭、陈志立、伍诗绥、陆玉菊、段文燕、王清润、赛沛南等二十多人。大家推选黄流当组长,组长的任务主要是根据大家的意见确定学习内容、进度、学习讨论的题目、时间和地点。黄流在回忆中说:

> 大家阅读《资本论》十分认真,特别是对商品、货币、资本、剩余价值等问题反复研讨。对于弄不清的问题,则找有关教授解释。学习讨论都是在深夜点着煤油灯聚集在老百姓的房子里秘密进行的。书籍也是秘密收藏的,防止国民党特务的侦察和追踪。《资本论》第一卷学习讨论完后,时局形势更趋恶化,国民党反动派反共气焰更为嚣张。"皖南事变"发生了,大家心情沉重,焦虑万分,学习讨论的时间减少了。为了防止发生不幸事件,《资本论》的第二卷、第三卷主要靠自己去阅读了。
>
> 有一天,陈志立同志和我一起散步,交谈毕业后的去向。他说:"不能再在大后方呆下去,不能再去兜那个大圈子。"我们都心领神会地说是,去陕北去延安(这事在最知心的朋友、同志中是经常讨论的)。我说:"很对,现在是如何很快想办法,以后如何走?"他还微笑着半开玩笑地说:"把咱们的《资本论》学习研究小组改名为马列主义学习研讨小组吧!"我笑了笑。我心想,不在名称,也免得树大招风。我也知道他说的不是他的本意,以上是鼓励我在斗争尖锐的环境中更加勇敢地锻炼成长。①

(三)文艺学习社

文艺学习社是在1939年暑假前后成立起来的。7月初,作家蒋牧良(中共党员)从湖北光化县(今老河口市)前线来到城固,在西北大学地下党支部的安排下,由中文系岳邦珣、孙绳武、郑文惠等人联合法商学院爱好文艺的同学,在城南一家茶馆里欢迎他,并请他介绍了抗战前线的新闻、文艺、文艺创作及党关于文艺的政策等,大家听了都受到很大的

---

① 黄流.在那暴风雨的日子里——忆1937—1941年在西北联大、西北大学法商学院学习斗争生活[Z].西北大学校史资料汇编:第一辑.1987:113-114.

鼓舞。会上,有人提议成立一个文艺社,出席的人一致同意,并定名为文艺学习社。主要成员有白诗甫、祁东海、伍诗绥、王清润、于淼、王建、卞重芸、刘衡、王雨农、陆玉菊等。文艺学习社建立后开展的主要活动是:(1)阅读讨论进步文艺作品,如《纺车复活的时候》《华威先生》等作品和对马克思主义文艺理论进行探讨(如现实主义问题)。(2)进行创作实践,相互研讨习作,并向进步报刊投稿。(3)出刊大幅壁报,团结、吸引爱好文艺的同学。

文艺学习社出刊的大型文艺壁报《学习》,推文学院于满川、法商学院王建为编辑,每半月1期,张贴在校部门首,非常具有吸引力。每期内容都有小说、诗歌、散文、杂文、理论文章等。壁报第1期于1939年7月16日出刊,发刊词是这样写的:

这是一个纯文艺的刊物。

这个刊物的产生,并不是仅仅由于对文艺的爱好的缘故,而是我们感到,也认识到文艺的力量和作用。我们认识文学,和战士认识他手中的枪一样……

历史在剧变的时候,是最灿烂的,我们的时代是悲壮而残酷的;同时,也是最美丽的。许多金色的故事,是从血泊里长出来的,是带着血腥气味的——这气味可以使人更崇高,奋发向前。文学不仅应该把它忠实地记录下来,以作为人类的夸耀,更应该发挥出教育、启发和推动时代的作用。①

这样的发刊词,是当时环境所能允许的,因为出刊是要检查的。刊物的内容里,每期都有进步的文章。《学习》开头几期连载蒋牧良的小说《出山》,是用毛笔工整地抄在白纸上,再用蓝色厚纸衬底。刊头是彩色的,每期都有两三丈长,形式很能引人注目。

1940年后,刊物受到限制,不能公开张贴了。编辑们就改变了形式,把社员的习作手稿编成小册子,分发给大家提意见。作者修改后,投重庆报刊发表,如《一个工人的死》就在重庆《新华日报》发表过。所得稿费,多捐赠给急需的人。

(四)星社

星社在1942年以前已成立,成分比较复杂,有反共学生田宪尧等,也有共产党员王升堂、韩维彩、张凤珍等。1945年夏,星社进行一次改选,淘汰了政治上明显的反动学生,吸收了四五十名新成员,流火社的主要成员樊镜澄、吴海华、何自勤等都参加了星社。社长由流火社社员屈峻岭担任。编辑壁报和其他学术活动由齐斌濡(齐越)、杨淑真、牛金镛、史成汉(牛汉)负责。星社的领导权自此就为流火社(北方学社)所掌握。

---

① 于满川.关于学习社和剪编社的回忆[Z].西北大学校史资料汇编:第一辑.1987:142-143.

星社聘请中文系进步教授杨慧修(杨晦)担任导师。星社壁报每月出一期,每期两三万字,有评论、小说、散文、诗歌、漫画、翻译等。刊登过史成汉写的揭露国民党造成的重庆复旦大学学生覆舟事件的长诗《悼念,也疾呼》,还刊登了被害革命学生石怀池翻译的列宁的重要文献《党的组织与党的文学》、普列汉诺夫的《艺术论》摘要等。昆明"一二·一"惨案后,发表了法商学院学生王绎写的声援昆明学运的长诗,反响十分强烈。

1945年,星社社员发展到一百人以上,在学生中的影响越来越大。是年冬,星社在西北大学图书馆举行了纪念普希金的文艺晚会,一百多人参加,邀请进步教授徐褐夫、李毓珍(余振)、魏绍珍(荒弩)等与会指导,由齐斌濡朗诵了揭露国民党的长诗,卢永福朗诵了陶行知的诗《民主小姐》和普希金反对沙皇的著名诗篇《自由颂》。以后,在西北大学学生运动的每一个重要阶段,星社都发挥了重要的宣传组织作用,因此受到延安《解放日报》的赞扬。①

(五)北方学社(流火社)

1944年冬,李振麟(1942年在西北大学加入地下党)建立了一个秘密读书会——北方学社,成员有李振麟、齐斌濡、屈峻岭、何自勤、田树丛、杨淑真等。

1945年4月,张禹良、寿孝鹤、史成汉在西安同刘存生、杨远乾(刘、杨二人均为中共党员,与西安地下党直接联系)一起研究决定,让史成汉立即从西安回城固西北大学开展学生民主运动。5月初,史成汉回到城固,当天就在城内大学巷1号齐斌濡住地与李振麟、何自勤等人商量,以北方学社为基础,吸收少数进步学生社团骨干参加,成立秘密的组织——流火社。5月中旬,在城固小东门外一个乡村破庙内正式成立流火社。成员除北方学社成员外,新加入的学生有樊镜澄、吴海华、刘竞昌、王英秀。成立会由李振麟主持。大家面向北方(延安)进行宣誓,誓词大意是:"我们心向北方,向往延安,决心努力学习马列主义革命理论,不断地改造思想,建立革命人生观,团结广大进步学生,对国民党进行坚决的斗争,为共产主义奋斗终生。"为避免引起国民党反动派的注意与破坏,流火社没有公开于社会,仍以北方学社秘密组织的方式进行活动。北方学社与流火社在西北大学的主要成员实际不相同。

北方学社还在西北大学建立了"中国革命史"和"政治经济学"两个读书小组,学习马列主义理论和党的文件。两个小组结合当时国内外形势和西北大学情况,以及各人思想

---

① 张禹良,寿孝鹤,史成汉. 西安《流火》杂志与西北大学"流火社"[M]//王周昆. 西北大学英才谱:第三辑. 西安:西北大学出版社,1997:288-289.

实际进行讨论,开展批评和自我批评,提高思想认识,为开展民主运动打好思想基础。①

(六)三三社

1945年二三月间,樊镜澄趁假期从城固去西安,会见了史成汉和寿孝鹤,交谈了组织流火社及其活动等事宜。回城固后,樊镜澄除参加了流火社(北方学社)外,又与流火社另两位女同学杨淑真、吴海华一起发动成立三三社。樊镜澄、杨淑真、吴海华三人与外国语文学系女生杨春云、桂诗晶、李秀华、程友华、崔彤兰、樊伟彬六人,组成了三三社,主要活动为:出刊三三壁报,举行有关时事和妇女问题的讨论会,并积极参加了1946年西北大学学生运动。三三社的活动在全校产生了积极的政治影响。重庆《新华日报》还对三三社发表过介绍文章。②

第七节 "四一五"学运始末

抗日战争终究是以中国的胜利而告终,但是另一种属于"家务事"的斗争却开始了。1946年2月22日开始,中央大学、西南联大等校学生相继为东北问题示威游行。

很快,这场反苏反共的浪潮就吹到了城固的西北大学。这时,校长刘季洪作为国民党中央执行委员,他不允许学生有言论、集会的自由。在上任的第一次全校集会上,他曾说过:"过去学校亦曾有自治会的组织,但因职权不清,易生流弊。"因此公开宣布:西北大学教职员工不准成立教授会、职工会,学生不准成立学生自治会。陕南本来消息闭塞,图书馆的书籍为数不多,校方有意封锁进步报刊,训导处对进步社团的壁报审查也十分严厉。

当全国性的反苏反共大游行掀起时,西北大学当局紧密配合,遥相呼应。当时,刘季洪为参加国民党六届二中全会,于1946年2月下旬先期到达重庆。这次国民党中央全会

---

① 张禹良,寿孝鹤,史成汉.西安《流火》杂志与西北大学"流火社"[M]//王周昆.西北大学英才谱:第三辑.西安:西北大学出版社,1997:287-288.

② 张禹良,寿孝鹤,史成汉.西安《流火》杂志与西北大学"流火社"[M]//王周昆.西北大学英才谱:第三辑.西安:西北大学出版社,1997:289.

的目的,就是为公开破坏政协决议而召开的,刘季洪对蒋介石的谋划自然心领神会。因此,在重庆、昆明等地上演反苏反共大游行后,刘季洪迅即发电报给学校的亲信,指示他们在西北大学和城固县城策划类似的游行。接下来发生的系列事情,当时的西北大学"民青"组织负责人卫佐臣有回忆:

> 2月26日,校方盗用部分师生和东北同乡会的名义,在文理学院、法商学院门口贴出煽动学生参加反苏反共游行的通告。为此,西大"民青"负责人卫佐臣去西安向"民青"五人小组请示我们应采取的斗争策略。2月27日,校方盗用西北大学全体教授的名义,拍发了三个反苏急电。西北大学进步教授季陶达、原政庭、王守礼、徐褐夫、王衍臻、李毓珍等六人联名在西安《秦风·工商日报联合版》①上发表文章,驳斥国民党制造的谣言。3月1日,校方召集全校院长、系主任及各班学生代表参加的师生联席会议,要求全校学生参加所谓"维护国权"的游行示威。学生代表罗玮(女)、杨远乾发言反对校方越俎代庖,提出学生游行的事,要由学生自己讨论决定。这一要求得到地理系系主任殷伯西教授等人和到会同学们的支持,这样,由校方组织领导游行的方案就被否决了。随后各系代表召开班代表会议,讨论是否游行、怎样游行的问题。各班代表要求成立学生自治会,由学生自治会领导游行,这个意见得到全校学生的支持。
>
> 3月2日,广大学生不顾校方阻挠,成立了学生自治会筹备会。3月4日,在学生自治会筹备会的领导下,把国民党的反苏反共游行变为反帝爱国游行。全校绝大多数同学都积极参加了这次游行,口号是:"反对帝国主义的侵略!""一切外国侵略军撤出中国!""还我被占领土!""维护政协协议!""实现四项诺言!"这次游行获得了成功。
>
> 由于校方不准成立学生自治会,全校各系班开展了罢课斗争。3月6日,校方用各学院院长和各系主任名义,提出三点书面"劝告",影射学生自治会筹备会是不合理、不合法、不符合民主原则的,遭到学生自治会的驳斥。
>
> 3月7日,西北大学学生自治会宣告成立。由王松益、卢永福、俞佑仪组成学

---

① 西安的《秦风日报》和《工商日报》本来是与杨虎城有关的两家民营报纸。后来由于经营困难,于1937年合并为《秦风·工商日报联合版》,读者简称《秦风报》。1945年秋,杜斌丞和杨明轩等共同努力,促成该报成为西北民盟机关报。杜斌丞任发行人,刘文伯任董事长,成柏仁、张性初任正、副社长,耿炳光、李子健、梁益堂、郑伯奇等负责编辑部工作,关梦觉为社论委员。旧政协在重庆开幕之后,周恩来提出要把该报办成西北的舆论堡垒。1946年5月3日,该报在胡宗南的勒令下被迫停刊。

生自治会主席团,推王松益任总主席。后因王恳辞,由卢永福任总主席。3月11日,校方召开校务会议,做出三项决议:"(1)卢永福、杨远乾、王庆新、罗玮等鼓动罢课,破坏校纪,着即开除学籍;(2)学生自治会准予成立,惟须循合法手续、民主方式,另行成立正式组织,现有机构,着即解散;(3)限于3月12日一律复课,倘有故违,严惩不贷。"三项决议一公布,就激起了更高的反抗浪潮。学生自治会与校方针锋相对,要求校方收回无理开除四名代表的成命,承认民主选举产生的学生自治会;若校方不接受这两项要求,就要罢课到底。①

鉴于原自治会主要干部被校方开除学籍,经过中共西北大学党小组和各进步社团的商议决定,在改选中把刚由西安向"民青"上级组织请示归来的政治系学生、"民青"负责人卫佐臣等选进自治会主席团。改选后的主席团成员共八人,秘书由地下党员、"民青"社员史青云(女)担任。

为争取社会的同情,自治会组织了"赴渝请愿代表团"和"赴西安请愿代表团",进一步吁请社会各界对西北大学学运的支持。赴渝代表王松益、梁致宏、王庆新等人到了陪都重庆,先找到正在参加国民党二中全会的刘季洪,义正词严地向他提出了学生们的正义要求。刘季洪故作镇静,虚与委蛇。代表团又到中央大学、重庆大学拜访了各民主党派和社会知名人士,向他们散发了西北大学学生自治会的公开信。据说周恩来得知西北大学学生罢课的事后,还向教育部长朱家骅问及此事,深切关注。当时,朱家骅以"西大的问题已告解决"来回应。②

赴西安请愿代表赵允让、周希瑄等人到省城后,也做了不少的宣传鼓动工作。西安教育界著名人士、《民众导报》的主编李敷仁、民主同盟负责人杜斌丞及武伯纶等文教界著名人士接见了代表。在李敷仁的帮助下,《西大学生自治会告各界人士书》在西安《秦风·工商日报联合版》3月16日发表出来,争取了社会舆论的广泛同情和支持。

同一天的《秦风·工商日报联合版》又刊发《陕南学生联谊会告各界人士书》:

> 当希特勒匪徒在欧洲垮台,我们以为法西斯的暴行可以绝迹了;当日本无条件投降,我们以为胜利的火光会把我们从沉郁痛苦引渡到光明快乐;当政治协商会议圆满成功闭幕时,我们以为从此便可以在民主的教育下自由地学习,自由的生活了。然而,秦岭和巴山中间这块土地,好像同整个社会绝缘了,相反的事实

---

① 卫佐臣. 回忆一九四六年西北大学民主学运[Z]. 西安党史资料:第17辑. 中共西安市委党史资料征集研究办公室,1989:103-105.
② 李永森. 城固学运始末[Z]. 政协陕西省城固县文史委. 城固县文史资料,(4).

接二连三的打击我们,使我们如此失望,如此伤心愤恨!我们仍像一群带着枷锁的囚犯……把这里难以置信的真相报告给你们,向你们呼吁!……

西大的特务组织,和希姆莱第五纵队相较,可说是绝无逊色。特务头目杨明礼主持的课外活动组,就是特务的大本营。他们表面的工作是排演京剧,编造灯谜,提倡打扑克。但实际的任务,就是检查同学们的壁报,监视同学们的行动。政府已下令废止检查制度,但西大壁报每□□检查,涉及民主问题及校方黑幕的一概扣押。训导长□□□(原文不清)说:"奉有上峰命令",并用"警备司令部可随时逮捕"的劝告威吓。校长刘季洪无理下令禁止学社成立,深恐同学在学习过程中,了解社会的演变。女同学的"三三学社"也不许登记,团部干事长杜元载(兼教务长)乘机引诱,允予每月发给经费,并分组作团部"外围"。但女同学也有正义良心,对此无耻收买,严加拒绝。……①

校方见局面益僵,硬压不行,为了缓和气氛,又派各院系负责人于16日出面调解,决定"暂缓执行"四同学的开除处分,达到劝说同学取消自治会并复课的目的,结果遭到自治会的断然拒绝。这时,训导长蓝文征认为"要求自治会成立显系受'奸党'指使",并派人撕毁各系级会贴出的意见书和标语,叫嚷着要"逮捕""捉拿"自治会成员。25日晚上,当自治会召开班代表会议时,竟有人朝会场上空鸣枪威胁。这时全场激愤,一致认为此乃蓝文征组织的人所为,必须"请学阀蓝某离校",并列举其"十大罪状"张贴在壁报栏上。

重庆、西安各界人士的声援,一方面鼓舞了全校学生的罢课斗争,另一方面也震惊了国民政府当局。3月26日,刘季洪开完会赶忙从重庆乘飞机回汉中。返校后,次日即召集全体学生讲话,"感以至诚,晓以大义""晚间并向各班代表剀切训导"②。为此,自治会派负责人和刘季洪进行了多次谈判,陈述了全体同学的呼声,并坚决要求撤销被开除四同学的处分。29日,刘季洪向自治会负责人表示:只要复课,可以承认学生自治会和四代表复学。同学们在获得这一许诺之后,当即决议自3月30日起先复课一周。不料事隔一天之后,刘季洪在全校"纪念周"讲话时宣布:(1)自治会可予成立,唯须由校方指定教授组成"指导委员会",代拟章程亲予指导,而且,现自治会必须改组。(2)对四代表处分问题,以折中办法办理(暂离校或予记过处分留校察看)。同学们听了之后,全场哗然,一致要求:不承认自治会的合法性,不恢复自治会干部的学籍,决不停止罢课。

这时,学生自治会干部召开会议,分析了斗争形势,研究了斗争策略。大家认为:只要

---

① 西安党史资料:第17辑[Z].中共西安市委党史资料征集研究办公室,1989:74-75.
② 王建领,等.国立西北联合大学档案史料选编:下册[M].西安:西北大学出版社,2018:918.

刘季洪同意学生成立自治会组织,无论什么"指导委员会",都不能改变全校同学要求民主的主流;因此决定和刘季洪恢复谈判,针锋相对地展开一场"改选"自治会的斗争。

竞选开始时,刘季洪动员了几个社团,如"正义社"等出动全班人马,捧出了几个候选人与进步学生竞选。选举是由班、系、院、校四级逐级展开的,特别是在基层班的竞选中,斗争非常激烈。竞选结果,各班、系、院和校级自治会干部占据优势,这样就更加激怒了校方。

4月9日,当自治会请校长出席改选后的自治会代表大会时,刘季洪声言"现在的自治会,校方绝难承认!"并命令:"如不自动解散自治会,立即复课,则马上停发贷金、然后解散学校。"这时,一方面,刘季洪请示教育部,打算和全校同学硬顶到底;另一方面,又采取拉拢自治会干部的办法,企图从内部分化瓦解学生争取民主权利的罢课斗争,但都没有达到目的。愤怒的学生代表们一致认为:只有把刘季洪赶出西北大学,学生自治会才能建立,被开除的自治会干部的学籍才能恢复。于是经自治会代表会议决定:15日召开全校学生大会,进一步揭露刘季洪的真面目。

4月15日晨,自治会在礼堂召开了全校学生大会,"民青"负责人卫佐臣等人在会上发言,系统地揭露了刘季洪为首的校方,扼杀学生基本民主权利、迫害进步学生的系列言行。义愤填膺的学生纷纷提出"刘季洪这样的人不配当文明大学的校长",一致要求自治会马上对刘季洪采取行动。于是,纠察队长杨远乾一声号令:"走,去找他算账!"学生们就一拥而出,离开了会场。他们找到刘季洪开会的地方,一进门就下了他的警卫和校警的枪。刘季洪看到蜂拥而至的学生,拍着桌子喊道:"你们闹吧!你们闹吧!"刘季洪的秘书肖延奎见学生冲了进来,赶快把校印抓到手中准备转移,恰被苏立功等人发现夺走。这时,学生们围着刘季洪,斥责他不配当校长,一致要求:(1)承认自治会的合法地位;(2)收回开除自治会干部的错误成命;(3)"恭请"校长离校。自治会文书股当即将上述三项要求,分别以校方的名义,草拟了三个布告。布告文称:"本校学生自治会现已组织就绪正式成立,合行布告周知,此布。校长:刘季洪。民国35年4月15日。"关于恢复杨远乾、卢永福、王庆新、罗玮等四同学学籍的布告和刘季洪自称"本校长自本月15日起离职"的下台布告,也同时公之于众。事后刘季洪在致教育部的报告中说:"当时各院长系主任教授等数十人,陪同校长在办公室,目睹实情,实感痛心,及至五时许,校长及各教授始脱离学校。当晚各院长系主任及教授代表开紧急校务会议,当决定向校长急辞职,一致与校长同进退。学校顿成紊乱状态。不法学生,擅设门岗,集体盘踞礼堂,任意取用公物,遍贴荒谬标语刺伤同学,造成恐怖。种种恶行，实难罄述。"①这就是国民政府当局所说的"四一五暴动"，或"四一五事件"。

经过一番紧锣密鼓的谋划，当局决定压制西北大学学生运动。朱家骅致电刘季洪："已分别通知胡、祝饬驻军维持秩序，并希返校处理为首分子。"胡宗南电称："已派队进驻汉中。"祝绍周以省政府主席名义下达电令："学生所夺枪械应限期缴出，印信应令缴还学校当局，至于为首暴动学生应依法惩办；校方执行如有阻碍时，速会同当地驻军及督饬警察充分协助，俾整纪纲而肃校风……"汉中警备司令部接到命令，当即派副司令慈德让率领军警进驻城固。

刘季洪有了军队作后盾，就将西北大学国民党区分部、三青团分团部的骨干分子和素日安插的一批特务"转学生"，统统组织起来，于4月16日晚筹备成立了"西北大学学生护校团"，以历史系四年级"转学生"孙锡本为该团主席，共三十余人，配备有手枪几十支。接着，"护校团"便于4月19日晨5时，配合国民党军警包围了城郊的法商学院，切断了法商学院和校本部文理学院的联系。当时的商学系系会总务罗玮（罗理）回忆说："地方军队包围了法商学院，威胁、强迫其中的学生签名'复课'。三青团则在内部配合。我们闻讯后当即从城内出发救援被困同学。第一批赶到的卢贵英等同学冲了进去，我们后赶到的被阻在外，围着法商学院喊口号，鼓动里面的同学拒绝签名，冲出来！最后，卢贵英带领一批同学冲了出来，他在第一排，和两旁的同学紧紧地臂膀挽着臂膀，脸上淌着热泪，喊着口号，枪弹在头上肆虐，这场面使我很感动，同学们不怕牺牲、勇敢无畏的宝贵的革命品质，永远在我脑海中回旋萦绕。从法商学院冲出来的同学都住在了文理学院的大礼堂内，同学们把自己的被褥集中起来，在大礼堂铺地铺集中住宿。"②

法商学院被占领后，"护校团"以此为据点，与校本部自治会相对峙。刘季洪在法商学院恢复了办公，派肖廷奎、杜元载等人回校代理主持校务。校方为了达到孤立进步学生的目的，4月20日又借口复员迁校，决定提前举行应届毕业生考试和全校期末考试。考前在法商学院举行未参加暴动学生登记手续，不登记者便不能参加考试，自然便不能毕业和继续升学。因此，是否登记在同学中引起了思想波动。因为领到一张毕业文凭和良好的成绩单，是当时大学生寻找职业和解决"饭碗"问题的重要条件，关系着每个同学的切身利益。

---

① 王建领，等.国立西北联合大学档案史料选编：下册[M].西安：西北大学出版社，2018：918-919.
② 罗理.难忘的西北大学的学生运动[Z]//当我们年轻时——纪念外文出版社成立55周年老干部征文集.外文出版社老干部办公室，2007：12-13.

1946年9月,西北大学遵教育部令补发西北联大毕业生王大志毕业证书(西北大学档案馆提供)

同一天,卫佐臣接到李敷仁的亲笔信:"……大局逆转,你和青梅(按,即史青云)迅速撤退。"①按照这封信的指示精神,卫佐臣立即布置了退却工作:(1)召开主席团会议,一致做出决定,"为了不让敌人把我们困饿而死的阴谋得逞,学生自治会暂时宣布自动解散,等迁校到西安后,继续再战";(2)动员尚未暴露的同学登记参加期末考试,尽量多保存一部分力量;(3)委托刘豫捷同学秘密筹办一笔款,在三天内备齐,作为主席团全体同志撤退时的路费;(4)4月23日晚在校本部大礼堂召开全校学生大会,由学生自治会负责人代表主席团总结报告刘季洪破坏民主学运的罪行,并以主席名义提出前两项决议草案,让大会议定。

4月23日晚,学生自治会召集了最后一次全校同学大会,宣布自治会从即日起暂时解散。就在他们准备撤退的同时,街头巷尾已是岗哨密布。罗玮说:"我同班同学万里和三青团中人有联系,常给我们通风报信,他赶来告诉我:你和卢贵英得赶快逃走,你们已被列

---

① 卫佐臣.回忆一九四六年西北大学民主学运[Z].西安党史资料:第17辑.中共西安市委党史资料征集研究办公室,1989:110.

入黑名单,校门附近都有眼线。于是我和卢贵英越墙躲进乡村。"①次日晨,军警发现学生自治会的干部已经悄悄离校,便赶紧到校内外严密搜查,逮捕了共产党员陈世庄、刘存生等20人。

风声稍稍过后,罗玮回到学校与在校的同学商量,如何去汉中监狱看望被捕的同学。同学石敬仁的父亲在汉中法院当首席检察官,可以通过他帮忙,看望同学并设法营救他们出狱。监狱位于汉中市区内,进入监狱大门,通过九道铁门才走进男生住的牢房。陈世庄说:"牢狱屋顶漏雨,土炕潮湿不堪,被窝冰凉,难于入睡。刚一入狱的4月25日下午和头几天,饭是糙米做的,菜是发苦味的咸水汤,没有油星。后探监的同学或保释候审的同学每日两次送来吃食,伙食方得改善。"②

大逮捕之后,国民党军警于4月25日将逮捕的学生押解到陕西省高等法院汉中分院,以"暴动行凶,触犯刑律""妨碍公务,侮辱师长"的罪名起诉审讯。与此同时,国民党中央社于4月28日和5月5日发表消息,宣布"西大学潮业已解决",并称西北大学学生自治会"捣乱学校""学校已将为首学生10余人,函请法院究办"。

4月26日,刘季洪由汉中回校后,立即在法商学院召开了第14次校务会议,除将此次参加"暴动"学生黑名单密报教育部外,决定以"鼓动风潮,参加暴动"为由,对卫佐臣、史成汉、王绎、杨远乾、史青云、卢永福等27名学生勒令退学处分,对吴维琦、崔世勋等9人记过两次。为了表彰一些"护校有功"的学生,将该团主席孙锡本等人有的留为助教,有的留为训导处组员。对原教职员中护校出力最大者,也都予以表彰。教员徐褐夫、李毓珍、刘让言和魏绍珍,"因同情进步学生,自知将不容于西大,便北上寻找各自的栖枝"③。

武装镇压西北大学学生运动的消息,当局千方百计地进行封锁。4月3日,胡宗南召开"特种会报"会议,要求"对秦风工商之横不讲理,及民主同盟之扩大,拟予以取缔,当时推蒋坚忍、王友直、杨尔瑛,负责处置,并以蒋坚忍为组长,限四月底完成,如四月底无办法,准另行改组继续奋斗"④。一个月后,《秦风·工商日报联合版》被迫停刊,但是重庆《新华日报》5月8日却率先报道西北大学学潮,指出:"这种法西斯暴行发生于最高学府,

---

① 罗理.难忘的西北大学的学生运动[Z]//当我们年轻时——纪念外文出版社成立55周年老干部征文集.外文出版社老干部办公室,2007:12.

② 梅枫.回忆城固时期的西北大学[M]//王周昆.西北大学英才谱:第二辑.西安:西北大学出版社,1995:160.

③ 魏荒弩.大汉小记——记诗人牛汉[M]//枥斋余墨.南京:南京师范大学出版社,2008:39.

④ 胡宗南.胡宗南先生日记:上.[Z].蔡盛琦,陈世局,校订.台北:台湾"国史馆",2015:551.

该校教职员及学生都极为愤慨!"呼吁"制止反动派的绝灭人性的行为,释放被捕与失踪学生。"

由于全国民主力量的大力声援和"一二·一"运动方告平息,对于已经处于被动的国民政府当局来说,西北的这一把学生革命运动之火,只要不扩大就行了。加之,当时国共两党的谈判还没有最后破裂,因此,国民党当局也不得不采取克制的态度。经过一个多月的所谓"审讯",在全国民众的舆论压力下,陕西省高等法院汉中分院不得不宣布释放关押的学生。

公开判决之前,即已保释候审出狱的有15人:4月27日,王承式、汪庚炎、宋致昭、王松益出狱;29日,桂诗晶、吴承棣、韩旃、李飞鹏出狱;5月6日,金守琨出狱,9日,汤永成出狱,14日,史成汉、牛金镛、王君强出狱,27日,刘竟昌出狱,28日,何自勤出狱。①

5月22日,汉中法院通知陈世庄、梁致宏、王绎、刘存生、崔维光5人拟于28日上午开庭。开庭之日,法警首先叫陈世庄到庭。法官问他驱逐校长时有多少同学参加,陈世庄按事先准备好的答案回答:全校同学都参加了。其他同学也都回答得恰如其分。

5月29日,是一个天气晴朗的日子。下午6时,陈世庄等5个人重获自由。汉中法院判处20个人中的18人每人二年徒刑、缓刑假释。对桂诗晶、宋致昭二同学,法院因拿不出任何罪证而没有判刑。数月后,国民党《中央日报》报道说:"西北联合大学[西北大学]因学生煽起风潮参加暴动开除学籍或勒令退学者,计王庆新、史成汉、卫佐臣等68名。按国内各大学一次开除学生人数,尚以此为最高纪录。"

第八节 惜别城固

受学生运动影响,西北大学停课多日,但为迁校回西安计,所以各项功课加紧赶授,仍然如期结束,实际上是草草了事。1946年4月24日至28日,学校举行学期考试。

第七届毕业学生各科试卷业经核阅,毕业论文提交各指导教授评定成绩,操行成绩也

---

① 梅枫.回忆城固时期的西北大学[M]//王周昆.西北大学英才谱:第二辑.西安:西北大学出版社,1995:162.

由训导处予以评定,总计学业操行成绩及格准予毕业学生共274名。

4月30日上午在校大礼堂举行毕业典礼,来宾有教育部周宏本、蔡若水二督学及城固县县长周僖等数十人,本校教职员学生全部参加。主持人刘季洪校长行礼后,即颁发证书,并向毕业学生训话:"首勉诸生注重业余进修,谓四年光阴,为时甚暂,在校所学,仅系各科门径,今后须本即行即学之精神,藉求充实本身之知能。继谓治事亦如治学,须用科学方法。分析事理,始克肆应裕如,措置咸宜。末最诸生互助合作,密切联系;苟有因事心怀芥蒂者,务捐一时之小嫌,而保持同窗数载之珍贵友谊。"①接着,理学院赵进义院长代表教职员训话,先用譬喻阐明教育之价值及学生与学校之关系,继而勉励诸生利用公暇作专门研究或有益身心之活动。其次周宏本督学致辞,略谓建国时期,需才孔亟,诸君今日学成致用,应立定崇高志愿,为国家民族服务。然后,周县长致辞,大意是说现代青年须具真才实学,方能立足社会。最后,毕业生代表致辞答谢。大家合影留念。

西北大学南迁办学八年,现即将迁往西安之际,乃于4月30日在城固校本部讲舍旧址勒碑留念,由中文系主任高明(仲华)教授撰文,题为《国立西北大学侨寓城固记》。文曰:

> 昔周有狁人之乱,不定于邠,转徙其族;公刘率而之豳,亶父至于岐下,王季文武继之,貊其德音;而文教遂东,浸渍于齐鲁,蔚为有周一代八百年之盛。晋为五胡所逼,幽燕失守,河洛为墟;衣冠南渡,集于江左,挥新亭之痛泪,振玉麈之风流,而三吴文教遂丕著于中国。宋因女真为患,长江天堑,不能限北人之马足,临安帝都,不能庇奔至于播越;避寇之士,南进益深;而文教乃广被于七闽。盖我华族,每遭外祸,辄于士类流离之时,开文教更新之运,稽诸往史,历验不爽。老子曰:"祸兮福之所倚,福兮祸之所伏。"岂不然哉!迩者东夷扇毒,猾乱华夏:首据关东势胜之地,续骋兵家谲诈之谋,陷冀鲁,取吴越,蚕食中原,鲸吞南国;名城尽下,海内骚然!于是,北雍学者,右学诸生,痛夫藩卫之失,耻与非类为伍;或驱车崄路,或徒步荒原;或褰裳涉水;或策杖攀崖,餐风宿露,戴月披星,载饥载渴,载驰载奔,以苲止于陕西之城固。喘息未定,父老来集;劳之以酒食,慰之以语言,荫之以宇舍。于是弦歌不复辍响,绛帐于焉重开,问学之士,闻风而至,咸以志道,据德、依仁、游艺、相与期勉,彬彬乎一时称盛!城固者,北凭秦岭,南倚巴山,中通汉水,号为乐城。垒垣险塞,敌骑望之而不前;平畴沃野,民食资之以不匮。正业居学,藏焉、修焉、息焉、游焉于其间,此诚所谓乱世之桃源也。益以吊张骞

---

① 见本届学生毕业典礼志盛[J].国立西北大学校刊,1946(复刊,22).

之故里,可以发凿空之遐思;展李固之荒茔,可以砺忠贞之亮节;望渭水之奔流,知贤者之泽远;颂橘林之荣茂,想骚人之行洁;登樊哙之台,思鸿门之宴;对子房之山,慕赤松之游。盖进而经纶天下,退而保养性真,无不可供学者之取资焉。惟是大学莅止,风气聿开;平章世事,则谠论出于鸿儒;讲诵道艺,则名言绎于硕学;谈宇宙之玄秘,则极深而研几;论文辞之奥窔,则发微而抉隐。他如搜奇考古,则西北文物灿然备陈;格物致知,则陕南花木纷焉入览。于是村童野叟,扩其见闻;田父蚕姑,益其神智。蛩蛩群氓,乃觇冠冕之盛;济济多士,益见宫墙之美。文教溥被,迥迈寻常。岂非姬周晋宋故事之重演,所谓因祸而得福也哉!今敌酋成禽,寇军解体,日月重光,典制渐复。国家定百年之大计,将迁校于西安;师弟怀八载之深情,辄萦思乎城固。爰就讲舍旧址,鸠工相石,镌辞铭念。后之考世运之兴替,文教之盛衰者,其有取于斯文!①

与西南联合大学纪念碑声名远播(因冯友兰撰文、闻一多篆额、罗庸书法皆妙,被后人誉为"三绝碑")相反,西北大学(其实也可看作是西北联合大学)的纪念碑至今湮没无闻。但是正如姚远所言,这两个碑文"有异曲同工之妙,皆精彩之至。二人皆将国黉西迁南渡的壮举,远溯至古代的文化播迁:冯友兰溯至晋人、宋人和明人的三次南渡,将国立西南联合大学并列为第四次南渡,但不同的是,晋、宋、明的三次南渡皆未北返,国立西南联合大学却几乎全部北返,仅留下一个几名教师百余学生的昆明师范学院;高明则在历述晋、宋南渡之外,远溯至春秋中叶(按,应为商朝初年)的周族迁豳,与国立西南联合大学几乎全部北返不同的是国立西北联合大学已经化为'国立西北五校'大部分永留西北"②。并且,《国立西北大学侨寓城固记》感恩于地方父老,"劳之以酒食,慰之以语言,荫之以宇舍",以及"大学莅止,风气聿开""搜奇考古,则西北文物灿然备陈;格物致知,则陕南花木纷焉入览";而《国立西南联合大学纪念碑》则侧重于学校自身,"维三校,兄弟列。为一体,如胶结",以及"联合竟,使命彻。神京复,还燕碣"。③

5月1日,西北大学开始放假,学生大多数开始离校,只有少数人准备随校迁移。教职员工除自由迁动及负有迁建责任须先往筹备者外,其余的人将在月中后分批迁往。为做好这一迁移工作,学校迁建委员会针对教职工和学生分别制订细则。

细则十分详尽,比如《本大学员工迁移办法》规定:"本校迁移员工以本学期在职专任

---

① 见本校勒石城固留念[J].国立西北大学校刊,1946(复刊,22).
② 姚远.衔命西来:话说西北联大[M].西安:西北大学出版社,2018:498.
③ 冯友兰.国立西南联合大学简史[M]//联大八年.北京:新星出版社,2010:5.

者为限,眷属以配偶及直系血亲在任所者为限;如教职员之直系姻亲及旁系亲属确由本人扶[抚]养在本校登记有案者,经同事二人之联保及各该服务单位主管人之保证,得请校转呈教育部核准随校同迁;但本校奉令核定之迁校预算,应尽配偶及血亲优先分配。""眷属儿童6岁至12岁者以半口计,5岁以下者不计。""眷属如在他机关或学校任职或肄业领有迁移旅费者不得在本校报领。""教职员及其眷属行李箱箧,每人以一百公斤为限;工警及其家属每人以四十公斤为限;凡笨重污秽容易破损之器具,不得携带。教职员如有书籍满一箱者,得自行装箱,交学校代运。"

又如《本大学学生迁移办法》规定:"迁运学生,以本学期在校学生本人为限。""核给每人旅费膳宿费标准如下:1. 由城固至汉中汽车费1550元;2. 由汉中至宝鸡汽车费10300元;3. 由宝鸡至西安火车费900元(照规定三等车价);4. 由西安车站至本校人力车费500元;5. 沿途行李搬运补助费2000元;6. 每人日支1000元,8天合计8000元;以上六项共计23250元整。上项旅费在发给日如车价增减,应以官价为准增减之;但预领旅费而未启程车价增高者,概不增补。""学生自由迁动者,应先报请训导处核发离校证,办清离校手续后,得凭离校证领取旅费膳宿费及路证;如自由组织同学伴行,足敷规定一车25人至30人时,得请校代洽车辆。学生行李衣物应随车自带。"①

无论教职员工还是学生,日程统一规定自城固经汉中、褒城、宝鸡至西安,行车四天,候车四天。

客观地说,战后乘车北返比当年步行南迁容易很多了,就没多少故事可说,也鲜有人提及。据笔者目力所及,1945届教育系一年级女生常肖苏有一段回忆:"1946年4月底,西北大学迁校开始,学期考试随堂进行。教师、学生可随校集体迁动,均发放迁动费。因我们那时吃的是贷金,学费、住宿、伙食全由国家包了,学生每人旅费、膳食费23250元,师生纷纷离城固回家探亲。可我因为刚分娩不久,不能上路,只有住在医院中,心急如焚。从城固到西安,旅程需八九天,又是坐汽车,医生嘱待满月后才能上路,因我生产后不小心,得了产褥热,发高烧多日不退,身体更加虚弱。快满月时,传曾(按,指其丈夫张传曾,西北大学法商学院学生)每日去打听汽车,因有刚不足月的孩子,不能坐敞蓬[篷]车。这时,有一政治系同学夏文旭找到传曾,说是他联了一辆车,有不少同学走,可让我和孩子坐驾驶室……[引者略]在师生已走的所剩无几的情况下,又能坐驾驶台(室),也就答应

---

① 见国立西北大学校刊,1946(复刊,22).

了。约五月底,我们乘车离开城固,传曾和二姐坐大车厢内。"①

1946年1月,西北大学学生张传曾、常肖苏在城固举行婚礼,刘季洪校长(后排中)、蓝文征教务长(后排右一)及证婚人霍自庭教授(后排左二)、刘亦衡教授(后排右二)等人参加(据《蕙质兰章》)

校迁建委员会还在城固至西安沿途设联络站四处,负责协助员生搭车及临时住宿。南郑联络站设中国饭店内,由杨名理、王佐强二人分期负责;双石铺联络站设凤县高级职业学校内,由宋三元、刘秉哲、宫锡三校友负责;宝鸡联络站设青年团分团部内,由张振华负责;西安联络站设社会服务处及车站旅客指导处内,由学校临时派人负责。

西北大学(西北联大)侨寓城固八载,全校师生与地方各界民众同甘共苦,不仅仅是建立了深厚的感情,在服务社会方面也作出了很大贡献。

最主要也是最突出的成绩是,促进了地方初级和中等教育的发展。以城固教育问题做研究的毕业论文就有不少,如高振业的《抗战时期城固之民众教育》,张万璞、经昌荣的《城固儿童之情绪研究》,晏显世的《抗战期间城固之强迫教育》,邓运甫的《抗战时期南郑之中等教育》,等等。这些研究为促进地方教育发展奠定了理论基础。西北联大迁到城固后,当地的学前教育、初级教育、中等教育均有新的发展。1938年5月,教育学院家政系齐国樑教授在城固马桩口创建儿童保育实验室,是城固学前教育之肇始。1939年,城固西城巷清真寺院内附设幼儿园,董仲美为主任兼教师,初招约30名幼儿。在小学师资教育方

---

① 常肖苏.似水流年——七十余年人生路[M]//张毅.蕙质兰章:常肖苏文集.香港:国际炎黄文化出版社,2006:187.

面,自 1938 年起举办城固县小学教师暑期讲习会,由教育学院教师和应届毕业生中品学兼优、思想纯正之学生担任讲师,"除应调来会研习之学员 212 名外,自动要求旁听者 10 余人"①。西北联大迁入之后,发展变化最大的还是中等教育。之前,城固仅有一所县立中学,到 1940 年,"全县除三所大学外,共有公私立中等学校八所(其校数居当时全省各县、市之冠)。在各中等学校就学的城固籍学生总数达 1117 人"②。此外,不少师生参与地方中等教育管理,如郁士元教授兼任城固县社会教育推行委员会委员、北平私立文治中学(1939 年 9 月迁来)校长,张贻惠教授兼任北平私立五三中学(1940 年迁来)董事长兼校长,卢怀琦教授兼任城固义务教育委员会委员,樊泽民教授兼任古路坝小学校长,至于利用业余时间到中学兼课的教师,大学毕业到中学任教的学生更是不在少数。

西北联大的到来,为当地学子在家门口上大学提供了便利。据资料统计,到 1941 年,仅西北大学即有在校的陕南籍学生 45 名。1940 年至 1949 年,仅从西北大学毕业的陕南籍学生就有 95 名。正如 1940 年城固县教育局局长余元章所说:"西北向乏高等教育机关,本县青年学子,能有机会负笈千里以涉猎于大学门槛者,恐不及百分之一,殆亦地方人才缺乏、文化落后之一大原因也。近以国难关系,大学专校,麋集汉上,地方有志深造之士,遂获近水楼台之便,是诚特殊之际遇。"③此外,西北联大职员中也有不少城固或陕南籍人士。

西北联大在城固时期,还开展了大量工程技术研究和推广工作。如张伯声的《陕西城固地质志》、萧连波的《陕西省城固县油脂企业合作社缘起设厂计划及营业状况》、李仙舟的《陕西省城固县平民工厂蜡烛改良办法》、李酉山的《陕西省城固县军运手推车改良计划》以及石心圃的《佛坪县铁矿调查报告》等。至于来不及实施的各种计划,更是不一而足。

所以,城固与西北大学之情谊是可以想见的。当城固各界听说西北大学将迁西安,即于 1946 年 3 月下旬成立了欢送西大筹委会,议定各项办法,开始筹备欢送事宜。5 月 5 日正午,筹备会假座县汉滨大戏院公宴西大教职员工,刘季洪校长及各处长、院长、系主任、教授、副教授、讲师等 157 人出席,城固县各机关首长周傪、何清泉、梁炳煊、余仙洲及地方士绅高瀚湘、卢伯玮、张叔亮、赖缉之等 30 余人作陪。会场布置整洁雅观,贴有欢送标语。开宴时,县长周傪起立讲话,大意说:"贵校迁驻敝邑,于兹八载,既蒙增进文化,复承嘉惠

---

① 姚远.国黉播迁:西北联大通史:下[M].西安:陕西人民出版社,2021:941.
② 刘振寰.抗日战争前后城固教育简况[Z].政协陕西省城固县文史委.城固县文史资料,1984(3).
③ 姚远.国黉播迁:西北联大通史:下[M].西安:陕西人民出版社,2021:941.

地方。现值奉令移往西安,骊歌乍赋,曷胜惜别!谨于本日敬备菲酌,藉资畅叙,并伸微忱。尚祈不遗在远,今后对敝邑文化教育事业之推进,仍继续惠予协助。"接着,县参议会副议长梁炳煊致欢送辞:"敝邑与贵校乃患难之交,愿贵校以城固为第二故乡!今当良朋判袂之际,怅惘之情,匪言可宣。谨以杯酒,敬祝贵校前途光明,诸位先生健康!"①然后刘校长致辞答谢。席间觥筹交错,宾主极为款洽,直到下午3点半尽欢而散。县欢送筹委会还购置了精美的名家锦屏及纪念册赠送西北大学有关人员,以表纪念。

5月7日,刘季洪校长赴西安主持校务,城固事宜由理学院赵进义院长代为负责。

6月初,首批迁移教员到达省城,自11日起在西安正常办公。第二批教职员于7月间抵达。随校迁移学生亦于同月抵达。教务长张贻侗、总务长徐朗秋及赵进义院长等8月初同车抵达,校迁建委员会也随之撤离城固。

搬迁工作,除了教职员、眷属及学生的迁移外,还包括校产、图书、仪器、档案的迁运,由各主管部门、院、系分别装箱,专人负责运送。本着图书仪器等公物则尽先运输的原则,除一部公物于6月初随首批教职员迁移车达省城,其余公私物品近千件,合计140吨,月底陆续起运,由张容正、张蕴山等人负责押车。首批于7月25日运到,第二批8月3日运到,第三批8月14日运到,最后一批9月19日运到。②

8月中旬,青年师范城固大学补习班结束,在该班任课的校教员相继北上,于20日左右先后抵校。城固留守处职员任务终了,亦于9月抵达西安,迁移工作全部结束。

---

① 见国立西北大学校刊,1946(复刊,22).
② 见国立西北大学校刊,1946(复刊,23).

第五章 师范医学两院独立设置

第一节 师大精神"吾道西行"

全面抗战爆发后,一些有识之士意识到,只有大力发展师范教育,培养大批人才,才能赢得战争的胜利,教育救国的呼声日益高涨。1938年4月,国民党临时全国代表大会制定《战时各级教育实施方案纲要》,强调"对师资之训练,应特别重视,而亟谋实施。各级学校教师之资格审查与学术进修之办法,应从速规定,以养成中等学校德智体三育所需之师资,并应参酌从前高等师范之旧制而急谋设置"①。7月,教育部公布《师范学院规程》,明确规定师范学院"以遵照中华民国教育宗旨及其实施方针,养成中等学校之健全师资为目的"②。师范学院单独设立或设于大学中;分国文、外国语、史地、公民、训育、算学、理化、博物、教育等系;③修业年限五年,期满经考试合格,授予学士学位及中学某科教员资格证明书;各专修科修业三年;可设师范研究所,招收师范学院毕业,具有研究兴趣或大学其他院系毕业有两年以上教学经验的中学教员,研究期两年,期满经学位考试合格者,授予教育硕士学位。师范生一律住宿,免收学膳费,毕业生需履行相应服务年限的义务。师范学院的独立和重建,是继1932年师范学校独立后高等师范的重大改革。它改变了原大学教育学院(系)培养目标含混宽泛的状况,提高了高等师范的地位,有利于发挥高等师范培养中

---

① 宋恩荣,章咸.中华民国教育法规选编[M].南京:江苏教育出版社,2005:682.
② 王学珍,张万仓.北京高等教育文献资料选编1861—1948[M].北京:首都师范大学出版社,2004:815.
③ 西北师范学院在实际办学过程中,根据自身情况设十系一科,后文有述。

学各科师资的效能。

7月21日,教育部发[汉教第5942号]训令,规定西北联大各院系调整办法,率先将农、工两院独立设校,并称:"查中等学校师资,全国尚无专门训练之所,健全师资,极感缺乏","其教育学院应改为师范学院,并设师范科及医科研究所。除师范学院详细办法应候另令饬遵外,合行令仰知照。"①后来陈立夫回忆说:"在战时不仅要尽可能维持原有的专科以上学校,还因应当时需要,新设若干学校。我鉴于师范教育为教育的基础,要求教育的改造与改进必从师范教育做起,所以除在几所大学设立师范学院外,创立了男女师范学院各一所,其后并增设贵阳师范学院、南宁师范学院和湖北师范学院,又将西北联大的师范学院,独立设置,改称西北师范学院。均按照战时教育政策,进行中等学校的师资训练。"②

1938年10月20日至22日,教育部召开全国高级师范教育会议,西北联大师范学院院长李蒸在会议上建议将全国划分为六大师范学院区,并由西北联大、西南联大等师范学院负责推进本区内各省市中等教育。其中,西北联大师范学院所属师范区为陕西、河南、甘肃、宁夏、青海、新疆等六省,范围最广,并负责对区内省市中等教育实施师资培训、招生等辅导。

1939年3月,第三次全国教育会议在重庆召开,西北联大李蒸、徐诵明、胡庶华三位常委参加会议。针对1938年7月教育部颁布的《师范学院规程》关于"师范学院单独设立或于大学中设置"的规定,中国教育学会西北分会向大会提交了"师范学院应一律单独设立案"。提案陈述的理由是:"一、师范学院训练办法、年限、课程与大学其他院系不同——如在同一学校之内勉强划出一部分学生,另外受一种训练,另外过一种生活,管理设备及纪律方面均感困难,而不能达到专业训练之目的。二、以言教学方法——亦自不同于大学其他院系,盖以师范生将来所负之责任为教人,各科中应随时注意于选材与方法问题,故师资人选、教材均应不同,同一学程,师范生与非师范生,亦应分班上课,俾教学效率不同。三、以言行政——师范学院附设于大学之内,每易流于事权不一,责任不专,影响师资培养之品质。"办法有三:"一、师范学院预算经费应完全与大学划分独立;二、师范学院院址宜有独立优美环境,俾易养成良善学风;三、师范学院用人行政应予独立,俾便遴聘学验兼优之学术专家担任教学,藉以增进师范生实习之效能。"③这项提案获得通过。

---

① 王学珍,张万仓.北京高等教育文献资料选编1861—1948[M].北京:首都师范大学出版社,2004:772.

② 陈立夫.成败之鉴:陈立夫回忆录[M].台北:正中书局,1994:249.

③ 中国教育学会西北分会向全国教育会议提案之一部[J].西北联大校刊,1939(14).

8月8日,国民政府行政院决定改国立西北联合大学为国立西北大学;同时将原西北联大师范学院、医学院各自独立设置,分别改称为国立西北师范学院、国立西北医学院。

8月14日,教育部就西北联大结束移交事宜,给李蒸发来训令:"案查国立西北联合大学改为国立西北大学、国立西北师范学院及国立西北医学院一案,业经本部奉行政院核准;国立西北师范学院院长一职,并经本部聘任该员(李蒸)充任,各在案。除令西北联大结束移交,并呈请行政院转呈国民政府颁发关防及小官章外,合行另发改组办法一份,仰即就职接收会报,以凭查核。"①并附西北联大改组为三所高校的"改组办法"一份。

"改组办法"规定,院系编制方面,西北师范学院仍照西北联大师范学院原有编制设国文、英语、史地、数学、理化、教育、体育、家政、博物、公民训育等十系及劳作专修科,并设师范科研究所。原有西北联大之教职员尽量聘用,呈部核定。至于各院永久校院址,由教部另行统筹决定。

9月1日,西北联合大学和西北师范学院同时在《西京日报》及校内发布通告,西北联大的通告为:"兹奉部令:国立西北联合大学改组为国立西北大学、国立西北师范学院及国立西北医学院等,除遵照外,所有国立西北联合大学校务截至二十八年八月底结束,特此通告。"西北师范学院的通告为:"本院奉令就国立西北联合大学师范学院独立设置,国立西北师范学院已于二十八年九月一日在城固正式成立,特此通告。"

10月,教育部转发了行政院[吕字第12118号]训令,颁发"国立西北师范学院关防"铜章一枚、"国立西北师范学院院长"印章一枚。对此,李蒸回忆:

> 西北师院的成立标志着北平师大的"结束"。校长免职,校印缴部;但是,除了本年的新生是在西北师院名义下招收进来的以外,其余旧有师生都是北平师大旧人,因此,北平师大是西北师院的"前身",西北师院是北平师大的"继续",虽然在"法令"上没有明文规定它们的历史关系,但事实上它们并未中断,还是一个学校,而当时教育部也从来没有否认它们的历史一贯性。②

过去,在西安临时大学、西北联合大学,文科学生大多数是从北平师范大学迁来的,保留着北平师范大学的学籍,因此,无论在西安临时大学时期,还是西北联合大学时期,教育部都没有收缴原北平师范大学的校印,也没有免去原北平师范大学校长的职务,并允许原北平师范大学学生及西北联合大学教育(师范)学院学生的毕业证上加盖"北平师范大学"

---

① 刘基,等.西北师范大学校史(1902—2012)[M].北京:教育科学出版社,2012:85.
② 李蒸.北京师范大学历史上的存废之事[M]//李溪桥.李蒸纪念文集.北京:中国社会科学出版社,1996:79.

的校印。因此,北平师范大学的传统和历史关系一直未断,北平师范大学与西北师范学院的传承关系,也是当时政府及社会各界的共识。

在12月11日的西北师范学院总理纪念周上,李建勋向参加活动的师生发表演讲说:"礼拜日(12月17日)为北平师范大学三十七周年纪念日,因为今年的纪念日不比往常,所以要盛大的举行,师范大学是本院的前身,本院是师范大学的继承者。在部令上,本院虽由师大教育学院改组,然就事实论,实为师大教、文、理三院组织而成。况李院长是师大的校长,教职员大部分是师大的先生,并有现在西北大学文理学院各系三四年级的同学,将来毕业时,要领师大的文凭乎?教育部中人谓师大仍然存在,但在停顿期间,似未切当。望本院同学认清斯旨,全体出席来庆祝这个有意义的盛大纪念日。"并倡导低年级同学学唱北平师范大学的校歌。12月17日,李蒸在建校37周年纪念大会上说:"七七事变后,我校播迁西北,改变环境,适应抗战建国之需要,又值政府扩充高级师范教育,在学制上创设师范学院制度,实为一新生时期。我校此后之使命将益形重大,不但要继续发扬师大精神,并且要奠定西北高级师范教育基础,负起抗战建国的责任,所以今年这个纪念日更有特别重大的意义。"①

此后,李蒸院长将北平师范大学建校37周年纪念专刊等资料寄给教育部长陈立夫,同时也表达了师生对独立设置后"北平师范大学"存废问题的担忧。1940年2月28日,陈立夫复函李蒸,表明了他对北平师范大学精神如何在西北师范学院进一步弘扬的意见和看法。其信曰:

得读手书并师大纪念增刊,藉悉举行师大三十七周年纪念会之盛况,至为佩慰。

师大自创立以来,作育人才甚众,其服务于教育界者,均能以教育为终身事业,卓然有所建树,久已誉满士林。今虽以改制关系,师大在名义上虽告停顿,但平津收复以后,该地当然必须恢复造就师资之学院,且西北师范学院由西北联大之师范学院递嬗而成,而联大之师范学院则系由师大组成,是在事实上,西北师范学院实为师大之支衍,昔日师大之精神,将因此而永远扩展于西北,在师大同仁必有吾道西行之感,故此次之改组于师大精神之发展与事业之扩充,实有益而无损,当为明达所洞悉也。

至于名称问题,本部之意,既以现在之师范永留西北,则正名定称,自以现名

---

① 刘基,等.西北师范大学校史(1902—2012)[M].北京:教育科学出版社,2012:92.

为宜。如时而改称北平师大,时而复称西北师院,则名不正,则言不顺,徒示人以不广,在西北人士之观感与学校前途之发展上,均有未妥。师大同仁如再加熟思,当不致斤斤于名称之计较耳,还希妥加解释为幸。

立对于师院在西北之发展抱有无穷之希望,在教学及经费各方面均优予扶植,学校虽改组,但对于师大精神与事业之爱护,初无二致。所望执事领导诸同仁,继续努力,共图师范教育使命之完成,为民族复兴奠立精神之基础,则非徒为西北一隅,百年大计之建树,抑亦过去师大全体师生之光荣也。①

若干年后,李蒸在回忆中这样描述当时师生的心情:"北平师大在抗战期间,又恢复了独立设校,不过名义换了,规模小了。全校师生,虽然心里不很愉快,但仍能团结一致,安心教学,维护旧有学风,耐心等待抗战胜利,学校复原,再图恢复原有校名。"②

北平师范大学在名义上自1939年暑假后已暂不存在,取而代之的是西北师范学院。作为"承之师大校务前后八年,担任西北师院亦近二年"的李蒸,曾于1940年2月撰文对师范大学与师范学院进行比较。因为当时中国历史上出现过的"师范大学"仅有北平师范大学一家,而"师范学院"有全国统一的规程,且实施的时间较短,甚至还没有培养出毕业生,所以这个比较,实际上就是北平师范大学和西北师范学院的比较。通过对"师大"和"师院"在政策与目的、内部组织、课程、训育、学生入学资格、修业期限、待遇、服务以及辅导地方教育等方面的比较,得出两种师范模式的优点与不足,最后他认为,"站在教育学术立场,及为提高中等学校师资训练在高等教育阶段之地位计,师院以改称师大为宜"。他建议参照"师范学院规程"单独制定,"不必如普通大学之分设至少三学院"。最后他特意声明,"如此建议并非因为与师大有多年历史关系之故,实为提高中等学校师资之地位打算,兼顾及师大毕业生在社会上已有多年服务成绩表现,认为不须改变制度。教育当局近年决心扩充高级师资训练机关,教育界精神为之一振;如再进一步将师范学院改称师范大学,则教育专业训练制度当可更臻完备"。③

李蒸以1941年度新生训练讲词为西北师范学院学术季刊代发刊词说:"本院的前身为北平师范大学,故本院的使命为继续师大尚未完成的使命,本院的校风系沿袭师大固有

---

① 刘基,等.西北师范大学校史(1902—2012)[M].北京:教育科学出版社,2012:91.
② 李蒸.北京师范大学历史上的存废之事[M]//李溪桥.李蒸纪念文集.北京:中国社会科学出版社,1996:79.
③ 李蒸.北京师范大学历史上的存废之事[M]//李溪桥.李蒸纪念文集.北京:中国社会科学出版社,1996:184.

的校风。师大所负的使命是双重的,一是实施教育专业训练,培养中等学校各科师资、教育行政人员及研究教育学术专家,二为钻研高深学术,探讨宇宙真理。师大除负有一般大学的使命之外,同时亦负有教师专业训练之使命……师大自成立以来,三十余年间,培养毕业生五千余人,其中百分之八十以上均服务于教育界,且'能以教育为终身事业,卓然有所建树,久已誉满士林'。师大已为国家培养数千青年导师,组成国家的教育干部,筑成踏实的社会基层。本院继承师大的光荣历史,产生于抗战建国的伟大时代中,负起西北各省中等学校师资训练之重大使命,期有以付国家之重托,并能维持师大精神于不坠。"①北平师范大学奉令迁陕以来,流离转徙,除大部分教授与一部分学生随校西来,其余学校一切图书设备、校舍校具均遗落故都,物质基础一扫而空。经过四年艰苦努力的经营,又在祖国西北初具规模,因此,作为学校发展的引领者,不得不思考:北平师范大学的精神与校风究竟是什么?李蒸概括为:"刻苦耐劳""诚笃朴实""埋头苦干""不尚宣传"。

第二节 文庙里的弦歌

城固时期的西北师范学院,校舍极为简陋分散。在师范学院独立设置时,从西北联大分得部分校舍,遂将学院本部设于县城黉学巷的文庙旧县学内。"今天想起来,实在是可怜的很,哪有一个大学的威严?那个南开的大门颇像个庙门,只有那块黄底绿字写着'国立北平师范大学校友总会'的牌子有威严,仿佛是位守门的巨人。进得门来,左右两旁的各系办公室、训导处办公室,简直像是矮矮的违章建筑,虽然在里面坐镇的皆是国内享有盛名的学者专家,指挥着未来教育界的新兵。可是从那儿出来的同学们大概都不会忘记办公室前种的那些槐树,春季的夜晚,槐花芳香沁鼻,星光透过叶隙,撒下微弱的光亮,使人能忘记白天抢饭的痛苦。常常去女生宿舍的朋友们,大概都会熟悉这景象罢?当时不是很多男生留恋在这槐花路上,害得训导长竟在朝会上宣布'过十点后,男生不得再呆在

---

① 李蒸.本院的使命与校风——代发刊词[M]//李溪桥.李蒸纪念文集.北京:中国社会科学出版社,1996:185.

校本部的路上'!"①校本部里只是各系办公室、训导处、教务处、总务处等,最后一进是女生宿舍。

学校又在城固县东门外校场坝租购萧何墓地祭田、县农会地及民地共27亩,添建茅顶土垣的简陋房屋计189间,作为教室和男生宿舍。另外,劳作专修科办公室、劳作专修科木工实习工厂、体育系办公室、风雨操棚等也设于此处,并在乱草石间开辟了一个小型运动场。同时,把设在古路坝的附中迁入县城东关帝庙,并购地修建茅屋107间作为教室和学生宿舍。1940级的何欣回忆:"君不见在校场坝的男生宿舍,夏暖冬凉且不说,里边上下两层的床铺挤得你无时不喊'住不得也,哥哥'。记得在一年级时,我们挤在大'通舱'中,一个人所分配的'地盘'只容得下你静静仰卧,如果你有翻身的习惯,就害苦了左右邻'居',这'动辄得咎'的滋味,恐怕今天还留在舌根上。如果有'芳邻'爱说梦话,或半夜起来点起半截蜡烛捉虱子,你怎能'旁若无人'地入梦呢?还有那和我们'同居'的麻雀,遇有'烛光',也不免要拍拍翅膀"……"那些草棚教室提起来也叫人伤心,课桌椅是很朴素的,保持去树皮后的本来面目。教室里也和宿舍里一样,时有麻雀喜鹊光顾,虽然他们不便高声啼唱,影响'学习',但站在讲台上的教授们都颇有修养,对于这些'吱喳'之声,均能充耳不闻。"②

西北师范学院由国文系、英语系、史地系、公民训育系、数学系、理化系、博物系、教育系、体育系、家政系、劳作专修科十系一专修科和研究所组成。在各学系中,家政系同教育系、体育系同为三大系之一,拥有完整的一至四年级,同时家政系还能得到中英庚款的资助,办学条件比其他学系稍好。但由于家政教育传入中国的时间不长,之前均在大都市开设此专业,而在偏僻的陕南地区鲜为人知,故在招生上尚显困难。李蒸院长认为,报考家政的考生不多的原因是:"由于一般人未能了解家政学之重要,尤其一般女同学更应该深切认识,我们知道人生与家庭一时也不能离开,家庭之好坏影响一人幸福之大小、事业之成败,其重要可知。何况家齐而后国治,古有明训。"③因此校方和家政系师生通过各种方式向师生宣传家政教育的重要性,鼓励考生报考。

由于西北交通不便,生活较为清苦,所以聘请知名教授比较困难,"除非与本校有历史

---

① 何欣.城固的那段日子[C]//国立北平师范大学七十周年校庆纪念特刊.北平师大旅台校友会,1972:27-28.

② 何欣.城固的那段日子[C]//国立北平师范大学七十周年校庆纪念特刊.北平师大旅台校友会,1972:28.

③ 岳霞.西北联大家政教育研究[J].陕西理工学院学报(社会科学版),2016,34(2).

关系的,多不愿来"①。比如英语系主任张舜琴教授离校后,系务是由李蒸代理,"李院长也不止一次地说他尽力物色一位学者来做系主任,我们总是怀着希望等待,但学者们似乎没有人愿意到一个偏僻的小城里来"②。所以,"这段期间的英语系并不是母校的'强系',因为系里没有知名全国的大牌教授,像教育系、国文系那样","系里的教授,主要有三位'外籍人士',一位是居城固四十年的英国牧师贾蕴玉,能说一口流利的陕西话,一口标准的伦敦语,他教语言学和散文选,教书非常认真,他对学生非常'仁慈';一位是爱尔兰人孔柏德华,据说是爱尔堡大学的博士,高高大大,满面笑容,教的课有英国文学史和英诗,那时候,买书不易,教书时主要靠在黑板上写,孔柏德华教授写得飞快,写完一黑板就擦,能跟得上的没有几位同学;她讲书既认真又快,一首诗念三遍,可能就叫同学站起来背,同学们对她的印象极好;另一位是孔柏德华的丈夫,美国籍,个子矮矮小小,喜欢讲笑话,书教得不理想,教我们班什么课,我记不起来了,只教了半学期,我们就要求学校换人,学校换成他太太,不过孔柏德华教授并没有在意这件事"。大概是1942年,西北大学请了几位原在河南大学任教的先生,他们同时也在西北师范学院教书,"于赓虞先生是其中的一位,于先生自己是位诗人,喜欢文学的同学都知道这位恶魔派的健将,他教我们文学批评、文学概论和英诗。于先生口才奇差,结结巴巴,很难流利地说一段话,也不爱写黑板,不过于先生跟我建立了很好的关系,我时常到他家去,他是城固的文学教授群中藏书最多的,毫无损失地带到城固"③。李新章则说:"于老师平易近人,没有一点诗人、学者的架子。他是西北大学文学院院长,到我班——西北师范学院英语系三年级兼课,决不是为了若干元兼课收入,而是事业心所促使。我听了他的英诗翻译课,有理论,讲透诗的意境;有实际,着重讲误译、似是而非的问题,举出各种类型的病句,分析它错在哪里,为什么错,然后再讲正确的,即如何修改。没有多年实践,是不能讲得如此透彻的。"④此外,"跟于先生同时到城固的还有霍自庭先生,日本东京帝国大学的毕业生,是研究莎士比亚的,他教我们莎士比亚时,我们也受了些罪,因为他的一口河南话并不太容易听,而他的英语发音是日本式的,日本人至少在早期,就是未受美国大兵影响之前的英语发音,实在是难以令人恭维。教文法与修

---

① 李蒸.第三次总理纪念周上的讲话[R].西北师范学院校务汇报,1939,(2).

② 何欣.城固时期的英语系[M]//学府纪闻:国立北平师范大学.台北:"南京出版公司",1981:456.

③ 何欣.城固时期的英语系[M]//学府纪闻:国立北平师范大学.台北:"南京出版公司",1981:457.

④ 阎东超.诗人于赓虞在讲台上[M]//毛德富.百年记忆:河南文史资料大系文化卷:卷二.郑州:中州古籍出版社,2014:607.

辞的是金保赤和郝圣符两位先生,他们对于英文法之熟习,简直令人咋舌"①。

幸运的是,尽管条件很艰苦,在西北师范学院仍聚集着一批学有所长的学者,他们大部分是平津地区西迁而来的,筚路蓝缕,对学校的发展作出了重大贡献。所以,博物系1940年级孙正胤晚年回忆学生生活时说"有幸苦中遇名师":

> 日寇的侵略战争,竟把我们赶到这样艰难的危险的境地中来,然而事物竟也有特殊的另一方面。那就是使我们遇到了众多的知名的专家学者。这些人原来多是在平津各高校任教或主事的。他们的名声早已是誉满中外。例如语言学专家时任师院教务长的黎锦熙教授,体育理论学者时任训导长的袁敦礼教授,还有老教育家曾任教育研究所所长的李建勋教授。他们都先后担任过北师大校长。还有体育专家当时任世界奥林匹克委员会委员的董守义教授等,他们高尚的道德品质、严谨的治学态度和终身从事教育事业的献身精神,都对广大学子有强烈的感召力。都愿意投其门下拜师受教。
>
> 当时曾给我们亲自授课的各位名师,各有所长,各具特点,又执教多年,其知识和教学经验之丰富实属难得。例如教我们《比较解剖学》的郭敏彬教授,他教课总是朴实无华,总是教得实实在在,也要求学生都要学得扎扎实实,对考试他也要求得相当严;《植物生理学》是由刘汝强教授担任的,他讲课条理清晰,语言清楚易懂。同时结合课堂讲课演示一些预先装配好而且已出结果的实验,学生觉得很满意。师院的男生多住在城外的校场坝,雨天进城去学院上课很不方便,而师院的教室都在校场坝,老师们冒雨出城并走过湿滑的田埂前去上课更是辛苦。教《动物生理》课的汪堃仁教授,他是我们毕业时的论文指导老师。他在为大班(生物系和体育系联合的班)上生理课时,语言清楚,重点突出,效果很好。
>
> 教《植物分类学》的是孔宪武教授,他在这门课的调查研究上下了大功夫:陕西境内渭河流域杂草的分布情况,他都作过认真的调查。他钻过秦岭,带学生实习时也查过古路坝附近的巴山。他对学生提出的问题解答和辅导最耐心。参加工作后我还常提些问题向老师请教。几乎是每信必复,每问必答。使人不由得不敬爱他,他是培育我们的恩师!……我还想再提一下读大一时给我们上英语课的包自立教授,她穿戴朴素,英语却说得最流利。她那时总是由城里来校场坝上课,很辛苦的。感谢她提高了我学习英语的兴趣。由于我对文学的爱好,我也

---

① 何欣.城固时期的英语系[M]//学府纪闻:国立北平师范大学.台北:"南京出版公司",1981:457.

去登门拜谒过黎锦熙恩师,蒙他细心指教,并给了我用注音符号和汉字写的条幅一件。①

在教学方面,学校当时虽然实行学分制,但教育部颁布的《大学课程》规定:学生每年所修学分须有限制,不得提早毕业。因此,西北师范学院实质上实行的是"学年兼学分制"。1940年3月26日,校教务会议通过了《国立西北师范学院学则》(以下简称《学则》),规定本院修业年限为5年,共开设普通基本科目(52学分)、教育基本科目(22学分)、分系专门科目(72学分)、专业训练科目(24学分)四大类课程,共计170个学分。孙正胤回忆当年的学习情况时说:

> 在当时的艰苦环境中,遇到的困难是很多的。首先感到的困难是没有课本,也没有必需的参考书,这是由于师大由北平仓促撤退时,因时间紧急和交通困难,致使大部分图书和仪器都未能运出。当每门专业课开始时,教授都要介绍许多中文、外文的参考书。现在却是图书馆无书可借。专业课占的学分较多,考试又相当严,现在竟无书可读,给学习造成很大困难。这样,就必须在上课时一边集中注意力听讲,一边抓紧时间记笔记。反应慢书写慢的人,就会漏掉一些要点,就得课后借别人的笔记来补记。否则,期考时没材料进行系统复习,也就无法顺利通过考试。
>
> ……
>
> 规定是应该有晚自习的,但是因为每周发的蜡烛太少(3—6根)。宿舍无桌凳,无法上自习。教室在郊外,窗子都是纸糊的,一场风雨过,纸破风灭蜡。也有人用空墨水瓶做的煤油灯上自习,小风灯焰摆,大风照样灭。时间长了,鼻涕也成了黑的,所以那时候基本上是没有正规上晚自习的。
>
> 另外,博物系的学生除了学习生物课科目外,还要加学地质学和矿物学。因而每周排的课时比较多。学生是比较忙的。如果遇到请的是外校知名教授集中时间讲课那就更紧张了。我们的地质学课就是著名的地质学专家张伯声教授讲的,他有时一讲就是一个上午,坐得人在中间休息时再也不想去教室外休息。只想不离开座位就在条凳上躺一会儿。教师去办公室休息。看来师生都是够累的。但同学们的学习态度却总是认真的,刻苦的。②

《学则》规定"本院学生于第五学年开始后,由主任教授及导师之指导拟作论文一篇,

---

① 孙正胤.难忘母校培育恩[M]//刘锡庆.我与北师大.北京:北京师范大学出版社,2002:54-55.
② 孙正胤.难忘母校培育恩[M]//刘锡庆.我与北师大.北京:北京师范大学出版社,2002:51-52.

于毕业试验前呈交系务会议审查通过后方得毕业";为了加强指导,提高学生研究问题、撰写论文的能力,规定在最后二学年设立"论文研究班","学生选定毕业论文题目后,除受该科教员及所属导师指导外,每星期在论文研究班讨论一次,轮流报告其研究结果,俾得其他教员和同学之批评订正"。同时规定,"本院学生须于暑假或寒假期内从事社会服务或劳动服务,如社会教育、义务教育、新生活运动等之服务,农业或工厂之实习,或社会调查等,服务时间至少应有四星期,无此项服务证明书者不得毕业"。①

城固时期,受客观条件的限制,文科科研的气氛浓于理科。由于学校设有师范研究所,在李建勋先生的主持下,教育研究工作开展得相当有成效。师范研究所筹备于西北联

西北师范学院学生毕业证明书

合大学时期,招生及培养在西北师范学院独立设置以后。研究所设教育原理、教育心理、教育行政、教材教法四个部。聘请金澍荣、程克敬、鲁世英、郝耀东、高文源、王凤岗、刘亦珩等先生为研究所教授,承担研究所的教学、研究教育问题、指导研究生的研究等工作任务。1939年8月,通过考试招收3名研究生,这是我国师范教育历史上首批授予硕士学位的研究生。同时根据教育部关于"师范学院各系助教得兼任研究生"的训令,招收3名助教为研究生。1940年9月,招收10名研究生(内有8人为助教)。当时研究生的待遇是"除免纳学宿费外,每年发给津贴600元"。

在李建勋的领导下,师范研究所确立了一批研究项目,如李建勋、许椿生的"战时与战后教育"研究,金澍荣、尹赞钧的"中等学校英语教材及教法之研究",程克敬、佘增寿的"师范学校之训育"研究,金澍荣、杨少松的"西北中等学校师资之改进"研究,鲁世英、佘增寿的"中等学校教师人格特质"研究,李建勋、韩温冬的"师范学校教育行政教材教法"研究,王镜铭的"战时民众组训"研究等课题,都有良好的进展和结果,并出版了金澍荣的《中等

---

① 刘基,等.西北师范大学校史(1902—2012)[M].北京:教育科学出版社,2012:100.

学校毕业生英语写作错误之分析》。唐得源1939年在《大公报》发表《教育领域图解》，出版《美国对我抗战之舆论》(合众书店,1940年版)。王凤岗的《课程论》《教育与职业指导》《课程编制之理论》《导师制之研究》均于1939年、1940年间在武汉大学出版。

至于其他学科,数黎锦熙的研究成果最为显著,他完成了《方志今议》(商务印书馆,1939年版)、《大学国文课程指导》(西北大学,1940年油印)、《中等学校国文教学法大纲》(城固西北师院,1941年油印)、《中国古今文法研究提纲》(西北大学,1941年油印)、《"天下为公"——礼记·礼运篇一章之图解及释白》(城固西北师院,1939年石印)等著作,由重庆中国文化服务社出版了《注音符号发音表》《国音字母拼音练习表》《扫除文盲注音符号合音例字表》《扫除文盲与注音符号》等国语推广材料,修订了《新著国语教学法》。陆懋德在城固完成《史学方法大纲》和《上古史》,并获得国家学术奖励。

第三节　黄河之滨建新校

随着全国战局的不断恶化,长沙、武汉等地先后失守,前线撤退的人流物资涌向川陕之间的汉中地区。汉中本来就是一个交通不便、信息不灵、地盘狭小的地方,突然涌入这么多学校师生,加之迁入的其他机构和流亡难民,一时住房、生活等相当紧张,各方面条件都非常艰苦。1940年初,物价比战前上涨两倍多,师生的生活更加艰苦,一些经济支绌、条件恶劣的学校,时有欠薪及教员饿肚子的情况。西北师范学院经费也极端困难,缺乏必要的教学设备,虽然租借土地建设校园,但都是茅草屋顶,处于一种战时流亡应急的状态。因此,国民政府当局决定进一步疏散集中在汉中一带的高校,再次向西北纵深移布。

国民政府鉴于城固地处偏僻、高校较多,而甘肃高校太少,迫切需要培养中学师资以发展教育,教育部长陈立夫于4月3日发布训令,要求西北师范学院迁往兰州后,并将甘肃省立甘肃学院之文史、教育两系并入,且以甘肃学院院址作为西北师范学院院址。训令如下：

> 查本部前为奠定西北高等教育之基础起见,经于廿七廿八年度先后将国立西北联合大学、西北农林专科学校,及私立焦作工学院等校,分别改组为国立西

北大学、西北工学院、西北农学院、西北师范学院,及西北医学院在案。惟各该校改组以后仍多集中于南郑城固一带,不足以应西北广大社会之需要,而谋学校本身之发展。兹经本部通盘筹计,决定西北大学迁设西安,西北工学院迁设宝鸡,西北农学院仍设武功,西北师范学院迁设兰州,西北医学院迁设平凉。西北大学与西北工学院本年暑假暂缓迁移,西北师范学院迁移兰州后,原有甘肃学院之文史、教育两系,即并入办理,并以其院址作为该院之院址。西北医学院移设平凉,应另觅适当校址,并将甘肃学院之医学专修科并入办理。该两院迁移事项应于本年暑假内办理完竣。除令甘肃教育厅予以协助外,仰逐予协商,遵照办理。①

事实上,在接到教育部的命令后,李蒸亲临教育部"陈明各教职员以及同学的意见,认为目前迁往兰州有诸多困难",教育部采纳了该意见,决定暂时缓迁。同时,李蒸也请陈立夫部长"察核并就便勘察该地究竟适宜不适宜"。6月8日,陈立夫到城固视察,嘱李蒸同往兰州勘察校址。李蒸遂率团翻山越岭到兰州勘察教育部所定校址究竟是否适宜,最后发现果然有两大困难:一是甘肃学院的校舍不能用,二是甘肃学院合并有问题。李蒸始终认为:"抗战以前,我们学校迁出北平,由西安而城固,这段时间,是临时性质,校舍因陋就简,草率地处下去,也没有关系。但是,现在政府既然规定永久校址,奠定西北最高的师资训练处所,故有重新建筑校舍的必要,如果再像城固时期因陋就简,仍然借用他人校舍,不堪适宜。"②陈立夫采纳了这个意见,同意另择校址,建设校舍。于是,李蒸提出了在兰州选择永久校址的四个条件:

我们的校舍第一个条件,不能在城内,在目前是怕空袭,以后为了一个师范教育机关,设在城内不甚合式[适]。

第二条件,不能离得太远,也不能离城太近,最好仿照北平清华大学燕京大学的方式,离城在十里到十五里之间。

第三条件,要交通方便,最低限度能通汽车和人力车。

第四条件,必须见到黄河,一方面为风景问题,一方面为吃水问题,万一用水发生恐慌,还可到黄河去取水。③

---

① 规定西北各院校永久校址[R].国立西北师范学院校务汇报,1940(11,12).
② 李蒸院长详细报告在兰州设分院事[M]//国立西北师范学院史料摘编:上.北京:中国文史出版社,2014:22.
③ 李蒸院长详细报告在兰州设分院事[M]//国立西北师范学院史料摘编:上.北京:中国文史出版社,2014:22.

根据这几个条件，选定了一个离兰州城约七公里的地方，"虽然兰州城看不见，离黄河只有三里地，附近是一个平原，再向南则为丘陵地，远望之则为大山，大概形势与此地(城固)相近"①。李蒸即拟以此作为西北最高师资训练的所在地。8月31日，李蒸给教育部呈文申请拨款，国民政府选择了分期拨款建设、分批迁校的方案。

1941年3月19日，教育部向西北师范学院发出[高10294号]训令，要求学校按照教育部拟定的《筹备兰州分院办法》从速筹备迁建事项。4月，李蒸再次赴兰州谋划校址及分院建设事宜。当时在甘肃学院和省参议会兼职的校友郭维屏极力帮助母校迁兰州，首先为解决来兰州师生的居住问题，他把一部分人安排在自己桥门街楼上的大书房内，另一部分人安排在自购的上西园防空院内居住，并策划建校问题。王九菊撰文说："在建校过程中，郭维屏以师友关系协助，将校址选建在兰州十里店，但建校的木材很成问题。这年(指1941年)冬天，他又会同该校李云亭，亲赴青海西宁，找到了青海省政府秘书长黎丹。在黎大力协助下，始得到青海省政府主席马步芳及前主席马麟的赞助，拨给了大量的木料。"②

5月5日，"国立西北师范学院兰州分院筹备处"成立，选派胡铭佑为筹备处主任，筹备建立兰州分院事宜。

10月1日，西北师范学院兰州分院正式成立，齐国樑任兰州分院主任，先在城固本院一间教师休息室正式办公。李蒸在当天的国民月会上对师生说："兰州分院的成立，是最大的变动……分院主任人选，很难得人，幸有本院家政系主任齐国樑先生肯为主持，很值得庆幸，齐先生任河北女子师范学校校长，及女子师范学院院长二十余年，可说经验丰富，此次出任分院主任，最恰当不过。"在兰州分院筹备谈话会上，李蒸说："本院迁兰，去年即已奉到命令，当时尚感困难，因对兰州情形不甚明了。本年奉令在兰设立分院，聘定齐璧亭(国樑)先生担任分院主任，深庆得人，又得赴兰诸位教职员热心前往，象征本校兰州分院前途光明，实堪欣慰。""兰州分院为本院在兰州之一部分事业，如各系课程为本院各系之一部，各部分事务亦同，故一切规定及办法等均应一致。""本人曾于去年及今年暑假赴兰考察两次，兰州为西北师范学院校址最适宜之地点。""兰州分院位于兰州城西六公里公

---

① 李蒸院长详细报告在兰州设分院事[M]//国立西北师范学院史料摘编：上.北京：中国文史出版社，2014：22.

② 王九菊.郭维屏协助西北师院建校[M]//甘肃省文史研究馆.陇原鸿迹.上海：上海书店出版社，1994：111.

路近旁黄河之滨,地基二百七十五亩,购价每亩一百八十元,共约四万八九千元。"①这次谈话会安排了城固本院与兰州分院各须协作事宜,并对第一批准备赴兰州同仁的相关事项进行了部署。

10月24日,梁荣庭等4位教职员工带领一男三女4名学生,押运学校图书、文具22箱以及私人行李40余件,整整装满一车,由城固启程,先抵汉中,逗留三日。28日上午木炭车正式开车,"开行之后,过褒城,抵石门,即进入山里。一路青山红叶,绿树黄花,鸟啼水流,交响成曲,风景如画",木炭车司机喜好捎带私客(谓之"带黄鱼"),上下不绝,令人生厌。当晚抵庙台子,下榻东亚旅社,招待尚好,大家趁月色蒙蒙,夜游张良庙。

10月29日清晨,开车行至凤岭发生故障,司机前往双石铺请派救援车,其他人则下车步行40华里往双石铺。途中登凤县酒奠梁,天热爬山,有两女生病倒,一面用八卦丹等施行救治,一面张罗午饭。此地居民四家,两家卖食物,突然来了大批食客,实感应接不暇。初则羊肉泡馍,继则馍泡豆腐,后来者连开水都不能供应。当晚抵双石铺,下榻东典大旅社。

木炭车一时不能修好,10月30日改换汽油车开往兰州。汽油车也好不到哪里,依然屡次抛锚,边走边修,行至距徽县江洛镇50里处又出故障,修到天黑时方能开行,但车灯全部损坏,全靠目力在黑夜行驶。为保安全,派一名男生坐在车前给司机指路。"行至一处河滩之上,前进无路,后退不能,四围高山,寂寞可怕,但闻潺潺流水,轧轧机声,行车至此,已逢绝地",司机终于冒险前进,渐渐进入正轨。到江洛镇时已至深夜,家家闭户,呼之不应,大家扛着行李,找到一家军队招待所,碰巧这家招待所主任与带队老师为河北老乡,许为容纳,又商招待所主任"熬得大米稀饭一桶,炒白菜一盘,十余人围站而食,比鱼肉还要好吃,所谓'饿咽糟糠甜似蜜''先饥而后食则其食美'者也"。②

10月31日午间抵达天水娘娘坝附近时,天降雨雪,师生衣履全部湿透,寒冷侵来,瑟瑟发抖。恰又在夜间,汽油告罄,司机向天水请求救援车,师生在此等候,苦不堪言。11月2日,从天水出发,夜宿通渭,买得毛衣毛裤毛背心,以御华家岭之寒冷,孰料到达之时,风和日丽,温暖异常。3日晚间到定西县时,"因汽油告罄,请兰州发油,一日又一日,一连等了四日,白日院中晒太阳或进城一行,夜间寒冷异常,具不敢外出矣"③。直至8日发车,晚间抵达兰州。走走停停,乘车从城固到兰州,竟用了半个月的时间。

---

① 刘基,等.西北师范大学校史(1902—2012)[M].北京:教育科学出版社,2012:125-126.
② 赴兰旅途报告[M]//国立西北师范学院史料摘编:上.北京:中国文史出版社,2014:249.
③ 赴兰旅途报告[M]//国立西北师范学院史料摘编:上.北京:中国文史出版社,2014:251.

11月下旬,李蒸院长与王佐强教官、国文系讲师曹鳌及三名高年级学生赴兰州,参加12月1日举行的兰州首届学生开学典礼。从汉中乘班车出发,辗转到了天水,遇油矿局开往兰州的卡车,因王佐强教官熟识其办事人,于是搭了便车。然而车子刚开到一个叫马营的地方,没了汽油,不得不暂停,在那里住了四天。其中苦况,一言难尽。加到汽油后,他们加倍速度赶路,平时一天的路程半天开到。李蒸与曹鳌两位年龄比较大,时时顾虑同行人的安全,一路走得胆战心惊,还是未能按期赶到兰州。

12月3日,李蒸院长主持兰州分院首批150名学生的开学典礼。从此,城固本院的旧生陆续毕业,不再招收新生;而兰州分院则每年招收新生。

西北师范学院兰州分院开学典礼(1941年)

1942年夏,西北师范学院兰州分院改为本院,因已有两个年级的学生,再加校舍建筑事项繁杂,院务渐紧,李蒸决定举家迁往兰州,亲自主持院务;城固本院则改称分院,院务工作由黎锦熙和袁敦礼两人会同主持。

8月中旬,李蒸携全家与部分教职员及眷属赴兰州,同行者有公民训育系主任王凤岗、数学系主任张德馨、总务主任汪如川、公民训育系教授李镜湖、博物系讲师包桂浚及文书、注册、会计、图书各组主任等教职员16人,连同眷属及30人,包车前往。他们从城固出发,穿山越岭,行程七八天,时时都会遇到让人提心吊胆的事情。当卡车驶过天水后不久,便在一个山坡的拐弯处突然翻倒在一侧,车上人和行李全被甩了出去。许椿生曾以"不是无痛苦,但不悲观"来描述迁校期间西北师范学院学人的心情。

1943年5月3日,教育部发来电文,再次核示迁校事宜,关于员生迁移,要求"一、该院五年级学生本年度夏季毕业,四年级学生可提前授毕三个月课程,即开始实习,不再迁移,其余城固分院全部员生应于下一学年度第一学期开学前,悉数迁兰上课,切勿再延。二、该院学生工役应比照西南联大学生由湘入滇办法,全体步行赴兰,由部酌给川资及医药费;教职员及其眷属旅费应由校担负,本部酌予补助"①。按照这份文件的要求,学校加授四年级学生的课程,安排在暑假后开始实习,不再迁移。而关于其他学生的迁移,学校召集会议讨论迁移办法,呈文教育部:"西南联大学生由湘入滇,当时办理情形,相距过远,无从调查参考。查前西安临时大学于二十七年由西安迁至城固,亦系原生编队步行,当时办理人员,仍多服务本院,自应用其经验妥慎筹备,步行北迁。惟城固至兰州,路跨两省,距离窎远,行程中应行预筹事项有非本院力量所能办到者,仍待钧部续拨款补助,并分函沿途各机关切实协助。"②当年西安临时大学南迁步行是从宝鸡到南郑,全程255公里,行程12天。而此次城固到兰州全程776公里,应迁学生及照料人员350余人,天水以南可编成一队行进,而天水以北因村镇稀少,住宿困难,须分三队行进,全程至少需30天时间。编队步行,首先要派人沿途设置夜宿站、午膳站及饮水站;员生北迁须携带行李书籍,每人平均50公斤,大小行李分开,大行李需用胶轮大车运行,且畜力运输归兰广线驿站统制,车马不能自由雇用;夏日长途步行,疾病在所难免,途中需备汽车以传递信息,收容救治病号;沿途所经陕西境内之留坝一段及甘肃境内之徽县北界、礼县东界、通渭榆中一段,没有保卫,安全堪忧。若用木炭车运送,如果顺利,则七日可达,且费用较步行节省。学校迁移,除行李外,还有书籍文件、仪器设备,都需运往兰州,所用车辆较多,包租不无困难。关于教职员的迁移,当时学校共有教职员220人,眷属855人(其中62名儿童)。为减轻运费计,学校规定家具不能携带,乃至许多教师将家具贱价抛售,到兰州后又须高价添置,使平时本已清苦的教职员雪上加霜。③ 因此,学校反复呈文教育部,详细核算各种迁移方案的成本,坚持城固学生逐年毕业,剩余少量必须迁移的学生,均以乘车方式赴兰州。

1943年12月17日,李蒸在北平师范大学成立41周年及迁兰州3周年纪念会上的讲话说:"关于本院的现状,四年级有11班,250余位同学还在城固,到明年即可全部移此,在这里有三个年级,有10系4科,另外还特设有体育和劳作师资训练班,有学生750人,附属

---

① 刘基,等. 西北师范大学校史(1902—2012)[M]. 北京:教育科学出版社,2012:138.
② 刘基,等. 西北师范大学校史(1902—2012)[M]. 北京:教育科学出版社,2012:138.
③ 李蒸. 为遵令迁移兰州拟具办法并所需迁建费各数目请鉴核示遵由[M]//国立西北师范学院史料摘编:上. 北京:中国文史出版社,2014:253-256.

中学,大部在城固……全校师生约有2500人,教授有三分之二是师大的老教授,虽然生活困难,及外界的引诱,仍随学校迁移跋涉,历尽艰苦仍不离此,此为本院可以自豪的一点。"①

1944年6月14日,学校召开校务谈话会,决定城固分院本年暑假迁兰州,全部结束。为做好最后的迁移工作,从7月1日起在城固成立"迁移办事处",推袁敦礼、易价两先生为正副主任,何日章、王伟烈两先生为正副总干事。当月,学校在城固举行了学院和附中两场毕业典礼,这是城固的最后一届毕业生,典礼仪式隆重简约。在此后的一次讲话中,李蒸说:"关于结束事宜,分动产不动产,不动产的房舍、地基,原来借地方的仍还当地政府,校场坝的房产准备出售,现正在接洽中。动产方面还有很多,图书已运出六十箱,最近三五日内即可到汽车一部,除有几位教授先生乘来,并将图书仪器运到一部分,其他办公桌、床板,当年做时,工做得很好,我们准备由架子车运来,初级部三年级的同学还须来兰,此外农场还有一头大牛,在陕南是数一数二的,我们也准备赶来。"②

9月25日,在兰州举行的开学典礼上,李蒸兴奋之情溢于言表,"今天举行开学典礼,感到很高兴,因为现在全国有不少学校因战事关系恐怕都不能如期开学,有的还在流离,找不到一定的校址",而"今年本校迁校成功……过去三年,学校分为两部,学校整个的精神也分散了,所幸是校风尚未破坏,而时间、人力、金钱,都有浪费,自今年起即可将此种缺点补偿起来"。③ 年底,西北师范学院全部完成了迁往兰州的工作,城固分院也随之撤销。

说也奇怪,也许是国运使然,自从西北师范学院在兰州建校后,年年风调雨顺,五谷丰登。"加以学校人众食繁,老百姓也赚了不少钱财,因此对本校师生颇有好感。当时社会上有很多人都这么说笑:原来甘肃兰州城内只有一所甘肃学院,简称甘院(甘、干同音),无怪乎年年干旱,民不聊生。自从师院(师、湿同音)来后,气候转湿,甘霖普降,便不再旱了,还是师院好,大吉大利!不过,那时初建的校舍都是泥土做墙的平房,实在不甚起眼;只有于右任院长所写的校名大招牌气势不凡,使人驻足而观。但于书校名中'西北'二字,标准草书字形颇像'如此',因而也有人幽默地说:'国立如此师范学院',使人啼笑皆非。"④

1946年3月,西北农学院原院长辛树帜受命筹办国立兰州大学,教育部门拟将西北师范学院、西北农业专科学校(原西北技艺专科学校)并入兰州大学。辛树帜考虑到在西北

---

① 见国立西北师范学院校务汇报,1943(61).
② 见国立西北师范学院校务汇报,1944(68—70).
③ 见国立西北师范学院校务汇报,1944(71).
④ 耿相曾.西北琐忆[M]//学府纪闻:国立北平师范大学.台北:"南京出版公司",1981:476.

教育不发达的情况下,几所高等院校并存的布局,有利于相互之间的促进和提高,特别是一所独立的师范院校在提供中等教育师资,为办好高等教育准备条件上,将发挥重要作用。因而,力排众议,保留了这两所院校。事实证明,这个从西北教育长远发展考虑的决策是正确的。

第四节 使学校和社会打成一片

作为中国近代教育史上有影响的教育家,西北师范学院第一任院长李蒸,早年留学美国主修乡村教育,其博士论文选题为《美国单师制学校组织之研究》。为了完成选题,他赴美国中南部11个州参观和考察乡村学校,这一研究经历为他日后从事发展民众教育奠定了基础。回国之后,李蒸利用各种机会开展民众教育实践。1928年出任北平大学区普通教育处处长,翌年任南京大学区民众教育院主任,后又应聘到江苏无锡民众教育院任教授暨实验部主任。1931年,李蒸出任教育部社会教育司司长,便以极大的热忱投入到开展全国性的民众教育工作中去。[①] 他在教育部编写的一本小册子中写道:"广义的民众教育,就是教育,就是继续不断的全民教育;狭义的民众教育,就是失学民众所应受的基础教育或称基本补充教育,及全体民众所应受之公民训练",而民众教育的目的,"就是培养健全的公民"。[②]

1932年7月,李蒸被任命为北平师范大学校长。他结合师范大学的特点,制定了民众教育工作的开展计划。1933年7月,北平师范大学将社会学系停办后的原有经费设立乡村教育实验区的申请获教育部批准。9月28日,李蒸在北平师范大学研究所开学典礼上说:"大学的功用不只是研究学术,尚须同时顾到社会服务,真正的大学生必须一面研究学

---

① 李溪桥.纪念父亲诞辰100周年,逝世20周年[M]//李蒸纪念文集.北京:中国社会科学出版社,1996:14-17.

② 李蒸.民众教育讲演辑要[M].北京:文化学社,1931:3,9.

术,一面服务社会,研究学术的学生,不但应有研究能力,还应有服务的经验。"①1936 年 7 月,北平师范大学接教育部令停办乡村师范班,改办中学劳作师资训练科。但实验区并未因此而停止。

1938 年 5 月 24 日,教育部颁布《各级学校兼办社会教育办法》明确要求,"大学各学院及专科学校应参酌下列各项,各就专长,兼办较专门之社会教育工作二种以上",比如学术讲座、暑期学校、函授学校、民众识字教育、民众读物编辑、职业补习教育等"为各学校所专长而切合社会需要之教育"②。翌年 5 月 2 日,教育部又制订《各级学校兼办社会教育暂行工作标准》。5 月 17 日,教育部再次颁布《师范学院、教育学院、师范学校及民众教育馆辅导中等以下学校兼办社会教育办法》,要求"各省教育应就全省立师范学校及省立民众教育馆之分布情形,并斟酌原划定之师范学校区,指定各省立师范学校及省立民众教育馆之辅导区域,以确定各校馆辅导之范围;省市立师范学校及省市立民众教育馆应会同该辅导区内各省市社会教育机关,及办有社会教育实验事业之省市立学校,组织该区辅导学校兼办社会教育委员会,研究并推进区内之辅导及协助事宜"③。

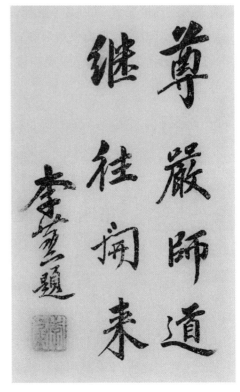

西北师范学院院长李蒸为毕业同学录题词

遵照教育部训令,1938 年 6 月 18 日,西北联合大学第 33 次常务委员会召开会议,同意成立社会教育推行委员会,李蒸为召集人。同年 9 月 15 日,西北联合大学社会教育推行委员会召开了第一次会议,通过了《国立西北联合大学二十七年度兼办社会教育计划大纲》,对各个学院具体应承担的社会教育项目作了规定。随后,各个学院根据自己的计划

---

① 李蒸.在北平师大研究所开学典礼上的讲演[M]//李溪桥.李蒸纪念文集.北京:中国社会科学出版社,1996:163.

② 中国第二历史档案馆.中华民国史档案资料汇编:第五辑第二编教育(二)[M].南京:江苏古籍出版社,1997:31-32.

③ 中国第二历史档案馆.中华民国史档案资料汇编:第五辑第二编教育(二)[M].南京:江苏古籍出版社,1997:36.

陆续展开社会教育工作。比如,国语及注音符号讲习班于1939年2月6日在文理学院开课,先对26名参与讲习班的员生进行了为期一个月的培训,作为对民众进行训练的师资。① 师范学院的家事讲习班于4月17日开课,由家政系学生讲授,设有衣服学、食物学、育儿法、家庭布置及管理、家庭卫生及看护、手工等相关内容,第一期报名听讲者共60余人。

1939年8月8日,西北师范学院独立设置。院长李蒸深感"兼办社教责任加重"②,乃于同年11月30日主持召开学院社会教育推行委员会第一次会议,以后每年一次形成惯例。这次会议审议了本院社会教育推行委员会章程、本院兼办社会教育计划大纲、兼办社会教育年度经费和社会教育施教区经费等事宜。

1940年1月8日,经报教育部核准,《国立西北师范学院社会教育推行委员会章程》正式颁发。委员会由院长、主任导师、教务主任、事务主任、教员六人及本委员会主任干事组成,院长为主席,主任导师为副主席。其职责包括:拟定本院兼办社会教育的工作计划、规划经费及编制预决算,组织支配并指导学生参加社会教育工作,研究并推进本区内中等学校兼办社会教育辅导事宜,研究师范学院及中等学校兼办社会教育之实际问题,等等。③

西北师范学院欲办施教区时,因学校经费困难,便请教育部拨助两百元未能如愿,不料1940年暑假教育部以本院兼办社会教育成绩优良特拨两千元以资鼓励。同时,西北师范学院经济状况亦渐好转,兼办社会教育困难因素逐渐减少,乃于12月20日第二次社会教育推行委员会议决1940年度兼办社会教育,集中人力财力办理乡村社会教育施教区,通过施教区组织纲要及工作方案,并规定开办费五百元,经常费每月二百元。推定王镜铭兼任总干事,积极筹备相关事宜。④ 王镜铭认为:"今日大学教育的推行民教,应将教育送进农村,将智识灌输给农民。教育与农村合一,才是民众教育的真正使命。"⑤

乡村社会教育施教区以办理乡村社会教育推进乡村建设,并养成学生办社教兴趣与技术为宗旨。西北师范学院选定城固县邸留乡(今莲花办事处)为施教区域,在翟家寺南三郎庙设办事处。施教区的工作分为教导和辅导两部,教导部主持民众学校图书阅览,健

---

① 见西北联大校刊,1939(11).
② 国立西北师范学院乡村社会教育施教区筹设经过报告书[R].国立西北师范学院校务汇报,1941(20).
③ 国立西北师范学院社会教育推行委员会章程[R].国立西北师范学院校务汇报,1940(5).。
④ 国立西北师范学院乡村社会教育施教区筹设经过报告书[R].国立西北师范学院校务汇报,1941(20).
⑤ 见王镜铭.战时大学推行民众教育意见[J].西北联大校刊,1939(15).

康活动,农事指导,家事指导及通俗讲演等项工作。辅导部主持区内社会调查,民众组训以及各项乡村建设之辅导工作。当然,为了让施教区工作得以顺利进行,还组织了施教区协进委员会,由城固县县长、县教育科长、民兵团副团长、邯留乡乡长、各保保长及乡绅组成,以期协助相关工作进行。①

1941年1月19日,城固县邯留乡乡村社会教育施教区(1942年9月改为社会教育实验区)举行开幕典礼。在开幕典礼上,李蒸强调了师范学院办施教区的意义:"就教育本身而言,师范学校应兼办社会教育,使学校和社会打成一片以改造社会,另一方面师范学院为训练中等师资之机关,本院办此施教区,即可使本院学生获得实际教育之经验以使改进推行社教之方法与增进其服务能力。"他在阐述城固办施教区的目的时说:

> 我们来举办这施教区就是帮助地方解决大家生活上这种种问题的,分开来说,第一,我们有时感到地方治安有问题这便是我们没有自卫组织的缘故,假使我们有了自卫队,土匪不敢来,小偷也没有,自然就太平了,再就抗战而言,日本虽未侵至此地,然我们亦应有充分的准备,消极的可以打击暴敌的进攻,积极的培养反攻的力量;第二,我们知道现在大家不识字的人很多,不识字是十分痛苦的事情,所以施教区要用简便的方法,达到人人识字的目的;第三,现在本地人民有疾病的很多,例如疥疮痛疾等,都是常见的,施教区的诊疗所就是帮助大家治病的;第四,就是要提倡改良农业生产方法,以增加生产。②

在李蒸的影响下,西北师范学院学生也对乡村民众教育工作表现出极大热情,纷纷选择施教区进行暑期乡村社会服务。服务活动效果好,得到了当地农民的广泛认同。比如,一位老农说:"(李蒸)院长说的是北京话,清楚得很,他说,以后三郎庙有大学的人来往,告诉我们种田的方法,谷子可以多收,好比我们收一石,用他们的方法可以收两石。"③

施教区"为提高乡村建设干部对乡村建设之认识,增进推行乡村建设之智能,及陶冶乡村服务精神",特于1941年11月16日至28日举办了为期十余天的乡村干部讲习会。学员有该区工作人员、邯留乡中心学校及国民学校教职员、民众团体干部等七十余人。课程为精神讲话、政治讲话、农业讲话、军事讲话、社会教育、乡村建设、国民教育、社会体育及卫生、国语训练注音符号等,授课人为西北师范学院教授如李蒸、黎锦熙、李建勋、董守

---

① 国立西北师范学院乡村社会教育施教区组织纲要[R].国立西北师范学院校务汇报,1941(18).
② 乡村社会教育施教区开幕典礼纪实[R].国立西北师范学院校务汇报,1941(23).
③ 陈海儒,李巧宁.西北联大与汉中[M]//方光华.西北联大与中国高等教育.西安:西北大学出版社,2013:360.

义及城固县县长、教育科长等。所以说,此次大学教授深入乡村讲学,"实为学校兼办社教开一异彩"①。

1942年2月19日,为纪念施教区成立一周年,西北师范学院学生利用寒假举行社会服务展示宣传活动。"展览会于八时开始,计有农事、家事、科学、粮政、兵役、漫画及该区成绩展览。邯留乡及城内民众前来参观者,肩摩踵接,踊跃异常。各乡政机关及各合作社纷赠贺联及鞭炮,约在三十件以上,爆竹声盈耳,犹如除夕"②,十时由西北师范学院教师表演国术太极拳,十一时举行施教区周年纪念及兵役粮政宣传大会,与会者二千多人,极一时之盛。5月16日,教育部发文西北师范学院:"呈件均悉,查该院发动师生作大规模之社教活动,举办农事工艺家事科学等展览,及粮政兵役宣传、慰劳抗属等工作,均称切宴,殊堪嘉许,嗣往仍仰努力服务社会,化民成俗,以宏社教效能。"③

同年7月20日,西北师范学院暑期乡村社会服务团在本院第十一教室举行成立大会。服务学生分编成五组,每组十人,为期三周。翌日晨,各组学生向各服务地点出发。第一组驻宝山邯留中心学校分校,第二组驻柳家寨国民学校,第三组驻翟家寺中心学校,第四组驻张家村国民学校,第五组驻杜家槽西京图书馆。为便于服务工作开展,26日上午在施教区举行社会服务宣传大会,县长、保甲长及民众三百余人与会。此次服务工作的中心是社会调查、青年补习教育及加强民众组训。各组学生都按照原定计划,紧张地开展工作。比如,第二组在柳家寨成立了高初中补习班、儿童班、成人班、妇女班等,且晚上举行月下座谈会,参加的民众非常踊跃。因为得到大家欢迎,学生服务期满,民众纷纷设宴饯行。柳家寨第二组民众还自愿捐助伙食津贴,延长十天。"同学返校时,当地士绅除设宴饯送外,学生及民众整队送出郊外,爆竹之声震野。并成人班学生自愿将同学行李送至本院,其热烈之情,可以泪目矣!"④各组同学返校之后,8月22日举行了工作总结会。

1942年12月,李蒸院长在北平师范大学成立40周年纪念大会上,进一步阐发了师院推进社会教育服务地方文化建设的思想:"本校为西北师范教育最高学府,鉴于整个文化建设事业均应参加,总括来说,本校应积极参与:(一)恢复民族固有道德,(二)提高西北文

---

① 本院乡村社会教育施教区举办乡村建设干部讲习会经过[R].国立西北师范学院校务汇报,1941(36).

② 本院施教区举行成立一周年纪念及寒假乡村服务大会记略[R].国立西北师范学院校务汇报,1942(39).

③ 嘉许本院对于社教活动举办农事工艺家事展览等[R].国立西北师范学院校务汇报,1942(42).

④ 本院学生暑期乡村社会服务经过[R].国立西北师范学院校务汇报,1942(46).

化水平,(三)推进西北公共教育,(四)供给人民精神食粮,发扬民族精神,百年树人大计。"①

在城固的两年半时间里,参加邯留乡社会教育实验区工作的学生约三百人。由于师生态度和蔼、工作扎实、贴近农民,取得较好的效果,在学校准备迁兰州而结束实验区工作时,当地人民赠送"善教民爱"的锦旗,②以示感谢。

迁到兰州以后,西北师范学院继承在城固举办社会教育的经验,十分重视在甘肃开展社会教育工作。学校与兰州市政府合作,划定东至徐家湾、西至安宁堡为社会教育和国民教育实验区域,在学校附近的孔家崖中心学校设立实验区办事处,以十里店为中心,从事城镇社教方法实验;以孔家崖为中心,从事乡村教育实验。这项工作于1943年8月份开始筹备,9月初开始宣传工作,让当地民众普遍了解,并于11月12日国父诞辰日在校门口举行盛大成立典礼。该实验区由校、市双方聘任王镜铭为主任,主要任务是:弥补过去偏重学校教育、忽视社会教育,偏重城市教育、忽视乡村教育的欠缺,在实验区内实行平民教育、民众教育、社会教育,开展乡村建设运动,以努力唤起民众,提高文化水平。其主要方法是:发动大学生下乡研究乡村问题,深入了解民情,并带动学院辅导区内各中等学校兼办的社教活动。社会教育形式活泼多样,包括办理成人补习教育、举办流动图书馆、成立抗日宣传队、暑期服务队、家教讲习班等。学生们被赞誉为"西北教育的拓荒者,普及文化的传播人"。

体育系徐英超教授一家人在西北师范学院滑翔机学习班合影(1944年)

---

① 见李蒸.本校成立四十周年纪念[N].西北日报,1942-12-17.
② 见王镜铭.国立西北师院城固社会教育实验区两年半工作介绍[N].甘肃民国日报,1943-11-08.

1943年11月16日,《甘肃民国日报》特辟一版专号,报道了西北师范学院社会教育实验区迁兰州成立典礼的情况,发表李蒸的题词:"努力唤起民众,提高文化水平。"1944年8月25日,该报又刊出"西北师范学院暑期社会服务团社教特刊",报道了本年暑假西北师范学院学生五十余人参加十里店和孔家崖两村为期一个月的暑假服务队的情况,又刊登李蒸的题词:"普及教育,服务人群。"①

第五节　西北医学院及其兰州分院

1939年8月8日,国民政府行政院决定改国立西北联合大学为国立西北大学,并将原西北联大师范学院、医学院各自独立设置,分别改称为国立西北师范学院、国立西北医学院。

西北联合大学医学院之前身,实际是北平大学医学院,并无其他医学院校参与合组,因此,所谓国立西北医学院约等于北平大学医学院。当时所有的教职员及学生,皆为北平撤出之原有人员。西北医学院之诞生,"实为我国国立医学校之最早者,远自民国以前,即已成立,初时似称之为'京师医学校'或为汤尔其人者所创办,后又称之为'京师医科'"②。

相比师范学院,医学院的独立可以说是对原北平大学的致命一击。医学院本是北平大学代理校长徐诵明的"老根据地",徐诵明是在北平大学医学院院长任上升为代理校长。事实上,在西北联大第二次改组前几十天,医学院已改旗易帜。1939年6月28日,支持徐诵明的原院长蹇先器辞职,徐佐夏取而代之。据徐诵明回忆,徐佐夏正是"张北海电部推荐的"③。8月8日,医学院独立后,徐佐夏仍为院长。

师范学院、医学院的独立,使抗战初期与西南联大南北并立的西北联大彻底解体。一时之间,众人"譬彼舟流,不知所届"。原北平大学的教授们上书徐诵明,慷慨陈词"为恢复

---

① 刘基,丁虎生.西北师大逸事:上册[M].沈阳:辽海出版社,2001:105.
② 谭元珠.医学院简史[M]//姚远.西北联大史料汇编.西安:西北大学出版社,2012:658.
③ 徐诵明.西北联合大学的解散[M]//马玉田,舒乙.文史资料存稿选编:第24辑"教育".北京:中国文史出版社,2002:146.

我校之计,任何牺牲在所不惜",恳请徐诵明"共同奋斗,负责推行",领导复校。① 但徐诵明终无回天之力,只有接受陈立夫的安排,出任教育部医学教育委员会主任委员。西北联合大学就此烟消云散。

8月14日,教育部公布《国立西北联合大学改组为国立西北大学、国立西北师范学院及国立西北医学院办法》(以下简称《办法》)。《办法》之院系编制方面,西北医学院不分系。原有西北联大之教职员由西北大学、西北医学院及西北师范学院尽量聘用,呈部核定。原有西北联大医学院学生一律改为西北医学院学生。原由西北联大医学院应用之一切图书、仪器及其他设备均归西北医学院接收应用。此外,西北联大医学院现有院舍院址暂作为西北医学院院舍院址,该院永久院址由教育部另行统筹决定。

9月2日,西北大学接收委员举行第一次会议,就西北大学接收原西北联合大学的接收原则、接收手续、接收办法作出规定。"接收原则"规定:"查医学院向设南郑,除一年级在文理学院授课及文卷会计与西北联大有关系外,形同单设……今三校院共同接收西北联大,应以校本部、文理学院、法商学院属本校接收,师范、医学两院归该两院接收为原则,其余三校院有关部分则按照既往经费比例及学生人数比例分配接收之。""接收办法"提出:"西北联大医学院校舍校具及仪器均由国立西北医学院接收""各项文件除师范、医学院之独立案卷须分别移交与两院""校医室及法商学院分诊所之医疗器械及杂件归本校接收……现存药品绷带材料,按照学生人数比例分配之(医学院除外)""医学院图书由医学院接收……其余图书按照文理学院、法商学院、师范学院一年级、医学院一年级(1/5 计算)图书费比例分配之""列存体育器械除体育系专用者外,按学生人数分配;枪械子弹及军训图表等按学生人数分配"。②

西北医学院及其前身,全面抗战八年期间皆设于南郑。地质学家杨钟健在其《川陕旅话》中写道:"南郑昔有首府,迄今仍为陕南最繁华县份。东通鄂豫,南通四川,北通甘肃及关中,目下设有公路贯通,相当重要。城内也很繁华,影院戏院无不具备。若干旅馆中妓女,比屋而居,想见市面景象。重要机关在此者也不少,城外并有飞机场,为后方一重镇。城内有一大天主教堂,想见教会势力之大……西安疏散来的机关很不少,可以遇到不少友

---

① 《致徐诵明》(1939年8月)[M]//许寿裳.许寿裳书简集.彭小妍,等,编校.台北:"中央研究院"中国文哲研究所,2010:128.
② 姚远.西北联大史料汇编[M].西安:西北大学出版社,2012:632-633.

人。西北医学院亦在附近,因无事未去访。城外田稻甚多,颇具四川色彩。"①

医学院院址在南郑县(今汉中市汉台区)东新民村,"自黄家坡至三皇寺,由西南而东北,延长五六里,占祠庙七八处,汉江巴山绕其南,秦岭峙其北,山环水抱,风景优美,颇合于卫生,并适于疗养"②。"以文家庙为附属医院原址,马家庙为院本部办公地址。黄家祠堂、刘家祠堂、孙家庙,及民房数十间,为学生上课住宿场所""独立后,学生增为□班,又添招转学生借读生多名,学生数递增至一百六十名,原有校舍甚感不敷,遂添杨氏庙三皇寺两处为学生宿舍,对各处房舍,加以修缮整理,并添建实验室教室宿舍若干间,遂勉强敷用矣"③。史志超的《医学院琐忆》载:"校本部在马家坝,包括前期部(一、二、三年级)在马家庙,女生宿舍在刘家祠,男生宿舍在孙家庙及杨氏祠;后期部(四、五年级)在黄家坡,附属医院在文家庙;因散在乡间,颇收防空之效,但每至雨季,往返苦矣!"④

国立西北医学院校门

卢沟桥事变后,"由北平迁至西安,所有前平大医学院之仪器图书均未带出,西安临大西北联大时代,诸事草创,屡次迁移,设备未迁,自改组独立后,始着手设备"。1941年出版的《战时全国各大学鸟瞰》介绍西北医学院校舍及设备概况如下:"本院现有教室15间,实验室6间,办公室12间,学生宿舍59间,职员并校工宿舍24间,附属医院有诊病室12间,病房33间,候诊室、检验室、手术室、调剂室、办公室及病人浴室各2间,职员住室4间,共计177间,或就旧有庙宇,加以修改,或就空旷地址,重建新筑,虽系乡村古刹,与昔日之洋

---

① 杨钟健.抗战中看河山[M].北京:生活·读书·新知三联书店,2014:164.
② 西医.抗战期中的西北医学院[M]//王觉源.战时全国各大学鸟瞰.重庆:独立出版社,1941:362.
③ 西医.抗战期中的西北医学院[M]//王觉源.战时全国各大学鸟瞰.重庆:独立出版社,1941:360.
④ 姚远.西北联大史料汇编[M].西安:西北大学出版社,2012:660.

楼大厦不可同日而语,然整齐清洁,亦颇可观。"①

学校以造就医学专才及医学从业人员,并以提高学术研究水平,促进西北医药卫生事业的发展为宗旨。首任院长徐佐夏表示:"本校所负的使命:一、造就医学专才。二、发展西北医疗卫生事业。三、研究医学高深学识。"②

西北医学院独立设置后,积极创造教学条件,经过努力,基本开齐了教育部规定的课程,如1942年按教育部颁发的教学计划规定的42门课程全部开出。但由于在战争时期,各地中学课程教学颇受影响,学生程度参差不齐,所以在大学一、二年级安排了一些补习性的课程。战时课本购买不易,印刷材料缺乏,除外国语及各级主要科目必须印刷讲义者外,其余各课均用笔记,对实习特别注重,"基础方面:生理、生化、药理、病理等科,因设备不足,尚未全数实习。解剖科则依法实行解剖,其他细菌、寄生虫、生物学、组织学等,亦均有□单之实习"③。临床方面,附属医院七科,每日门诊两小时,令学生分组轮流实习,并有病床供学生临床之用。河海大学郝雁南教授回忆其父、1941级医学院学生郝玉琨学医趣事:"学医科,动手实践,解剖尸体很重要,往往是先解剖动物尸体,它们的尸体来源容易。而人的尸体来源就难了,尤其是当时。我父亲讲有时他们是偷偷跑到医院的停尸房进行的,用手术刀割开了,再缝上,而且还得在深夜,常常是一个人去。我曾问过我父亲:你怕吗?他说:有啥可怕的,都是死人。不过也有过叫人惊吓的时候,有一次我父亲正在解剖一个尸体的时候,后面一个尸体突然动了一下。"④

独立建校后,西北医学院取得了多学科的科研成果。1942年5月,教育部编《全国专科以上学校要览》介绍西北医学院学术研究情况:"(甲)教员研究贡献或重要著作计(一)院长兼药理教授徐佐夏有:(1)肝内蛋白溶解酵素之提取法;(2)滤纸对于酵素之吸收作用;(3)细胞内游子平衡之研究(均在德国《生物化学杂志》发表);(4)异性同性凝集现象之研究;(5)温热对于蛙心之影响(均载德国《药理学杂志》);(6)浮萍之研究(载《北平研究院杂志》)。(二)教务长杨其昌先生之著作有:(1)神经性鼻炎对于涂布之过敏现象(载德国《耳鼻喉科杂志》);(2)嗅觉与人生;(3)肺结核与国民病(均在北平医光社出版)。(三)公共卫生教学区主任兼公共卫生教授黄万杰之著作有:(1)北平市饮水井污染来源及其改善方策(载《北平市第二卫生事务所年报》);(2)北平市学龄前儿童死亡决算之一页

---

① 西医.抗战期中的西北医学院[M]//王觉源.战时全国各大学鸟瞰.重庆:独立出版社,1941:362.
② 见西北学报(创刊号),1941-09-01.
③ 西医.抗战期中的西北医学院[M]//王觉源.战时全国各大学鸟瞰.重庆:独立出版社,1941:363.
④ 郝雁南.无意的一生——从人到人.未刊稿.作者提供.

(见中华民国医药学会《新医学》杂志);(3)北平市卫生稽查行政之经纬(见北平市第二卫生事务所年报)。(四)皮肤花柳科教授王耕之著作有:(1)先天性畸形之原因及其病理。其他如洪式闾及李赋京等教授著作亦多,不及备述。(乙)学校及学生之出版刊物名目:(1)学校之出版刊物有《北平大学医学院年刊》。(2)学生之出版刊物有艾酉杂志,北平医刊社出版之半月刊及医光社出版之日光年刊等。"①

　　自从欧美文化传入我国后,西医代替我国固有中医之地位,同时教会医院遍地成立,使得中医一落千丈。究其原因,实乃研究与宣传缺乏之故。在教育部长陈立夫1940年6月间来陕南视察西北医学院时指出中医研究的必要性及提出相关建议后,作为药理专家的徐佐夏院长对中药之研究产生强烈的责任感,遂决定成立中药研究所,由徐本人和毛鸿志教授负责,在仪器药品设备购置齐全后即付诸实施,也使得西北医学院成为我国较早开展中药科学研究的单位之一。学生王兆麟回忆:"国难当头,物力维艰,大后方的医药来源颇为紧张。为了就地取材以解燃眉,徐教授着手从事提取中药有效成分以代替西药的研究。他利用办公室(庙宇)原有之'供台'搭起实验架,以土硼砂为原料制取医用硼酸。"②再者,"查上次欧战因忽略卫生致各国因病伤亡之数,实为惊人,现值我国抗战胜利在迩,后方卫生实为重要",西北医学院有鉴于此,派遣学生赴城乡宣传或施诊时,发现陕南民众多不讲卫生,导致地方病种类甚多;而对治疗和消除地方病尚待研究的现状,就决定成立地方病研究所,由留日归国的热带病学副教授周海日负责,"一面继续调查,一面从事研究,以求得生病之原因再求消弭之法"。③

　　1939年初,西康省政府主席刘文辉建议西北联大医学院迁往,教育部回电谢绝:"惟西北方面医学教育机关仅有该校医学院一所,如迁往西康,则陕甘一带必感缺乏,且该院单独迁康脱离西北范围,势难再附联大。"退一步说,"必要时只能向甘肃择地迁校"。④

　　1940年4月3日,教育部发出训令,大意谓:本部为奠定西北高等教育之基础起见,经两次改组西北联大之后,各院校"仍多集中于南郑城固一带,不足以应西北广大社会之需要,经本部全盘考虑,决定西北师范学院迁设兰州,西北医学院迁设平凉,西北师范学院迁设兰州后,原有甘肃学院之文史教育两系,即并入办理,并以其院址作为该院之院址,西北

---

① 教育部.全国专科以上学校要览:上[M].南京:正中书局,1942:233-234.
② 王兆麟.徐佐夏在西北医学院[Z]//政协西安市新城区文史委.新城文史资料:第8辑.1990.
③ 成立地方病研究所[J].国立西北医学院院刊,1941(4).
④ 王建领,等.国立西北联合大学档案史料选编:上册[M].西安:西北大学出版社,2018:117.

医学院移设平凉,应觅适当校址,并将甘肃学院之医学专修科并入办理,该两院迁移事项,应于本年暑假内(办)理完毕"①。一年之后,1941年5月19日《青海民国日报》报道:"国立西北医学院,前奉教育部令迁移甘肃,近日该院院长李[徐]佐夏业已抵兰,下榻甘肃学院,拟在兰觅勘校址,以便迁移,据李[徐]院长长谈,该院校舍觅建完竣后,即将分三期陆续迁甘,以培植西北医务人才,发展西北卫生事业云。"②又据《国立西北医学院院刊》消息,徐佐夏院长鉴于汉中地处偏僻,于1941年4月26日离院,历时近三个月时间,"先至天水,再到兰州平凉等处,勘察本院永久原址。顷接自兰州来函云,对天水环境及地理,与将来设院之一切设施,印象颇佳云"③。尽管甘肃方面竭力欢迎,但终以迁移费用巨大,和教育部再三商酌,结果决定暂不迁移,而在南郑近郊建设校舍及病院。

一晃就到抗战胜利的前夕了。1945年6月26日,西安《西北文化日报》以《西北医学院将迁兰州》为题刊发简讯:"(兰州24日电)教部为加强培植西北医药人才,决定国立西北医学院自汉中迁兰,并与西北医专合并,正准备迁移中。"其实是教育部决定将国立西北医学专科学校建制撤销,并入国立西北医学院,改名为国立西北医学院兰州分院。

西北医学专科学校改为西北医学院兰州分院后,从1945年夏到1946年夏,除了学校更名、体制改变和领导更换外,其他与原西北医学专科学校皆无变化。改组后,只新增生理学教授侯宗濂(院长),其他均为西北医学专科学校转接而来的教授、副教授。1945年兰州分院"有六年制四班,四年制二班,学生共160余人"④。

侯宗濂先生回忆:"1945年学院接收兰州西北医学专科学校,正作迁兰准备,适逢抗日战争胜利,因此,又酝酿复校于北平,迁兰之事就此作罢。"⑤又据1945年12月9日《甘肃民国日报》报道:"教部简任督学陈东原赴西北视察教育,已于7日返渝,顷对记者谈此次赴西北视察教育印象颇佳……最大特色即在于学生均能专心向学,教师亦能刻苦辅导,惟各校设备殊多简陋,教部将设法协助予以充实,西北医学院将来拟设兰州,该前身北平医学院,仍准在北平复校,经费已列入三十五年预算。"⑥

1945年12月,国民政府行政院会议决定成立国立兰州大学。1946年3月26日,行政

---

① 见规定西北各院校永久校址[R].国立西北师范学院校务汇报,1940(11,12).
② 见国立西北医学院准备迁兰[N].青海民国日报,1941-05-19.
③ 见院长西北勘察校址观感颇佳[J].国立西北医学院院刊,1941(7).
④ 见甘肃省政府教育厅.抗战期间之甘肃教育[Z].兰州:1945:3.
⑤ 侯宗濂.解放前的西安医科大学追忆片断[Z]//西安医科大学六十年.西安医科大学,1997:207.
⑥ 见教部陈东原督学谈视察西北教育印象,西北医学院将来拟设兰州[N].甘肃民国日报,1945-12-09.

院任命西北农学院原院长辛树帜为筹建中的兰州大学校长。辛树帜到任后即根据教育部的意图,多次约请当地专家学者商议,并于6月26日向教育部提交筹办国立兰州大学的计划大纲。大纲指出:"兰大今后规模,拟就甘肃学院改并之法学院,与西北医学分院改并之医学院,并按大学章程,调整增设之文学院、理学院与特设之兽医学院五院而成。"①7月15日,教育部批准了这份计划大纲,并电令西北医学院停办兰州分院,将其归并于刚成立的兰州大学,并将李书田创办的西康技艺专科学校的医科学生32人转入该院,改名为兰州大学医学院。就这样,仅仅存在了一年的国立西北医学院兰州分院夭折了。

第六节 两任院长:徐佐夏和侯宗濂

一、首任院长徐佐夏(1939年8月—1944年5月)

1939年8月,西北联合大学改组分立时,原西北联大医学院院长蹇先器辞职他往,教育部遂改聘徐佐夏教授担任院长。据徐氏学生王兆麟回忆:"蹇院长走了,谁来主持这个'烂摊子'?院内外校友筹思酝酿,公推徐佐夏教授出山理事。徐教授先以不愿做行政领导一再婉辞,后来实感众意难却,才以全局为重,出任西北医学院院长。"②

徐佐夏(1893—1971),字益甫,山东广饶(今属东营)人。其人"方面大耳,前额有白发一缕,最为特征"③。1913年9月考入中国第一所西医学校国立北京医学专门学校,1917年7月以全年级第二的总成绩毕业,到国立北

西北医学院院长徐佐夏

---

① 周正荣.兰州大学校史·医学编(1933—2004)[M].兰州:兰州大学出版社,2009:4.
② 王兆麟.徐佐夏在西北医学院[Z]//政协西安市新城区文史委.新城文史资料:第8辑.1990.
③ 史志超.医学院琐忆[M]//姚远.西北联大史料汇编.西安:西北大学出版社,2012:660.

京农业专门学校当校医。1918年2月回济南,在省立医学专门学校任教师。1919年考取山东省赴欧留学生,1920年至1924年先后在德国柏林大学、蒂宾根大学和格莱夫司瓦尔多大学学习药理学,获博士学位。

  1924年,徐佐夏回国任北平大学医学院教授。1937年3月,重返德国继续进修。卢沟桥事变后,他谢绝同事们的挽留,毅然返回祖国。当他到达青岛时,北平已沦陷,便从青岛直接赶往西安,参加了西安临时大学医学院的组建。西北联大时期,徐佐夏除向学生进行授课之外,还担任公共卫生训练班负责人,负责对陕南地区各县乡公共卫生人员进行专业培训。

  西北联大改组后,随同塞先器一起离院的还有几名教师,让原本人员紧张的局面愈发困难。独立建院后,徐佐夏院长即着手延聘高级医学人才,以保证正常教学工作进行。学生王兆麟回忆:"由于徐佐夏学识渊博,作风正派,尊重和团结同仁,故而西北医学院成立之后,相继有李赋京、陈作纪、张效宗、李学禹、王顾宁、朱秉玲、彭绪让、王云明、陈学穆、万福恩、潘作新、周海日、王振中等二十五位教授和讲师莅校任教,并有十五名毕业生留校担任助教。就连老校友、原北大医学院热带病、寄生虫学教授,时任浙江[江苏]医学院院长、热带病研究所所长的洪式闾教授也一度千里跋涉,定期来院讲学。徐院长对所有教师一视同仁,教师们提出的要求,他尽量设法满足。记得,陈作纪教授提出要药理学助教王兆麟担任生理学实验教学工作时,徐院长当即答应,并一再鼓励王勇挑重担。这样一来,药理和生理的仪器、药品共用,实验室和办公室也合在一起,充实了两个方面的力量。"①徐佐夏还要求教授、副教授每周任课10至12小时,不得在院兼任有偿职务,并严格执行请假制度,这些任教老师基础知识雄厚,多数本科毕业于北平大学医学院,副教授以上大多具有国外留学背景,掌握国际医学发展趋势,为提高教学质量、改善教学工作提供了最基本的保证。

  独立之前,医学院已从南郑县城内移至东郊马家坝,距城十余里,以马家庙为院部办公地址;租借黄家坡之黄家祠堂、刘家祠堂、孙家庙及民房数十间,为男女同学住宿上课处所。医学院独立之后,面对招收学生、就医群众不断增加的实际,徐佐夏院长遂决定在黄家坡租田五亩,建筑教室两座及女生宿舍一栋,继添三皇寺、杨氏庙两处为教职员学生宿舍,为学生添建理发室和洗澡堂。王兆麟回忆:"徐教授挑起'院长'重担之后,忘寝废餐地筹划、奔走,立志在短期内使学院的一切步入正轨。当时,他住在城内,每早要步行十余华

---

① 王兆麟.徐佐夏在西北医学院[Z]//政协西安市新城区文史委.新城文史资料:第8辑.1990.

里到院部(马家庙)上班,很不方便,于是就全家搬到距院部约两华里之三皇寺一家农舍住。他一面四方求援,延聘教师;一面督促庶务人员整修校舍,添置教具,安排师生食宿。为了照顾地方风俗,他着人把所占庙宇的塑像全用纸屏隔挡起来,并一再叮嘱要同驻地农民团结、友谊。经一个多月的苦战,一切就绪,九月间如期在马家庙举行了国立西北医学院成立和开学典礼。""从城里迁到农村,西北医学院原借联中的教具和卫生院的医疗仪器全都归还,剩下的只是一架外科手术台和一架显微镜。因此,当时除急待解决教室、实验室、手术室、病房及学生食堂外,更需添置教学仪器和设备。那时候还没有劳动建校之说,一切基建工程都要点用民工;兼之租地皮、买建材,样样都得花钱。面对此困境,徐院长对有限的经费精打细算,在完成基建任务的同时,挤出钱来购买实验仪器和设备。从1939年秋到1942年冬,先后在黄家坡建起了砖土结构的教室四栋、学生食堂一栋及一个运动场;在文家庙附近建起了土砖结构和土打垒的可容近百张床位的病房和有里外套间的手术室;在马家庙附近建起了土打垒的解剖组胚胎实习室及办公室一栋,砖土结构的生化、药理生理实验室一栋,土打垒的学生食堂一栋,并开辟了操场。至此,教学、医疗初具规模,基础各学科的实验教学也次第开展,师生员工的文体生活日趋活跃。"①

1940年4月,李赋京教授、洪百容教授和西北医学院学生(李昊提供)

---

① 王兆麟.徐佐夏在西北医学院[Z]//政协西安市新城区文史委.新城文史资料:第8辑.1990.

为了加强对学校的科学管理,徐佐夏在院长任上,制订了若干管理规则。笔者据1941、1942年度《国立西北医学院院刊》不完全统计,有《本院学则》《考试办法》《院务会议规则》《六年级实习离院暂行办法》《练习医师服务规则》《附属医院实习规则》《战区学生申请贷金审查办法》《教务会议规则》《总务会议规则》《训导会议规则》《教职员养老金及恤金条例》《学生营养补救办法》《学生诊病规则》《学生领用公物及损毁赔偿办法》《学生团体组织规则》《战区学生贷金审查标准》《征用二十九年医药科毕业生办法》《寒假补课及防疫训练办法》等,就连学校临时性书画展览,也有《员生春节劳军抗敌书画展览会章程》。这些规章制度的设立和严格执行,使西北医学院步入了规范化的健康发展道路。

有"法"可依,有"法"必依。1941年7月30日,徐佐夏主持第18次院务会议,议决:"(1)五年级生田德备,三年级生漆安生、王震宙,二年级生耿福顺,一年级生周慰民、陈善孚、李宝泉、马明哲等八名均有不满四十分之科目一门,按照本院学则第三十条之规定,令其留级一年。(2)三年级生刘继昌、高世雄,二年级生周景波等三名均五门不及格,按照《本院组织大纲》第二十六条之规定,应令其退学。"①还有学生提到徐佐夏"按章办事,对学生要严格,凡学年考试不及格者,均予留级。时任汉中警备司令部司令的祝绍周,不顾医学院招生规定,多次欲送其妻弟入学,徐院长理所当然地予以拒绝"②。

徐佐夏院长对师生员工的生活也关怀备至。当时,教师的办公室和学生宿舍都是年久失修的庙宇或土打垒的房屋,到刮风下雨时有坍塌之险。因此,他经常叮嘱庶务人员检查,发现险情,及时修缮。为解决教职员工子女上学问题,在三皇寺开办了子弟小学。还有几次,教育当局的经费未拨下来,学生面临断炊之危,徐院长心急如焚,四方求援,谋寻贷金。旅南郑的山东商团梁先生深为感动,一次就给了学院万余元的贷金。此外,当时国民党特务横行,进步人士及青年学生被逮捕以至杀害者时有所闻。一次,陕南警备司令部逮捕了医学院妇产科助教徐骏,传出消息要两位教授具名才能保释。徐院长承担风险,请教授李学禹、陈作纪将徐骏保释。还有一名叫高履勋的学生从河南家乡返校亦不幸被捕,院长不顾个人安危,亲往警备司令部保释。③

翻阅当年的《国立西北医学院院刊》时,笔者看到两则消息,颇感惊讶。其一云:"本院徐院长担任三年级药理学教授,现因三年级学期课程较多,已决定将药理学在寒假期间补

---

① 见国立西北医学院院刊,1941(9,10,合刊).
② 王兆麟.徐佐夏在西北医学院[Z]//政协西安市新城区文史委.新城文史资料:第8辑.1990.
③ 王兆麟.徐佐夏在西北医学院[Z]//政协西安市新城区文史委.新城文史资料:第8辑.1990.

授完竣,故三年级学生假期上午仍继续上课,闻于本月底即可授毕云。"①其二云:"本院徐院长为药理学专家,曾任教国内各院药理学二十余年,现以后方书籍缺乏,特将名著《药理学》刊行问世,现为方便本院同学起见,并定预约办法,每本预约费十六元,限四月十日结止,出书后即售实价二十五元。"②由此可见,徐佐夏院长一边承担繁重的行政管理工作,一边还要讲学授课、著书立说。因此操劳过度,身体患病,而萌生退意,遂于1941年10月间向教育部提出辞职。部长陈立夫回电予以挽留,电曰:"西北医学院徐院长佳电悉,贵恙至为系念,盼加意调养,俾早复原。院务希继续努力,勿萌退志。"③见到电报后,徐院长只能回电表示"惟有强尽绵薄,继负仔肩"了。

1942年12月,为了解决城关群众看病难的问题,徐佐夏院长提议在南郑城内汉台设立门诊部。经过两三个月筹备,1943年春正式开诊,外科主任翟之英兼门诊部主任。"汉台门诊部开诊后,文家庙附属医院门诊病人有所减少,该院院长赵清华认为汉台门诊部的成立影响了他们的收入,遂在院务会上提出'有赵无翟'的要求。徐院长再三说服,赵仍持己见,并将矛头指向了徐。于是,发生了1944年元月期终考试开始那天的学潮,部分学生罢考,并夺了马家庙院部校警的枪,威逼徐佐夏交印辞职。学潮一开始,祝绍周就迫不及待地派兵到三皇寺、马家坝逡巡,怂恿罢课学生说:'徐佐夏不走,你们请愿,我们保护!'"④随后,徐佐夏转赴重庆任国立江苏医学院教授兼副院长。当时的学生史志超对其有过较为公允的评价:"为人忠厚和祥,学问渊博,但行政非其所长,因保守不前,日久生怨,故有三十二年(应为三十三年)学潮之发生。徐氏博学善教,讲词平实纯美,令人有亲切之感,深入浅出,引人入胜;偶然加几句笑话,更能提神解颐,惜兼任行政之职,致声誉有损。"⑤

南郑八年期间,徐佐夏教授主政西北医学院近五年,既为在西北医学院高年资教授中工作最久者之一,也是主政西北医学院时间最长者,实为中国西北高等医学教育的拓荒者,为中国高等医学教育在西北的发展作出奠基性贡献。

---

① 见国立西北医学院院刊,1941(4).
② 见国立西北医学院院刊,1941(6).
③ 杨龙.徐佐夏:中国西北高等医学教育的拓荒者[M]//刘仲奎.第三届西北联大与中国高等教育发展论坛论文集.甘肃:甘肃文化出版社,2015:227.
④ 王兆麟.徐佐夏在西北医学院[Z]//政协西安市新城区文史委.新城文史资料:第8辑.1990.
⑤ 史志超.医学院琐忆[M]//姚远.西北联大史料汇编.西安:西北大学出版社,2012:660.

二、"侯爷"院长侯宗濂(1944年5月—1947年5月)

由于徐佐夏院长的辞职,教育部于1944年5月聘请生理学家侯宗濂教授接任西北医学院院长。据当年8月19日《文化新闻》(报)报道:"新任院长侯宗濂氏于(上)月之25日莅院。全院师生热烈欢迎!侯氏鬓发斑白,然精神奕奕,行走矫健,于欢宴上,报告此来经过及延师购书等情形,尤得青年拥护!虽风尘仆仆途次倍形劳苦,然以事业心重,侯氏于席终后,乘西北防疫处杨处长卡车驰赴西安,约十余日后始克返院!"①8月17日,侯宗濂院长到校视事。

侯宗濂(1900—1992),辽宁海城人。其父侯治平是清末贡生,1912年毕业于京师大学堂,后在长白县当过县长,在省议会做过秘书长。侯宗濂14岁时,父亲对他讲:"现今的世道,不求人什么事情也做不成。假若你能走学医的道路,是人求于你而不是你求于人。"②于是,他在1914年考入南满医学堂(满洲医科大学前身)预科,1920年以优异成绩毕业留校,任日籍著名生理学者久野宁教授的助教。

1922年9月,久野宁教授选派他去日本京都大学进修。1926年4月,侯宗濂通过了博士论文答辩,由日本文部省授予他医学博士学位。年仅26岁的侯宗濂已开始成为国际生理学界备受关注的后起之秀,满洲医科大学提升他为副教授。

1930年,侯宗濂又到欧洲留学一年半。论文在德国《生理学》发表后,立即引起了国际生理学界的震动并很快被学术界承认,并写入了新的生理教科书。这件事的影响,使他终生居于生理学界举足轻重的地位。

1931年秋,侯宗濂学成归国,回到"满洲医科大学",他的导师久野宁教授非常高兴。但"九一八"事变发生了,侯宗濂不顾导师的一再挽留离开"满州医科大学",来到北平大学医学院任教授。当时该校已成立将近二十年,但没有开设生理实验课。他到任后,创建了生理教研室,系统讲解生理理论课,指导全部实验。在北平大学的六年里,侯宗濂继续进行科学研究,在国内外发表大量论文。1932年至1937年间,侯宗濂还兼任了协和医院名誉教授。

1937年,侯宗濂应当时福建省政府主席陈仪的邀请,赴闽创办福建省立医学专科学校。当初,侯宗濂本意在该校筹建就绪后仍回北平大学医学院任教,但因北平全面沦陷,

---

① 见文化新闻(报),1944-08-19.
② 荀元虎."疑"的思考……——记著名生理学家侯宗濂教授[Z].油印本.1983:17.

大学教授们纷纷到西南、西北等地办学。在此情况下,侯宗濂决定留在沙县,担任新成立的福建医学专科学校第一任校长。这个学校后更名为福建医学院,现为福建医科大学。

1944年5月30日,教育部任命侯宗濂为西北医学院院长。他之所以愿意从东南到西北,主要的原因是西北医学院的很多骨干都是他当年在北平大学医学院的同门弟子和熟悉的同事。当然,学校各方面条件都非常艰苦,并不好于福建的山区。加上从沦陷区迁来大量学校,人们吃饭都成问题。他在回忆中这样写道:"当时物价暴涨,货币贬值,师生员工的生活日益艰苦,学生所领到的'贷金'已不能维持最低的生活水平,师生们经常处于饥饿状态,许多师生赤足穿着草鞋上学,师生们以罢课的行动向伪政府表示自己的抗议。以后不少教师,由于生活所迫,感到设备简陋,加之学校处在交通阻塞的乡下,于是纷纷离开学校去西安、成都、重庆等地,致使缺额教师难以补充,教学工作受到很大影响……1944年8月笔者接任院长,积极设法改变学校面貌,曾数次奔赴重庆聘请了一些教授,并培养学生勤勉学习风气,学院较前有了生机。但限于当时的具体条件,学校依然未能摆脱穷困、破烂的局面。"①

侯宗濂院长和大家一起直面生活上的困难,首先解决吃住问题。由于校舍紧张,教授们多是住在简陋的校舍或租住在当地的农民家中,不少教师往往要步行一二十里路去上课;学生则住在竹片泥巴墙的草屋里,睡双层大铺,夜间透过瓦片间隙可见星月,遇到下雨时,上课、吃饭,甚至睡觉都得撑着雨伞。学校食堂的伙食供应通常只有发霉的糙米和见不到油盐的白水煮青菜。每天只吃两顿饭,吃饭时经常是八个人围着一小盆白菜汤,菜里很少见到油星、尝到肉渣。不少学生由于生活没有着落而被迫休学,有的则时断时续,甚至读了六七年才得以毕业。教师的生活比学生稍好一些,但也非常困难,跟战前无法相比。生计上的艰难在侯宗濂眼中是次要的,最令他担忧的是医学设施的不足与医学教师的缺乏,不能给学生们提供必要的学习条件,不能给病人提供良好的诊治环境。学生上课缺少笔、纸和课本,常常是几个人或十几个人共用一本教材,晚上靠点油灯或土蜡烛照明读书。最感缺乏的就是图书馆的书籍和实验室的基本设备,两台旧的记纹鼓是当时生理、药理实验室的唯一记录仪。

由于教学医务人员饱受国破家亡之苦,大多颠沛流离,进出频繁,导致学校运转很不容易,处于一种流亡教育状态。侯宗濂不分派别,对留学英、美、日、德的人兼收并蓄,并聘请到在当地的几位名教授共同工作。当时正值日寇进攻贵州,他又引来多位南方教员,充

---

① 侯宗濂.解放前的西安医科大学追忆片断[Z]//西安医科大学六十年.西安医科大学,1997:206-207.

实师资力量。他先后聘请解剖学教授马中魁、微生物学教授汪美先等十余名教师来校任教。据该校教师李佩林回忆,1944年夏天,西北医学院刚刚闹完学潮,他千辛万苦来到汉中,因为生理学缺老师,恰好他和侯宗濂相识很早,因此被聘为教授,待遇虽然低,但和其他高校相比还算好些。生理学方怀时副教授毕业于浙江省立医学专门学校,时年30岁左右,侯宗濂不按资排辈,委方怀时以重任。侯宗濂当时在医学界已有较高的声望,加之心胸开阔,能容纳反对自己而有真才实学的人,因此受到大家的拥戴。教授们冒着敌机轰炸的危险,在极其简陋的条件下辛勤努力,开展手术,因材施教,为学生和广大民众服务。同时严格考试、升留级和退学制度,以提高教学质量。

汉中一带有一种具有很强药用功能的鹿寿草,侯宗濂发现它对治疗心脑血管和风湿关节痛很有效果,在西北医学院因地制宜地开展了此方面的研究。1946年他与方怀时副教授在《台湾医学》共同署名发表了科研论文《鹿寿草的药理作用(初步研究报告)》,为后来研究鹿寿草的药理作用并在临床使用上提供了可靠确切的资料。①

在南郑期间,西北医学院共培养学生205人,诊治病人不计其数,为抗战的胜利作出了积极的贡献。1944年8月,侯宗濂又带领附属医院复迁南郑县城内与汉台门诊部合并,学院本部搬到原附属医院院址文家庙,医学院在汉中一直坚持到1946年8月。当时的学生史志超这样评价侯宗濂院长:

> 有"严"名,故有"侯爷"之称。先生清癯有神,富领导及创建之才,来校后认为屈处南郑,难以发展,乃筹划迁校兰州,以小西湖为校址,西北医院为附属医院,往返折冲,煞费心力,待一切皆已筹妥,甚至运输车辆亦接洽妥当(当时交通工具十分困难),并以第九班(即本人就读之班,当时是三年级)为迁兰第一班,忽然霹雳一声,日本投降也! 既然胜利,大家都要去北平复校,无人愿去兰州! 侯氏心力毁于一旦,因之肺病复发,吐血不止,卧病不起矣。先生致[治]学极严,其门下高足辈出,但其口才似乎不佳,讲课时好像很费气力。②

抗战胜利之后,不少师生心里确实都很矛盾,有的学生甚至准备卷铺盖回平,因为汉中的岁月实在过于艰苦。学生发生这种情绪变化时,侯宗濂不顾自己的病榻之躯,专门对全校师生发表了《扎根西北,就是服务国家》的演讲。他动情地说:

> 我是东北人,自幼对于西北就是陌生的,但是我知道这里是国家的重要地区,不可放弃,尤其是这里的医疗条件很差,各位老师和同学的生活不好,待遇也

---

① 南北湖.海纳百川大宗师——侯宗濂[J].休闲读品·天下,2012(3).
② 史志超.医学院琐忆[M]//姚远.西北联大史料汇编.西安:西北大学出版社,2012:661.

不好,但是我们难道都要去大城市,去北平才能实现救死扶伤的理想吗?我看未必,我们古人有句话:'位卑未敢忘忧国。'现在国家抗战刚刚胜利,祖国的建设事业才刚刚起步,我们不能有情绪,要认真扎实地做好自己的本职工作。留在西北,是奉献国家,留在这里,挥洒青春。我知道很多人在这里还有些水土不服,但是我们就是祖国医学事业的拓荒者。①

学生们看到自己尊敬的校长带头拥护政府的决定,很快就平静下来了。

1946年8月,侯宗濂带领学校北迁西安,并随医学院并入国立西北大学,继任西北大学医学院院长。1950年,西北大学医学院改为国立西北医学院,侯宗濂代该院院长。

第七节 既为良师,亦为良医

根据教育部《国立西北联合大学改组办法》"原有西北联大之教职员尽量聘用"之原则,西北医学院独立建院后的首批师资队伍应是原西北联大医学院的。由于资料阙如,目前尚未见到1939年8月份建院伊始的教员名单,不妨看看1939年2月造表的《1938年度国立西北联合大学教员一览》。据此表统计,当时医学院计有院长1人(蹇先器),教授9人(徐佐夏、颜守民、林几、王景槐、陈礼节、杨其昌、何心洙、陈作纪、陈嘉琨),副教授7人(王同观、毛鸿志、吴英荃、冯固、刘士琇、陈东震、董克恩),专任讲师7人(杨若愚、厉矞华、翟之英、黄万杰、李宝田、徐幼慧、贾淑荣),讲师2人(王云明、张省)。这26名教员中,具有留学经历者21人,占总人数的八成。其中留日者最多,10人;留德者其次,7人;留法者3人;留英者1人。他们将在国外学习到的先进卫生理念、系统医药技能带回中国,并将这些知识技能引入教学中,影响了战时的中国学生。

随着西北医学院独立建院,原西北联大医学院院长蹇先器,以及林几等一批骨干教师离校了。独立建院后的首任院长徐佐夏,即着手延聘高级医学人才,以保证正常教学工作进行。他前后不同时期聘用王同观(留日,妇产科教授)、毛鸿志(留日,病理学教授)、董克

---

① 马欣,等.侯宗濂传[M].北京:学苑出版社,2015:163.

恩(留德,外科学教授)、黄万杰(卫生教授)、颜守民(留德,小儿科教授)、杨其昌(留德,耳鼻喉科教授)、陈作纪(留德,生理学教授)、孙珍田(留日,日文教授)、马馥庭(留德,病理学教授)、李学禹(留德,解剖学教授)、万福恩(外科学教授)、王顾宁(留比利时,组织解剖学教授)、王云明(留德,德文教授)、李宝田(留法,内科学教授)、翟之英(外科学教授)、陈学穆(眼科学教授)、潘作新(留奥地利,眼科学教授)、贾淑荣(内科学副教授)、王友竹(生化学副教授)、赵清华(皮肤科学副教授)、周海日(留日,热带病学副教授)及讲师蒋士建(留日)、吴墨林、隋式棠、王振中、刘竹筠、弓睿、曹居久、姜乃风、王得道等30余人来校任教。据1941年版《战时全国各大学鸟瞰》所载,1940年初期的教员中,"教授7人,副教授11人,讲师6人,助教7人,共计31人,教授副教授中,留学德日两国者居多数,讲师助教多系本院毕业生"①。

到抗战胜利之际,侯宗濂主政的西北医学院师资数量较之前有所增多。计有教授11人,即侯宗濂(留日留德,生理学)、汤泽光(美国学位,内科学)、毛鸿志(留日,病理学)、王云明(留德,德文)、马仲魁(留美,解剖学)、翟之英(外科学)、生明(皮花科)、周海日(留日,热带病学)、陈阅明(留日,内科学)、褚葆真(留德,细菌学)、金德祥(教授兼训导主任);副教授5人,即贾淑荣(内科学)、魏际昌、隋式棠(小儿科)、汪功立(生化学)、王友竹(生化学);讲师9人,即霍炳蔚(小儿科)、彭绪让(化学)、傅春池(专任)、王兆麟(药理学)、曲漱惠(胚胎学)、陈传勤(专任)、张纬武(日办满洲医科大学,皮花科)、张怀瑫(解剖学)、李景颐(皮花科),另有助教十几人,不一一列举。这些老新结合的教师,专业知识雄厚,掌握国际医学发展趋势,为提高教学质量、改善教学工作提供了最基本的保证。

综上可知,源自德日派②医学校代表北京医学专门学校的西北医学院,历年聘任的教师留学背景中留日留德者占据绝对优势,因此西北医学院也可以称为继北京医学专门学校之后德日派医学校的又一代表。下面重点介绍几位德日派医学名家。

颜守民(1898—1991),字逢钦,浙江温岭人。中国现代儿科学宗师,国立北京医学专门学校、西北联大医学院、江苏医学院(现南京医科大学)儿科学奠基人。1916年考入北京

---

① 西医.抗战期中的西北医学院[M]//王觉源.战时全国各大学鸟瞰.重庆:独立出版社,1941:360-361.
② 民国时期我国医学界最主要的两大派别为德日派与英美派。两派各有其代表性的医学校,无论声望、规模、质量、成就,两派医学校都各有千秋。英美派医学校大部分是教会所办,代表有协和医学院、齐鲁大学医学院、湘雅医学院等;德日派医学校代表有浙江医学专门学校、北京医学专门学校、满洲医科大学等。之所以把德日合称,是因为日本的医学源自德国。

医学专门学校。1920年以年级第一名的成绩毕业留校任内科助教。1924年7月由学校派赴德国柏林大学留学,专攻儿科学,1926年8月结业回国。1927年9月被聘为小儿科主任教授,1929年1月小儿科教研室成立时任主任。1933年兼任京师传染病医院医务主任。

平津沦陷后,颜守民教授耻于在日伪统治下工作,拒绝高薪要职,毅然在商讨北平大学医学院迁移的教授会议上签名去西安,辗转来到陕西,参加了西安临时大学医学院,之后更名为西北联大医学院、西北医学院的建校及临床教学和医疗工作,并担任儿科教授和医学院五年级导师。1939年5月,由于当时日机不断轰炸汉中,西北联大医学院被迫迁到汉中东郊乡村,附属诊所迁至东郊乡村的文家庙,组建重伤医院,改名为附属医院,颜守民教授被聘为西北联大附属医院院长。任院长期间,虽然远离刀光剑影的血腥战场,但时局的动荡,日军的频繁轰炸,战时物质的匮乏,人心的慌乱,无时无刻不在影响着每一个人的生活。转移到汉中农村后的附属医院,条件简陋艰苦,医院的教职工只能分散租住在农舍茅屋里。王兆麟回忆:"记得小儿科教授颜守民住在离附属医院(文家庙)里许的一间农舍,室内摆置桌、床之后所剩无几;屋顶透亮,可见天空。颜教授就是在这样的条件下,每晚点着油灯备课,清晨按时赶到医院上班,再走二三里田埂小路到黄家坡上课,日复一日,风雨无阻。"①教学上身教胜于言教,颜守民从病历书写、临床观察与诊断,亲自示范,谆谆诱导。对患者治疗精心,态度和蔼,深得患者信服,有学生回忆:"小儿科教授颜守民先生在给病儿诊病时,总是慈祥地对孩子说:'不要怕,不要哭,我这个医生不会给你打针的。'"②

颜守民艰苦朴实、勤奋敬业的生活和工作作风,备受全院师生的尊敬和爱戴。短短的一年多时间,附属医院在他的领导下,稳步发展,医院日门诊量达三百人次,并成为当时省内及河南大学医学院、南通医学院等医学院教学和学生的临床实习基地。1940年秋,颜教授作为当时国内唯一的小儿科医生,服务于医界二十年,受政府明令嘉奖,并奉令休假一年,从事考察研究工作。他本欲赴国外考察,因种种原因而未能成行。1941年初到重庆,被江苏医学院挽留任特约讲座。抗战胜利后,担任沈阳医学院儿科学教授。他恭谨谦让、治学严谨、生活简朴、严于律己,将自己的一生都奉献给了儿科医疗事业。③

王同观(1901—1989),山东安丘人。我国妇产科学和西北地区妇产科学的开拓者。他从小立志学医治病救人。在青州读了三年中学后,因学校停课,决定上北平,考入北京

---

① 王兆麟. 徐佐夏在西北医学院[Z]//政协西安市新城区文史委. 新城文史资料:第8辑.1990.
② 王从炎. 忆汉中时期医学院的学习生活片断[Z]//西安医科大学六十年.1997:212.
③ 董淑彦. 开创基业泰斗 传承医德风范[EB/OL]. 西安交通大学第二附属医院网站.

医科大学校(后更名为北平大学医学院)。因家境贫寒,大学三年级时家庭又遭变故,但他学习意志坚决,当掉被褥,省吃俭用,再兼职家庭教师,并在非常器重他的老师和朋友们帮助下,克服困难,坚持学业。1933年,王同观以优异的成绩毕业于北平大学医学院,留校任妇产科助教兼住院医师。当时北平大学医学院妇产科聘请的是外国教授,王同观的主要工作是把外国人讲的课程内容翻译成中文,同时兼任护士、助产专科班的教学。除配合教授教学外,他开始自己动手进行剖腹产、人工流产等小手术,在妇产科专业方面开始打下了坚实的基础。同年赴日本帝国大学留学深造,专修妇产科。到日本第一年下功夫打好日文基础,参加听课和临床见习。第二年先翻译了他的导师内藤教授的《产科学》,接着翻译了安井修平的《妇科学》,并由日华同仁会出版发行。1936年,日本军国主义侵华步伐加快,日本报纸上天天都是反华文章,王同观认为一个中国人不能因个人利益而置国家于不顾,毅然放弃深造,提前回国,先后就任北平大学医学院讲师、副教授、妇产科副主任。[1]

西迁初期,王同观任西安临时大学医学院妇产科副教授,1940年末被聘为妇产科教授,接替颜守民教授任附属医院院长,同时继续兼任妇产科主任。王同观担任院长后,继续健全医院机构,扩充内部,此时附属医院已设立有医务部、事务部、看护部、图书室、检查室等完善的管理和办事机构,下辖门诊部和病房部以及内、外、儿、妇、皮肤、眼、耳、鼻8个临床科室。在对文家庙庙产修缮和原建32间病房的基础上,改建学生宿舍,又招标建成22间病房以及3间检查室、手术室、调剂室、实习室、事务室、厨房等,并充实新的设备用品,病床已达80张,并分为一二等,门诊每日也达80人以上,通过内务整顿,医院整体面貌焕然一新,已成规模。王同观非常重视临床教学质量,当时没有现成的教科书,全由教授们自己编写,西北联大医学院及西北医学院的妇科学和产科学讲义全部由王同观编写;他在会议上向医学院提出严格考试的建议,他特别体恤学生之贫寒,捐薪给奖,提出愿每学期从自己薪金中抽出150元,奖励各年级成绩最优之学生,以资鼓励,向学生公布并实行之。因日本飞机轰炸肆虐,他主持的附属医院还组织起了6支医疗救援队,每逢日机袭扰,出发救治受难民众。1942年后,王同观先后担任陕西医学专科学校妇产科教授兼教务长和南通医学院教授。

李赋京(1900—1988),陕西蒲城人。其父李约祉,为水利专家李仪祉之兄。李仪祉为李赋京走上科学救国道路的启蒙人、引路人和资助者。[2] 1916年就读于上海同济中学德文

---

[1] 刘铨.现代妇产学科先驱翘楚 西北医学教育开拓元勋[EB/OL].西安交通大学第二附属医院网站.

[2] 李赋京之子李昊,讲述,张在军微信采访,2018-04-09.

医工学堂,1920年赴德国哥廷根大学医学院学习,1928年获博士学位后回国。1928年至1930年,在南京任卫生部技正,兼东南大学医科大学病理教授、上海中央卫生试验所病理科主任。1930年任河南大学医学院解剖学教授。全面抗战爆发后,河南大学暂时避敌于镇平县,李赋京奉命去四川万县为河南大学寻找新校址。后因情况变化,河南大学未迁万县而去了嵩县潭头镇,他只好打道回府。其子李昊对笔者说:"我父亲是1939年2月底携全家从万县经重庆北上时,在重庆遇到蹇先器教授,他时任西北联大医学院院长,是他邀请我父亲去汉中(南郑)任教的第一人,他帮我父亲托运行李。随后不久,徐佐夏就取代蹇当了院长,父亲的聘书是徐签的名。"①

李赋京教授聘书(李昊提供)

李赋京到了南郑,在西北医学院任解剖病理教授。战时学生的教材十分缺乏,主要靠老师口授课程,再以教学挂图和板书为辅助,学生则在下边抓紧时间记笔记,这对教师的教学能力是很大的考验。李赋京讲课条理清楚,板书写得整整齐齐,而且他本人有着深厚的绘图功底,可以自己画教学用图。李赋京的粉笔图简洁、清楚,寥寥数笔很快完成。更让人惊讶的是,在教授人体脏器相关内容时,他甚至可以左右手同时画出成对脏器,课堂上常常会响起一片惊叹之声,其技术之高超,让当年教过的学生几十年后回想起来,依然

---

① 李赋京之子李昊,讲述,张在军微信采访,2018-05-02.

赞赏有加。①

在西北医学院任教时期,李赋京一直坚持着另外一项工作,那就是血吸虫病的相关研究,1939 年他还曾发表过一篇名为《日本血吸虫中间宿主》的论文。血吸虫病研究及防治是李赋京为之奋斗了几十年的事业,1936 年他在安徽发现一种新的钉螺,被国际上相关专家鉴定后命名为"安徽李氏钉螺"。他是公认的我国血吸虫病防治及钉螺研究的泰斗级人物。

学生史志超 1942 年考入西北医学院,对很多师长,"皆曾亲受其教,且未能忘者":

解剖学教授王顾宁,安徽人,乃苦学之士,致学极严,不苟言笑,其语调带有外国味;上课时两节一气下来,绝不迟到早退,亦无半句闲话;其教法纯系注入式,又好像带有几分气似的,讲词如开快车,学生一手持骨,一手翻讲义,实在应接不暇,但皆不以为苦。或谓王先生不善教学法,实则不然,凡读过其德文讲义者,当知此言不谬。

生理讲师方怀时。方先生乃随侯院长同时到校者,据说是侯院长的高足,当时少年英俊,现在方教授在台大医学院任生理主任,为西北医学院唯一来台之师长。

病理学教授李佩林,也是随侯院长同时到校者,东北人,其人短小精明,才智过人,平时恃才傲物,常戏语伤人,但骂人不带脏字也。先生不修边幅,终年一双破鞋,行时踢跶有声,烟瘾甚大,手指蜡黄。记得他第一次上课便说:"牛我也会放,羊我也会放,牛羊合群,我还没有放过!"因当时二、三年级合班上课,致使其不满。当时的课程,都是一次两节,他嫌一小时太短,两小时太长,一小时半刚好过瘾,所以每次皆迟到早退,上课之后,先讽言妙语的发泄一阵,然后开讲,同学们亦知其闲话之后,必有正文,所以始终尊敬如一,不以为怪。如今思之,其笑骂之中含有真理,诙谐之外带有积极,又岂能以"爱骂人"称之哉。

外科教授万福恩,乃当时名医,声誉甚高,为了教授学生,特著《万氏外科学》一书,序称:"此书系根据国内外名家之著作,取材自数百篇论文,故称《万氏外科学》,非著者个人之外科学也。"本人与教授同时在校,但未能受其教诲,仅得读其书而已。

细菌学教授汪美仙[先],其人英俊潇洒,讲课时两小时一气下来,不折不扣,

---

① 秦风.血吸虫病防治及钉螺研究的泰斗[M]//邵丽英,刘铨.现代医学之源:西北联大与现代医学事业.西安:西北大学出版社,2017:175-176.

亦无半句闲话,算是标准少壮派。讲课的语调,好似名角唱戏,不但声音宏亮,字字贯耳,且出口成文,句逗井然,似乎事前曾加工一番也。

眼科教授潘作新,其人一表人才,衣著[着]尚时,蓄有美髯当胸,令人望而起敬。背后皆称"潘胡子",其口才似不若其外表。创改良眼睑内翻手术,享有盛誉。

院长汤泽光,内科教授,系迁西安后任院长者,在当时声望甚高。为人温文儒雅,洁身自爱,从不大声言笑,讲课时细雨切切,引人入胜。①

最后,说说命运最悲惨的杨其昌教授。杨其昌教授生于1902年,系山东临清人。他于北平大学医学院毕业后曾往德国研究耳鼻喉科学。回国后任北平大学医学院教授,后又前往河南大学医学院担任教授。位于开封的河南大学遭受日寇进攻,他于1938年8月来到南郑,担任西北联大医学院耳鼻喉科学教授兼附属医院耳鼻喉科主任。由于医学院带教的耳鼻喉专业人员仅为杨其昌教授一人,这门功课如果缺了他就会终止。他以其在专业领域深厚广博的知识积累教授学生,赢得师生称赞,也使得其后兼任医学院教务主任成为必然;又以其在疾病诊治领域的高超技术获得百姓的称赞。在南郑,医学院和附属医院先在县城内教学和诊病,后因地方狭小无法拓展,遂移往东郊。医学院迁驻马家庙、黄家坡一带,而附属医院则迁驻文家庙。由于杨其昌身兼医学院教务主任之职,为了教学安排的便利,他就和学生们一起住在黄家坡。在医学院和附属医院工作的一年零九个月时间里,和师生结下深厚的友谊。1940年5月20日晚上,日机轰炸南郑,年仅38岁的杨其昌教授被炸遇难,抗战未捷身先死。这不但对西北医学院的教学事业造成难以弥补的巨大损失,也对我国的耳鼻喉科学事业造成了巨大损失。

第八节 公医学生的待遇与服务

西北医学院不分系,学科也单一。学制为六年,五、六年级进行实习和见习。自改为

---

① 史志超.医学院琐忆[M]//姚远.西北联大史料汇编.西安:西北大学出版社,2012:661.

独立学院起,将在校之五年级称为第一班。1940年暑假第一班17名学生毕业,其中10名为本校生,3名为插班生,4名为借读生。自第六班起,才开始实际招收新生,每班学生,多为十数人而已。第六班虽招收新生30名,但因沦陷区之学院学生不断逃出,人数乃又增加。不过毕业时,还是只有20余人而已。第七班开始,因教育部鉴于抗战需要,又责令扩招学生,以50名为满额。故当时新招收之50名,再加上转入之流亡学生(先后约10人),但毕业时,仅剩24人而已。第八班开始,教育部再令扩招,要求名额100人,但毕业生亦仅40人而已,此后每班学生则逐渐增多。

第七班入学时间为1940年9月,因当时国民政府试行"公医制度",所以从该年入学新生开始,改称为"公医生"。那么,"公医制度"是怎么回事呢?

美国学者华璋(John R. Watt)说:"医疗改革者采用的理念被称作公医制度,英文称为State Medicine(国家医疗)。"①王惠因的《护士职业概论》云:"公医制度是为保障全民健康的一种有计划有组织的由国家主办的医药设施,其意义在使医学能社会化,更是希望社会能医学化。"②通俗地讲,国民政府时期的公医制度,是在引进国外公医制度和医疗保健制度并借鉴其经验的基础上,根据中国的国情和当时的社会条件建立起来的一种医疗卫生保健制度。1941年,国民党召开五届八中全会,会议通过了《实施公医制度以保证全民健康案》,将公医制度的确立作为国家卫生行政的目标之一,目的是"降低人口的死亡率,抑制传染病流行,降低产妇及婴儿死亡率,增进国民健康。"1944年6月11日,身为国民党中央宣传部部长的王世杰在中央大学讲演,谈中国教育上的几个问题时说:"在大学教育方面,予谓医学教育之扩充最困难而最迫切,应令医学速成教育(为医学专科学校之类)以及看护与卫生人员训练,与正常之医科大学教育同时尽量推进,并采'公医制'以充分利用医学人才。"③1946年12月25日,制宪国民大会议决通过《中华民国宪法》,其第157条规定:"国家为增进民族健康,应普遍推行卫生保健事业及公医院制度。"

在公医制度下,医务人员的训练、任用完全由国家来统一管理,所有的医药学生统统由国家所办的医学教育机构来训练。国家出钱来培养他们,毕业之后一律由政府分配工作,终身为国家服务,不许私自开业,而国家对于他们也予以切实的保障和奖励,使他们能够终身安心供职。近代著名医学教育家颜福庆认为:"吾人以为此项学校之学生应全体免

---

① 华璋.悬壶济乱世:医疗改革者如何于战乱与疫情中建立起中国现代医疗卫生体系1928—1945[M].叶南,译.上海:复旦大学出版社,2015:26.
② 王惠因.护士职业概论[M].上海:上海商务印书馆,1947:50.
③ 王世杰.王世杰日记:上册[M].林美莉,编校.台北:"中央研究院"近史所,2012:611.

费。但在毕业以后,至少须在一定之期限内,在政府所立医事事业机关中服务。"①

在医学界人士的奔走呼吁之下,1940年8月11日,教育部终于发出《公医生之设立》(部令,医14字26787号)训令:

> 本部为奖励医药院校学生于毕业后充任公医起见,经订定公医学生待遇暂行办法,与卫生署会同呈奉院会,决议通过。依照该项办法第三条,设置公医学生,以学校为单位,暂指定国立中央大学医学院,国立中正医学院,国立西北医学院,国立贵阳医学院,四校先行试办。自二十九年起,各该院校一年级新生,一律为公医学生。中正医学院于初创办时,即决定施行公医教育,并准该院旧生亦一律改为公医学生。除上列各医学院校外,其他国立医药院校,亦得自二十九年度起,设置公医学生名额。以一年级新生总额百分之二十为限。现本年统计考试时期已过,各医药院校,得于新生入学时,令填具自愿书,及呈缴二人以上之切实保证书,由校审核决定,造具名册呈部备案,至各校二十九年度设置公医学生所需经费,得由各校按照实际需要情形,编具概算,连同公医学生名册,呈请本部核给补助。除分令外,合行检发公医学生暂行办法一份,令仰该院遵照。此令

附发公医学生待遇暂行办法一份

部长 陈立夫

公医学生待遇暂行办法

第一条 教育部为奖励医药院校学生于毕业后充任公医起见,特订定本办法。

第二条 公医学生一律免收学膳费(包括免收体育费、图书费、实验费,及其他类似费用)。

第三条 设置公医学生以学校为单位,暂指定国立中央大学医学院,国立中正医学院,国立西北医学院,国立贵阳医学院,四校先行试办。自二十九年度起,各该院校一年级新生,一律为公医学生。在中正医学院,并准新旧生一律改为公医学生。

除上列各医学院校外,其他国立医药院校,亦得自二十九年度一年级新生起,设置公医学生名额,以一年级学生总额百分之二十为限。

第四条 凡志愿为公医学生,须于报名投考时填具志愿书,并于入学时,觅

---

① 慕景强. 西医往事——民国西医教育的本土化之路[M]. 北京:中国协和医科大学出版社,2010:275.

具二人以上之切实保证书,向学校呈缴前项志愿书及保证书。中正医学院旧生,须于改为公医学生时补缴。

第五条 公医学生无故退学,或被医药院校开除学籍者,应追缴其学膳等费。

第六条 公医学生毕业后服务办法由教育部与卫生署会同订定之。

第七条 公医学生毕业后服务年限,须照其修业年限加倍计算。

第八条 公医学生毕业后,在规定服务期内,不得就公医以外之职务,违者加倍追缴学膳等费,并撤销其医师证书。

第九条 本办法自公布之日施行。①

办法强调对公医学生免收的各种费用,并指定西北医学院等四所院校先行试办,对其余院校的公医学生名额进行了限制。办法中还规定了学生需填写志愿书,如若无故退学等原因离校将追缴学费,并规定了毕业后服务期限及服务办法。这里提供一份志愿书的实例("□"为原档案中无法识别的文字,下同):

呈为志愿改为公医生以便为国服务事□,生等于廿八年度考入国立西北医学院,蒙国家之培育,学校之爱护及得继续学业,饮水思源实深感戴愿。自抗战以来,医药界因人才之缺乏,组织之涣散,未克尽其最大效能,诚属无可讳言。推溯原因,因由于吾国医学教育之不发达,而既学有成者亦往往醉心于自私自利之观念从事私业,而无舍己为公之精神服务人群。而今前方救护工作亟待推进,后方卫生事业急需发展,皆为抗战建国之工作刻不容缓,是故我贤明教育当局乃谋公医制度之推行,力矫时弊,挽此厄运。其意至善,其旨至深。生等聆此意旨,深觉舍此无以恢复民族之健康,巩固国家之邦基,一扫数千年之积弱。生等愿以所学之学业,以尽我有力出力之责任,秉我总理所示"人生的服务为目的",□切之训,誓以志愿以身献国,一切皆遵从公医生章则办理,决不违背伏祈。

钧座鉴核赐准,实为德感,谨呈

部长 陈

学生 杨士濂、赵敏树 谨呈

民国三十年一月十日②

---

① 见国立中正医学院院刊,1942(1):59-60.
② 慕景强.西医往事——民国西医教育的本土化之路[M].北京:中国协和医科大学出版社,2010:277.

除了写申请志愿书,公医学生入院有着严格的担保手续。据1941年6月1日的《国立西北医学院院刊》院闻:"公医生入院时,依规定应有负责之保证人,院方早已限保证手续未合各公医生,于四月三十日以前完成手续,但仍有少数手续不合者,现院方已布告自六月一日起,停止各该生之公费待遇云。"①

类似入党一样,公医学生入院还有宣誓典礼。据1941年3月1日的《国立西北医学院院刊》院闻:"本年度公医生奉部令一律须参加宣誓,故本院于新生报到注册手续完毕后,即已举行宣誓典礼,惟奉部令以交通不便关系,准本年度统考录取新生随到随收,故于1月13日总理纪念周时又补行新生宣誓典礼一次。此次宣誓新生,除后到统考新生外,并有河北及陕西两省保送公医生数名云。"②

再说西北医学院一年级公医学生待遇,除按季分发制服外,并于公费外再加米贴,后因物价上涨,待遇也有所增加。自1941年3月份起,"每人每月发给市斗二斗一升之米价(暂按发给之日市价计算)并发油盐柴煤等费十元,书籍文具等补助费十元"③。以后,"因物价逐日猛涨,零用金曾增至三十元,但仍不敷花费"④。同时,公医学生离院在一星期以上,即停一切费用。公医学生毕业后,须接受政府指派工作,为国家服务12年,始发给毕业证书。故自第七班以后之各班,均为公医学生(不含转学生)。

1941年6月10日,国民政府行政院令教育部、卫生署:

> 三十年(1941)四月十日叁字第13892号呈,为会同卫生署教育部拟具公医学生服务暂行办法草案由。
>
> 呈件均悉。该办法第五条第三项"照支薪给"应该为"酌支薪给",同条第二项应改为"前项薪给,由卫生署会同教育部按实际必需数目,按年编制概算呈候核定,由国库项下支付",第六条应改为"公医学生服务期间薪给,由服务机关支给,其服务期间之第一年薪给,在抗战期内,暂定为每月一百二十元。"除指令卫生署教育部外,仰即会同公布施行。此令。⑤

责权利一向都是对等的。公医学生在战时享受到良好的待遇,就必然要尽义务,提供一定期限的服务。相反,各机关单位为征求公医学生服务,必然会给予相应的待遇。1941

---

① 见公医生保证手续未合者停止待遇[J].国立西北医学院院刊,1941(7).
② 见一年级新生补行宣誓[J].国立西北医学院院刊,1941(4).
③ 见国立西北医学院院刊,1941(6).
④ 谭元珠.医学院简史[M]//姚远.西北联大史料汇编.西安:西北大学出版社,2012:658.
⑤ 见国民政府行政院公报,1941(1-7):19-20.

年10月1日的《国立西北医学院院刊》有消息称:"陕西省卫生行政当局为加强西北卫生事业与地方需要起见,特拟定全国医学院高年级志愿陕西服务公医生名额,提请省府通过。分函本院征求三名五年级志愿公医生,并规定在院读书津贴颇为优惠。"①

西北医学院独立建院的第一年,毕业学生仅3人,发的还是原北平大学医学院的毕业证书。从1940年实行公医学生起,正式发西北医学院的毕业证书,当年毕业本科生17人,到1949年共毕业本科生347人。② 其中,南郑时期的1940至1946年,毕业人数总计205人,平均每年约30人。国家培养出来的这些大学生毕业后,主要是满足国家的征调。

西北医学院第一届毕业生合影留念

在1941年初《劝告二十九年度毕业生应征书》中,院长徐佐夏语重心长地说:"窃谓参加抗战,为公民应有之职责;服从命令,为公民应尽之义务,吾国抗战于今三载有余,上自政府公务人员,下逮闾阎小民,有钱的出钱,有力的出力,直接间接,无人不在抗战旗帜之下,亦无人不在军事统制之中,诸生为公民一份子,受国家培养之厚恩,学成本以致用,立志尤在活人,值此抗战紧要关头,目睹前后方军民伤病无人救治苦况,即政府不下令征调,亦应激发天良,自动投效,于无条件下,参加抗战工作……当此抗战紧要关头,一切受军事统制,本无自由可言,倘使人人均讲自由,将无人从事抗战工作矣,且所谓限制自由者,不过仅抗战期间耳,抗战一经完了,限制即行取消,诸生对此,当勿庸鳃鳃过虑也。"③

---

① 见国立西北医学院院刊,1941(合刊,11,12).
② 杨汉名,魏天纬.陕西近现代高等学校沿革[M].西安:陕西师范大学出版社,1999:317.
③ 见国立西北医学院院刊,1941(4).

关于西北医学院公医学生应征详情,以 1940 年度毕业生为例。该年度毕业生 20 名①,其中在公共卫生人员训练所受训未满者 4 名依法缓征,依照本年度规定留校 2 名不在应征之内。这样应征抽签者共 14 名,男生 10 名,女生 4 名。按照相关法规,女生应全部应征民医,该年度分配女生陕西卫生处 2 人,平凉卫生站 1 人,红十字会总会 1 人;男生分配军医(军校一分校)6 人,陕西卫生处 2 人,红十字会 2 人。然后在校领导监督下当众抽签,决定各自去向。② 再如 1942 年,毕业生共 21 人应征分配,其中红十字会救护总队部征用者 6 人,军政部军医署征用者 11 人,另有 4 人留院服务。③ 对不服征调者(如 1940 年度毕业生邹桂贞、张学礼),按照国家抗战征调的有关规定开除学籍,并报教育部扣发毕业证书。

1941 年 10 月 1 日的《国立西北医学院院刊》上刊载一篇简讯,说"自抗战以来各方医师人才之需要十分迫切,但以人才缺乏,每年毕业人数不敷分配,各机关纷函本院代为介绍医师者,月必数处。九月份计有甘肃卫生处征聘院长医师,滇缅路工程处征求医师,西北大学征求校医,待遇优厚,本月已布告周知矣"④。是年底,学校接到航空委员会报考空军军官简章后,当即布告全体学生,报名者共 18 人。航空委员会 12 月初派人来校检查体格,结果录取 4 人。这也是公医学生为国家、为抗战效力的一种途径和方式。

还有不少西北医学院毕业的学生,日后成为医学界某一领域的专家权威。陈向志 1940 年毕业,对心脏直视手术及心脏瓣膜置换手术有较深研究,是我国早期开展低温麻醉下心内直视手术者之一。尚天裕 1944 年毕业留校任教,他将中西医骨科理论与实践融会贯通,建立了中西医结合的骨科医疗新体系。王秉正 1937 年以优异的成绩考取了西安临时大学医学院,后转学到成都齐鲁大学医学院,获得医学博士学位。她主编的《妇女保健学》是国内少有的关于妇女保健领域的专著。戈治理 1946 年毕业,1949 年后进入西北大学医学院附属医院外科工作,是我国神经外科的奠基人之一。殷培璞 1942 年西北师范学院附中毕业后,考入西北医学院学习,1948 年毕业于西北大学医学院,留校在附属医院工作,在大骨节病的临床诊断与防治、流行病学等方面进行了比较全面、系统和深入的研究。其他毕业生在其从事医学领域也多有建树,比如血吸虫病专家王培信、儿科学专家朱子

---

① 西北医学院 1940 年度毕业生 20 人,但实际上拿到毕业证的只有 17 人,其中 2 人不服征调被扣发毕业证,另 1 人原因不详待考。
② 二十九年度本院毕业生应征抽签报告[J].国立西北医学院院刊,1941(合刊,9,10).
③ 见国立西北医学院院刊,1942(合刊,20,21).
④ 见国立西北医学院院刊,1941(合刊,11,12).

扬、普外科专家高翰、内科专家郭仓、药理学专家王筼默、微生物与病毒学专家王用楫、耳鼻喉科专家肖明耀、眼科学专家陈庆魁、解剖学专家张怀瑫、心血管内科专家杨鼎颐等等。总之,1949年之前,西北医学院及西北大学医学院毕业的人才不仅仅在西北,也输送到全国各地,这对抗战胜利和战后国家建设都发挥了重要作用。

尾章　复员与留守

第一节　"复员"不是"复原"

胜利曙光初现的1944年,中央设计局开始组织国民政府各部委拟订复员计划,以作为战后复员依据。据此,教育部高教司司长吴俊升于是年10月13日主持召开会议,商讨各级教育复员计划问题,最后汇总呈送中央设计局与行政院审核。经过半年多的拟订、讨论、修改,1945年6月10日,教育部向中央设计局提交正式的《教育复员计划》。

日本政府决定无条件投降之后,教育部预料到内迁各校师生,"于欢欣鼓舞之余,或有急图还乡之意,难免影响教学"①,为稳定后方各校师生的情绪,于8月13日向全国公私立专科以上学校、各国立中等学校、各省市教育厅局发出紧急训令:"仍应按照规定日期开学上课,全体员生,并应安心教学,保持正常状态。所有复员计划,另候本部令饬遵办。"②8月19日,教育部高教司复员小组召开第一次会议,讨论决定后方专科以上学校复员的实施步骤。

不久,教育部为了统筹布置全国教育善后复员工作,于9月20日至26日在重庆召开全国教育善后复员会议,与会人员除教育部各单位、地方各省市教育厅局、政府相关部委的负责人外,还有各大学校长、教育专家及民意代表等,共计191人。从当年的人员名单看,出席会议的大学校长有国立北京大学代理校长傅斯年、国立西南联合大学梅贻琦、国

---

① 见胜利声中小插话[N].世界日报,1945-08-16.
② 教育部令各校安心教学[N].(天津)大公报,1945-08-15.

立西北大学校长刘季洪、国立同济大学校长徐诵明、国立东北大学校长臧启芳、国立湖南大学校长胡庶华、国立河南大学校长田培林、国立西北师范学院院长李蒸、国立西北工学院院长潘承孝和北平研究院副院长李书华等,但是国立西北农学院、国立西北医学院和私立焦作工学院无人与会。此外,专家代表有邵力子、陈剑翛、李建勋等,教育部人员有陈石珍、杨立奎等,各区教育复员辅导委员会成员辛树帜(武汉区)等。①

高等学校回迁无疑是此次会议讨论的重点内容。对于将要回迁的各校来说,尽快接收收复区校产,是当前最为迫切的任务。为此,教育部要求即将迁回原地的各专科以上学校,"应即遴派妥员报部核准后,即行携带正式档前往原地接收校产,并计划整理,以备学校之迁移";同时要求各校院派往接收之人员,应与教育部所派特派员密切联系。具体到迁移计划与复员经费的发放问题,教育部确立了国立专科以上学校由部方筹拨、省立学校由省政府筹拨、私立学校由各校董会自行筹措的原则。教育部还特别强调,各校"迁移应利用寒暑假,在未奉核准迁移之时,仍应在现在地点照常上课"②。

蒋介石在全国教育善后复员会议宴席上强调:"说到教育复员问题,差不多人人都想回老家去,此亦人情。但各种复员在未有具体规划以前,不应该随意迁回。我个人意见,各校现有学生最好毕业后再回去,至少须有一年计划,不可三心两意,匆忙搬移。准备愈充足愈好,归去愈迟愈好,政府不亟亟于还都,学校也不应亟亟于回去。亟亟必坏事,亟亟回去,破坏的还没有恢复,反不如从前,是抗战为白白的牺牲,毫无进步。我要告诉诸位:今后国家建设西北和西南极为重要。在这广大地区教育文化,必须发展提高。至少须有三四个极充实的大学,且必须尽先充实。除确有历史关系应迁回者外,我们必须注意西部的文化建设。战时已建设之文化基础,不能因战胜复员一概带走,而使此重要的地区复归于荒凉寂寞。此层望诸位多加研究与考虑。"③

秉承蒋氏讲话精神,这次会议上通过的重要原则有九项,其中与西部高等教育发展联系较为密切的便有两项:"专科以上学校作合理之迁移与分布,其因战事停顿而具有历史之学校应予恢复","积极建设西安、成都、昆明、兰州四地之教育机关,俾五年内得树立为

---

① 与会人员及分组审查人员一览[R]//全国教育善后复员会议报告.全国教育善后复员会议筹备委员会,1945:13-17.
② 贺金林.抗战胜利后国民政府教育复员研究.[M].北京:社会科学文献出版社,2010:45.
③ 召宴全国教育善后复员会议会员席上训辞[R]//全国教育善后复员会议报告.全国教育善后复员会议筹备委员会,1945:22.

西南、西北之文化中心据点"。① 不难看出，教育部这些举措的意图在于借助教育复员的机会，不仅使原沦陷区的文化教育得以迅速恢复，同时也考虑到西部地区教育长足进步的迫切需要，从而扭转战前全国文教发展水平在地域上的不平衡局面。

教育部长朱家骅在全国教育善后复员会议开幕式上明确提出："教育上的复员并非就是还原，站在国家民族教育文化均衡发展的立场上，我们对所有学校及文化机关应当注意到地域上相当合理的平均分布，以改变过去的畸形状态……这次复员，我们应该趁此调整，作相当合理的配备，以奠定整个国家未来教育发展的基础。"② 戴季陶也说："所谓复员者，就是由战时的状况，变成平时的状况，并不是说原来在什么岗位的人，还要恢复到过去的岗位……复员不是复原，复原是根本做不到的。"③ 从战时教育部长调任中央组织部部长的陈立夫，在开幕式上讲道：

> 抗战时期，所有迁至后方之学校，因经费及地理关系，未能依照教部原定计划实施，致战前种种不平衡现象，未能予以革除……当时我们考虑因抗战而转移之学校，多数集中后方，乘此时机即可作合理的分布，将各校基础建立起来。以西北论，平津迁来学校，均冠名西北二字，因为西北无大学，乘此建立几个，西北需要之学校将来使之迁往西北，他如云南、贵州亦复如是。吾人想到不独为战时打算，为复员亦须有所准备，万不可战事已终，后方学校，一哄而散。所以四川、贵州、云南及西北各地学校，多数由省立改国立，俾能建立永久基础。复员的准备诚如戴先生说要在不平衡中得到一点平衡。④

陈立夫的讲话再次印证了当初国民政府改组西北联大的真实目的，是"因为西北无大学，乘此建立几个"。

考虑到内迁大学复员造成的影响，西部各省及与会代表积极提出了解决方案。陕西省参议会提出："现值抗战胜利，国立各大学多拟移回旧址，西北大学地址现已决定移西

---

① 朱家骅.教育复员工作检讨[M]//王聿钧,孙斌.朱家骅先生言论集.台北："中央研究院"近史所,1977:189.

② 朱家骅.教育的复员与善后[R]//全国教育善后复员会议报告.全国教育善后复员会议筹备委员会,1945:24.

③ 开会式考试院戴院长致词[R]//全国教育善后复员会议报告.全国教育善后复员会议筹备委员会,1945:28.

④ 开幕式中央组织部陈部长立夫讲辞[R]//全国教育善后复员会议报告.全国教育善后复员会议筹备委员会,1945:29.

安,急应迅速迁移,并充实设备,以资培植建设人才,而应急需。"①甘肃省教育厅厅长郑通和等人则积极谋划西北地区高校的持续均衡问题,认为甘肃、宁夏、青海、新疆四省交通阻塞,地广人稀,仍然没有大学,不仅不符合分区设校的原则,同时与国家谋求各地平均发展的政策不符,因此提出《拟请在甘宁青新四省适中地点筹设国立大学一所以应西北建设需要案》。该提案说:"建设西北,实刻不容缓,今西北建设伊始,各项事业,范围尚小,然所需高级建设干部,十九聘自外省,现抗战胜利大局敉平,是项专门人才,已纷纷离去,各项事业现状,已难维持,倘欲续谋发展,更属无人可用。为今之计,必须及早培植,俾能就地取才,故在西北设置大学一所,实为建设西北之根本要图,为国储才之百年大计也。"②

傅斯年深切认识到大学复员对于国家建设事业和民族健康发展所造成的危害,并以感恩之心看待抗战时期内地省区对于教育事业的支持和收容。"抗战以来,我辈栖息西土,食毛践土,于兹八年,若干复员之时,不特将自己之学校,全数搬走,并将西方各省学校之教员大量拐走,诚属有愧,中国学生,如专受海滨城市之生活,即无异甘居次殖民地之人生观,故以后东南各地中学毕业生,应使其分一部分到西方就学,如谓此事办不到,责试问日本人何以在伪满就学,美国人何以有在燕京大学毕业者。西方各省,即必须开发,即必须建设文化重心,以为推动之原力,若必俟西方经济发达,然后建设文化中心,国家进步,必蒙其不利。"③他提出以西安、成都、昆明、兰州为急待建设的文化中心,具体办法为:

一、在复员中,西方各大学之师资问题,应由教育部设法,予以保障。

二、将西北、四川、云南三大学,建设成为第一流之大学。

三、兰州之西北师范学院与甘肃学院,可并为兰州文理学院,充实师资与设备,短期内改为兰州大学,以为甘青宁三省文化之重心,并发挥其地域性之学术,如文科之考古、农科之畜牧等。

四、西方各大学与东方各大学,自行约定某某为"姊妹学校",交换其教授与研究生,例如中央大学可与四川大学为"姊妹学校",北大与西北大学或兰州大学,清华与云南大学。

五、教育部在西方各大学中,设置讲座实验室,聘请第一流学者担任,并设奖

---

① 全国教育善后复员会议报告[R].全国教育善后复员会议筹备委员会,1945:51.
② 郑通和,等.拟请在甘宁青新四省适中地点筹设国立大学一所以应西北建设需要案[R]//全国教育善后复员会议报告.全国教育善后复员会议筹备委员会,1945:58.
③ 傅斯年.请确定西安成都昆明兰州四地为五年以内必须树立之文化中心点积极建设其机关案[R]//全国教育善后复员会议报告.全国教育善后复员会议筹备委员会,1945:161.

学金。此制在西方未充分实行前,不得在东方各大学行之。

六、西南联合大学之师范学院,仍留昆明,由清华北大等校,逐年分其教授,前来任教。①

这一办法,从宏观区划着眼,在文化中心建设和东西教育交流的基础上,致力于实现区域高等教育发展的均衡化,取得了与会代表的原则通过。

9月26日,朱家骅在全国教育善后复员会议闭幕式上再次说明:"关于内迁学校的复员方面,在讨论这个问题的时候,大体上有两种不同的意见:一种是侧重于全国教育的平衡发展,在学校分布上主张一个合理的调整,另一种是侧重于个别学校本身的发展,在地域分布上,注重个别学校的便利,这两种意见,都是为了发展教育,但是我们仍然希望大家多多注意广大的西南和西北,有些学校能够留在这两个区域内的,最好自动留下来。"②

10月12日,《西北文化日报》以《教育平均发展,西大西工决迁西安》为题报道陕西省教育厅厅长王友直谈全国教育善后复员会议成就:"陕教育厅长王友直氏,上月出席中央教育复员会议,业于月前返省,记者顷晤王氏,询以大会印象,议谈,此次会期历时一周,与会者均为各省教育厅长,各大学校校长,学院院长,及国内教育专家,约百余人,各省提案共一百五十余起,概系针对今后各级教育改进之意见,教部刻正根据大会决定,草拟全国教育五年计划,并将于明年适当时期,再行召集会议讨论,大会重要之收获,为通过高等教育今后设施之原则,在求各地平均发展,此项议案,曾引起若干之争执,盖以平津各大学须迁回原址故也,次为通过六大教育城市之设置一案,原拟为西安、兰州、昆明、成都四地,后增重庆、贵阳两地,今后各该地均将立大学、学院、博物馆、图书馆等教育机构,上述两项为五年计划中之重要工作……述及西北高等教育时,王氏称:西北医学院、师范学院、甘肃学院,即将归并为甘肃大学,至西北大学,西北工学院,业经厅长会议决迁西安。迁移工作,正积极进行,预料半年内当可实现……为确保各计划之实施,各省府普遍发起增加教育经费之运动,盖以建国首为教育,蒋主席于宴请各厅长时,并曾以'教育第一'相号召各当局对教育之重视,不言而喻。"③

为求得全国专科以上学校的均衡分布,教育部10月份拟定的初步意见认为:"各校复

---

① 傅斯年.请确定西安成都昆明兰州四地为五年以内必须树立之文化中心点积极建设其机关案[R]//全国教育善后复员会议报告.全国教育善后复员会议筹备委员会,1945:161.
② 闭幕式朱议长致词[R]//全国教育善后复员会议报告.全国教育善后复员会议筹备委员会,1945:36.
③ 张建.见证并记录[M].西安:陕西人民出版社,2006:165.原载:西北文化日报,1945-10-12.

员,不限原址。近年因学校迁移后方,西北、西南各省教育均较发达,内迁与新设学校均按照实际需要,酌予留设现址。如西北师范学院与西北医学院之留于兰州,西北大学与西北工学院之移设西安,国立女子师范学院之留于重庆,中央工业专科学校之留于重庆,西南联大之师范学院将改为昆明国立师范学院,留于昆明。国立师范学院(湖南蓝田,今涟源市)之移设南岳,国立商学院(湖南所里①)之归并于湖南大学。学校设立地点,尽可能使其不集中于少数大都市,而分布于各地。原在大都市之独立师范学院,已费尽心力,使其能迁移于距城市较远之地区。又甘绥宁青新等省,尚无大学,拟就甘省现有院校酌予合并,扩充为兰州大学,以培养西北各省各种建设之专门人才。惟大学教育留置西北西南方面之困难,在于教师不愿前来,设备与物质生活均有不逮东南之处。此次教育会议于此等困难,均拟有解决方案。以安定西北、西南方面之学校。"②

从抗战胜利到1946年各校回迁之前,地处后方各省的国立中等以上学校是在躁动不安中度过的。究竟哪些学校应该回迁,哪些可能留设原地,一时成为各校(特别是一些抗战期间创办于后方的学校)关注的焦点。迟至1946年春,教育部才在千呼万唤之中公布了国立专科以上学校的调整地点方案。现将《抗战胜利以后国立专科以上学校调整地点一览表(1946年2月11日印)》③节录如下:

校 名	原在地	现在地	迁移地	备 注
北平师范学院	北平		石家庄(北平附近)	北平师范大学准予恢复,改为师范学院,移设石家庄,在该地校舍未建筑以前,暂在北平上课
北洋大学	天津		天津	抗战期间该校停止筹备,拟仍恢复
西北大学		城固	西安	
西北工学院		城固	西安	
西北农学院		武功	武功	仍留原地不迁
西北农业专科学校			兰州	该三校拟合并扩充改为国立兰州大学
甘肃学院			兰州	
西北医学院		南郑	兰州	

---

① 所里,即现在的湘西吉首。
② 教育部签呈(1945年10月12日)[M]//贺金林.抗战胜利后国民政府教育复员研究.北京:社会科学文献出版社,2010:100.
③ 贺金林.抗战胜利后国民政府教育复员研究.[M].北京:社会科学文献出版社,2010:55-56.

国立专科以上学校调整方案一经公布，立即在后方一些学校中引起了轩然大波。大多数学校已经将下一步工作重点，转移到如何做好复员准备工作上来；而对于少数将要留设后方的学校来说，一场要求迁校的风波随时可能爆发。比如1947年，相继爆发了国立北平师范学院、国立英士大学与国立师范学院等学校学生要求更名与迁校的风波。

根据1946年夏的统计，当时全国已有专科以上各类学校182所，而战时由战区迁入西部的高校先后达80所左右，同时在西部新设之高校共计也有43所之多，即使某些学校在经过整合重组之后，截至抗战胜利之时驻留西部地区的高校仍有100余所，加上战后半年间新设的学校，当时设在西部的高校几占全国总数的三分之二，使得西部高等教育阵营盛极一时。虽然1946年2月中等以上学校迁校会议召开后，多数西迁高校返迁复员已是势在必行，但国民政府教育部考虑到西部地区高等教育长足发展的需要，同时在教育复员计划中也提出了"专科以上学校作合理之迁移与分布"的明确规定。其实这一动议早在抗战后期的1945年春便已由教育部着手筹划并召开校长会议具体讨论，张伯苓、梅贻琦等教育界知名人士也借此呼吁增强西部高等教育力量。当年9月召开的全国教育善后复员会议上不少有识之士再次提出"复员不是复原"，要求"对于战后专科以上学校之分布及其院系科别之增减，必须先有通盘计划，方足谋日后之合理发展"[①]，终于促成战时新设于西部的43所高校中，除9所迁居他地或撤销外，其余34所都永久性地扎根在西部。单从70所国立专科以上学校的复员情况来看，根据当时的统计，大致可以分为五类：隔省迁移的有27所，省内迁移的有14所，留守原地的有17所，战时停顿战后恢复的有8所，接收后改设的有4所。在前三类学校中都有不少在战后永驻西部，比如西北联大分出的国立五校：国立西北大学、国立西北师范学院、国立西北工学院、国立西北农学院和国立西北医学院，特别是像以西北农林专科学校为主体的西北农学院，仍留武功，原地不动。

---

① 朱家骅.教育复员工作检讨[M]//王聿钧,孙斌.朱家骅先生言论集.台北："中央研究院"近史所,1977:190.

第二节　平大复校与西大回迁、西医归并

抗战胜利后,尽管北平大学的建制已被注销,依然有不少人积极争取像西南联大诸校一样"复校"。1945年9月14日,北平大学校友总会为了有计划地进行复校活动,在重庆举行全体大会商讨北平大学复校事宜,计有三百余名校友参加。大会以曾任北平大学农学院院长的刘运筹为主席。首先由周建侯代表原北平大学校长徐诵明报告接洽情形,并宣读了北平大学西安校友分会及北平大学复校运动委员会西安分会的通电。

与此同时,原北平大学工学院校友也积极争取复校,并进一步提出接续北京工业大学的传统,争取工学院独立的复院运动。1945年12月,北平大学工学院北平校友总会召开抗战胜利后的第一次全体校友大会。在团结热烈的氛围中,会议提出了复员运动的口号并改选成立了新的"北平大学工学院校友会"和"北平大学工学院复员运动委员会"。

抗战期间,日伪以北平大学工学院一部建立了伪北大工学院。抗战胜利之后,鉴于自身工科薄弱的现状,北京大学校方有意接收沦陷时期的北平大学工学院发展工科,北平大学工学院校友以北京大学没有办理工学院的经验,反对北京大学接收。教育部权衡之下,命令将伪北大工学院改为北洋大学北平部,再行移交北京大学接办,从而避免与北平大学工学院复院运动的正面冲突。虽然反对之声不绝,但北京大学与北洋大学北平部的合并依然在教育部支持下继续推进。直至1947年夏,北洋大学北平部正式结束,移交成为北京大学工学院。随着新的北京大学工学院的成立,北平大学工学院复院运动草草收场。

北平大学农学院各地校友,在1945年下半年到1946年也发起了复校运动。北平大学校友会复校运动会、北平大学农学院复校期成会、北农校友总会、北平大学农学院同学会总会,以及各地的校友分会,纷纷致电致函国民政府教育部,或致电国民大会,要求复校,要求教育部兑现前部长陈立夫曾经准予战后可复员的口头承诺。南京国民政府不同意北平大学及其农学院的复员要求,而是决定由复员后的北京大学增设农学院,作为北平大学农学院延续方式。1946年8月,在北平的北平大学农学院校友徐淑琴、贾玉钧、朱震晴、魏儒林等发起,在北平大学农学院(旧朝阳大学校址)召开了所有旅居北平的历届北平大学

农学院同学组成的校友会,选出徐淑琴、贾玉钧、朱震晴、魏儒林等为委员,以魏儒林为主任委员、徐淑琴为副主任委员,正式成立了北平市的北平大学农学院校友会,展开了复校工作。首先电南京国民政府教育部,说明恢复母校的理由和必要性,并由魏儒林、徐淑琴、贾玉钧三校友去中南海北平行署晋谒行署主任李宗仁,请求支援,李宗仁答应支持北平大学农学院校友的复校请求。随后接到教育部复电说:"您们的母校北京大学农学院已经恢复,可参加该校的校友会……"旋又接到南京北平大学农学院校友总会9月6日来电,报告关于这次努力的经过:"北农复校工作,最近期内可告一段落。日前北大校长胡适先生来京(南京),兰梦九校友代表北农校友总会,往晤胡适校长,商谈北农复校事宜。据胡校长表示:'现在之北京大学农学院,即为延续北农历史之学院,欢迎北农校友多多指导,参加北大同学会,于返校节返校,并希望能多多回去作研究工作……'昨日并接到胡校长答复兰梦九校友之亲笔函,现将原函附上,请参阅。"①胡适函曰:"北大接办北平大学农学院,决不敢抹煞北农一段历史,相信北大历史上,必充分记载北农的历史,我们盼望北农校友:(1)供给北农史料给我们,(2)随时随地感觉骆驼庄(罗道庄),是你们的老家,无论何时都可'回家',都受欢迎,我们还盼望北农校友互相联络,参加校友会的活动。我昨日已将此意告知北大南京校友会的段书贻、蒋慰堂诸君,他们都表示欢迎,以后如有北农校友愿意回去做研究工作,请与院长俞大绂先生接洽,我想他一定愿意考虑。"②

始终关注北平大学前途的许寿裳表示:"平大复校事有希望,甚善,惟欲促成此举,非仅赖教授之力,其最要关键,实在毕业同学广事运动,力量始大,洒平大同学狃于习惯,只重本院而不重全校,不知群策群力,宜其成功之难。徐轼游校长现亦在沪,亦与我意见相同,劝同学多多努力也。"③经过校友们的努力,北平大学未能获得复校许可,最终扎根西北,其余脉也分散到西北各院校,真正成为西北地区均衡化的坚实基础。

再看以北平大学为主体的西北大学复员工作。自从国立西北联大改名国立西北大学以后,1940年4月,教育部令指定西安为西北大学永久校址。1943年冬天,赖琎任西北大学校长期间,欲求学校的发展,曾电教育部请迁,并组织迁校计划委员会,着手筹备,并于1944年1月特派数学系杨永芳教授到西安接洽校址,"一俟校址决定后即可着手迁移"④,后接教育部复令待战事结束后再议,此事遂告搁置。刘季洪任西北大学校长后,于1945年

---

① 张仲葛.中国近代高等农业教育的发祥[M].北京:北京农业大学出版社,1992:245.
② 张仲葛.中国近代高等农业教育的发祥[M].北京:北京农业大学出版社,1992:245-246.
③ 许寿裳.许寿裳书简集[M].彭小妍,等,编校.台北:"中央研究院"中国文哲研究所,2010:1441.
④ 见西北大学即迁省,派来教授接洽校址[N].秦风日报,1944-01-10.

2月去重庆参加全国青年志愿从军指导委员会会议。据刘季洪回校后在报告中说,曾"晋谒国府蒋主席和教育部朱部长报告校务""蒋主席召集谈话,垂询本校永久校址问题,以为确定在西安甚为合宜,主席并令本人回校后转告各同仁同学"。①

当日本投降的消息传到城固刘季洪处时,文学院院长萧一山首先到其寓所,"随后教授多人相继而来,并燃放爆竹,以示庆贺。当即决定召开校务会议,研商以后学校措施。一致议决遵照教育部过去指示,西大将永设西安,积极筹备从速迁校"②。并由刘季洪先往西安接洽校舍,再向中央请拨迁校经费。

为了迅速推进迁校事宜,西北大学成立迁建委员会,首推蓝文征、高明、傅种孙三人设计复员准备事宜,不久即正式决定迁建委员会由委员十三至十七人组成,推校长刘季洪为主任委员,文学院院长萧一山为副主任委员,委员会下设若干组,分组开展工作,每周开常务会一次。为促成迁建的顺利实现,刘季洪又敦聘西安党政军各首脑,第一战区司令长官胡宗南、陕西省主席祝绍周、西安市市长陆翰芹、省府秘书长王捷三及地方绅耆为赞助委员,积极推进迁建工作。

迁建委员会成立后,首要的问题是校舍的选址问题。经会议讨论,大家一致认为,抗战期间,本校蜗居城固七年多时间,一切因陋就简,也不能长远考虑,今后西北大学的校舍和设备应从长计议,以长居久安为原则。第一步,暂以原东北大学校舍为临时校址作为过渡,第二步于西安古都风景区之城南五里勘地建校。为了实现这一目标,校方于8月14日电教育部,请准拨东北大学西安校址为西北大学使用,并以学校名义分别函请陕西省临时参议会和西安市,对本校迁建事宜予以赞助支持。随后,9月5日,校迁建委员会副主任委员萧一山赴西安洽勘校舍。萧一山到西安后,省市头头脑脑们表示:"西北大学为西北最高学府,规模应力求宏大,俾可垂诸久远,校址似以在城南古文化区曲江旧址重新建筑为宜,不便因陋就简。"③此外,据称胡宗南长官并允将贡院门的建国公园(今儿童公园)让与本校使用。祝绍周主席亦表示大学规模宜求宏大,能于灞桥韦曲未央宫等处择地建造,似为上策,将来建筑费用省府愿予补助,征用地亩亦可协助代办。④ 这些消息传到西北大学后,全校师生均感欣慰。

9月20日,国民政府在重庆召开了全国教育善后复员会议,校长刘季洪在会上对西北

---

① 见国立西北大学校刊,1945(复刊,8).
② 刘季洪.教育生涯漫谈[M].台北:"商务印书馆",1986:171.
③ 见国立西北大学校刊,1945(复刊,15).
④ 见国立西北大学校刊,1945(复刊,16).

大学迁校复员一事,迭向教育部请示关于校舍问题,教育部明令指示:"东北大学西安校址准拨与该校使用,希即派员前往接收。除另电陕西省政府暨第一战区长官部协助外,仰即知照。"①至于迁校时间,按教育部旨意,准由本校自行酌定。刘季洪会毕返校后,因原东北大学校址为一战区军官总队占驻,经两个多月协商,军官总队迁址的具体日期仍未确定,不得已,刘季洪12月2日又亲赴西安找胡宗南等疏通,方得到解决。军官总队在不误1946学年度开学的前提下,尽速全部迁出。至于另择永久校址,营建新校舍的问题,尽管胡宗南、祝绍周等人曾讲过"将建国公园让与本校""在灞桥、韦曲、未央宫等处择地建造""规模宜求宏大"等语,但由于1946年《双十协定》被国民党当局撕毁后,胡宗南等人忙于内战准备,也根本无暇顾及过去的承诺,西北大学只好在原东北大学的旧址上修修补补。

1946年复员西安的西北大学北校门

为办理接收校舍及其他迁校筹备工作,1946年2月下旬,西北大学西安办事处正式成立。由校迁建委员会推请徐朗秋、高文源、王耀东三委员主持办事处工作,先办理接收校舍及购置员生食堂、宿舍必需用具等。至此,迁建工作才进入具体实施阶段。

校舍问题解决后,经校务会议研究决定,迁校时间定于当年4月底开始。为不影响学校计划的完成,决定采取缩短寒假(三天)、学期考试随堂进行、简化第二学期注册手续、不放春假等措施,赶授课程,为迁校腾出充裕的时间。后来也就草率结束了事。

1946年夏,西北大学迁回西安后,师生对建设一所系科日趋完备、质量并重发展、长于学术研究的高等学府充满新的希望。学校在校舍建设、师资增聘、图书仪器添置及员生生

---

① 见国立西北大学校刊,1945(复刊,15).

活的改善诸方面,都作了相当的努力。6月间,第一批教职员从城固迁回西安,校行政部门开始在西安办公。第二批教职员及随校学生于7月抵达西安,图书仪器等公物随后陆续运回。当时的学生回忆说,西北大学迁至西安小南门外,"坐南向北,北面即是护城河,护城河中还住着逃难的河南难民。因西大学生在城固有坐茶馆的习惯,护城河下和上边沿道路开了好几家茶馆。西大校舍全为平房,对称排列。女生宿舍在进校门右手一院内,大礼堂在校中央,背后有一小广场,与校门相对,广场两边是教室。大礼堂前还有一广场,再向南是教授宿舍,一个个小院落。东边有教职员宿舍","宿舍无取暖设备,冬天极冷,同学们备一铜制或搪瓷扁圆形水壶,晚上灌满热水暖被窝,早上还微温,可刷牙洗脸。同学们大部分吃贷金,伙食由学生自己轮流办,有些同学管理极好,虽物价不稳、涨价,但伙食办的很好"。①

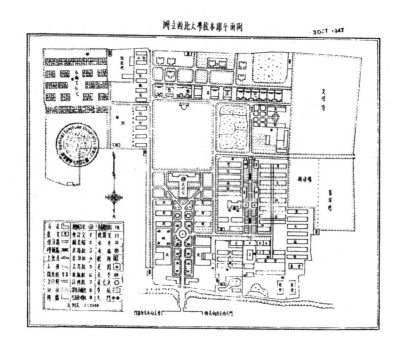

1947年西北大学校本部平面图

8月8日至11日,西北大学进行本年度新生报名工作,招生总处设于西安校本部,分处设城固老校址;另在北平、南京、兰州、迪化(今乌鲁木齐)四处委托他校代为招生。11月25日,第一学期开学。11月26日,因学生所持学生证多为原西安临大、西北联大时所

---

① 常肖苏.似水流年——七十余年人生路[M]//张毅.蕙质兰章:常肖苏文集.香港:国际炎黄文化出版社,2006:189-190.

发,注册组于当日统一换发为西北大学学生证。①

11月,西北大学在积极添建教职员宿舍与饭厅之际,"并拟合并私立药学专科学校,扩充为医学院"②。

在城固时期,与西北工学院、西北农学院合办的大学先修班,在迁校后由陕西省教育厅拨早慈巷官产房舍两院,由三校继续办班。该班仍分文法、理工、医农三组,于1946年12月恢复招生。至1948年秋季,西北大学开始单独办班。

却说抗战胜利后,举国一片欢腾,"西北医学院师生举行庆祝大会后,即停了课,决定迁校北平,接收日伪统治的北京大学医学院。全院师生一面电告国民党政府教育部,请予批准;一面进行义诊,积极准备迁院工作。教育部长朱家骅闻讯,即派一位督学到汉中劝阻。他说迁回北平接收原校,道理虽属正确,但若西北各校都迁回北平,则西北仍同抗战以前一样,无一所高等院校。这样,我国将何以发展大西北?故应以全局为重,留此为是。医学院师生接受了督学的劝说,同意不回北平,但要求迁院西安,教育部允准"③。

1946年8月1日,国民政府教育部令:自三十五年(1946)度起,位于汉中的国立西北医学院并入国立西北大学,改称国立西北大学医学院。侯宗濂教授仍为院长,后因病辞职。

西北大学医学院自1946年8月中旬开始搬迁,历时约两个月结束。在搬迁过程中,又有一些教授辞职离校。隋式棠教授回忆:"迁来西安时,医院仅有医师十人:内科陈阅明、贾淑荣,外科翟之英、张宝缵、张之湘,妇产科许可、孙撷芬,小儿科隋式棠、霍炳蔚,耳科梁福临;其他护理、药剂、检验等,尚不足十人。基础部教师有侯宗濂、王云明、陈作纪、汪功立、毛鸿志、曲漱蕙、王兆麟、张怀瑫、傅春池等以及其他职工十余人。"④西北大学医学院院址设在西安崇礼路(今西五路)西北化学制药厂旧址(今西安交通大学第二附属医院北院)。

学校"原拟购原西京医院院址(今西安市中心医院住院部)建立附属医院,没有议成,乃买到制药厂旧址西墙外空地,作为建设附属医院地基"⑤,于1947年春开始基建。先于临街空地建成平房一排,作为各科门诊室,其他办公房舍则利用原制药厂西南隅之少数旧房。是年11月正式开诊。

---

① 姚远.西北联大史料汇编[M].西安:西北大学出版社,2012:733-734.
② 见西北大学合并药专将设医学院[N].民意报晚刊,1946-11-10.
③ 隋式棠.西安医科大学史话[Z]//政协西安市新城区文史委.新城文史资料:第2辑.1986.
④ 隋式棠.西安医科大学史话[Z]//政协西安市新城区文史委.新城文史资料:第2辑.1986.
⑤ 隋式棠.西安医科大学史话[Z]//政协西安市新城区文史委.新城文史资料:第2辑.1986.

1946年，国立西北大学医学院迁至西安崇礼路

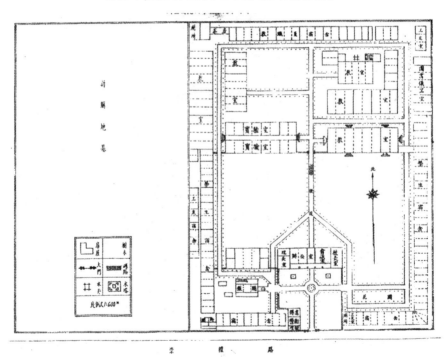

1947年西北大学医学院平面图

1948年12月，随着西北战局变化，医学院代理院长李之琳召集部分教职员工作应变报告，并商讨医院南迁四川问题，会后由附设医院院长王立础赴川勘察校址。在医学院教授会议上，推举由外科副教授马载坤任附设医院代理院长主持医院管理。12月18日，西

北大学决议要求医院停止收容住院病人,停止门诊,准备迁校。马载坤召集医院职工进行会议商讨,大部分教授和员工不同意搬迁,医院决议与医学院采取一致行动,全体同仁愿继续在原地工作以维持生活,如有愿去四川者签名,医院设法运送。对于军事当局一再要求搬迁的催促和威胁,马载坤与医院秘书张时等以上级不拨包装及搬迁经费为由,采取拖延的策略。同时在中共地下党的领导下,医院组织了护校队保护院产,阻止迁校。[①]

1949年1月,西北大学应变委员会决定不迁校,医学院决议成立应变分会。医院遂决议不迁,于2月14日门诊复诊,接着病房也开始收治病人。

5月20日,西安解放。8月4日,西安市军事管制委员会命令:为适应西北实际情况集中人力物力,以充实高等教育起见,陕西省立医学专科学校并入西北大学医学院。[②]

第三节 北洋复校与西工迁咸、焦工复校

1945年8月15日夜晚,从汉中传来了日本无条件投降的消息,顷刻间古路坝山上山下爆竹齐鸣,西北工学院师生员工兴奋异常,彻夜欢呼。

抗战胜利,复员开始。1946年1月,教育部下达了关于恢复北洋大学的函令,并充实了国立北洋大学筹备委员会,续聘王宠惠为筹备委员会主任委员,聘任李石曾、王正廷、陈立夫、茅以升、凌鸿勋、何杰、卢恩绪、钱新之、李组绅、周纶阁等为筹备委员,茅以升兼任秘书。北洋大学复校的消息传出后,各地北洋大学校友们多年的夙愿终于实现,长期的努力获得成功。为尽快实现北洋大学复校,北洋大学校友会天津分会校友,委派校友李海鸿去西沽调查了解北洋大学校址情况。2月15日,北洋大学筹备委员会于重庆召开了第二次全体会议,研究北洋大学复校的具体事宜。会上一致推举茅以升委员担任未来北洋大学的校长职务,并研究成立北洋大学接收保管委员会及其人选问题。5月,教育部接受"筹

---

① 刘铨.迎接时代新曙光的院长——马载坤[M]//邵丽英,刘铨.现代医学之源:西北联大与现代医学事业.西安:西北大学出版社,2017:144.

② 李旭,颜虹.厚德尚医为生命之光——西安交通大学医学院辉煌70年[M].西安:西安交通大学出版社2007:10.

委"建议,经行政院批准,任命茅以升为北洋大学校长。"因时匆促,茅校长未及北来,函聘（张）务滋为总务长,代为主持一切,并请李耕砚（书田）暂摄教务长职。同时自西安转来之学生为三十有八人。6月20日茅校长来函,谓'部派金通尹先生（问洙）以教务长资格代理校务,聘李耕砚先生为工学院院长,决定工学院八系、理学院四系'云云,又嘱接收北平工学院。"①

抗战复校的北洋大学校门

教育部决定恢复北洋大学的消息传到泰顺和西安,两地北洋师生欢欣若狂。1946年4月2日,北洋工学院西京分院的35名学生和2位职员,在李书田院长率领下历时14天,终于抵达天津。② 7月间,在英士大学就读的原泰顺北洋工学院师生集合商议复校返津事宜,200余名师生自温州齐集上海后,除极少数同学乘客轮北上外,大多数师生是在茅以升校长的周旋下,由陈荩民院长率领,免费乘坐空放北上的运煤货轮,经秦皇岛和塘沽,分批抵达天津。8月15日,新聘任的理学院院长陈荩民由津赴平,代表北洋大学接收"北平临大第五分班",建立了"国立北洋大学北平部"（北平部的前身是日伪时期在原北平大学工学院旧址上成立的"北京大学工学院",抗战胜利后与北京土木专科学校合组为北平临时大学补习班第五分班）,设有机械、电机、化工、土木、建筑五系。这样,由来自泰顺北洋工学院、北洋工学院西京分院、西北工学院和"国立北洋大学北平部"的四地师生,如百川归海,

---

① 张务滋.国立北洋大学复员经过[M]//杨慧兰.世纪记往.天津:天津大学出版社,2000:25.
② 王九龄.千里跋涉[M]//李秀民,王葳.我们从北洋走来.天津:天津大学出版社,2015:480.

汇集西沽。复员回来的学生和转学生经过短期的复习和准备,于10月20日开学。9、10月份两次招收的新生及先修班,也于11月22日上课。

1948年9月以后,解放战争进入战略决战阶段,南京政府教育部要求北洋大学南迁,北洋大学学生自治会在中共地下党组织的领导下,召开全体学生大会,发动签名,反对南迁。

是年12月平津战役即将打响之际,北洋大学校长张含英(原校长茅以升1948年8月离任之后由张含英继任)去南京办事,因交通断绝,不能返校,工学院院长李书田又乘天津起飞的最后一个航班南去了。中共北洋大学地下党支部即以学生自治会为主体组织了"应变委员会",把全校图书、仪器、设备等转移到南大楼地下室,妥加保护。因北洋大学地处前线,为了师生员工的安全,"应变委员会"将学校人员有组织地迁入市内河北女子师范学院。12月22日,学校成立了国立北洋大学临时维持委员会,理学院院长陈荩民任主席,采矿系主任刘之祥任副主席,维持学校日常工作。①

1949年1月15日,天津宣告解放。3月,天津市军管会代表人民正式接管了北洋大学。军管会文教部部长黄松龄代表军管会接收时宣布:取缔国民党和三青团等组织,取消训导制度。同时明确"国立北洋大学临时维持委员会"继续维持学校工作,陈荩民、刘之祥继续担任正、副主席,直到5月才撤销临时维持委员会,正式成立北洋大学校务委员会。②

再说东北大学,于1946年复员沈阳,8月恢复工学院,而北平大学工学院未能复员。西北工学院因保留建制,且成效卓著,所以随三院校复员离去的只有一小部分教职员工。1939年教育部已决定宝鸡为西北工学院永久院址(赖琏曾于1942年4月中旬在宝鸡筹备建校③),待复员开始,改定甘肃天水城北的西北公路局旧址为院址。全体师生都以西安地点适中、交通便利为理由,一致主张复员西安。潘承孝院长两度赴渝交涉,教育部遂于1946年3月指令西北工学院复员西安。

1946年1月,以潘承孝院长为首的西北工学院复员迁校委员会组成,积极筹划复员迁校事宜。在这之前,潘承孝院长与教授代表赵文钦、张伯声前往西安勘察校址,并聘李仙

---

① 张凤来.北洋大学—天津大学校史(一)[M].天津:天津大学出版社,1991:429-430.
② 高澜庆.学生怀念恩师刘之祥教授[Z]//北京科技大学党委宣传部.校史资料人物篇:第一辑:125-126.
③ 《西京日报》1942年4月16日有报道说:"西北工学院将由城固迁宝鸡,赖琏谈已开始在宝鸡筹备建筑校舍。"

舟教授为西京复员迁校筹备处主任,经访晤于右任院长、陕西省政府祝绍周主席、胡宗南长官及教育厅王友直厅长,前后奔走数月,最后商定:院本部设在咸阳,为二、三、四年级所在地;分院设在西安早慈巷公字1号省立第一中学南院一部分,为一年级及先修班所在地。

6月,西北工学院着手复员迁校工作,并决定,除担任有迁建任务者外,其余教职工学生一律放假一个学期,回家探亲。当时搬迁任务十分艰巨,有1600余名教职工学生及400名家属和3500余件图书、仪器、校具、行李等需要运送,而古路坝至宝鸡旱程300余公里,交通工具又极为缺乏,特别是古路坝至城固县城山道崎岖,一切运转,全靠人力扛抬与畜力驮运,困难不言而喻。幸好事前筹划周详,组织严密,全校师生与事务人员和衷共济,群策群力,分别协同担任装箱、打包、编号、押运等事。沿途于汉中、双石铺、宝鸡等处分别设立联络站,在古路坝设留守处,以资照料。全部人员、物资、设备等终于在11月安全抵达西安。这一搬迁任务,历时半年,圆满完成。八年古路坝生活,到此结束。

国民政府资源委员会咸阳酒精厂奉令结束,借给全部房屋300间及厂西土地300余亩;财政部盐务总局借给其西安办事处咸阳分处全部房屋52间及处东土地56亩,咸阳院本部合计占地453亩。1946年7月底,成立了以潘承孝院长为首的10人校舍建筑委员会,积极筹划有关事宜。在咸阳校址勘定后,一面修理旧屋,一面加紧建筑新舍。按当时教学工作与师生员工生活必需,应建教室、宿舍、工厂、实验室至少1500间,以当年5月份物价估计,需经费12亿元,而教育部拨款仅为4亿元,相差甚巨。潘承孝院长两次赴京洽请,全体师生复向各方呼吁,以及在国民党中央执行委员会海外部任职的前院长赖琏也给朱家骅部长去信,"请对此惨淡经营之西北工学院速作紧急有效之救

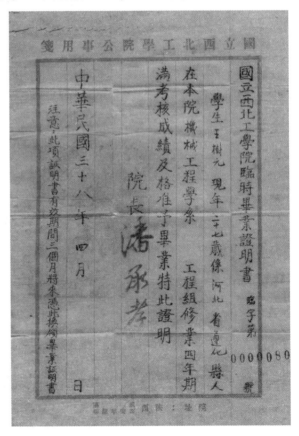

咸阳时期的西北工学院学生毕业证明(王亚新提供)

济",教育部始允续拨 6 亿元。1946 年 9 月开始动工,到 1947 年底,陆续建成学生宿舍、教职员宿舍、学生饭厅、教室等约 560 间,同时修理及改造旧屋达 500 间。在此期间,因物价暴涨,来款过迟,新建校舍仅为原计划的三分之一。但全部建筑并未因冬季施工而发现工程质量问题,诚非始料所及。

当时,全体师生关心课业,焦急异常。经研究决定,按四、三、二年级顺序,于 1947 年 1 月至 2 月陆续开课,一年级 3 月开课。每一宿舍刚刚建成,即时迁入;每一教室门窗初上,立即排课。时值严冬,师生于墙壁犹湿的教室中开始赶课,未感所苦,反引以自慰。

西安分院位于早慈巷公字 1 号,南邻建国公园,清静幽雅,而少都市嚣烦,堪称读书之地。临时校舍仅有 200 间,除修改一部分暂作办公室外,其余作学生宿舍,还不敷用。教师携带眷属数口,仅分到房屋一间,职员在外赁居旅馆。时在盛夏,斗室拥挤,露天为炊,大家体念时艰,毫无怨言。

需要补充说明的是,西安分院校舍原本为国民党军队占据,影响暑期后开课,院行政交涉没有结果。学校进步社团路社和旗社社长陈光炯、刘哲民与旗社成员温作丁三人商议,计划组织人员上街游行请愿,很得同学赞成,并经学生代表会议通过。推选王式曾、刘哲民、陈光炯、温作丁、胖瑛等五人为代表,请愿的标语口号是"反对军队占领高等学府""我们要教室,我们要开课""还我教室"。同时还向教育部发出快邮代电,要求速拨经费,开工兴建教室宿舍;并发表《告西安市民书》,争取同情支持。8 月的一个下午,在校同学二三百人(绝大多数人回家探亲,留校同学不多)组成游行队伍,直至陕西省府所在地,省政府主席祝绍周在荷枪实弹的卫兵的保护下出来接见。温作丁代表申述请愿的目的和要求。祝绍周说,对学生的要求表示同情,还说可以敦促教育部早日拨款。至于军队占据校舍问题,因军队不归地方,他自己无能为力,可找胡宗南解决。于是游行队伍又来到胡宗南的绥靖公署。一个后勤处长出来接见,答应尽快让军队腾房。事后军队很快就给腾出了教室,教育部也拨来一笔建校的款项,迅速盖了一批校舍。1947 年 3 月终于开学上课了。

1948 年 5 月 5 日,国立西北大学、国立西北工学院和国立西北农学院建立了"国立西北三校院行政联席会议"制度。该会议的参会者为"三校院长及教务、训导、总务三处长,推定国立西北工学院郝主任圣符为本会秘书;两周开会一次,由三校院轮流召集之"[①]。

是年 9 月,潘承孝院长因健康原因,请假回天津休养,经济学教授刘凤年代理院长。

---

① 姚远.衔命东来:话说西北联大[M].西安:西北大学出版社,2018:255.

随着解放战争的节节胜利,国民党当局预感西安不保,于是策划迁校。10月30日,刘凤年假全体教授名义电呈教育部,请求迁校。12月4日,西安绥靖公署主任胡宗南急电,"陕省各校似迁川南为宜,闻自流井一带陕省会馆甚多,可以应用"①,并要求各校派人实地勘察。为此,代理院长刘凤年采用聘任形式组成了"迁校委员会",并指派教务主任王际强教授和张兆荣教授赴川洽借校址。王际强、张兆荣先后到达成都、重庆,均未找到合适的校址,最后在四川灌县(今都江堰市)蒲阳镇觅妥空军幼年学校遗址可供借用。同时在校内也做了仪器、图书装箱等准备。这些迁校的准备工作,因受到广大师生员工的强烈反对,又无迁移费用而告中止。

1949年3月5日,国民政府教育部迁往广州办公,经费来源渐告中断。院方4月16日布告:"经西北三校院联席会议决议,本学期在5月16日结束。"②毕业考试也未进行,随之许多教职员生纷纷离校,刘凤年也辞去代理院长职务,校务完全处于停顿状态。

5月18日、20日,咸阳、西安相继解放。8月底,西安分院全部师生迁至咸阳总院,撤销分院。同时,西安地区几所高校联合举行新政权下的第一届招生。

再说原合并组建西北工学院的私立河南焦作工学院,抗战胜利之后,也开始积极筹备复校。1945年8月31日,焦作工学院校董会原常务校董、董事、原焦作工学院院长及毕业学生孙越崎、张仲鲁、孙延中、黄志烜、陈郁、许道生、张鸣韶、袁慧灼、王有中、单志钧等10人在重庆组成复校委员会。孙越崎等联名致函朱家骅,请求焦作工学院尽快复校,"焦作虽属小镇,但地处晋冀豫三省工矿中心,交通便利,环境优良。本院设置于此,允称最为适宜"③。此时已任河南大学教授兼训导长的张清涟亲赴重庆,也为焦作工学院的恢复而积极奔走。

10月15日,教育部批令西北工学院将原属焦作工学院的图书、仪器、设备归还,以利焦作工学院复校。但是受时局影响,焦作工学院无法迁回原址,只好到开封暂借国立河南大学校舍落脚,继续筹备复校大计。1946年8月,经教育部和河南省政府批准与拨款,焦作工学院终于在洛阳关林复校,张清涟复任焦作工学院院长。张清涟在复校纪念大会上动情地回顾学校所走过的艰辛道路,号召师生"提起精神,创造青出于蓝的新牌子,建设新焦工"。复校时有教师近20人,设采矿工程学系和冶金工程学系及先修班(预科)。

---

① 姚远.衔命东来:话说西北联大[M].西安:西北大学出版社,2018:256(抄件图片).
② 陶秉礼.西北工业大学校史[M].西安:西北工业大学出版社,1995:26.
③ 邹放鸣.从焦作路矿学堂到中国矿业大学——西北联大与矿大精神[J].中国矿业大学学报(社会科学版),2013(4).

国共内战爆发后，洛阳处于动荡之中。1947年10月，焦作工学院又迁郑州，在西河阳街租借了一个灾童教养院做临时校址，于11月6日开学。全院学生达200余人。

1948年8月，学校改为河南省立焦作工学院。受战局影响，学院被迫于1948年8月下旬迁往江苏苏州狮林寺巷办学，同时于9月招收采矿、冶金两班学生40人。复校后的焦作工学院三年三迁，在战乱中颠沛流离，备尝艰辛。

1948年9月，焦作工学院师生南迁苏州留影

1949年4月27日，苏州解放，华东人民政府接收了焦作工学院。9月2日，学院奉命北上返回焦作故地，9月18日正式复课。

第四节　西师留守与师大复校、女师回津

在西北办学的历程中，无论校址怎样迁移，校名如何变更，哪怕建制被注销，西北师范学院师生始终继承北平师范大学的优良校风，而且恢复北平师范大学的期望一直未断。1942年12月17日，西北师范学院在城固和兰州两地隆重召开"师大暨本院四十周年纪念

日"庆祝大会。李蒸院长在兰州庆典上回顾学校历史后说:"今年幸逢本校四十周年大庆,忆学校过去,艰难缔造,及推想未来之使命重大,诚不禁百感交集,惟聆今年盟国开始反攻,胜利在望,本校校庆在城固和兰州两地同时举行,象征本校明年校庆将在兰州和北京两地同时举行。"①当天,在城固庆祝大会上,教育系主任、校委会教授代表李建勋在讲话时说:"师大为一有历史有成绩之学校,竟以西北联大改组而取消,诚抗建期间一重大损失,亦即教育史上一不幸事件,对教育有崇高信仰之西北师院教职员及同学,应努力使其复活。"②

抗战愈接近胜利,学校师生的"复校"愿望也愈强烈,希望北平师范大学能在北平复员,在兰州设"分校"或仍保持西北师范学院,分一部分教师在兰州继续办理。但是教育部的态度很明确,主张西北师范学院作为北平师范大学的继承者,永久在西北办学,不存在北平师范大学的"复员"问题。

1945年2月,张治中将军电请李蒸院长到重庆就任三民主义青年团中央团部副书记长。8月7日,李蒸离开兰州赴重庆履新,西北师范学院院长职务暂由黎锦熙代理。11月9日,李蒸第五次向教育部呈文请辞,电文说:"谨呈者,蒸奉命调任三民主义青年团中央团部副书记长,任事已及三月,期间曾经四次请辞本院院长职务,未获核准。蒸在渝供职,对于本院职务势难兼顾,亦未便长期委托教务主任代理。敬祈迅予照准派员接替,实为公便。"12月31日,教育部照准李蒸辞去院长职务,聘黎锦熙接任。由于设在北平的中国大词典编纂处在抗战期间一直无人负责,黎锦熙为推进此项工作,急需赴北平主持工作,因此给教育部发电报拒聘。实际上,从黎锦熙院长1946年的行踪看,自教育部聘任他为西北师范学院院长以来,基本上不在学校主持校务工作。这段时间的院务工作由李建勋代理,后来由院长室秘书易价代理。

抗战胜利的消息,给迁往内地的高校师生莫大的鼓舞,他们迫切希望立即复员回乡,迁回旧址。北平师范大学校友总会于8月12日、25日两次召开大会,讨论复校问题。"咸以抗战胜利,失地光复,师大历史悠久,成绩卓著,应即恢复。当议决:(1)向有关方面函电呼吁;(2)选派代表赴渝,积极进行;(3)密。"③

8月16日,《大公报》发表消息称:"教育复员首为大学之迁回。据悉,中央大学、交通大学、武汉大学、浙江大学、复旦大学、金陵大学、大夏大学、光华大学、齐鲁大学、燕京大

---

① 刘基,等.西北师范大学校史(1902—2012)[M].北京:教育科学出版社,2012:166.
② 师大暨本院四十周年纪念日讲演词[R].国立西北师范学院校务汇报,1942(49).
③ 见国立西北师范学院校务汇报,1945(78,79,80,合期).

学、湘雅医学院、上海医学院、江苏医学院等均将迁回原址。西南联大仍将分清华大学、北京大学、南开大学,分别迁回。"①报道中没提北平师范大学(也没北平大学和北洋工学院),引起西北师范学院师生的不满。8月29日,西北师范学院全体学生发表《为拥护恢复国立北平师范大学敬告社会人士书》,提出"为了北平师大过去43年来的光荣成绩与历史,为了高级师资训练制度的确立与维护,以及为国家的教育前途,我们不能不说话了"。9月1日,兰州北平师范大学校友总会向各地校友发函,希望各地校友联络当地同学以北平师范大学同学会分会名义向有关方面呼吁,"以期我具有辉煌悠久历史之师范大学得以永存"。

9月11日、12日,复校代表李建勋、易价先后乘飞机赴渝进行复校工作,奔走数十天,得李石曾、吴稚晖、于右任等人赞助,"结果虽允复校,然名称为国立北平师范学院,嗣后改大,校址须迁石家庄,但复员问题,与西北师院员生无关"②。得此消息,西北师范学院全体学生于10月17日晚召开大会,宣布18日起罢课,并发表宣言通电全国。

西北师范学院学生在"还我师大"标语前留影

9月20日至26日,国民政府召开了全国教育善后复员会议,李蒸当时虽已离开学校,但尚未办理离任手续,因此受邀参会。会议通过的教育机关复员九项重要原则,对于西北

---

① 见迁内大学均将迁回原址[N].大公报,1945-08-16(3).
② 刘基,等.西北师范大学校史(1902—2012)[M].北京:教育科学出版社,2012:173.

师范学院以及北平师范大学来说是相当纠结的,按照教育部长朱家骅的说法,战后要"积极建设西安、成都、昆明、兰州四地之教育机关,俾五年内得树立为西南、西北之文化中心据点",据此,则西北师范学院自然属于应当合理分布在兰州这个"文化中心据点"的高校,但同时作为北平师范大学的继承者,或者说已经被"归并或停办"的北平师范大学是"历史悠久,成绩卓著"的,有必要恢复。

10月23日,李建勋、易价自渝返校,说明情况,劝导学生复课。10月27日,甘肃省教育厅厅长郑通和到西北师范学院了解有关情况,劝说学生暂行复课,学校复校委员会提出了三项要求:(1)恢复师大名义;(2)原任校长复职;(3)本院学生志愿赴北平求学者,到北平复学。郑通和答应将这些要求转告教育部。罢课遂于10月29日结束。

11月30日,朱家骅在重庆举行记者招待会,当记者问及北平师范大学复校一事时,他回答说:"因该校院迁陕西,为西北联合大学之一院,后西北联大改制,师范学院迁兰州,改为西北师范学院。该院将留于西北,然为求保持北平师大之历史传统起见,将另成立国立师范学院,暂在北平原址复校,将来该校如增设为三院,也可改称大学,其永久校址将设于石家庄。"①进一步证实了所谓"复员"与西北师范学院无关的说法。

12月17日,西北师范学院在中山堂举行43周年纪念会,易价以代理训导长身份主持并发表讲演,他明确提出:"我们复校工作根据'原名称、原地址、原任校长复职及本院师生全体返平'三原则进行,不达目的,决不终止。为发展西北教育起见,我们一面进行复校工作,同时应当协助建设西北师范学院,二者并行不悖,使师大还于旧都,发扬光大,在兰州成立永久的西北师范学院,共存共荣,奠定高级师范教育制度,促进国家文化建设。"齐国樑在代表教职员致辞时强调:"抗战胜利,各校复员,我师大理当还于旧都,但吾人对于高级师范教育,宜双方尽力,西北师范学院现已有相当规模,为了继续发展西北教育,故不能弃西北师院而不顾也。"②纪念会后,校友总会召开第七届大会,决议撰文呈教育部。12月27日,由校友总会、复校委员会和学生代表会联合召开大会,一致主张再次罢课,组织请愿团赴重庆请愿,并组成北平师范大学复校运动联合会。

1946年1月4日,北平师范大学复校运动联合会举行记者招待会,决定于1月6日派先遣队300人分乘7辆汽车赴渝,全校师生列队出城欢送。甘肃省军政当局鉴于情势严重,于3日早晚两次派郑通和前往劝慰,并答应8日派郑通和赴渝,代表甘肃省政府向教育部说明"西北师院全体师生渴望恢复师大"的情况。复校运动联合会接受了劝慰,决定"候

---

① 见西北日报,1945-12-03.
② 刘基,等.西北师范大学校史(1902—2012)[M].北京:教育科学出版社,2012:174.

至本月十五日,如无圆满消息,再行派队赴渝"①。

1月22日,教育部电派督学沈亦珍自西安来西北师范学院协商复校事宜,随后,郑通和、沈亦珍先后赴渝报告有关情形,均无结果。北平师范大学校友总会驻重庆代表董守义又与教育部接洽。3月,经多方努力,教育部准许在北平原师大校址设立"北平师范学院",任命原西北师范学院体育系主任袁敦礼教授为院长。西北师范学院学生不分地域,可无条件转入北平师范学院。袁敦礼因正在美国讲学,7月,部派黄如今代理北平师范学院院长。8月,院长袁敦礼回国来北平就职,接收校舍,举办复员以后第一届招生。

听到北平师范学院复校的消息,一直在为复校奔走的师生欢呼雀跃,开始从各地汇集北平。其中,师生最集中的当数兰州的西北师范学院。有一批教师在黄河上坐羊皮筏子,渡到绥远,然后再乘火车到达北平。

兰州西北师范学院学生与进城的交通工具羊皮筏子

中国数理逻辑模型论方向的学术带头人、北京师范大学数学系教授王世强,是1944年考取西北师范学院的,也跟随复校队伍到了北平。据其回忆:

当时从兰州到北平复校的师生分了好几批,我是来得比较晚的一批,第一批是有组织的,有几百人,通过西安到郑州附近,跟解放区联系后,过了黄河通过解

---

① 刘基,等.西北师范大学校史(1902—2012)[M].北京:教育科学出版社,2012:175.原载:甘肃民国日报,1946-01-04.

放区,最终到的北平……我们出发时已经晚了好几天,这时候兰州的大部队已经开拔了。学校也有几个和我一样走得比较晚的同学,还有一位体育系的徐英超老教授,随即与他们同路出发了。由于形势的变化,这时通过解放区是不可能了,我们只好从郑州往南绕道当时的国统区,通过救济总署的帮助,到了武汉,又坐一艘帮助中国运送难民的美国登陆艇,到了上海,再从上海转到天津,一路上费劲[尽]周折,很是艰难,最后终于顺利到达北平。到北平时,大部队的师生已经到了一个多月了。到1946年10月,复员的学生陆续到齐,11月开学并正式上课了。①

1943年考入西北师范学院英语系的马俊明回忆:"1946年暑期,成立了复员北平的委员会。由于路途遥远,交通不便,大家殊途同归,选择到北平的不同道路。其中人数最多、有组织的一批二百多人,分别乘汽车到西安集中,乘火车至郑州,沿平汉线北上……1946年8月间,我们西北师院的师生沿平汉线北上的复员大军徒步取道安阳向晋冀鲁豫解放区进发。我们二百多同学和体育系主任徐英超教授及其小女儿宝丽,雇了十几辆马车。行李和身体不适的女同学轮流坐马车,男同学步行……1946年9月上旬,我们北平师范大学复员大军,离开了河北元氏县,经过石门(石家庄),于9月下旬到达目的地——中国文化古都北平,回到了北平师范学院。"②

北平的媒体对西北师范学院学生迁回北平有连续报道。且看1946年9月27日《经世日报》消息:"国立西北师范学院,自动来平转学北平师院同学213名,自兰经共区循平汉线,昨(26)日下午五时,全体抵平,师院同学均赴东站欢迎。"③10月1日《益世报》报道:"(西北师范学院)复有一批学生约60余名,自兰州启程后昨(30日)有电致师院称:刻已行抵新乡,不日即可到平云。"④12月25日《经世日报》又云:"国立西北师范学院之第三批转学学生30余人,于日前在该院开会商讨转学事宜,经决定渠等决于本周内包乘专车逐来平母校转学,兰州西北师院学生已所余无几了。"⑤

北平沦陷期间,敌伪于北平师范大学原址设有北京师范学院,另设北京女子师范学院

---

① 王世强先生自述[M]//刘川生.讲述:北京师范大学大师名家口述史.北京:光明日报出版社,2012:490.
② 马俊明.从兰州到北平的复员路上[M]//刘锡庆.我与北师大.北京:北京师范大学出版社,2002:62-64.
③ 见西北师院学生二百余人抵平[N].经世日报,1946-09-27.
④ 见西北师院学生又一批即到平[N].益世报,1946-10-01.
⑤ 见学生大批来平,西北师院空空如也[N].经世日报,1946-12-25.

于李阁老胡同,后两校合并称"北京师范大学"①(即"伪师大")。抗战胜利后,"伪师大"被国民政府改称"北平临时大学补习班第七分班"(汤茂如为分班主任),"这叫做伪组织下的师大",而"西迁的师大,叫做正统的师大"。这个"伪组织下的师大"随着"正统的师大"的复员而被合并。至此,北平师范大学复校运动结束。北平师范学院和西北师范学院两个"同气连枝"(常道直教授语)的高等师范院校并存,被当时社会各界誉为"姐妹学校"。1947年秋,河北省立师范专科学校奉部令并入该院。

1946年5月,北平师范学院师生为恢复"北平师范大学",向来北平的教育部长朱家骅请愿,使教育部不得不明令北平师范学院分设三个学部,筹备一年后复大。但是,一年以后,复大问题仍无结果。于是,北平师范学院复大委员会决定到南京请愿,并发表《为恢复国立北平师范大学告社会人士书》,为要求复大,全体学生罢课,全体教授辞职。西北师范学院师生及各地校友坚决支持北平师范学院复大。随后北平师范学院院长及学生代表赴南京请愿。教育部见事态扩大,派人前往北平疏导,并答应了师生的请求,于1948年11月恢复了国立北平师范大学之名。

1946年,国民政府行政院决定将西北师范学院、甘肃学院和西北医学专科学校三校合并,成立国立兰州大学,任命辛树帜为校长。得到此消息的西北师范学院,一方面通过正在进行的复校运动,要求恢复北平师范大学,西北师范学院继续独立设置,永久在西北办学;另一方面宣传学校师生维护师范教育制度,保持独立办学,反对并入兰州大学的决心。但同时也在校内进行着万不得已被合并的准备。一些有识之士坚决支持西北师范学院独立设置,并力陈西北师范学院不应合并到兰州大学的理由。在学校的努力和社会人士的支持下,1946年7月18日,教育部电示,西北师范学院仍应继续独立设置,决定不并入兰州大学。② 12月17日,兰州大学校长辛树帜在西北师范学院44周年校庆纪念会上说:"贵校四四周年,在全国各大学中,为历史最悠久者;在师范学院中,尤为历史最悠久者。师范学院,负培养中学师资之责,在西北极为重要。所以这次我和教部争辩,经三日之久,教部始承认贵院在西北之重要,而仍独立设置。"③

抗战胜利后,河北省政府(时在陕西眉县)先回到西安,又抵达郑州、新乡,继而在北平

---

① 北京师范学院于1938年5月17日成立,院长王谟。初设文、理、体育3科,分设11组和1个专修科。北京女子师范学院于1938年3月成立,院长张恺。1942年底,伪教育总署将二师院合并改组为国立北京师范大学。设文学院、理学院、教育学院和体育专修科、音乐专修科。

② 见西北师院独立设置,不并入兰大[N].甘肃民国日报,1946-07-19.

③ 见国立西北师范学院校务汇报,1946(84).

临时办公。1945年11月,省教育厅派河北女子师范学院前庶务主任李荫珂为接收员,接受天津校产。1946年1月,教育厅又任命李荫珂为筹备主任,筹备复校事宜,同时函请齐国樑由兰州返回天津主持院务。齐国樑经过八年多的企盼,终于带领师生回到他经营了几十年的学校。面对凄凉残破、徒空四壁的天纬路校园,河北女子师范学院的师生将感伤化作信心,急速将校舍粗粗修葺。9、10月间,河北省立女子师范学院附属中学、幼儿园、小学和学院本部先后开学上课。又经过一年的施工建设,校园基本修缮一新。复校后的河北女子师范学院设有教育、家政、中文、体育、音乐五个系。开始每个系各招生一个班,于当年10月28日开学。

第五节　薪火相传,生命永续

与西南联大将主体迁回北平不同,西北联大分立的五个院校像蒲公英一样播撒在西北大地,生根、开花。不妨看看五校在1949年之后的变化——

西北大学

1949年8月,陕西省立师范专科学校归并西北大学教育系,成立国立西北大学师范学院;陕西省立商业专科学校并入国立西北大学法商学院;陕西省立医学专科学校并入国立西北大学医学院。此外,私立西北药学专科学校(部分)并入国立西北大学医学院。

1950年3月,南郑师范专科学校分校并入国立西北大学;1950年4月,原并入西北大学的西北医学院又独立为西北医学院。1950年12月,国立西北大学更名西北大学。

1952年9月,兰州大学和西北师范学院的英语系并入西北大学;随后,兰州大学经济、银行会计系也并入西北大学。1952年11月,西北大学民族学系转入兰州西北民族学院语文系。1953年9月,西北大学英语系二、三年级并入北京大学,一年级与俄语组教师调入俄文专科学校(后发展为今西安外国语大学),师范学院数学系、中文系、史地系四年级并入西北师范学院。1954年6月,西北大学师范学院独立为西安师范学院(后发展为今陕西师范大学)。1958年8月,西北大学法律系调入中央政法干部学校西北分校,成立西安政法学院(后发展为今西北政法大学)。1960年5月,西北大学经济系与他校合组为陕西财经学校(后发展为陕西财经学院,今并入西安交通大学)。1972年,陕西工业大学化工系并入西北大学。

西北农学院

1950年春,国立西北农业专科学校撤销,农艺、森林、农业经济三系并入国立西北农学院,9月,兰州大学水利系并入国立西北农学院。10月,国立西北农学院改名为西北农学院。1952年10月,西北农学院畜牧兽医系并入西北畜牧兽医学院(原国立兽医学院)。1979年森林系分出成立西北林学院。

1985年,西北农学院更名为西北农业大学。

1999年9月,经国务院批准,同处杨凌的原西北农业大学、西北林学院、中国科学院水利部水土保持研究所、水利部西北水利科学研究所、陕西省农业科学院、陕西省林业科学院、陕西省中国科学院西北植物研究所等七所科教单位合并组建为西北农林科技大学。

西北工学院

1950年2月,兰州大学新成立的化工系调整到国立西北工学院。[①]

同年12月,国立西北工学院改名西北工学院。

1952年3月,山西大学纺织系(原私立铭贤学院纺织系)并入西北工学院;8月,西北工学院矿冶系的冶金组调入新建的北京钢铁学院;9月,山西大学采矿系调入西北工学院,与其采矿组合并。原矿冶系改名为采矿系。1953年秋,西北工学院电机系电讯组调入北京工业学院。[②]

1955年7月,高教部正式决定,将西北工学院于1956年暑期后改建为特种(国防)工业学院,由第二机械工业部负责管理,学校原有专业作如下调整:

(1)矿区开采专业于1956年暑期调入交通大学;

(2)石油及天然气开采、石油及天然气工学两专业,1952年、1953年所招学生于1955年暑期调入北京石油学院,1954年、1955年所招学生于1956年暑期调入北京石油学院;

(3)发电厂配电网及联合输电系统、河川结构及水电站的水工建筑两专业,于1956年暑期调入新成立的西安动力学院;

(4)工业及民用建筑、工业及民用建筑结构两专业,于1956年暑期调入新成立的西安建筑工程学院(今西安建筑科技大学);

[①] 陆润林.兰州大学校史 1909—1989[M].兰州:兰州大学出版社,1990:125.
[②] 陶秉礼.西北工业大学校史[M].西安:西北工业大学出版社,1995:89.

(5)天津大学的纤维材料机械工学专业于1956年暑期调入西北工学院。①

以上调整的各专业的学生、专业教师及专业设备同时一并调出。

1956年5月,经国务院批准,决定将西北工学院校址迁建西安。1957年10月,中央批准将位于咸阳的原西北工学院的校址转交西藏自治区,作为西藏公学(后更名西藏民族学院、西藏民族大学)的校址。

1956年8月,华东航空学院(由交通大学航空工程系、浙江大学航空工程系、南京大学航空工程系于1952年合组而成),从南京迁至西安,更名西安航空学院。1957年10月,西北工学院与西安航空学院合并,成立一所综合性的国防工业大学,定名为西北工业大学。

1957年7月,西北工学院的纺织、采矿两系调至西安交通大学。原归属采矿系的地质教研组分出,与西安动力学院及西北农学院水利系的水文地质与工程地质教职工合并组建了交通大学地质系(交通大学的采矿、地质两系一年后调出组建西安矿业学院,即今天的西安科技大学)。

1970年2月,哈尔滨工程学院(现哈尔滨工程大学)航空工程系整体并入西北工业大学。

西北师范学院

1951年,国立西北师范学院改称西北师范学院。1954年7月,体育系及专修科并入西安体育学院。1958年11月改称甘肃师范大学。1981年9月,复名为西北师范学院。1988年5月,更名为西北师范大学。

西北医学院

1950年4月,中央人民政府政务院教育部电,决定将西北大学医学院改为"西北医学院"。1956年9月,奉高等教育部、卫生部令,将"西北医学院"改称"西安医学院"。

1985年,学校由学院转制成大学,校名同时改为西安医科大学。2000年4月,西安医科大学、陕西财经学院并入西安交通大学组建新的西安交通大学;西安医科大学成为西安交通大学医学院。2012年6月,组建西安交通大学医学部。

再看看其他相关院校的变化——

北平师范大学

1949年9月,北平改称北京,学校也相应改为北京师范大学。

---

① 陶秉礼.西北工业大学校史[M].西安:西北工业大学出版社,1995:90.

1952年,与辅仁大学合并,中国大学理学院、燕京大学教育系、中国人民大学教育研究室和教育专修班等先后并入。

北洋大学

1951年8月,北洋大学与河北工学院合并,定名为天津大学。1952年全国高校院系调整中,南开大学工学院(设有化学工程系、电机工程系、机械工程系)、津沽大学工学院(设有土木工程系、建筑工程系、机械工程系)、清华大学、北京大学、燕京大学、唐山铁道学院的化学工程系,北京铁道学院的建筑工程系等院系并入天津大学;天津大学数学系、物理系并入南开大学。经过此次调整,使天津大学成为一所多科性工业大学。

1953年,四川纺织工业学校棉纺、棉织专修科师生调入该校纺织系。

河北省立女子师范学院

1949年8月,国立国术体育师范专科学校并入,家政系取消(部分课程并入教育系),校名改为河北师范学院(天津)。1956年8月,省政府决定,将在天津的河北师范学院的数学、物理、化学、地理、体育等五系和在北京的河北师范专科学校的生物科,同时迁到石家庄组建石家庄师范学院。① 1960年8月,石家庄师范学院更名石家庄师范大学。1962年6月,石家庄师范大学更名河北师范大学。

1996年6月,原河北师范大学与河北师范学院、河北教育学院、河北职业技术师范学院合并组建成新的河北师范大学。

2019年9月,河北师范大学学前教育学院新设家政学专业。

东北大学(东北工学院)

1949年,国立东北大学文、理和法商学院并入长春解放区东北大学,后定名为东北师范大学;医学院并入中国医科大学;农学院参与组建东北农学院,后发展为东北农业大学。

1949年3月,东北行政委员会决定以东北大学工学院和理学院(部分)为基础建立沈阳工学院。1950年8月,定名为东北工学院。

1952年,全国范围进行高校院系调整,先后有清华大学、大连工学院、哈尔滨工业大学、山东大学、西北工学院、华南理工大学等高校的学科和系,包括电机系、采矿系、冶金系、土木系、建筑系、市政类系(科)、外国语言系、金融系等并入东北工学院。

同年8月,东北工学院数学系被调整到东北人民大学(现吉林大学),物理系被调整到东北师范大学,化工系被调整到大连工学院(现大连理工大学),由东北工学院长春分院地

---

① 王金生.百年树人——河北师范大学简史[M].石家庄:河北教育出版社,2002:29.

质系和物理系的一部分、山东大学地质矿物学系合并组成东北地质学院(后更名为长春科技大学)。1956年全国第三次院系调整时,东北工学院建筑系、土木系西迁西安,组建了西安建筑工程学院(现西安建筑科技大学)。

1993年3月,东北工学院复名为东北大学。

焦作工学院

1950年3月,华北煤矿专科学校并入焦作工学院,同时将冶金系师生并入沈阳工学院(今东北大学)。同年9月,焦作工学院改名为中国矿业学院。1951年2月,中国矿业学院主体全部搬迁至天津;留下的部分教职员工与先后迁入的中央燃料工业部干部学院、中南煤炭工业学校(改名焦作煤矿学校)在原址继续办学。

1952年8月,清华大学采矿系、天津大学采矿系二年级采煤组和唐山铁道学院采矿系调整到中国矿业学院。1953年9月,天津的中国矿业学院迁到北京,改名为北京矿业学院。1961年北京煤炭工业学院并入北京矿业学院。1978年,学校在江苏徐州重建,恢复中国矿业学院校名,北京原址设立研究生部。1988年,中国矿业学院改名中国矿业大学。

1958年9月,焦作矿业学院建立。1959年3月,焦作煤矿学校并入。1961年7月,郑州煤炭工业学院并入。1995年4月,焦作矿业学院恢复焦作工学院校名。2004年5月,焦作工学院更名为河南理工大学。

……

新中国接过国民政府发展西北教育的接力棒之后,无论这些高校怎么改名、撤并,但是西北联大的基因是无法改变的。所以,从某种程度上说,西北联大的种子一直在延续生命,故事并没有结束。

同时,中央政府也始终没有放弃对西北地区的教育布局。新中国甫一建立,就迎来了西北教育发展的第二个重要时期(抗战期间应为第一个发展时期)。1952年所有的高等教育系统都按照苏联的模式予以重建,高等院校的地区性分布也受到了重视。

1955年3月30日,高等教育部党组根据中央政治局关于沿海工厂学校内迁的方针,提出《关于沿海城市高等学校1955年基本建设任务处理方案的报告》上报国务院第二办公室林枫主任并报总理。内称:"根据我部和中央各有关业务部门初步商定,拟立即着手在西北、西南、中南等地区筹建下列学校:将东北工学院等四校的土木建筑专业调出在西安成立西北土木建筑学院;将现在北京工业学院化工方面的专业调出在西安附近成立分校;将青岛工学院、同济大学测量专业调出在郑州成立测绘学院;将南京航空专科学校迁至西北西安附近成立西北航空学院;将交通大学机械、电机等专业迁至西北设交通大学分校(具体地点和陕西省委商定),准备在两三年内全部迁出;将苏南工业专科学校和沿海其他工学院机械系部分专业调出在洛阳成立机械学院;将天津大学和青岛工学院纺织专业调出在咸阳成立纺织工学院;将华南工学院、南京工学院、交通大学等校的电讯工程有关专业调出在成都成立电讯工程学院;青岛市山东大学校舍因要用作海军基地,准备将该校迁往郑州,改称河南大学(或暂称山东大学分校);将北京医学院药学专业迁至太原新建药学院;将上海第一、二两个医学院部分专业和师资迁至重庆附近新建重庆医学院;将四川大学农学院独立建校,成立四川农学院,以便容纳沿海城市各农学院部分招生任务;将上海复旦大学在重庆设分校。"①

在陈云副总理对高等教育部党组报告批示同意后的第三天,即1955年4月9日,交通大学彭康校长根据高等教育部的电话通知,在党委会议和校务委员会上及时地作了传达和贯彻。他开门见山地说:

  中央决定学校搬家,搬到西安。中央为什么采取这个方针,根据建设方针,现在中国工业及高等学校分布不合理,广大西北、西南地区高校很少,工业也是这样。我们要建设社会主义,必须改变这种情况……高教部所属院校有些要搬,有些要院系调整,我们学校全部搬。这样布置,使得不合理的状态改变,并使西北、西南发展。另一方面,也有国防的意义。②

交通大学校刊当年刊载锅炉41班全体同学的文章《我们向往着西安》,其中写道:

  彭校长关于迁校西安的报告被暴风雨般的掌声打断了。"啊,西安,果然是西安!"激动的声音在人群中轻轻地传着。人们兴奋地想象着这个历史的名城。……

  我们向往于西安,不仅因为她有悠久光荣的历史,主要还在于她有更加远大的将来。在国家建设计划里,她将是一座现代化的大城,将是建设大西北的工业基地。我们极愿意迁到那里去。因为我们是学工程的人,不到工业城市还到什么地方去呢?③

华东航空学院1956年夏季招收的新生录取通知书上写着:"祝贺你被华东航空学院录取,请到西安航空学院报到……"当年招收的大多是苏杭、沿海一带的新生,到学校9月

---

① 凌安谷,等.交通大学内迁西安史实[M].西安:西安交通大学出版社,1995:99-100.
② 凌安谷,等.交通大学内迁西安史实[M].西安:西安交通大学出版社,1995:7.
③ 贾箭鸣.交通大学西迁[M].西安:西安交通大学出版社,2018:16.

1日开学,一千多名新生竟没有一个缺席迟到!①

  国务院副总理兼国家计划委员会主任李富春,在1955年7月第一届全国人大第二次会议上通过的《关于发展国民经济的第一个五年计划的报告》中指出:"为了适应在全国范围内经济建设的需要,高等学校尤其是高等工业学校过分地集中在沿海城市的状况,在今后的发展计划中,应该逐步地加以改变……内地的高等学校应该按照合理的部署,逐步地建设起来。"②7月12日,《林枫同志关于1955年全国文教工作会议向中央的报告》中说:"关于高等学校部署问题,认为原来计划在第一个五年计划后三年新建的17所高等学校,应将其中14所在内地新建,并具体安排了新建的地点和步骤。内迁的学校只限于4校(上海交通大学迁西安,青岛山东大学迁郑州,南京华东航空学院迁西北,上海医学院成立重庆分院),其余院校只作个别系科的调整。"③

  早在讨论交通大学迁校方案的同时,高等教育部即酝酿考虑西安、上海两地有关院校的调整问题。1957年6月4日,周恩来总理在召集有关交通大学迁校问题的会议时,也请两地的有关院校参加。根据周总理指示,为减少上海、西安两地工科院校专业设置重复浪费,对两地几所工科院校作了调整和安排。上海方面把南洋工学院并入交通大学;上海造船学院和交通大学合并,统一由交通大学领导,仍保留上海造船学院的校名。西安方面把西安航空学院和西北工学院合并,筹组西北工业大学,以适应国防工业建设的需要;将西安动力学院、西北工学院的采矿系、纺织系和西北农学院的水利土壤改良专业并入交通大学。④ 7月31日,交通大学、西安动力学院以及西北工学院、西北农学院有关系科组成的四校合作委员会正式成立。

  "文革"期间,又有一些高校和教师迁到西北地区。1969年,北京大学数学力学系的力学专业与技术物理系、无线电系迁到陕西汉中地区,由此诞生了北京大学汉中分校。十年后,北京大学汉中分校师生分批返京,陕西省从西安交通大学、西北工业大学等17所高校和6个科研院所调来师资力量,利用北京大学汉中分校校址及教学资源建立了陕西工学院(陕西理工大学前身)。1970年,新中国第一所轻工高等学校北京轻工业学院迁至咸阳,改名为西北轻工业学院,2002年更名为陕西科技大学,并将学校主体迁到西安。

  话说回来,如果没有西北联大奠定了以后数十年间西北地区高等教育的体系、结构的

---

① 陈小筑,汪劲松.华航西迁:新中国航空教育的基石[M].西安:西北工业大学出版社,2016:10.
② 凌安谷,等.交通大学内迁西安史实[M].西安:西安交通大学出版社,1995:2-3.
③ 凌安谷,等.交通大学内迁西安史实[M].西安:西安交通大学出版社,1995:6-7.
④ 参见:凌安谷等.交通大学内迁西安史实[M].西安:西安交通大学出版社,1995:71—72.

基本框架,也就没有今天西北高等教育的成就。"西北联大所开辟的高等教育体系,深深地塑造了整个西北、整个陕西的高等教育,尤其是对西安地区的高等教育产生了深远影响。这就是西北联大的意义——薪火传承,文化中坚。"①这是西北联大不同于西南联大等其他内迁高校的一个显著特色,显示了其旺盛的生命力和深远的影响力。所以说,西北联大既是短暂的,也是永恒的;既是失败的,也是成功的。

2015 年 8 月—2016 年 10 月,第一稿
2018 年 10 月—2020 年 9 月,修订增补
2021 年 12 月—2022 年 3 月,完善定稿

---

① 潘懋元.薪火传承　文化中坚.光明日报,2012-09-19.

附录

抗战烽火中的一段传奇

陈平原

在撰写《抗战烽火中的中国大学》（北京大学出版社，2015年版）时，我意识到了三个难题，但没能很好解决：第一，前方战事与后方学术如何互相勾连；第二，是否公开谈论伪北京大学与伪中央大学；第三，怎样叙述存在不长但影响深远的国立西北联合大学。这些都不是"禁区"，是我自己的问题：在写作方式、史料运用与学术立场之间，存在某些不太好弥合的裂缝，再加上时间紧迫，只好暂时搁置。

收到张在军的《西北联大：抗战烽火中的一段传奇》书稿时，我着实吃了一惊。此前读过他的《苦难与辉煌——抗战时期的武汉大学》，了解其学术热情与工作经历，而辨析头绪繁多的国立西北联合大学，可比描述武汉大学教授故事或乐山的抗战文化遗迹要困难得多。

最近几年，有感于国立西南联合大学如日中天，与之相对应的国立西北联合大学则几乎默默无闻，相关"后人"很不服气，于是奋起直追，有了每年一届、相关学校轮流坐庄的"西北联大与中国高等教育发展论坛"。前三届会议论文集已经刊行，那就是方光华主编的《西北联大与中国高等教育》（西安：西北大学出版社，2013年版）、何宁主编的《西北联大与中国高等教育Ⅱ：纪念西北联大汉中办学75周年》（西安：世界图书出版西安有限公司，2014年版）以及刘仲奎主编的《第三届西北联大与中国高等教育发展论坛论文集》（兰州：甘肃文化出版社，2015年版）；主办第四届（2015年）、第五届（2016年）论坛的天津大学、北京师范大学，想来也会有成果推出。加上此前姚远主编的《西北联大史料汇编》（西安：西北大学出版社，2012年版）等，不久的将来，关于西北联大的功过得失，会成为中国教育界的热门话题。

凡谈论国立西北联合大学的，都须直面这么一个残酷的事实——与国立西南联合大学的九年一贯不同，真正完整的拥有六个学院的国立西北联合大学，存在时间只有三个多月（1938年4月—7月）；随着国立西北工学院、国立西北农学院的"挥手自兹去"，余下的四个学院也只维持了一年多。1939年8月,国立西北联合大学正式解体,此后便是"五校分立,合作办学"的阶段。这也是西北联大难以声名远扬的重要原因——即便各校合作无间,毕竟已各自独立门户。同在陕西城固还好说,日后国立西北师范学院远走兰州(1941年),"联大"更是成了遥远的记忆。

从奉命西迁,三校(北平大学、北平师范大学和北洋工学院)合一,组成西安临时大学,到翻越秦岭,移师汉中,改称国立西北联合大学,这一段历史线索清晰,很好叙述;比较难说的是"解体"与"复员"这两个关节点。"将西北联大解体分立最主要、最深层次的原因应是国民政府开发西北、完善西北地区高等学校战略布局长远考虑;而防共控制的政治动机多少也介入到了政府的决策过程中,强化并加速了政府要将西北联大解散分立的决心。"张著的以上论述从大处着眼,扭转了20世纪60年代单纯强调"防共控制"的偏颇,颇具眼光;至于怎么看待抗战胜利后各大学的"复员与留守",张著采用文学性语言,描述"西北联大分立的五个院校像蒲公英一样播撒在西北大地,生根、开花",结论是:"若从中国高等教育对国家发展的贡献这一视角去审视它们,可以毫不夸张地说,西北联大的丰功伟绩不亚于西南联大,甚或有超越的事功。西南联大只有一个师范学院留在了昆明,主体全部回迁。"这可就有点过了——处处以西南联大做比较,非压过对方一头不可,反而是不自信的表现。

我当然知道,这是近几年西北联大论坛的主调,并非张君的独创。在我看来,如此高调的论述,属于事后诸葛亮——因应今天西部大开发的政策以及各名校历史溯源的需要,过分夸大了国民政府决策的合理性,更不要说执行力了。确实有开发大西北的言论,找到相关资料并不难,问题在于如何落实,以及在抗战全局中的位置。漫天烽火中,各大学的分分合合,有很多不得已的因素,硬要往好的方面说,历史就变得一片光明了。除了人事纠葛与利益纷争,还有两点不能忽略:一是战事发展,二是所在地物资供应能力。这些都不是大学本身所能控制的。在这个意义上,谈抗战中的中国大学,必须有更为宏阔的视野与胸襟。

张著序章"辞别燕都"的第二节"历史选择了西北",以及第五节"半路杀出个河北女师",还有第二章"昙花一现的西北联大"的第五节"'公诚勤朴'——校训与校歌",以及第十节"解体分立:一石二鸟",都写得很不错,有许多我不熟悉的材料。下编"五校分立"介绍国立西北农学院、国立西北工学院、国立西北大学、国立西北师范学院、国立西北医学院各自的历史渊源、组织框架、校长及教授、课程与活动等,有点贪多求全,且不时旁枝逸出;过分排比校史资料,这样一来,可供作者驰骋才华的空间就不太大了。

办教育的好处是,再糟糕的年代,也会有好学生(多少是一回事),以及值得追怀的人与事。关键看投入产出比,以及论述的参照系。对比云南昆明的西南联大、陪都重庆的中央大学、贵州遵义的浙江大学,乃至四川乐山的武汉大学,困守陕西城固的西北联大,整体形象及办学水平并不占有优势。这里有各种外部条件的限制,我们应尽可能回到那个特定的历史情境,体谅先贤办事的艰辛,给予充分的表彰。大凡喜欢西北联大这个话题的,多少总有一点"打抱不平"的意味,这我完全可以理解。如何既具"理解之同情",又避免刻意拔高,是学术成熟的表现。因为,面对大量史料,长期浸淫其间,很难不受感情因素的影响。

张著徘徊在史学与文学之间,偶有铺展过度的地方,但其对于研究对象的饱满热情,以及写作时的条分缕析,对于普通读者了解这所早已被遗忘的大学,还是很有意义的。

2017 年 1 月 14 日于京西圆明园花园

(本文为 2017 年版《西北联大》序,载 2017 年 4 月 19 日《中华读书报》)

后 记

五年前,拙著《西北联大:抗战烽火中的一段传奇》(金城出版社,2017年版)出版后,引起不少读者的关注,或谬赞,或批评,我都认真对待。忽然有一天,朋友转来一篇网文,作者郭雨冬居然是九十六岁高龄、身居海外的西北联大学子,让我大吃一惊。先将此文恭录如下:

最近儿子从国内带来张在军先生编著的《西北联大》一书,张先生与西北联大毫无瓜葛,能花费大量精力物力编此巨著,令我敬佩!我是1937年考入国立北平大学应用化学系,后去西安临时大学报到,1941年从西北联大分出的西北工学院化工系毕业的,对西北联大的成立与肢解都亲历。当年我16岁入学,如今已96岁,80年沧桑,阅此书不胜感慨!

一、此书开始有北京大学陈平原教授作序,内述"最近几年,有感于国立西南联合大学如日中天,与之相对应的国立西北联合大学则几乎默默无闻,相关'后人'很不服气",此说比较客观。西南联大存在9年,成就巨大,而西北联大加上临大尚不足一年,肢解后各分院已无从与西南联大对比。

二、作者在此书中提出西北联大分解成几个学院后,其后身学院分散在西北各省,对西北地区普及大学教育有较大贡献。这一说法有其独到之处,我过去没想到这一方面,但曾听一同学说过,她前几年去陕甘几所大学参观,各校都认她作联大校友,也算是旁证吧。不过我并不认为这是成立不足一年就应该拆散联大的理由。

三、此书说出许多当年教育部长陈立夫安排其党羽干扰西北联大上层人事的详情,这些我作为学生是无法知道的,但我一向认为当时教育部对两个联大是不公平对待的,实际确实如此,不仅当时一保留,一拆散,从抗战胜利后各校复原情况也更看出,北大清华南开都原名恢复,书中说到北师大勉强恢复,北洋改名恢复,平大则烟消云散,成为历史名词!我对当年的一些不公平做法不易想通。

四、西北联大当年是三校联合,力量雄厚,教授云集,如我在大一时学习物理,就由几位教授分别讲授力学,电学,声学,光学等。以后到高年级时各位教授开选课较多，供学生自选。工学院几位院长对学生学习都抓得很紧，淘汰的也很厉害，如化工系每班毕业时不过剩十几人，甚至几人。当时学习条件很差，如工学院在古路坝一直没有电灯，晚上我们都用桐油灯、土蜡烛等学习并作业，学校有事则吊大汽灯照明。书中对此都曾述及。

五、联大存在于抗战时期，学生生活比较艰苦，我们大多靠战区学生贷金生活，从西安南迁时更是沿途吃食困难，作者详述了学校的准备工作。我记得吃的锅盔饼都长毛扯丝了还得吃，在山中只能买到罂粟油，白糖只在药房才卖，再阅此书回忆往事，不胜唏嘘。（2017年12月26日）

经历过国立北平大学、西安临时大学、西北联合大学、西北工学院的在世"四朝元老"，郭雨冬先生应该是极少的，甚至可能是绝无仅有的。可惜，我一直联系不上郭先生，无法与其交流采访。还有一些高龄西北联大学子，等不及我亲临拜访，就一个个驾鹤西去。这里不得不感佩易社强先生，他早在1973年就开始关注西南联大，得以采访不少联大校友。

囿于条件所限，我更多是埋首故纸堆。近五年来，欣喜地看到《国立西北联合大学档案史料选编》出版，也有幸觅得《国立西北师范学院校务汇报》《国立西北医学院院刊》《国立西北大学校刊》《西北农林》等校刊，还读到繁体版《蒋介石日记》《胡宗南日记》《王世杰日记》《陈立夫回忆录》，以及部分西北联大师生的回忆文章。

最幸运的是，我结识了几个西北联大子弟（如李赋京教授之子李昊先生、许重远教授之女许文郁女士，以及几个学生的后人），他们给我提供了一些宝贵的文字和图片资料。当然，还有更多熟悉的师友、陌生的读者提出不少意见和建议，等等，这些使我修订书稿成为可能。甚至觉得，完善书稿是一种使命。

尽管做了些许补漏修缮工作，相信一定还有不尽如人意的地方，那就让读者去评判吧。

今年是西北联大成立85周年。忽然想起，我第一次知道"西北联大"之名，是2012年通过《休闲读品·天下》"发现西北联大"专辑，迄今整整十年。

我一直觉得自己是一个幸运儿。多年前，作为一个籍籍无名之辈，有幸受西北大学校友之邀，介入西北联大这一课题的研究写作。后来又被西北大学北京校友会京源校史研究所聘为顾问，被西北大学广东校友会授予名誉校友称号，荣幸之至。现如今，在出版行业疲软的环境下，西北大学出版社愿意接纳我这部书稿，幸何如之！

2022年3月，广州寻渔楼